华东政法大学上海市重点创新团队“一带一路”建设的法律保障机制研究项目资助

国际水法经典案例述评

李伟芳　主编

Commentary on Landmark Cases of International Water Law

法律出版社
LAW PRESS·CHINA
—— 北京 ——

图书在版编目（CIP）数据

国际水法经典案例述评 / 李伟芳主编. -- 北京 ：
法律出版社，2023
ISBN 978-7-5197-6065-6

Ⅰ. ①国… Ⅱ. ①李… Ⅲ. ①国际法－水法－案例
Ⅳ. ①D993.3

中国版本图书馆 CIP 数据核字（2021）第 209709 号

国际水法经典案例述评
GUOJI SHUIFA JINGDIAN ANLI SHUPING

李伟芳 主编

策划编辑 沈小英
责任编辑 毛镜澄
装帧设计 李 瞻

出版发行 法律出版社
编辑统筹 法治与经济出版分社
责任校对 张翼羽
责任印制 吕亚莉
经　　销 新华书店

开本 710 毫米×1000 毫米 1/16
印张 23.75 **字数** 343 千
版本 2023 年 6 月第 1 版
印次 2023 年 6 月第 1 次印刷
印刷 固安华明印业有限公司

地址：北京市丰台区莲花池西里 7 号（100073）
网址：www.lawpress.com.cn
投稿邮箱：info@lawpress.com.cn
举报盗版邮箱：jbwq@lawpress.com.cn

销售电话：010-83938349
客服电话：010-83938350
咨询电话：010-63939796

书号：ISBN 978-7-5197-6065-6
定价：118.00 元
凡购买本社图书，如有印装错误，我社负责退换。电话：010-83938349

前　言

淡水资源是人类活动及其他生物不可缺少的自然资源，是国民经济健康发展的重要支撑，更具有不可替代的生态功能。跨界水资源是水资源的重要组成部分，其最常见的形态是国际水道。

联合国对国际淡水资源开发与利用问题的关注可以追溯至20世纪50年代。1959年11月21日，联合国大会（以下简称联大）通过第1401号决议，表明其"希望启动关于国际河流法律问题的初步研究，以决定该主题是否适合进行法律编纂"。1970年12月8日，联大第2669号决议建议国际法委员会着手研究国际水道非航行适用法，并考虑将该议题纳入委员会既定议程的可行性。此后的20余年间，国际法委员会将国际水道非航行使用法编纂的议题列入其长期工作方案，最终在1997年5月21日，联大第51/229号决议通过了《联合国国际水道非航行使用法公约》。2014年5月17日，因越南的加入，公约缔约方数量达到35个；2014年8月17日，公约正式生效。公约由序言、正文和附录三大部分构成，正文共37个条款，分为导言、一般原则、计划采取的措施、保护保全和管理、有害状况和紧急情况、杂项规定以及最后条款七个部分。

由此，国际水法的发展逐步从学说和习惯国际法、区域国际法迈向以联合国为主导的多边条约规则，并逐渐发展形成了公平合理利用、不造成重大损害与合作等基本法律原则,“国际水法”的概念逐渐形成。

中国是世界上跨界河流最多的国家之一,主要跨界河流80多条。境内跨界河流流域面积占全国国土总面积的1/5。所处的跨境河流流域有鸭绿江、图们江、乌伦古河、额敏河、伊犁河、狮泉河—印度河、孔雀河—恒河、雅鲁藏布江—布拉马普特拉河、独龙江—伊洛瓦底江、怒江—萨尔温江、澜沧江—湄公河、元江—红河、左江—珠江、披劳河、北仑河等流域,涉及周边的朝鲜、俄罗斯、蒙古、哈萨克斯坦、吉尔吉斯斯坦、塔吉克斯坦、阿富汗、巴基斯坦、印度、尼泊尔、不丹、缅甸、老挝、越南、柬埔寨、泰国、孟加拉国17个流域国。

因而,跨境水资源的合作与利用对于中国的经济发展、睦邻关系、边境稳定起到了至关重要的作用。中国须在国际法框架下,妥善处理与邻国的跨境水资源的协作与利用,探索公平合理的、可持续发展的跨境水资源共享机制。

国内关于国际水法方面的著作主要集中在国际水法基本理论、跨界水资源环境保护、国际水法条约解读、中国开发利用跨界河流的法律问题等方面的研究。研习法律,案例始终是最好的工具。本书以国际水法的案例为研究对象,对常设国际法院、国际法院、国际仲裁法院以及临时仲裁机构审理的具有典型意义的水法案例进行述评。

以国际司法仲裁实践对国际水法发展所发挥的作用为标准,选取了如下案例进行深入研究:常设国际法院的1927年“多瑙河委员会管辖权咨询意见案”、1937年“荷兰/比利时默兹河取水案”;国际法院的1997年“匈牙利/斯洛伐克项目案”、2009年“哥斯达黎加/尼加拉瓜航行权及相关权利案”、2010年“阿根廷/乌拉圭纸浆厂案”、2015年“尼加拉瓜/哥斯达黎加圣胡安河沿线修建公路案”;常设仲裁法院的2000年“荷兰/法国莱茵河仲裁案”、2013年“巴基斯坦/印度基申甘加水坝仲裁案”;其他仲裁机构的1957

年“西班牙/法国拉努湖仲裁案”。

作为国际法领域的中国学者，期盼“国际水法案例研习组”的成果能够对我国水法领域国际与国内法治的良性互动有所贡献。

本书是采取集体讨论、分工研究与撰写的方式完成的。本人作为主编，选定相关案例、研究大纲、确定编写结构、组织“国际水法案例研习组”及分工协调。其中，黄炎（讲师，法学博士）也对此作出贡献。

“国际水法案例研习组”成员具体分工如下（按所写章节排序）：

李伟芳、王杨（法学研究生）：第一章第一节、第二章第一节；

黄炎（讲师，法学博士）：第四章；

王雅儒（博士研究生）：第三章第二节；

徐蕾（法学研究生）、李伟芳：第二章第三节；

王杨（法学研究生）：第二章第二节；

傅煌安（法学研究生）：第一章第二节、第三章第一节；

洪佳杨（法学本科毕业生）：第二章第四节，傅煌安对本案例的最后修改与补充也有贡献；

博士研究生刘珊同学也对本书的完成有所贡献。

编写和审校国际法案例是一项艰巨的任务，全体研习组成员为本书的写作进行了艰苦细致的原文研读工作，本书的完成是全体研习组成员共同努力的成果。

在本书的定稿阶段，核对所有案例的写作与修改是本人 2021 年暑假的主旋律。其间，王雅儒、傅煌安也对此作出了贡献。

即将收笔之际，再次感谢研习组全体成员将近一年的工作，尤其感谢徐蕾，案例研读伴随她走上工作岗位，也祝福全体成员前程远大。

本书的出版得到法律出版社的大力支持，承毛镜澄编辑负责本书编辑出版工作，在此深表谢意。

本书中的不当之处,恳请读者指正,以便我们今后加以修改。

2021 年夏定稿于上海巨鹿小院

目　录

第一章　常设国际法院案例

第一节　1927年"多瑙河委员会管辖权咨询意见案"

1926年9月18日：法国、英国、意大利和罗马尼亚政府达成协议，要求国际联盟理事会将相关问题提交常设国际法院，征求咨询意见。

1926年9月25日：国际联盟通信和运输咨询和技术委员会主席就上述协议内容致信国际联盟秘书长，请秘书长将上述协议提交国际联盟理事会。

1926年12月9日：国际联盟理事会通过相关决议。

1926年12月18日：根据上述决议，国际联盟秘书长将问题正式提交常设国际法院。

1927年4月12日：英国、法国和罗马尼亚政府提交文书。

1927年9月15日：英国、意大利和罗马尼亚政府作出回复。

1927年10月6日、7日、8日、10日、11日、12日和13日：常设国际法院举行公开辩论。

1927年12月8日：常设国际法院发表咨询意见。

一、基本案情

多瑙河是欧洲最重要的国际河流之一。历史上,多瑙河沿河国家及其他欧洲大国一直致力推动河流的国际化和自由通航。在 1853 年克里米亚战争发生前,多瑙河下游区域一直掌控在俄罗斯手中,正常商贸受到严重阻碍。[1] 1856 年 3 月 30 日,克里米亚战争结束后,英国、法国、奥斯曼帝国、撒丁岛、俄罗斯、奥地利、普鲁士签订《巴黎和约》。[2] 该和约规定了多瑙河河流的国际化和管理的规范化等内容,将《1815 年维也纳会议最终决议》(以下简称《最终决议》)所规定的"流经多国之河流"的制度适用于多瑙河;[3] 还设立了多瑙河欧洲委员会和多瑙河沿岸国委员会两个管理机构。[4]

多瑙河欧洲委员会的权力从伊萨克察河一直延伸至黑海河口,主要负责清理多瑙河各河口以及邻近该河的海洋部分的淤塞,以保证多瑙河的正常通航。[5] 该机构原计划为期两年,随后,各缔约方经过一系列会议,决定将多瑙河欧洲委员会延长至 1883 年。[6]

多瑙河沿岸国委员会是永久的,主要负责多瑙河的航行和警务安全等

---

〔1〕 See Constantin Ardeleanu, The European Commission of the Danube, 1856 – 1948: An Experiment in International Administration, Brill, 2020, p. 29 – 38.

〔2〕 See The Treaty of Paris of 1856, Article I. See also Harold Temperley, *The Treaty of Paris of 1856 and Its Execution*, The Journal of Modern History, Vol. 4:3, p. 387 – 414 (1932).

〔3〕 See The Treaty of Paris of 1856, Article XV.

〔4〕 See Jurisdiction of European Commission of Danube Between Galatz and Braila, Advisory Opinion, 1927 P. C. I. J. (ser. B) No. 14 (Dec. 8), p. 11.

〔5〕 See The Treaty of Paris of 1856, Article XVI.

〔6〕 See Jurisdiction of European Commission of Danube Between Galatz and Braila, Advisory Opinion, 1927 P. C. I. J. (ser. B) No. 14 (Dec. 8), p. 11. See also The Treaty of Paris of 1856, Article XVIII. See also Summaries of Judgments, Advisory Opinions and Orders of the Permanent Court of International Justice (2012), ST/LEG/SER. F/1/Add. 4, Sales No. E. 12. V. 18, p. 117.

问题。[1] 但实际上，该委员会未能正式成立。[2] 同时，多瑙河欧洲委员会的期限却被延长，权力范围也不断扩大。1878 年 7 月 13 日，英国、奥匈帝国、法国、德国、意大利、俄罗斯与奥斯曼帝国签订《奥匈帝国、法国、德国、英国和爱尔兰、意大利、俄罗斯和奥斯曼帝国之间解决东方事务的条约》（以下简称《柏林条约》）。该条约将多瑙河欧洲委员会的权力扩大到罗马尼亚的加拉茨，并且明文规定，轻型军舰可以溯河而上，直至加拉茨。[3]

1883 年 3 月 10 日，《柏林条约》的缔约方签署了《伦敦条约》，涉及整个国际化的多瑙河流域（以下简称争议流域），以及所谓的"沿海多瑙河"。根据该条约第 1 条的规定，多瑙河欧洲委员会的管辖范围从罗马尼亚的加拉茨扩大至罗马尼亚的布勒伊拉。但罗马尼亚不是缔约方，也没有参加条约起草大会。[4]

从那时起，对加拉茨至布勒伊拉之间的争议流域，多瑙河欧洲委员会的权力开始具有不确定性，在第一次世界大战之前，该问题一直没有得到解决。第一次世界大战的国际文件中，对于多瑙河的规定基本都是较模糊的"维持战前状态"等说法。[5]《协约国及参战各国对德和约》（以下简称《凡尔赛和约》），将乌尔姆地区及其下游的多瑙河划为国际河流，[6] 并指出，多瑙河欧洲委员会仍应行使第一次世界大战前该委员会的所有权力；[7] 在多瑙河欧洲委员会权限之外的，属于国际河流部分的多瑙河，归多瑙河沿岸国

[1] See The Treaty of Paris of 1856, Article XVII.

[2] See Jurisdiction of European Commission of Danube Between Galatz and Braila, Advisory Opinion, 1927 P. C. I. J. (ser. B) No. 14 (Dec. 8), p. 41.

[3] Ibid., p. 11.

[4] Ibid.

[5] Ibid., p. 12.

[6] See Treaty of Peace between the Allied and Associated Powers and Germany, Article 331.

[7] Ibid., Article 346. See Jurisdiction of European Commission of Danube Between Galatz and Braila, Advisory Opinion, 1927 P. C. I. J. (ser. B) No. 14 (Dec. 8), p. 12.

委员会管辖。[1]

1921 年，比利时、法国、英国、希腊、意大利、罗马尼亚、塞尔维亚—斯洛文尼亚，以及捷克斯洛伐克，根据《凡尔赛和约》和其他和平条约规定，起草《制定多瑙河确定规章的公约》(以下简称《规约》)，并且生效。《规约》进一步明确了上述两个委员会的管理范围：多瑙河欧洲委员会保持其第一次世界大战前所有权力，据有关多瑙河及其河口的条约、公约、国际文件和协定所具有的权利、特权和优遇，不得有所变更，并在此基础上扩大权限，延伸至布勒伊拉至下游河口；[2]而多瑙河沿岸国委员会的管理范围，则为多瑙河河脉从乌尔姆到布勒伊拉的一段。[3]

在《规约》起草的过程中，参会者都是多瑙河欧洲委员会的成员，他们还起草了一份《解释性议定书》，专门就相关问题进行解释。由于议定书是会议记录的附件，所以，这份附件的性质在后续产生了争议。[4]

与此同时，在巴黎和会期间，多瑙河欧洲委员会对争议流域的权力也从理论争议演变为现实争端。1920 年 11 月，一位新上任的巡航员向多瑙河欧洲委员会请示该地区应如何行使权力，但他得到的答复却是，“暂时不行使管辖权”。[5] 一年之后，加拉茨港发生了船舶碰撞，巡航员行使了警务和管辖权。多瑙河欧洲委员会中的罗马尼亚代表认为，该行为没有授权，并且违反了国际协定；英国、法国和意大利的代表则要求搁置这个问题，以期获得

---

〔1〕 See Treaty of Peace between the Allied and Associated Powers and Germany, Article 347. See Jurisdiction of European Commission of Danube Between Galatz and Braila, Advisory Opinion, 1927 P. C. I. J. (ser. B) No. 14 (Dec. 8), p. 12.

〔2〕 Convention Instituting the Definitive Statute of the Danube, Article 5 and 6. See Jurisdiction of European Commission of Danube Between Galatz and Braila, Advisory Opinion, 1927 P. C. I. J. (ser. B) No. 14 (Dec. 8), p. 12.

〔3〕 Ibid.

〔4〕 See Jurisdiction of European Commission of Danube Between Galatz and Braila, Advisory Opinion, 1927 P. C. I. J. (ser. B) No. 14 (Dec. 8), p. 12.

〔5〕 Ibid., p. 13.

更充分的考量。[1]

各方的争议一直持续到1924年。

《凡尔赛和约》第376条规定,争端应"按照国际联盟的规定"解决。1920年12月9日国际联盟大会决议规定,争议方在诉诸常设国际法院之前,应当经过国际联盟交通与运输咨询和技术委员会(以下简称咨询和技术委员会)进行"调解"。[2]

1924年9月6日,英国、法国和意大利要求根据现行国际条约的有关规定,将问题提交给咨询和技术委员会。英国、法国、意大利作为一方,罗马尼亚作为另一方,双方争议的焦点主要为《凡尔赛和约》第346条、第348条、第349条的适用问题,即有关多瑙河欧洲委员会的权限问题。[3] 罗马尼亚拒绝接受多瑙河欧洲委员会在争议流域适用其航海规则,并且认为该委员会的管辖权从入海口开始,止于普洛特河与多瑙河的交汇点。

根据《凡尔赛和约》和国际联盟大会决议,咨询和技术委员会专门成立了多瑙河欧洲委员会管辖权问题特别小组(以下简称特别小组),负责对本案进行调查。[4]

1925年,特别小组在经过研究后得出结论:《规约》足以判断多瑙河欧洲委员会的法律地位。与第一次世界大战前的实际情况一致,多瑙河欧洲委员会的权力范围从加拉茨上溯至布勒伊拉。这一权力分配不是由《伦敦条约》的相关条款确定的,而是根据各个国家的一致同意确定的:第一次世界大战前,多瑙河欧洲委员会就已经对争议流域行使管辖权,对此,罗马尼亚是"默示许可的"(tacitly but formally acquiesced)。[5]

---

〔1〕 See Jurisdiction of European Commission of Danube Between Galatz and Braila, Advisory Opinion, 1927 P. C. I. J. (ser. B) No. 14 (Dec. 8), p. 13.

〔2〕 Ibid., p. 15.

〔3〕 Ibid., p. 14.

〔4〕 Ibid., p. 16.

〔5〕 Ibid., p. 17.

1925 年 7 月，咨询和技术委员会审议了该报告，并提出了相应的“和解建议”，但罗马尼亚表示反对。[1]

但是，考虑到上述结论遵循了特别小组的职责要求，且其宗旨是确保国家合作、调解争端，咨询和技术委员会接受了这一结论，并邀请争端当事国就此意见进行协商。但罗马尼亚仍然表示反对。[2]

协商未果后，法国、英国、意大利和罗马尼亚就相关问题征求常设国际法院咨询意见达成意向。随后，相关问题由咨询和技术委员会主席提交国际联盟。1926 年 12 月，国际联盟秘书长将问题提交常设国际法院。[3]

二、双方主张

（一）多瑙河欧洲委员会对争议流域的权限

法国、英国、意大利认为，在争议流域，多瑙河欧洲委员会的权力应当与其在加拉茨下游河段的权力完全相同。[4]

罗马尼亚则认为，多瑙河欧洲委员会的权力必须分为技术性权力和法律性权力：前者包括维持多瑙河适航状态，以及为海上航行的船舶提供引航服务；后者主要是执法权。在争议流域，多瑙河欧洲委员会只拥有技术性权力，并没有法律性权力。[5] 对此罗马尼亚主要提出 3 点理由：

其一，罗马尼亚认为，《规约》第 6 条仅具有草案性质。从《规约》第 6 条的起源分析，该条款中“条件相同，限制不变”（under the same conditions as before and without any modification of its existing limits, or “dans les mêmes conditions que par lepassé et sans aucune modification ὰ seslimitesactuelles”）这

---

〔1〕 See Jurisdiction of European Commission of Danube Between Galatz and Braila, Advisory Opinion, 1927 P. C. I. J. (ser. B) No. 14 (Dec. 8), p. 18.

〔2〕 Ibid., p. 18 – 19.

〔3〕 Ibid., p. 20 – 21 and 28.

〔4〕 Ibid., p. 28.

〔5〕 Ibid.

一表述的含义，应当参照《规约》的制定过程来确定。而基于《规约》的筹备经过，第6条只是一种新的草案。据此，多瑙河欧洲委员会在争议流域只有技术性权力。[1]

其二，罗马尼亚认为，《规约》第6条应当结合《解释性议定书》进行解释。据此可以得出结论：多瑙河欧洲委员会在争议流域不具有法律性权力。[2]

其三，罗马尼亚认为，扩张多瑙河欧洲委员会权力侵犯了罗马尼亚的主权权利。委员会对布勒伊拉的权力，不能以《伦敦条约》以外的任何法律文书为基础。因此，不依据《伦敦条约》而将委员会权力进行扩张，侵犯了罗马尼亚的主权权利。[3]

(二) 多瑙河欧洲委员会对罗马尼亚沿岸港口的权限

罗马尼亚主张，多瑙河欧洲委员会与罗马尼亚之间存在权力边界；并且，这一边界是领土性质的。据此，应当在相关港口的上下游分界处取基点，设立一条横跨多瑙河的界限，沿岸港口所在区域完全归属罗马尼亚政府管辖。[4]

对此，英国政府表示，不希望看到一项长期确立的惯例就此被修改。各国应当根据《规约》第6条的规定，继续维持第一次世界大战之前的相关做法。[5]

三、常设国际法院咨询意见

(一) 多瑙河欧洲委员会对争议流域的权限

对于多瑙河欧洲委员会在争议流域的权限问题，常设国际法院表示，鉴

---

[1] See Jurisdiction of European Commission of Danube Between Galatz and Braila, Advisory Opinion, 1927 P. C. I. J. (ser. B) No. 14 (Dec. 8), p. 29 – 30.

[2] Ibid., p. 32 – 33.

[3] Ibid., p. 35 – 36.

[4] Ibid., p. 61.

[5] Ibid.

于第一次世界大战前，多瑙河欧洲委员会在争议流域和加拉茨地区的权力相同，因此根据《规约》第6条的规定，在现行法律规定下，多瑙河欧洲委员会仍在上述两个区域拥有相同的权力，且该权力范围包括布勒伊拉港口。[1] 鉴于此，文书提交各方有关多瑙河欧洲委员会无权管理争议流域的假设性提问，法院在此不作赘述。[2]

法院主要通过分析法律效力、约文内容，以及回溯缔约前后的国家实践，得出了上述结论。

1. 相关条约的法律效力与约文内容

法院认为，为了解决这一问题，首先需要确定什么是现行有效的法律。毫无疑问，《规约》是最主要的法律渊源。[3] 法院援引并分析《规约》第5条、第6条、第9条的规定表示，多瑙河欧洲委员会的权限扩大至布勒伊拉至下游河口，而多瑙河沿岸国委员会的权限则从上游乌尔姆至布勒伊拉。[4] "条件相同，限制不变"这一表述，仅仅是保留多瑙河欧洲委员会的部分权力没有扩大的可能性。[5]

不过，法院也注意到，《规约》内容本身并不完整，对多瑙河欧洲委员会的具体职权，仅规定了"与第一次世界大战前保持一致"。[6] 因此，法院还

---

〔1〕 See Jurisdiction of European Commission of Danube Between Galatz and Braila, Advisory Opinion, 1927 P. C. I. J. (ser. B) No. 14(Dec. 8), p. 22, 55 and 69.

〔2〕 Ibid., p. 68 – 69.

〔3〕 Ibid., p. 22.

〔4〕 See Convention instituting the Definitive Statute of the Danube, Article 5, 6 and 9. See Jurisdiction of European Commission of Danube Between Galatz and Braila, Advisory Opinion, 1927 P. C. I. J. (ser. B) No. 14(Dec. 8), p. 23 – 26. See also Summaries of Judgments, Advisory Opinions and Orders of the Permanent Court of International Justice(2012), p. 119.

〔5〕 See Jurisdiction of European Commission of Danube Between Galatz and Braila, Advisory Opinion, 1927 P. C. I. J. (ser. B) No. 14(Dec. 8), p. 26.

〔6〕 See Convention instituting the Definitive Statute of the Danube, Article 5.

需要考察其他条约的规定,以及第一次世界大战前的相关规则。[1]

在所有需要考察的法律规则中,最有争议的就是《伦敦条约》第 1 条的法律效力,因为罗马尼亚既未签署也未批准《伦敦条约》。法院认为,如果就此否认该条约的法律效力以及多瑙河欧洲委员会在争议流域的权力,则与《规约》相悖。自《伦敦条约》签署以来,任何一方都没有对此提出质疑,无论这些权力的法律依据和性质。可以说,“维持战前情况”(*status quo ante bellum*)是《凡尔赛和约》和《规约》的“主要原则”。[2] 因此,法院表示,根据《伦敦条约》的相关条款,《规约》第 6 条的“条件”(conditions)是指第一次世界大战前事实上存在的条件,而《规约》的相关条款,则是对这些条件的确认和维持。[3]

2. 对罗马尼亚主张的分析

在此基础上,法院对罗马尼亚的观点进行逐一反驳。

针对“《规约》第 6 条仅具有草案性质”的观点,法院认为,“条约的准备工作不能更改文本中明白无误的语义”。[4] 并且,无论“条件相同”这一表述的具体范畴为何,都不能解释为多瑙河欧洲委员会在争议流域仅拥有技术性权力。[5] 因此,法院不认同上述观点。

针对“《规约》第 6 条应当结合《解释性议定书》进行解释”的观点,法院表示,这份所谓的议定书不能作为有权解释文件。原因主要有两点:其一,该议定书并非《规约》缔约方之间的条约,亦不属于《规约》所附议定书的内

---

〔1〕 See Jurisdiction of European Commission of Danube Between Galatz and Braila, Advisory Opinion, 1927 P. C. I. J. (ser. B) No. 14 (Dec. 8), p. 26. See Summaries of Judgments, Advisory Opinions and Orders of the Permanent Court of International Justice (2012), p. 120.

〔2〕 See Jurisdiction of European Commission of Danube Between Galatz and Braila, Advisory Opinion, 1927 P. C. I. J. (ser. B) No. 14 (Dec. 8), p. 27.

〔3〕 Ibid., p. 27 – 28.

〔4〕 Ibid., p. 31.

〔5〕 Ibid.

容，甚至《规约》都没有提及该议定书；其二，该议定书不能视为多瑙河欧洲委员会修改《规约》条款的决定，即使如此，该委员会也无权放弃条约赋予的权力。[1]

针对“扩张多瑙河欧洲委员会权力侵犯了罗马尼亚的主权权利”的观点，法院同样不予认可。这是因为，“对主权权利的限制不等于对主权权利的侵犯”：“一国接受条约规定，对本国的主权权利进行自我设限，不能视为对该国主权的侵犯。”[2]在本案中，《规约》相关条款是对多瑙河欧洲委员会在第一次世界大战前的相关权力的确认，在此之前，多瑙河欧洲委员会已经对争议流域行使权力；同时，罗马尼亚就已经参与了相关国际条约的制定，并授予多瑙河欧洲委员会在争议流域相关权力。因此，可以认为，在签署《规约》时，罗马尼亚已经认可了多瑙河欧洲委员会在争议流域行使权力的事实。[3]

3. 多瑙河欧洲委员会的具体权限

明确了相关条约的法律效力和约文的具体内容后，法院开始具体分析第一次世界大战前多瑙河欧洲委员会在争议流域的权限。

首先，通过回溯相关条约和决议的内容，明确多瑙河欧洲委员会的权力是否如罗马尼亚所说，区分为“技术性权力”和“法律性权力”。1815 年以前，流经多国的河流不存在多国协调管理的一般原则或规则。在大多数情况下，沿岸各国对流经各自领土的河段享有垄断的航行权，甚至上游国家都没有入海权。[4]《1814 年第一次巴黎和约》和《最终决议》规定，多国河流的沿岸各国，应当成立相关委员会，以共同同意的方式管理河流。[5] 此后，关

[1] See Jurisdiction of European Commission of Danube Between Galatz and Braila, Advisory Opinion, 1927 P. C. I. J. (ser. B) No. 14 (Dec. 8), p. 34.

[2] Ibid., p. 36.

[3] Ibid.

[4] Ibid., p. 38.

[5] Ibid.

于莱茵河、内卡河、美因河、摩泽尔河、默兹河和斯海尔德河的共同管理的相关规定相继通过，并附于《最终决议》中，成为该决议的一部分。[1]

1856 年，多瑙河被确立为国际性河流。相关国家成立了多瑙河欧洲委员会，将《最终决议》中管理莱茵河的一些原则适用于多瑙河及其河口。但是，多瑙河欧洲委员会是临时的，因为《巴黎和约》缔约方另设立多瑙河沿岸国委员会，负责拟订多瑙河管理的相关条例，并在欧洲委员会解散后，负责维护多瑙河河口及其附近海域的通航能力。[2] 但法院认为，这并不能说明多瑙河欧洲委员会仅拥有"技术性权力"，因为多瑙河沿岸国委员会相关的规章从未生效；与此同时，多瑙河欧洲委员会的期限却被延长，与之权力相关的规则也被系统地汇编了。[3] 经过多个条约和决议的确认，多瑙河欧洲委员会权力的适用空间不断扩大，直至布勒伊拉。[4] 法院对这一过程中的相关条约和决议的内容进行了分析，得出结论：在延期后，多瑙河欧洲委员会被授予了管理权，并且在加拉茨下游，这一权力区分为"技术性权力"和"法律性权力"。[5]

其次，法院进一步分析多瑙河欧洲委员会的权力在不同地区是否相同。法院以权力的具体职能为标准，对多瑙河欧洲委员会的权力进行剖析，将权力分为技术工作，即导航、水上警务、引航服务、驳船服务和压舱监督、拖船服务、工程保护以及司法权力。最终发现，多瑙河欧洲委员会在多瑙河各个河段享有的上述权力是一致的。[6]

---

〔1〕 See Jurisdiction of European Commission of Danube Between Galatz and Braila, Advisory Opinion, 1927 P. C. I. J. (ser. B) No. 14 (Dec. 8), p. 39.

〔2〕 See The Treaty of Paris of 1856, Article XVIII. See Jurisdiction of European Commission of Danube Between Galatz and Braila, Advisory Opinion, 1927 P. C. I. J. (ser. B) No. 14 (Dec. 8), p. 40 – 41.

〔3〕 Ibid., p. 41 – 42.

〔4〕 Ibid., p. 41 – 44.

〔5〕 Ibid., p. 44 – 46.

〔6〕 Ibid., p. 48 – 55.

(二)多瑙河欧洲委员会对罗马尼亚沿岸港口的权限

对于多瑙河欧洲委员会对罗马尼亚沿岸港口的权限问题,常设国际法院表示:多瑙河欧洲委员会的权力范围包括沿海多瑙河,以及罗马尼亚的沿岸港口。具体而言,多瑙河欧洲委员会有责任保障航行自由,并且这一责任不仅涵盖船舶途经港口,还包括船舶进出港口。与此同时,多瑙河欧洲委员会还具有监督权,以确保沿岸港口落实"航行自由"和"船旗国平等"这两大原则。〔1〕法院综合分析航行的内涵、原则,以及相关条约的内容,确定了多瑙河欧洲委员会在相关港口的权力的具体内容。

四、法官单独意见

(一)尼霍姆法官的单独意见

尼霍姆法官同意常设国际法院的咨询意见,但对于《规约》第6条和第9条的解释,法官给出了不同理由。〔2〕尼霍姆法官首先分析了适用于多瑙河的现行法律。通过回溯相关历史,法官指出,目前有效的法律仅为《凡尔赛和约》和《规约》,其他在此之前的法律法规已经被废除。〔3〕同时,尼霍姆法官指出,有必要区分《规约》第6条和第5条的内容:前者涉及多瑙河欧洲委员会的领土权力;后者涉及该委员会权力的性质。〔4〕

在此基础上,尼霍姆法官对《规约》上述条款的内容展开分析。

首先,对于地域管辖,尼霍姆法官认为:"一部法律不能设立前后矛盾的规则。因此,将法律条款解读为彼此对立的内容,这种法律解释是毫无根据的。"〔5〕在本案中,《规约》第6条并未对多瑙河欧洲委员会的管辖权边界作

---

〔1〕 See Jurisdiction of European Commission of Danube Between Galatz and Braila, Advisory Opinion, 1927 P. C. I. J. (ser. B) No. 14 (Dec. 8), p. 59, 65, 67 and 69.

〔2〕 See Observations by M. Nyholm, p. 71.

〔3〕 Ibid., p. 71 – 73.

〔4〕 Ibid., p. 73 – 74.

〔5〕 Ibid., p. 76.

出修改,而是留给既往的国家实践来决定。因此,该委员会的管辖权边界是个未知数。[1] 常设国际法院通过解释《规约》第9条,将多瑙河欧洲委员会的管辖权边界设在布勒伊拉,这一条约解释与《规约》第6条的内容相互矛盾。[2]

其次,对于多瑙河欧洲委员会的权力性质,尼霍姆法官表示,现有证据表明,委员会在争议流域的权力与其在加拉茨下游河段的权力是相同的。[3]

最后,尼霍姆法官认为,上述决定不能视为对罗马尼亚主权的侵犯。因为,《凡尔赛和约》及其相关法律法规的内容是罗马尼亚自愿接受的。[4]

(二)摩尔法官的单独意见

在单独意见中,摩尔法官就"多瑙河欧洲委员会对争议流域的权限"这一问题进行了阐述。法官认为,这一问题的答案显而易见。[5]

罗马尼亚表示,多瑙河欧洲委员会在争议流域仅享有技术性权力。对此,摩尔法官认为,没有任何法律法规对委员会的权力进行了这种区分。《规约》第6条从未明文规定或暗示将技术性权力从委员会的整体权力中剥离。与此同时,《解释性议定书》的相关内容也不能作为区分技术性权力和法律性权力的法律基础。[6]

摩尔法官进一步指出,除上述法律法规外,还有两大理由支持其观点:其一,将技术性权力排除在多瑙河欧洲委员会的权力之外,与多瑙河国际化计划相悖;其二,《解释性议定书》表明,多瑙河欧洲委员会的这种技术性权力,尤其是其中的航道维护、引航服务这些内容,是与其法律性权力直接相

[1] See Observations by M. Nyholm, p. 74.
[2] Ibid. , p. 76.
[3] Ibid. , p. 79.
[4] Ibid.
[5] See Observations by De M. Moore, p. 80.
[6] Ibid. , p. 81 - 82.

关并且密不可分的。[1]

（三）尼古拉斯哥候补法官的反对意见

尼古拉斯哥候补法官并不认同常设国际法院的咨询意见。他认为，根据现行有效的法律，多瑙河欧洲委员会在争议流域不享有任何权利；该委员会对多瑙河下游的权力不包括加拉茨港；同时，穿越加拉茨和布勒伊拉港口的航道应当归多瑙河沿岸国委员会管辖。[2]

尼古拉斯哥候补法官认为，咨询问题所涉的现行条约、习惯，及其他法律法规，是常设国际法院需要厘清的首要问题。在本案中，现行有效的法律是《规约》。综合《规约》第 6 条和第 9 条的规定分析不难发现，多瑙河欧洲委员会的权力始于布勒伊拉，止于多瑙河河口。但是，尼古拉斯哥候补法官同时指出，根据《规约》第 5 条、第 6 条、第 41 条的规定，在分析多瑙河欧洲委员会权限时，既要考虑多瑙河及其河口的相关法律文件，也要考虑第一次世界大战之前的相关实际情况。[3]

在此基础上，通过回溯相关历史，尼古拉斯哥候补法官指出，多瑙河欧洲委员会的权力是“纯技术性的”，不包含任何法律性权力；法律性权力属于沿岸国家政府。《巴黎和约》和《1865 年加拉茨公共法案》第 8 条，均对其予以明确。[4] 1881 年，德国、法国、英国、意大利、罗马尼亚、俄罗斯和土耳其签署了《加拉茨公共法案补充法案》。根据该补充法案第 1 条的规定，在《柏林条约》签署前，根据相关条约、法案而设立的权利，对新的沿河国家继续有效，并且其效力止于加拉茨。[5]

在明晰了多瑙河欧洲委员会的权力性质后，尼古拉斯哥候补法官从条

〔1〕 See Observations by De M. Moore, p. 82 – 83.

〔2〕 See Dissenting Opinion by M. Negulesco, p. 133 – 134.

〔3〕 Ibid., p. 85.

〔4〕 Ibid., p. 87.

〔5〕 Ibid., p. 88.

约和习惯这两大方面分析得出，该委员会的权限扩张没有国际法依据。同时，候补法官还注意到，《规约》和《凡尔赛和约》关于多瑙河欧洲委员会的权力范围和地域管辖等方面有较大不同。《规约》的相关条款不能对《凡尔赛和约》作出更改，后者才是必须适用的法律。[1]

五、述评

多瑙河全长约2850千米，是仅次于伏尔加河的欧洲第二长河，流域面积逾81万平方千米，相当于欧洲大陆的1/10；其发源于德国西南部，自西向东流经19个国家并最终汇入黑海，是世界上流经国家最多的河流，因而也被认为是最具国际性的河流。1883年《伦敦条约》将多瑙河欧洲委员会的管辖范围扩大至罗马尼亚境内，但罗马尼亚不是缔约方，也没有参加条约起草大会，从而引发对争议流域管理权分配模式的争端。

（一）争议流域管理模式缘起

人类利用和管理水资源的历史，可以追溯至文明的启蒙阶段。早期河流管理主要涉及农业灌溉。比如，《汉穆拉比法典》规定了灌溉政策与农民责任，旨在确保水资源的公平分配，以避免冲突；在古希腊，包括梭伦在内的城邦历代执政官，陆续就河流的水资源获取、使用、农业灌溉，以及废水处理，规定了一系列法律。[2]

随着人类文明的发展，河流对经济活动的效益日益显著，与之相关的立法和条约开始诞生。在中世纪，跨国河流的航运受到各种因素的干扰和制

---

〔1〕 See Dissenting Opinion by M. Negulesco, p. 129.

〔2〕 See Jens Krasilnikoff & Andreas N. Angelakis, *Water Management and Its Judicial Contexts in Ancient Greece: A Review from the Earliest Times to the Roman Period* (2003), ACAD, https://www.euro-acad.eu/CMS/tinymce/js/tinymce/plugins/filemanager/source/Library/Ⅵ _ Angelakis _ Water%20Legislation %20in%20Ancient%20Greece.pdf.

约,甚至有些河流的航道被封闭。[1] 为期30年的战争结束后,1648年,欧洲各国签订了《威斯特伐利亚和约》,该和约第9条恢复了跨国河流的航行自由。[2]

随着科技发展和生产力提升,欧洲多国开始了早期全球化。1804年10月15日,法兰西帝国和神圣罗马帝国就货物入市税和莱茵河通行费等问题签订条约,并建立了相关常设机构,统一管理通行费。1815年,《维也纳会议最后文件附录16 B》正式确立了"莱茵河规则"。人类历史上第一个管理跨国河流的常设组织——莱茵河航运中央委员会宣告成立。[3]

1856年,欧洲国家将上述跨国河流管理模式应用于多瑙河,建立了多瑙河欧洲委员会。[4] 此后,多瑙河欧洲委员会的权力不断扩大,涉及航运、司法、沿岸国主权权利等多个领域,触发了与沿岸国家权力冲突的争端。

(二)常设国际法院的权力分配模式

在本案中,常设国际法院主要解决两个问题:布勒伊拉港口是否属于多瑙河欧洲委员会的管辖范围;多瑙河欧洲委员会与罗马尼亚政府的权力划分。

关于第一个问题,法院认为,首先需要明确,在区域划分上布勒伊拉是否属于沿海多瑙河的一部分,从而归属多瑙河欧洲委员会管辖。法院认为,如果要划一条横跨多瑙河的界限,确立多瑙河欧洲委员会的权力边界,布勒伊拉港口应位于这条界限之内。[5] 对此,主要有3点理由:第一,从航行目

---

〔1〕 See Dante A. Caponera, *Principles of Water Law and Administration: National and International*, 2nd Edition, revised and updated by Marcella Nanni, Taylor & Francis Group, 2007, p. 208.

〔2〕 Ibid.

〔3〕 See Introduction, *Central Commission for the Navigation of the Rhine*, CCNR, https://www.ccr-zkr.org/11010100-en.html.

〔4〕 See Jurisdiction of European Commission of Danube Between Galatz and Braila, Advisory Opinion, 1927 P. C. I. J. (ser. B) No. 14 (Dec. 8), p. 11.

〔5〕 Ibid., p. 56.

的分析，如果船舶无法顺利达到港口，那么整个航行就都失去了意义。而布勒伊拉港口位于多瑙河的沿海区域，恰恰是航海船舶频繁造访之地。[1] 第二，从航行自由原则的内涵分析，"港口停泊也是自由航行的一部分"，在《1814年第一次巴黎和约》《最终决议》《1857年多瑙河航行法案》《布勒伊拉至铁门航行和警务条例》，以及多瑙河欧洲委员会通过的多个决议中均有体现。[2] 第三，《规约》第9条也规定，多瑙河欧洲委员会的权力范围包括布勒伊拉港口。[3]

关于第二个问题，首先，法院认为，罗马尼亚主张的"领土标准"既没有条约依据，也没有国家实践的支持，甚至还与《规约》的措辞相悖。[4] 其次，法院提出"非领土性划界标准"，根据这一标准，多瑙河欧洲委员会的职能应当根据《规约》判断。尽管多瑙河欧洲委员会具有独立行动的路径和特权，能够在"完全独立于沿岸国政府"的情况下行使其职权，但它毕竟是一个"没有专属领土主权的国际组织"。罗马尼亚对沿海多瑙河行使主权，多瑙河欧洲委员会根据《规约》享有特定的权力，两者并不矛盾。"当一个地区隶属两个独立的管理机构时，唯一可以区分各机构管辖权的方法是，确定各机构的职能。"在本案中，鉴于多瑙河欧洲委员会不是一个国家，因此其职能应当由《规约》授予。[5] 最后，法院认为，《规约》本身并没有提供划分管辖权的标

---

〔1〕 See Jurisdiction of European Commission of Danube Between Galatz and Braila, Advisory Opinion, 1927 P. C. I. J. (ser. B) No. 14 (Dec. 8), p. 57.

〔2〕 Ibid., p. 57 – 58. 其中，《布勒伊拉至铁门航行和警务条例》作为《伦敦条约》的附件，并未实际生效，但法院认为，该条例能反映《伦敦条约》缔约方的主观意图。——译者注

〔3〕 See Jurisdiction of European Commission of Danube Between Galatz and Braila, Advisory Opinion, 1927 P. C. I. J. (ser. B) No. 14 (Dec. 8), p. 58.

〔4〕 Ibid., p. 62. See Summaries of Judgments, Advisory Opinions and Orders of the Permanent Court of International Justice (2012), p. 122.

〔5〕 See Jurisdiction of European Commission of Danube Between Galatz and Braila, Advisory Opinion, 1927 P. C. I. J. (ser. B) No. 14 (Dec. 8), p. 63 – 64.

准,只规定了"航行自由"和"船旗国平等"这两大原则。[1] 鉴于此,法院试图以此为突破口,通过分析"航行"这一概念的内涵,确立权力边界的划分标准。

就概念的本质而言,航行,是指船舶为"完成特定目的"而进行的活动。[2] 换言之,如果船舶不能驶入港口,则称不上航行自由。因此,多瑙河欧洲委员会的职责范围,不仅涉及船舶途经港口,还包括船舶驶入和离开港口。法院据此得出的第一项标准是:本案中的"航行"涉及船舶的任何水上移动;也就是说,在罗马尼亚沿岸港口,多瑙河欧洲委员会对航行享有专属管辖权。[3]

除"完成特定目的"外,航行的内涵还包括"与到达国家的经济组织取得联系"。因此,多瑙河欧洲委员会的职权还应当包括"维持港口治安"。但实施情况并非如此,特别小组没有关于多瑙河欧洲委员会在这方面行使任何职权的记录;相反,人们似乎普遍同意这些权力属于罗马尼亚政府。[4] 基于此,法院表示,多瑙河沿岸港口的管理和管辖权,属于沿岸国政府;多瑙河欧洲委员会享有监督权,以确保"航行自由"和"船旗国平等"这两大原则的落实。[5]

对此,候补法官尼古拉斯哥有不同意见,并提出"多瑙河欧洲委员会的职权扩张既没有条约依据,也没有形成习惯国际法"的意见。他认为,《伦敦条约》缔约方未经罗马尼亚同意,将多瑙河欧洲委员会的权力边界扩张至布勒伊拉,是"越权"(*ultra vires*)行为。[6] 在多瑙河争议流域,多瑙河欧洲委员会只享有监督的权力,并没有管辖权。

---

〔1〕 See Jurisdiction of European Commission of Danube Between Galatz and Braila, Advisory Opinion, 1927 P. C. I. J. (ser. B) No. 14 (Dec. 8), p. 64.

〔2〕 Ibid.

〔3〕 Ibid., p. 65.

〔4〕 Ibid., p. 66.

〔5〕 Ibid., p. 67.

〔6〕 See Dissenting Opinion by M. Negulesco, p. 89 – 91.

(三)后续发展

本案是20世纪初期,欧洲国家和平解决争议流域管理权分配模式的一次尝试。常设国际法院在条约没有明文规定的情形下,以扩张性解释的方式,肯定了多瑙河欧洲委员会的职权。但其在促进多瑙河国际化的同时,忽视了罗马尼亚作为新兴国家的主权权利。

常设国际法院发表咨询意见后,相关欧洲国家继续就多瑙河管理进行协商谈判。1938年,罗马尼亚、英国、法国签署《锡纳亚协定》,将多瑙河欧洲委员会的大部分权力,包括从布勒伊拉到黑海的多瑙河海上航行控制权,都移交给罗马尼亚政府;委员会的船舶都属于罗马尼亚的国家财产。[1] 第二次世界大战结束后,欧洲多国在贝尔格莱德召开会议签署《1948年多瑙河航行公约》,保留了沿岸国控制和管理航行的权力。[2] 而今,多瑙河在欧洲一体化的框架下得到了进一步的协调管理和资源分配。[3] 1998年,欧洲多国成立多瑙河保护国际委员会,以确保《1994年多瑙河保护公约》的落实。2000年后,该委员会发展成为所有《欧盟水框架指令》的实施平台,为促进河流管理政策制定和改善争议流域状况作出显著的贡献。[4]

六、附录

(一)案件名与正式引注格式

1. 中文案件名:1927年"多瑙河委员会管辖权咨询意见案"

2. 英文案件名:Jurisdiction of European Commission of Danube Between

---

〔1〕 See M. Epstein, *The Statesman's Year-Book: Statistical and Historical Annual of the States of the World for the Year* 1947, Springer, 2016, p. 1193.

〔2〕 See Dante A. Caponera, *Principles of Water Law and Administration: National and International*, 2nd Edition, revised and updated by Marcella Nanni, Taylor & Francis Group, 2007, p. 214 - 215. 盛愉、周岗:《现代国际水法概论》,法律出版社1987年版,第87~89页。

〔3〕 See About EUSDR(2012), https://danube-region.eu/about.

〔4〕 See About ICPDR(2016), http://www.icpdr.org/main/icpdr/about-us.

Galatz and Braila

3. 案件的正式引注格式：

英文：Jurisdiction of European Commission of Danube Between Galatz and Braila, Advisory Opinion, 1927 P. C. I. J. (ser. B) No. 14 (Dec. 8)

（二）相关条约、法案译名对照表

原文	中文
Convention establishing the Definitive Statute of the Danube, The Definitive Statute	《制定多瑙河确定规章的公约》
Convention regarding the Regime of Navigation on the Danube of 18 August 1948, Belgrade Convention	《1948 年多瑙河航行公约》
Interpretative Protocol, or Protocoleinterprétatif	《解释性议定书》
The 1994 Danube River Protection Convention	《1994 年多瑙河保护公约》
The Additional Act to the Public Act of Galatz of 1865	《加拉茨公共法案补充法案》
The Agreement of Sinaia of 18 August, 1938	《锡纳亚协定》
The Code of Hammurabi	《汉穆拉比法典》
The Danube Navigation Act of 1857	《1857 年多瑙河航行法案》
The draft modus vivendi of 1922	《1922 年临时解决办法草案》
The EU Water Framework Directive, WFD	《欧盟水框架指令》
The Final Act of the Congress of Vienna of June 9, 1815	《1815 年维也纳会议最终决议》
The First Peace of Paris of May 30, 1814	《1814 年第一次巴黎和约》
The Israeli-Palestinian Interim Agreement on the West Bank and Gaza Strip, commonly known as OsloII Accord, or The Taba Agreement	《塔巴协议》
The Peace of Westphalia	《威斯特伐利亚和约》
The Public Act of Galatz of 1865	《1865 年加拉茨公共法案》
The Regulations of Navigation and Police for the sector from Braila to the Iron Gates	《布勒伊拉至铁门航行和警务条例》

续表

原文	中文
The Treaty between Austria-Hungary, France, Germany, Great Britain and Ireland, Italy, Russia, and the Ottoman Empire for the Settlement of Affairs in the East, The Treaty of Berlin	《奥匈帝国、法国、德国、英国和爱尔兰、意大利、俄罗斯和奥斯曼帝国之间解决东方事务的条约》
The Treaty of London of 1883	《伦敦条约》
The Treaty of Paris of 1856	《巴黎和约》
Treaty of Peace between the Allied and Associated Powers and Germany, Treaty of Versailles	《协约国及参战各国对德和约》

(三)与本案有关的重要参考文献

1. Constantin Ardeleanu, *The European Commission of the Danube*, 1856 – 1948: *An Experiment in International Administration*, Brill, 2020.

2. Harold Temperley, *The Treaty of Paris of* 1856 *and Its Execution*, The Journal of Modern History, Vol. 4, No. 3 (1932).

3. Alistair Rieu-Clarke, Andrew Allan & Sarah Hendry edited, *Routledge Handbook of Water Law and Policy*, Routledge, 2017.

4. *The Food and Agriculture Organization of the United Nations*, Review of World Water Resources by Country, 2003, http://www.fao.org/tempref/agl/AGLW/ESPIM/CD-ROM/documents/5C_e.pdf.

5. Jens Krasilnikoff & Andreas N. Angelakis, *Water Management and Its Judicial Contexts in Ancient Greece: A Review from the Earliest Times to the Roman Period*, https://www.euro-acad.eu/CMS/tinymce/js/tinymce/plugins/filemanager/source/Library/VI Angelakis _ Water%20Legislation%20in%20Ancient%20Greece.pdf.

6. Dante A. Caponera, *Principles of Water Law and Administration: National and International*, 2nd Edition, revised and updated by Marcella Nanni,

Taylor & Francis Group,2007.

7. Vitaliy Pogoretskyy, *Freedom of Transit and Access to Gas Pipeline Networks under WTO Law*,Cambridge University Press,2017.

8. N. Kliota, D. Shmuelia & U. Shamirb, *Institutions for Management of Transboundary Water Resources:Their Nature,Characteristics and Shortcomings*, *Water Policy*,Volume 3,Issue 3,2001.

9. Karen T. Litfin edited,*The Greening of Sovereignty in World Politics*, MIT Press,1998.

10. 徐国冲、何包钢、李富贵:《多瑙河的治理历史与经验探索》,载《国外理论动态》2016 年第 12 期。

11. 胡文俊、陈霁巍、张长春:《多瑙河流域国际合作实践与启示》,载《长江流域资源与环境》2010 年第 7 期。

12. 盛愉、周岗:《现代国际水法概论》,法律出版社 1987 年版。

13. Anton Earle & Joakim Ojendal edited,*Transboundary Water Management: Principles and Practice*,Taylor & Francis Group,2010.

14. Simon A. Mason, *From Conflict to Cooperation in the Nile Basin*, Swiss Federal Institute of Technology,ETH Zurich,2004,https://css. ethz. ch/content/dam/ethz/special-interest/gess/cis/center-for-securities-studies/pdfs/From_Conflict_to_Cooperation. pdf.

15. Jan Selby, *Cooperation, Domination and Colonization: The Israeli-Palestinian Joint Water Committee*,in *Water Alternatives*,Volume 6,Issue 1,2013.

16. Amnesty International,*Israel/Occupied Palestinian Territories:Demand Dignity:Troubled Waters-Palestinians Denied Fair Access to Water*, October 27,2009.

17. Jägerskog & Anders, *Why States Cooperate over Shared Water: The*

Water Negotiations in the Jordan River Basin, Linköping Studies in Arts and Science, No. 281, Linköping University, 2003, http://www. columbia. edu/ ~ tmd2118/situstudio/why_cooperation. pdf.

第二节　1937年“荷兰/比利时默兹河取水案”

1936年8月1日:荷兰向法院提起诉讼申请。
1936年8月6日:法院发布递交诉状、辩诉状、回复及拒绝的时限。
1936年10月31日:荷兰向法院递交诉状。
1937年1月28日:比利时向法院递交辩诉状并提起反诉。
1937年4月12日:发布时限届满,法院进行开庭准备。
1937年5月4日:法院进行公开审理、实地视察等庭审活动。
1937年5月12日:法院举行听证会。
1937年6月28日:法院作出判决。

一、基本案情

默兹河发源于法国的上马恩省,流经法国北部并穿过比利时,在比利时的里克斯贺成为比利时和荷兰的界河,并在马斯特里赫特上方几公里处流入荷兰境内。在博格哈伦(马斯特里赫特下方几公里)和韦瑟姆—马斯布拉赫特之间,默兹河再次成为比利时和荷兰之间的界河。最终,在韦瑟姆—马斯布拉赫特下方,默兹河两岸都处于荷兰境内。[1]

比利时和荷兰在默兹河流域的取水和流速等问题上产生了争议,为解

〔1〕 See Diversion of Water from the Meuse (Netherlands/Belgium), Judgment, PCIJ Series A/B No. 70, 28th June 1937, p. 9 - 10.

决两国之间的争议,双方政府于1863年5月12日签署了《商业和航行条约,关于管理默兹河取水及废止比利时和荷兰之间的斯海尔德通行费条约》(以下简称《1863年条约》),条约于同年的7月14日生效。[1]《1863年条约》的目的是建立永久和明确的管理默兹河流域的利用制度。进入20世纪以后,随着环境的改变和两国商业的发展,《1863年条约》设计的制度不能全面解决默兹河水域的利用问题,尽管两国随后进行了多次谈判,但依然没有取得实质性进展。两国政府陆续在默兹河流域建造了许多工程,并从默兹河取水。

1936年8月1日,荷兰就默兹河水域的利用问题向常设国际法院提起诉讼。其认为,比利时政府修建的工程以及从默兹河取水的行为违反了《1863年条约》,并要求比利时停止这些工程和取水行为。比利时反对上述意见,并对荷兰提起反诉,认为荷兰修建博格哈伦大坝和朱丽安娜运河的行为同样违反了《1863年条约》。由于两国政府都承认常设国际法院的强制管辖权,依据《常设国际法院规约》第36条第2款的规定,法院确立对本案的管辖权。

本案的争议焦点是两国关于默兹河水域的利用问题,双方互相指责对方的某些工程和取水行为违反了《1863年条约》。法院认为,应该在公平原则的基础上对《1863年条约》进行解释,并适用该条约审理了双方的争议。本案在1937年6月28日作出判决。

二、双方主张

荷兰认为,本案的争议主要在两方面:其一,比利时修建与阿尔伯特运河有关的工程违反了《1863年条约》;其二,比利时目前的取水方式、未来计划向其领土内运河供水的方式都应该与《1863年条约》所确立的"默兹取水

[1] 双方于1863年5月12日在荷兰海牙签署,原文为:"Treaties of Commerce and Navigation, for the Regulation of Drawings of Water from the Meuse, and for the Extinction of the Scheldt Tolls between Belgium and the Netherlands."

制度”一致。具体诉讼请求概括如下。

荷兰要求法院裁定并宣布比利时下述行为违反《1863 年条约》:(1)修建的工程使位于马斯特里赫特以下的运河有可能从该镇以外的默兹河取水;(2)通过尼尔哈伦船闸供给南威廉运河的比利时段、坎平运河、坎平运河的哈瑟尔特支流和通向贝弗洛营的支流,以及蒂伦豪特运河,从马斯特里赫特以外的默兹河取水;(3)向哈瑟尔特运河一段的供水工程从马斯特里赫特以外的默兹河取水;(4)连接南威廉运河至海伦塔尔斯和安特卫普之间的斯海尔德河的工程从马斯特里赫特以外的默兹河取水。

荷兰要求比利时:(1)终止以上所述的所有工程,并将违反该条约而修建的工程恢复至符合《1863 年条约》的状态;(2)终止任何违反条约的取水行为,并不再取水。[1]

对此,比利时在 1937 年 1 月 28 日向法院递交辩诉状,提出如下请求:

1. 比利时请法院裁定和宣布:(1)只是出于可能与《1863 年条约》目的不符的原因,并不能成为谴责和拆除这些工程的理由,因此不可以推定比利时存在恶意;(2)南威廉运河连接默兹河和斯海尔德河及其支流的运河的供水并不因尼尔哈伦船闸的工作而不符合条约,其对过往船舶的操作是善意的,因为使用尼尔哈伦船闸不会比博斯威尔德船闸更不利;(3)阿尔伯特运河投入使用后,在哈瑟尔特和 4 号船闸之间的、来自列日附近的默兹河取水,不会违反比利时在上述条约下的义务,该取水点正好沿着与连接默兹河和斯海尔德河的哈瑟尔特支流的一段运河;(4)同样,将来自同一水源的水引入普勒和安特卫普之间的阿尔伯特运河段,该段与连接默兹河和斯海尔德河的运河相吻合,也不会与条约的规定发生矛盾。

2. 根据《常设国际法院规约》第 63 条的规定,比利时对荷兰提起反诉:

---

〔1〕 See Diversion of Water from the Meuse (Netherlands/Belgium), Judgment, PCIJ Series A/B No. 70, 28th June 1937, p. 5 - 6.

(1)荷兰修建博格哈伦大坝违反了同一条约的规定。默兹河的水位因博格哈伦大坝而升高,使按照条约放置的水位测量仪被淹没。因此,《1863 年条约》规定的马斯特里赫特的情况已经因荷兰的单方面行为而改变,该条约已无法正常适用。(2)根据《1863 年条约》第 1 条的规定,朱丽安娜运河属于马斯特里赫特以下的一条运河,在供水方面须遵守与马斯特里赫特以下默兹河左岸运河相同的规定。(3)保留比利时依据《1863 年条约》应享有的权利。[1]

比利时请求法院驳回荷兰提出的所有请求,并支持比利时提出的上述反驳意见;同时建议,如果法院在某些方面不能根据其陈诉作出判决,则可以按以下方案判决:

方案一:宣布荷兰援引《1863 年条约》是滥用权利(abus de droit)以保护缔结条约时未考虑的新利益,而该条约旨在保护的利益没有受到侵犯。

方案二:宣布荷兰因违反条约的规定建造工程而丧失了对被告援引条约的权利。

方案三:宣布阿尔伯特运河一段的工程,只是修建与朱丽安娜运河有关工程的必然后果。荷兰修建朱丽安娜运河已使人们相信出现了新的情况,即荷兰放弃了使用默兹河的公共部分作为水道,由于比利时已经根据这一情况采取了行动,荷兰无权提出申诉。

方案四:宣布《1863 年条约》已因荷兰的行为改变了其运作所依据的基础而失效,即马斯特里赫特的默兹河水位的提高和新水道的修建剥夺了默兹河公共部分作为通航水道的功能。[2]

对比利时的反诉,荷兰的反对意见归纳如下:

---

〔1〕 See Diversion of Water from the Meuse (Netherlands/Belgium), Judgment, PCIJ Series A/B No. 70, 28th June 1937, p. 8.

〔2〕 Ibid., p. 8 – 9.

1. 要求法院驳回比利时的反诉,并根据其在1936年10月31日向法院提交的诉状作出判决。

2. 认为比利时提出的反诉没有依据。

3. 要求法院裁定并宣布:(1)博格哈伦大坝的建立和运行不违反《1863年条约》,比利时的任何权利或利益不因此受到损害;(2)就供水而言,朱丽安娜运河不受南威廉运河和马斯特里赫特以下默兹河左岸其他运河相同规定的约束;(3)朱丽安娜运河的供水在任何时候都没有违反《1863年条约》,而荷兰有可能以与该条约相反的方式在该运河上使用某些船闸,但这并不构成对该条约的违反。[1]

三、常设国际法院判决

(一)本案的事实认定

默兹河是流经荷兰和比利时的一条国际河流,具有流速快、河水浅、水量变化大等特点。尽管通过修建运河,大部分河段可以通航,但默兹河上游芬洛流域的整体航行价值有限,在多数情况下,荷兰和比利时部分的默兹河的主要功能是为其他水道供水,原因有两方面:一是列日和芬洛之间地质构造复杂,修建运河不仅难度大且花费多;二是沿岸居民习惯利用运河运输,需要从默兹河取水。[2]

早在17世纪,当地居民就计划修建一条从安特卫普经芬洛到莱茵河的运河。1815年,威廉一世开始修建的南威廉运河有一部分就是基于此计划修建的,南威廉运河通过20号船闸从马斯特里赫特的默兹河取水。1830~1839年,南威廉运河的取水被马斯特里赫特的军事当局临时中断。为了保

---

〔1〕 See Diversion of Water from the Meuse (Netherlands/Belgium), Judgment, PCIJ Series A/B No. 70, 28th June 1937, p. 7 – 8.

〔2〕 Ibid., p. 10.

证取水,居民在霍赫特建立了一个取水点。荷兰和比利时分离后,霍赫特取水点位于比利时境内。1845 年,根据荷兰和比利时签订的一项双边条约,从列日到马斯特里赫特修建了一条新运河,该运河靠近20 号船闸,与南威廉运河相连,实际上是南威廉运河到列日河的延伸。在列日—马斯特里赫特运河完工后,南威廉运河从3 个不同的地方取水:第一,来自列日—马斯特里赫特运河的水;第二,通过20 号船闸直接从默兹河取水;第三,通过霍赫特取水点从默兹河取水。[1]

早先两国对南威廉运河的取水并没有争议,但随着比利时开始修建一系列新的运河(包括坎平运河、蒂伦豪特运河、哈瑟尔特运河、贝弗洛运河),两国开始对取水问题产生争议。这些运河从南威廉运河比利时段北端向西延伸与斯海尔德河汇合,给坎平地区带来了便利的交通。同时,坎平地区的土壤具有多孔特性,易造成水资源大量流失。比利时认为,只要提供充足的水,坎平地区就可能成为一个肥沃的农业区,因而启动了大规模灌溉计划。但这些灌溉工程给荷兰的布拉邦特地区带来了洪灾。这是两国在1863 年签署条约时存在的分歧之一。由于需要大量的水来灌溉和航行,比利时不得不在霍赫特船闸的一侧修建一条侧水道,以便无论船闸是否用于航行,都可以从列日—马斯特里赫特运河取水。虽然,这使比利时获得了充足水源,但也导致南威廉运河的水流变快,阻碍了航行。尽管比利时尽量在没有船舶航行的夜间取水,但仍使运河的交通十分不便。两国政府的专家一直在寻求问题的解决办法。1861 年,两国政府谈判并签署了条约,但1861 年的条约随后被荷兰议会否决,未能生效。直到1863 年,两国政府才重新进行谈判,缔结了双方都能接受的条约,即《1863 年条约》。[2]

---

〔1〕 See Diversion of Water from the Meuse (Netherlands/Belgium), Judgment, PCIJ Series A/B No. 70, 28th June 1937, p. 10 – 11.

〔2〕 Ibid., p. 11 – 12.

法院认为,简要介绍1861年未批准的条约,有利于更好地理解《1863年条约》。这两项条约都是基于比利时必须有一定的水量来满足需求而制定的,并且不损害荷兰在默兹河流域的利益。只有双方利益得到满足,默兹河流域的利用问题才能解决,但水量并非唯一需要考虑的利益,双方的争议还包括航行利益。《1861年条约》的起草基础是荷兰允许一定的水量通过马斯特里赫特的船闸进入南威廉运河(冬季为每秒7立方米;夏季为每秒5立方米)。《1861年条约》没有影响霍赫特取水点取水的条款,比利时依然可以自由取水。在默兹河水位较低的季节,霍赫特取水点所能获得的实际水量不是很大。荷兰认为,《1861年条约》没有解决其所关切的问题,特别是南威廉运河水流速度过快的问题,因而拒绝接受该条约。〔1〕

两国最终在更广泛的基础上取得合作,找到了解决争议的办法。两国政府通过解决影响当时两国关系的其他问题,找到让对方让步的理由。关于管理默兹河流域利用的条约成为包括废止斯海尔德河通行费和两国之间商业关系在内的解决方案的一部分。因此,《1863年条约》分为3个条约并同时缔结与交换批准书,并记录在同一文本中。这3个条约之间没有法律上的联系,每一个条约都独立于其他条约,因此在解释和适用条约时,关于默兹河流域的条约完全独立。如前所述,与默兹河有关条约的关键问题是比利时取水量过大以致南威廉运河的水流速度过快。《1863年条约》通过以下规定解决了这一问题:抬高马斯特里赫特到博霍尔特之间运河的水位,以增加横截面,从而在不增加流速的情况下让更多的水流过;建一个新的取水点,从默兹河取水,新取水点位于荷兰境内,可以向运河供水;扩大默兹河连接处的工程,以便在不损害通航能力的情况下,从默兹河获取更多

〔1〕 See Diversion of Water from the Meuse (Netherlands/Belgium), Judgment, PCIJ Series A/B No. 70, 28th June 1937, p. 12 – 13.

的水。[1]

《1863 年条约》缔结后，双方仅在 1873 年进行了一些技术性修改。然而到 19 世纪末，为满足荷兰和比利时商业开发的需求，特别是荷兰林堡的煤田开发，需要修建更大的运河。1906 年，经荷兰政府提议，两国成立了一个联合委员会，负责审议改善默兹河航运问题。在 1912 年收到该委员会报告时，荷兰建议两国共同承担默兹河共有部分的运河改造工程。在 1914 ~ 1918 年第一次世界大战爆发时，因为比利时没有完全同意，该问题的谈判还未结束。1921 年，荷兰政府向其议会提交了一项在默兹河右岸从马斯特里赫特到马斯布拉赫特修建运河的工程议案，即现在的博格哈伦大坝和朱丽安娜运河。该工程引起比利时的外交抗议，比利时认为，在没有其同意的情况下不能实施该工程，因为这将损害默兹河共有河段的航行，并违反《1863 年条约》。尽管双方在随后的外交谈判中未能就比利时提出的问题达成协议，但两国在 1925 年签署了一项新的条约，该条约规定，双方都能修建新的水道。然而，该条约最终被荷兰议院否决。[2]

在 1925 年的条约被否决后，荷兰修建了朱丽安娜运河，让大船能够到达马斯特里赫特，并在那里与列日—马斯特里赫特运河连接。荷兰还在位于根据《1863 年条约》规定所修建的取水点下方修建了博斯威尔德船闸。该船闸于 1931 年 9 月投入使用，博格哈伦大坝在 1929 年完工，朱利安娜运河于 1934 年通航。对此，比利时决定修建一条从列日到安特卫普的运河（阿尔伯特运河），从默兹河取水。阿尔伯特运河的取水问题引起了荷兰的质疑。双方随后通过外交途径进行协商，但没有取得结果。大约 16 公里长的阿尔伯特运河实际上是沿着旧的列日—马斯特里赫特运河修建的，先从西北方向

〔1〕 See Diversion of Water from the Meuse (Netherlands/Belgium), Judgment, PCIJ Series A/B No. 70, 28th June 1937, p. 13 - 14.

〔2〕 Ibid., p. 14 - 15.

到达布里格登，再从布里格登连接一条已在使用中的运河通向尼尔哈伦，通过尼尔哈伦船闸与南威廉运河的比利时段建立连接。从布里格登出发的阿尔伯特运河将随一段尚未完工的运河到达哈瑟尔特附近。在库兰奇船闸，它将与坎平运河现有的哈瑟尔特支流连接，该支流将被拓宽和加深，随后将沿着该支流一直延伸到夸德梅赫伦。从夸德梅赫伦，阿尔伯特运河将通过海伦塔尔斯到达维塞尔，通过温尼格姆船闸与安特卫普河相连。由于两国之间的上述争议一直无法通过协商解决，荷兰政府提起诉讼认为，比利时已经或将要进行的与阿尔伯特运河有关的一些工程违反了《1863 年条约》。比利时提起反诉认为，朱丽安娜运河和博格哈伦大坝的修建同样违反了该条约。[1]

从上述争端的历史可以看出，比利时希望获得荷兰同意修建一条连接安特卫普和莱茵河的新运河。由此可以推断，由于安特卫普和鹿特丹之间存在商业竞争，荷兰不同意比利时的要求。法院认为，这不属于本案的审理范围，法院的任务仅就比利时政府修建的某些工程是否违反《1863 年条约》以及对比利时的反诉作出裁决。在诉讼过程中，双方都提到国际法有关河流一般规则的适用。法院认为，本案当事各方提交的材料并没有授权法院在《1863 年条约》范围之外进行审理。因此，本案争议应该完全通过对《1863 年条约》的解释与适用来裁定。[2]

在解决争议前，法院梳理了《1863 年条约》的重要条款，这些条款将被适用于本案的裁决。《1863 年条约》第 1 条规定，在马斯特里赫特下方修建一个新取水点，该取水点将成为位于该城镇下方所有运河的供水点，以及成为荷兰和坎平地区的灌溉水源。该条约第 2 条规定，霍赫特船闸（19 号船闸）

---

〔1〕 See Diversion of Water from the Meuse (Netherlands/Belgium), Judgment, PCIJ Series A/B No. 70, 28th June 1937, p. 15 – 16.

〔2〕 Ibid., p. 16.

将被第1条所规定的取水点上方的新船闸所取代。霍赫特船闸与新船闸之间的运河还应被扩大和加深。该条约第3条规定,抬高马斯特里赫特和博霍尔特之间运河的水位,以便根据第4条和第5条规定的水位沿着运河通过,而不提高平均流速。该条约第4条规定,在河流水位高于正常低水位时,从默兹河取水量为每秒10立方米;当处于或低于正常低水平时,每年10月至次6月固定为7.5立方米,6~10月固定为6立方米。正常低水位参照马斯特里赫特桥上的水位计确定,并与马斯特里赫特和芬洛之间运河的最小水深相对应。该条约第5条规定,在第4条确定的总取水量中,荷兰有固定的取水比例,但这部分水要经过17号船闸。该条约第5条第2款还赋予荷兰增加在马斯特里赫特的默兹河取水量的权利,但前提是运河中的流速不得高于第3条规定的速度。该条约第9条规定,在马斯特里赫特和芬洛之间的默兹河上将修建一系列工程,比利时承担2/3的费用,荷兰承担1/3。[1]

(二)本诉判决理由

荷兰第一项诉求是认为比利时违反《1863年条约》的规定修建工程,可能使位于马斯特里赫特以下的运河从该镇以外的默兹河取水,侵犯了其“控制权”。比利时的侵权行为有两类:一是工程的修建侵犯了其通过马斯特里赫特从默兹河取水的权利;二是比利时从默兹河的取水量超过《1863年条约》的规定。对此诉求,荷兰没有说明其主张的控制权的性质。法院认为,这是一种超越监督权的特殊主权的主张,荷兰只有基于取水点位于其境内的事实才能主张,因为取水点的监督权只有在来自荷兰国内的情况下,作为领土主权国的荷兰才享有比利时所不能享有的权利。

荷兰认为,荷兰不仅能够控制自己领土范围内发生的事情,还能够控制《1863年条约》规定的默兹河取水制度。对荷兰来说,重要的是确保从默兹

---

〔1〕 See Diversion of Water from the Meuse (Netherlands/Belgium), Judgment, PCIJ Series A/B No. 70, 28th June 1937, p. 17.

河取水供应马斯特里赫特以下运河的水量不超过条约规定的总量。因此，为了控制这些运河从默兹河取水，荷兰必须对其境内取水点所产生的监督权进行补充，从而有必要限制比利时采取的行动，如不得修建某些工程。荷兰在《1863 年条约》第 1 条中找到了其主张的依据，该条对马斯特里赫特的供水用了“The”一词，即只供应位于马斯特里赫特以下的运河。按照荷兰政府的观点，比利时只要在其境内修建第二条运河就违反了条约，只要有了第二个取水点，马斯特里赫特的取水点就不是唯一的了。为了支持这一观点，荷兰政府强调了以下事实：尼尔哈伦船闸的设计带有侧水道，只需简单地拆除一个联锁装置，不需要考虑船闸的航行用途，便可使水在荷兰不知情的情况下被大量地排入南威廉运河，侵犯了荷兰的控制权。

法院认为，荷兰的主张意味着《1863 年条约》赋予荷兰一项比利时所不能主张的控制权，使两国处于不平等的法律地位。对于比利时的反诉，荷兰认为，比利时无权对荷兰修建工程的合法性提出异议，理由仅仅是比利时不拥有与荷兰类似的控制权。法院并不支持这个观点，因为这会改变《1863 年条约》的性质，扩大条约用语的范围。《1863 年条约》是两国之间自由缔结的协议，意在寻求调和实际利益，以改善现有状况，而不是为了解决相关权利纠纷的争端。因此，只有在条约明确指出缔约方之间地位不平等的情况下，荷兰政府的观点才能成立。《1863 年条约》第 1 条的规定对荷兰和比利时拥有同样的拘束力，没有证据表明双方之间存在任何差别。荷兰认为，其拥有条约规定的对比利时的某些特权，比利时因而有义务从其他地方取水，这一主张超出了条约文本所规定的范围，并且荷兰为支持这一主张而递交的任何证据都无法反驳法院得出的结论，因此法院拒绝荷兰的第一项诉求。[1]

---

〔1〕 See Diversion of Water from the Meuse (Netherlands/Belgium), Judgment, PCIJ Series A/B No. 70, 28th June 1937, p. 18 – 20.

荷兰的第二项诉求认为，比利时从马斯特里赫特以外的默兹河取水，通过尼尔哈伦船闸给南威廉运河的比利时段、坎平运河、坎平运河的哈瑟尔特支流和贝弗洛营支流以及蒂伦豪特运河供水违反了《1863 年条约》。

法院认为，《1863 年条约》构成一个完整的整体，尤其是条约的第 1 条、第 3 条至第 5 条建立了从默兹河取水以供给航运和灌溉的制度。该制度通过在荷兰境内马斯特里赫特修建新取水口建立，其将为该城镇下方的所有水道供水，并通过明确南威廉运河的排入水量，确保水流速度不超过平均流速。因此，《1863 年条约》提及的“位于马斯特里赫特以下的所有运河”，是指南威廉运河和其支流及由其供水的运河。任何违反该条约规定而修建的工程都是违反条约的行为，这对位于马斯特里赫特上方和马斯特里赫特下方的工程同样适用。

根据《1863 年条约》第 1 条的规定，马斯特里赫特的取水点前用了“The”一词，即唯一的取水点；且根据该条约第 4 条的规定，霍赫特的取水点将不再使用。因此，法院认为有必要考虑通过船闸而不是通过新取水点取水是否违反了该条约第 1 条的规定。船闸本身不是用来供水的，其作业在于使船舶能够从上游进入下游，其工作是间歇性的，取决于船舶通过的频率。水通过船闸的作业从一个河段流向另一个河段，是一种为运河供水的正常方式。

比利时认为，《1863 年条约》不可能规定船闸的存在和作业违反条约，因为该条约第 2 条规定，霍赫特的 19 号船闸将在另一个地点重建。19 号船闸是为南威廉运河和列日—马斯特里赫特运河之间建立连接的船闸。每次操作闸门时，船闸水必然会被排入南威廉运河，因而船闸水不是第 1 条所禁止的供水。荷兰认为，比利时没有考虑到 19 号船闸尺寸较小的问题，也没有考虑船闸日常运作排放的水量小于《1863 年条约》第 4 条规定所允许的误差范围。出于这个原因，该条约没有考虑水通过 19 号船闸进入南威廉运河的情况，即如果允许尼尔哈伦船闸适用同样的规则，将会破坏条约所建立的平衡。因为尼尔哈伦船闸的尺寸远大于19号船闸，每次操作闸门时，会有3900立方米的水被排入南威廉运河，大大超出了第4条规定允许的水量。因此，荷兰政府认为，解释该条约时不应考虑船闸，但尼尔哈伦船闸的水排放应视为违反第1条的规定。

法院认为，《1863年条约》的制定是为了解决马斯特里赫特以下运河的供水难题，因而不能孤立地解释第1条，而不考虑这些问题。如果采纳比利时的观点，任何船闸及任何通过船闸排放的水在用于航行时，均不违反《1863年条约》第1条，将为工程建设和大量取水打开大门，使条约的意图完全受挫。如果采纳荷兰的观点，认为通过尼尔哈伦船闸而不通过该条约约定的供水口向南威廉运河供水，必然会导致违反第1条的规定。无论其可能对南威廉运河的流速或默兹河共有段的适航性产生何种影响，将会违背缔结条约的目的。对于船闸的考虑不在于大小，而在于产生效果的不同，尽管有19号船闸的存在和作业，法院仍将考虑使用尼尔哈伦船闸是否违反《1863年条约》，如果证明使用尼尔哈伦船闸会在南威廉运河产生过大水流或导致默兹河缺水，即违反了该条约的目的。法院没有找到支持尼尔哈伦船闸排放的水在南威廉运河形成了过大水流或导致默兹河缺水的依据。关于尼尔哈伦船闸的侧水道是否为船闸下方河段供水的问题，法院只考虑正常使用船闸作为航行之用的目的，如果船闸侧水道变成一个供水点，无疑是违反《1863年条约》的。

对于荷兰的第二项诉求，法院认为，还应审理荷兰修建的博斯威尔德船闸的存在和使用。该船闸是在尼尔哈伦船闸修建之前建成并投入使用的，位于《1863年条约》规定的取水点下方，使水直接从默兹河进入南威廉运河，其尺寸大于尼尔哈伦船闸。同样，没有证据表明使用博斯威尔德船闸会对南威廉运河或默兹河造成影响从而与《1863年条约》的目的不符。荷兰认为,条约赋予荷兰增加从默兹河取水量的权利,其有权从条约规定的默兹河取水点以外的地方取水,因而通过博斯威尔德船闸向南威廉运河供水的行为并不违反该条约。法院认为,《1863 年条约》第 1 条所指的取水点取水不能被解释为“不包括在其他地方取水”的意思,荷兰的观点不能被采纳。另外,法院还将比利时的船闸与荷兰的博斯威尔德船闸进行比较:这些船闸都不是供水点,但是它们都将闸水排入运河,在条约规定的供水点外进行供水。荷兰自己也有过类似行为,因而没有理由提出反对意见。

综上,法院认为,没有证据表明使用尼尔哈伦船闸对南威廉运河的水流或默兹河本身产生影响,该船闸的正常使用没有违反《1863 年条约》的规定。同时,法院还认为,使用尼尔哈伦船闸没有比荷兰的博斯威尔德船闸更不利,因此无法支持荷兰在第二项诉求中的利益。[1]

荷兰第三项诉求认为,比利时哈瑟尔特运河一段的供水从马斯特里赫特以外的默兹河取水违反了《1863 年条约》。该主张实际上涉及从列日到安特卫普的阿尔伯特运河的建设和使用。阿尔伯特运河总长 125 公里,是一条宽而深的运河。在库兰奇船闸和夸德梅赫伦船闸之间,阿尔伯特运河利用了一段从坎平运河分流出来的哈瑟尔特运河的河床。荷兰并没有主张为阿尔伯特运河供水的李格—蒙辛取水点违反了条约,也不认为该条约适用于整个阿尔伯特运河。荷兰认为,当阿尔伯特运河投入使用后,旧的哈瑟尔特运河(今阿尔伯特运河的一段)将从李格—蒙辛地区的默兹河取水,在条约规定的取水点之外,违反了条约。法院认为,《1863 年条约》并没有妨碍当事国在其认为合适的情况下使用条约所规定运河的权利,只要这些运河位于当事国的领土内。荷兰和比利时都有权在自己的领土范围内对这些运河进行修建、扩大、改造、填充,甚至从新水源增加其水量,前提是条约规定的取

[1] See Diversion of Water from the Meuse (Netherlands/Belgium), Judgment, PCIJ Series A/B No. 70, 28th June 1937, p. 21 - 25.

水不受影响以及南威廉运河的正常水位和流速不受影响。事实上,在哈瑟尔特和夸德梅赫伦之间,旧运河是由哪里供水的问题无关紧要,无论从何处获得,比利时都不被禁止在其认为合适的情况下使用该运河,如改造、废置,抑或是把它并入新阿尔伯特运河。荷兰政府的请求相当于阻止了比利时的新运河沿着旧运河线路修建。法院认为,缔约方缔结条约时不会有这种意图,从条约的解释中也得不出这种结论,荷兰政府的第三项诉求应被拒绝。[1]

在第四项诉求中,荷兰认为,比利时连接南威廉运河至海伦塔尔斯和安特卫普之间的斯海尔德河的工程从马斯特里赫特以外的默兹河取水违反了《1863 年条约》。该诉讼请求与第三项诉求中哈瑟尔特运河的诉求相似。从维塞尔到安特卫普,阿尔伯特运河的河道与旧的坎平运河的后半段重合,该运河从南威廉运河分流出来,因此包含在马斯特里赫特下方的运河中,并由该条约规定的取水点取水。荷兰的理由与阿尔伯特运河的哈瑟尔特—夸德梅赫伦段的理由相同,该段与旧哈瑟尔特运河的一段重合。因此,法院驳回第三项诉讼请求的理由,同样适用于该诉讼请求。《1863 年条约》规定的运河的取水与比利时或荷兰在其认为合适的情况下使用这些完全位于其境内的运河的权利没有任何关联,只要该条约规定的取水和南威廉运河的水位和流量不因此受影响。[2]

荷兰向法院请求终止上述所有工程,并恢复至符合《1863 年条约》的状态,终止任何违反条约的取水,并不再取水。法院在上文的审理中已得出结论,荷兰的请求没有条约依据,因此只能全部驳回。[3]

随后,法院认为,没有必要对比利时在其辩诉状中提出的选择方案进行

---

〔1〕 See Diversion of Water from the Meuse (Netherlands/Belgium), Judgment, PCIJ Series A/B No. 70, 28th June 1937, p. 25 - 26.

〔2〕 Ibid., p. 27.

〔3〕 Ibid., p. 28.

审理,因为这些方案只是在法院无法根据被告的答辩作出裁定的情况下提出的。荷兰的请求被驳回后,这些替代性的方案已不再有意义,比利时在1937年5月12日听证会上的陈述也同意法院的观点。[1]

(三)反诉判决的理由

比利时提起反诉,认为荷兰修建博格哈伦大坝和朱丽安娜运河工程的行为同样违反了《1863年条约》。法院认为,比利时的反诉请求与荷兰诉讼请求的权利直接相关,因此比利时可以提起反诉。[2]

比利时认为,荷兰未经比利时同意,修建博格哈伦大坝,造成默兹河的水位升高,放置在马斯特里赫特桥上的水位测量仪被淹没。荷兰的单方行为违反了《1863年条约》。该条约第4条第2款规定,马斯特里赫特桥上的水位表显示的正常最低水位为30~40厘米,相当于马斯特里赫特和芬洛之间运河的最小水深。法院认为,博格哈伦大坝的修建导致默兹河的水位高于河坝,因而无论水位有多低,取水点排出的水量总是大于固定水量的最大值。《1863年条约》没有任何条款规定,荷兰需要经比利时同意才能改变马斯特里赫特地区的默兹河的水深,仅规定取水点的取水、排水量以及南威廉运河的水量不受影响。因此,只有水位测量仪不能测量排放的水量,并且只有实际通过取水点排放的水量超过了条约规定的最大水量,水位测量仪被淹没才会违反《1863年条约》,本案的情形并非如此。

比利时在庭审中提出,荷兰通过博格哈伦大坝损害了马斯特里赫特下方两国共有的默兹河段的航行利益。荷兰认为,根据《1863年条约》第5条第2款和第11条的规定,比利时已经放弃了其在默兹河共有河段的航行利益。对此法院认为,该条约第9条规定的比利时在提高适航性工程中的财务

---

〔1〕 See Diversion of Water from the Meuse (Netherlands/Belgium), Judgment, PCIJ Series A/B No. 70, 28th June 1937, p. 28.

〔2〕 Ibid.

分配比例表明,比利时并没有放弃其在默兹河共有河段的利益。同时,法院认为,比利时在主张默兹河共有部分的适航性受到损害时,应当提供证据说明大坝的修建对其造成的损害影响,但比利时未提供相关证据。事实上,比利时难以提供证据,因为从航行能力的角度看,默兹河共有河段对当地的航行价值并不大。当地用于航行的是小型船舶,对水深要求不高,只需浅水就能航行。同时,无论是哪国的船舶,都可以利用朱丽安娜运河通行,其更符合船舶航行的要求。综上,法院拒绝比利时关于荷兰修建博格哈伦大坝行为的反诉请求。[1]

关于朱丽安娜运河的修建,比利时认为,朱丽安娜运河是属于马斯特里赫特下方的一条运河,其在供水方面应受到与马斯特里赫特下方的默兹河左岸运河相同规定的约束。朱丽安娜运河是默兹河的横向运河,入口位于荷兰境内马斯特里赫特地区稍低一点的位置,出口在马斯布拉赫特,也位于荷兰境内。因此该河不属于两国的共同运河。

法院认为,从地理角度来看,朱丽安娜运河确实位于马斯特里赫特的下方,但这并不意味着它是《1863 年条约》第 1 条规定所指的马斯特里赫特以下的运河。马斯特里赫特的新取水点是所有位于该城镇以下运河的供水点,该条约第 4 条最后一款的规定也有类似意思,“不得进一步使用霍赫特的取水点”,表明取水点位于默兹河左岸,其供水的运河也位于河流的左岸(朱丽安娜运河虽然位于马斯特里赫特的下方,但位于右岸,因此不被认为是该公约第 1 条所指的运河)。法院鉴于上述事实,拒绝比利时的反诉请求。如荷兰所述,朱丽安娜运河在供水方面不受南威廉运河和马斯特里赫特下方默兹河左岸的其他运河相同规定的约束。但这不意味着《1863 年条约》授权荷兰随意使用马斯特里赫特的默兹河水来供给朱丽安娜运河。朱

---

〔1〕 See Diversion of Water from the Meuse (Netherlands/Belgium), Judgment, PCIJ Series A/B No. 70, 28th June 1937, p. 29 – 30.

丽安娜运河的供水问题，只有在供水不利于该条约规定的左岸运河的供水制度时才需加以考虑，但比利时没有提出这种请求。[1]

比利时还请求法院保留其因荷兰上述违约行为而享有的权利。法院认为，由于荷兰没有违反《1863 年条约》的行为，因而比利时的请求不被支持。[2]

（四）本案判决

在本诉部分，法院以 10∶3 的投票驳回了荷兰于 1936 年 8 月 1 日提出的诉讼请求。

在反诉部分，法院以 10∶3 的投票驳回了比利时于 1937 年 1 月 28 日提出的反诉请求。[3]

四、法官单独意见

（一）哈德森法官的补充意见

哈德森法官同意法院的判决，但提出补充意见，以进一步佐证本案的判决理由。

关于尼尔哈伦船闸和博斯威尔德船闸的争议，哈德森法官认为，法院应考虑它们的功能。博斯威尔德船闸位于博斯威尔德运河上，该运河从默兹河通向南威廉运河，完全位于荷兰境内。由于南威廉运河的水位低于默兹河，因此在未经比利时同意的情况下，荷兰于 1931 年修建了船闸，用于船舶的通行。然而，该船闸没有侧水道，只有在操作船闸时，才向南威廉运河排水。博斯威尔德船闸建成后，许多以前通过 19 号船闸进入南威廉运河的船舶现在使用该船闸。尼尔哈伦船闸完全位于比利时境内，于 1934 年开始使

[1] See Diversion of Water from the Meuse (Netherlands/Belgium), Judgment, PCIJ Series A/B No. 70, 28th June 1937, p. 31 – 32.

[2] Ibid., p. 32.

[3] Ibid., p. 33.

用,它从马斯特里赫特上方的默兹河取水。由于其所处的运河水位高于南威廉运河,尼尔哈伦船闸被用于船舶的通行。该船闸配有侧水道,除用于船舶通行外,这些水道过去和现在都没有向南威廉运河供水。虽然尼尔哈伦船闸尺寸小于博斯威尔德船闸,但它导致了大量的水排入南威廉运河。因此,尼尔哈伦船闸和博斯威尔德船闸的功能是相似的,都会向南威廉运河排入大量的水,将尼尔哈伦船闸的侧水道与船闸的功能结合,就没有必要对它们进行区分。[1]

关于两座船闸的地位,荷兰根据《1863 年条约》第 5 条第 2 款的规定进行辩护。但即便是该条约授权其在马斯特里赫特取水,也不是增加取水的总量,该款的前提是荷兰只有在超过固定取水量时才可以取水。因此,该条约第 5 条第 2 款不适用本议题,也没有区分博斯威尔德船闸与尼尔哈伦船闸的法律依据。无论是法律还是事实,博斯威尔德船闸和尼尔哈伦船闸处于同一地位,后者没有比前者更不利。如果船闸将水排入南威廉运河是按照条约的规定,则对于另一座船闸来说同样如此;如果排放违反该条约,那么另一座船闸也同样违反条约。[2]

在本案中,法院是否有必要宣布两座船闸取水问题的合法性?如果认为两座船闸的修建符合《1863 年条约》,荷兰关于尼尔哈伦船闸的请求则会被拒绝;如果认为违反了《1863 年条约》,那么结果还有待商榷。毫无疑问,双方都善意地解释《1863 年条约》,采取的行动在事实上和法律上产生了相同的结果。如果当事国要求就双方的行为作出判决,法院可以在适当考虑当事国平等地位的情况下作出,但荷兰政府要求法院宣布比利时关于尼尔哈伦船闸的操作违反《1863 年条约》,其自身在博斯威尔德船闸中也采取类似的行为,这要求法院适用公平原则。哈德森法官认为,《1863 年条约》缔约

〔1〕 See Individual Opinion by Mr. Hudson, p. 73 – 74.

〔2〕 Ibid., p. 75.

方多年来的实践表明,其不满意该条约的现状,其似乎已不再能充分保护双方的共同利益。双方一再努力谈判新的条约,本案的判决如果能维护双方之间的平等,将更有助于今后的谈判。[1]

(二)阿尔塔米拉法官的单独意见

阿尔塔米拉法官在判决后附上了个别意见,主要对法院在《1863 年条约》的解释和法院的调查结果上提出异议。

阿尔塔米拉法官认为,《1863 年条约》是一个完整的体系,各条款相互联系、相互解释和相互完善,从而实现条约的目的。该条约可被分成三部分:第一部分规定第 1 条所涉及运河的供水和航行;第二部分规定实施第 1 条所需的工程;第三部分规定默兹河不同地点的航行。该条约所载的每一项义务就其所涉及的利益而言,不存在优先顺序。每一条款都要求缔约方准确履行其义务,部分条款之间可能存在相互依存关系,对行使某项权利或履行某项义务施加条件或限制,但不妨碍其适用。除整体性外,还需要注意的是,虽然条约涉及当事各方的利益调整,但利益只是缔结条约的原因,既然条约生效,条约规定的权利和义务就应该优先考虑,只有在相关条款允许的情况下,利益才能被考虑,其不能取代条约的规定或阻碍条约的执行。[2]

《1863 年条约》第 1 条对条约的正确解释至关重要,它规定修建一个从默兹河取水的取水点,是位于马斯特里赫特以下运河和荷兰及坎平地区供水的唯一取水点。第 1 条产生两项义务:一是双方应不保留或修建其他取水点,包括取水意图和实际取水情况;二是不作为的义务,缔约方应不采取任何行动,否则就不可能完全执行第 1 条。对比利时来说,义务二与马斯特里赫特取水点的水量分配有关,取水量取决于比利时境内马斯特里赫特上方默兹河的总水量,如果马斯特里赫特上方有其他取水源,那么第 1 条就无法

---

[1] See Individual Opinion by Mr. Hudson, p. 76 – 80.

[2] See Separate Opinion by M. Altamira, p. 38 – 39.

履行。对荷兰来说,在荷兰领土上采取的行动也可能会影响第 1 条规定取水点的取水。至于“在马斯特里赫特以下”所指的运河,阿尔塔米拉法官认为在 1863 年每个人都非常清楚其含义,条约不需要特别列举这些运河。[1]

阿尔塔米拉法官对判决中所载的关于尼尔哈伦船闸的调查结果持异议意见。他认为,《1863 年条约》第 1 条所指的运河,不得从马斯特里赫特的取水点外进行取水,因为这是唯一允许取水的地点。阿尔塔米拉法官认为,19 号船闸不能被用来反驳上诉观点,因为该船闸是依据条约而建的,被赋予一种法律地位,是其他船闸所不具有的。至于尼尔哈伦船闸所排放的水并未增加水流速度的事实,并没有改变该船闸所排放的水进行供水的事实,违反条约的规定。[2]

(三)赫斯特法官的反对意见

赫斯特法官认为,荷兰博格哈伦大坝的修建违反了《1863 年条约》。该条约第 4 条第 1 款规定,条约第 1 条修建取水点的取水量根据河流的水位而变化;第 4 条第 2 款规定,默兹河取水量的决定因素是默兹河的固定水位,即马斯特里赫特和芬洛之间河流的最小深度。这表明,条约的目的是规定默兹河的取水量应取决于马斯特里赫特以下河段的水深,只有在马斯特里赫特以下到芬洛之间的河流有一定水深时,才能从河流中抽取最多每秒 10 立方米的水。虽然条约没有提及,但马斯特里赫特和芬洛之间河流水深的规定涉及航行利益,只有在航行上,这一规定才有意义。荷兰政府修建博格哈伦大坝完全排除了条约维护马斯特里赫特和芬洛之间的默兹河上的航行利益的条款的适用,不符合条约规定。该条约第 5 条第 2 款规定,荷兰能够增加其从马斯特里赫特的默兹河的取水量,这不是其修建博格哈伦大坝的

---

〔1〕 See Separate Opinion by M. Altamira, p. 40.

〔2〕 Ibid., p. 44.

理由。[1]

关于朱丽安娜运河的取水问题,赫斯特法官认为,比利时没有提交足够的证据证明朱丽安娜运河从默兹河取水。相反,荷兰提交的证据表明,朱丽安娜运河在施工完成后就有足够的水源,目前尚未从默兹河取水。这足以拒绝比利时的诉讼请求,而不需要考虑朱丽安娜运河是不是第1条规定的马斯特里赫特以下运河的问题。法院的判决理由是,新取水口位于河流左岸,不可能为右岸的运河供水,因而右岸的运河不能纳入条约规定的供水制度。1863年以前,马斯特里赫特以下的所有运河都位于默兹河左岸,人们在那个时候没有预料到朱丽安娜运河的出现,但这并不意味着《1863年条约》第1条规定的制度并不适用于右岸的运河。该条约的目的是限制从默兹河取水,因为如果取水量过大,航行将受到影响。尽管新取水点位于左岸,但如果从宽地解释条约文本用语的通常意义,则足以覆盖右岸的运河,《1863年条约》第1条中的制度不仅适用于1863年存在的运河,也适用于以后可能修建的运河。[2]

(四)安齐洛蒂法官的反对意见

迪奥尼西奥·安齐洛蒂法官不同意法院作出的判决,其认为,判决只是驳回双方的诉讼请求,而诉讼的主要目的是根据具体事实对条约进行解释的,并且双方都提交意见书表明希望法院进行解释,因此,法院不应仅限于拒绝请求,还应就当事国的答辩发表意见,宣布条约的正确解释。

首先,安齐洛蒂法官认为,法院应接受荷兰关于尼尔哈伦船闸的诉求。尼尔哈伦船闸的功能是否违反条约取决于双方在《1863年条约》第1条约定的义务范围,即只禁止修建其他取水点,还是也禁止通过船闸等其他方式取水。仅从字面上解释,似乎仅指"取水点",但条约的解释还应结合条约的目

---

〔1〕 See Dissenting Opinion of Sir Cecil Hurst, p. 34 – 35.

〔2〕 Ibid., p. 36 – 37.

的和宗旨。《1863 年条约》规定,从默兹河取水以满足位于马斯特里赫特以下的运河及荷兰和坎平地区的灌溉需求,水量根据河流水位确定(《1863 年条约》第 4 条),而在取水量较大的情况下,应通过相关工程来维持和改善河流适航性(第 9 条)。该条约第 1 条的目的并不是禁止其他取水点,而是禁止从其他地方取水。因此,双方承担的不仅是不建造其他取水点的义务,还有义务保证不从其他地方取水,包括船闸水。尼尔哈伦船闸向南威廉运河排水并未使水流速度超过该条约第 3 条规定的最大限制的事实无关紧要,这一事实不能使从默兹河取水的行为合法化。[1] 在尼尔哈伦船闸之前,荷兰已修建并使用了博斯威尔德船闸,该船闸从默兹河其他地方取超过《1863 年条约》第 4 条规定的水量,并排放到南威廉运河。比利时认为,两国的条约权利和义务是相同的,荷兰无权修建此船闸。安齐洛蒂法官认为,基于尼尔哈伦船闸的合法性作出解释足以使法院作出判决,而不必考虑是否存在博斯威尔德船闸。比利时提出的方案二认为,荷兰违反条约的规定修建某些工程,即丧失了针对被告援引条约的权利。那么荷兰是否因为修建博斯威尔德船闸而未能履行条约所赋予的义务?根据该条约第 5 条第 2 款的规定,荷兰确实有权增加水量,但这部分水也必须从规定取水点抽取,博斯威尔德船闸向南威廉运河排水导致从规定取水点以外取水,违反了条约。因此,法院应判决并宣布通过尼尔哈伦船闸取水违反《1863 年条约》,同时判决并宣布,由于修建了博斯威尔德船闸,荷兰已丧失了援引该条约请求终止通过尼尔哈伦船闸取水的权利。[2]

其次,安齐洛蒂法官认为,法院应支持比利时政府关于博格哈伦大坝的反诉请求。《1863 年条约》的目的是协调默兹河取水利益与默兹河航行利益,条约一方面确定了默兹河的取水量,另一方面通过修建工程来维持河流

[1] See Dissenting Opinion of M. Anzilotti, p. 45 – 47.
[2] Ibid., p. 48 – 49.

的适航性。基于此目的,该条约第 4 条规定,根据河流的水深确定默兹河的取水量。双方商定默兹河的水位取决于一年中不同的月份,因此违反这一规定的工程将违反条约。尽管荷兰确实有权增加取水量,但这项权利受到河流自然流量的制约,条约没有授权荷兰为自己的利益而增加水量。虽然自 1863 年以来,默兹河的航行利益发生了很大变化,但是缔约一方未经另一方同意,无权使条约的条款不能执行。因此,法院应该支持比利时政府关于博格哈伦大坝的反诉请求。〔1〕

五、述评

本案是有关默兹河流域水资源利用引起的冲突,争端双方相互指责对方违反《1863 年条约》。常设国际法院认为,基于公平原则,默兹河流域沿岸国处于平等的法律地位,国家对其领土内的河流有使用的自由。

(一)"公平理念"在法院审理中的适用

在本案中,法院裁定"争议焦点必须完全由《1863 年条约》的解释和适用决定"。〔2〕 关于诉求一,法院指出,"荷兰的诉求意味着《1863 年条约》赋予荷兰一项比利时所不能主张的控制权,使两国处于不平等的法律地位"。〔3〕 法院无法同意这种严格解释条约的观点,认为这种不平等的地位必须由条约明确规定。法院这一结论的基础是公平原则,但如果条约有明确规定,法院就不能作出不利于荷兰的判决,因为这样做需要适用衡平法。法院在考虑到荷兰的诉求二时,采用目的解释的方法,对条约目的进行分析认为,"没有证据表明使用博斯威尔德船闸对南威廉运河或默兹河造成影响,

〔1〕 See Dissenting Opinion of M. Anzilotti, p. 50 – 51.

〔2〕 Diversion of Water from the Meuse (Netherlands/Belgium), Judgment, PCIJ Series A/B No. 70, 28th June 1937, p. 16.

〔3〕 Ibid., p. 19.

从而与《1863 年条约》的目的不符”,[1]因此荷兰修建的博斯威尔德船闸与尼尔哈伦船闸在条约中处于相同的法律地位。但如果只从文本角度分析,法院无法得出这两个船闸的操作是否符合条约的规定。

哈德森法官同意法院的判决,同时对判决理由进行了补充,他指出,如果这两个船闸的操作被认为符合《1863 年条约》,荷兰的诉求当然会被拒绝,但如果两个船闸的操作被认为违反了《1863 年条约》,是否会达到这一结果还有待考虑。对此,哈德森法官指出,“公平原则长期以来被认为是国际法的一部分,因此国际法庭经常适用这一原则”。[2] 进一步考虑《常设国际法院规约》第 38 条规定的“文明国家所承认的一般法律原则”,哈德森法官得出结论:“法院有权将公平原则视为必须适用的国际法的一部分”。[3]

哈德森法官认为,公平法原则是“双方承担相同或对等义务的情况下,如果对方当事人承担了相同的或对等的义务,则继续不履行该义务的一方不得利用另一方同样不履行该义务”。因此,哈德森法官认为,根据公平原则,荷兰无权对其所要求的诉求作出判决。“国际法院不能忽视可能需要考虑公平原则的特殊情况”,哈德森法官进一步指出,“《1863 年条约》似乎不再为双方的共同利益提供充分的保护,双方希望谈判一项新的条约,本案的判决可以更好地促进双方未来的谈判,如果它能维护双方之间的平等”。[4]

哈德森法官将公平原则作为一般法律原则引入国际法规则,然而,其意见是基于这样一个前提,即荷兰提交的比利时对尼尔哈伦船闸的操作违反了《1863 年条约》。根据一般国际法,在这种情况下,荷兰将有权请求法院进行宣告判决,并要求比利时“将违反《1863 年条约》的所有工程恢复到与该

---

[1] Diversion of Water from the Meuse (Netherlands/Belgium), Judgment, PCIJ Series A/B No. 70, 28th June 1937, p. 24.

[2] Individual Opinion by Mr. Hudson, p. 76.

[3] Ibid., p. 77.

[4] Ibid., p. 80.

条约一致的状态”。然而哈德森法官拒绝这种观点,其认为,这样的结果不可能出现,因为荷兰博斯威尔德船闸的运行也“不太正常”。[1] 但这一观点将剥夺荷兰所主张权利的救济权。

在本案中,法院没有说明以何种方式适用公平原则,其援引公平原则的方式似乎不仅是一般法律原则的适用,而是在衡平法的指导下,在不同的法律解释之间进行的选择。即使哈德森法官对判决理由进行了补充,但根据《1863 年条约》第 38 条第 1 款的规定作出裁决时,对公平原则的考虑和使用也很难完全回避衡平法。考虑到哈德森法官拒绝执行因违反该条约而产生的义务,和对《1863 年条约》不足的批评,其所提到的公平原则也似乎具有非常接近衡平法的功能。无论适用衡平法具有何种作用,问题在于国际法院是否可以在未经诉讼各方明确同意的情况下适用这种方法。《奥本海国际法》认为,在某些国内法律体系(如英国)内,“公平”具有其专门的意义,通常不将该词纳入国际法。[2]

因此,在条约解释和适用问题上,本案的法庭似乎仅限于利用衡平法下的功能,即在不同的解释方法和不同的可能解释之间作出选择。然而,衡平法的不当使用可能会导致公平原则的适用完全超出当事国的考虑范围,导致法院基于同意的管辖权被否定。因此,此类解释产生的法律结果可能会因为缺乏当事人的同意而无效。

(二)国家主权与跨界水资源开发

本案的一个经典论断是,《1863 年条约》并未阻止任何一个国家像过去那样开发河流资源。通过解释和适用条约审理案件,会出现的一个问题是:如果一个条约已经明显过时,而又没有可替代的条约,双方从发展需要的角

---

〔1〕 Individual Opinion by Mr. Hudson, p. 73.

〔2〕 参见[英]詹宁斯、瓦茨修订:《奥本海国际法》(第 9 版)(第 1 卷第 1 分册),王铁崖等译,中国大百科全书出版社 1998 年版,第 71 页。

度进行单边行动,是否违反了条约? 法院认为,只要条约没有禁止,国家就可以在其领土进行单边行动。《1863 年条约》的主要目的是规定默兹河流域的取水制度,没有授权荷兰某种特殊的权利,也没有禁止比利时管辖其领土内的运河,双方都可以对其领土内的河流进行修建、扩大、改造或者填充。法院的这一观点体现了对国家主权的尊重。

国家主权的概念产生于 16 世纪,法国学者博丹第一次提出了主权的概念,他认为"主权是一个国家最高的、永久的、绝对的权力"。[1] 格劳秀斯阐述了国家主权的对外特征,他认为,"凡行为不从属于其他人的法律控制,从而不致因其他人意志的行使而使之无效的权力,称为'主权'"。[2] 1648 年《威斯特伐利亚和约》将"教随国定"的原则从德意志扩展到整个西欧,确定了主权国家的概念,主权的概念也基本形成。

主权意味着在本国领土范围内,国家有排他性的管辖权,可以独立自主地处理其一切内外事务。然而在国际法中,国家主权并不意味着一国可以为所欲为。国家行使主权受其所承认的国际法规则的限制。例如,在"英挪渔业案"中,国际法院认为,"尽管对其领水划界的行为必然是一种单方行为,因为只有沿岸国有这种划界的能力,但是,该行为对于其他国家的效力却是由国际法决定的"。[3] 国家主权的概念不仅赋予国家享有充分主权之固有权利,同时也规定了国家有尊重他国主权和与之有关的权利的义务。1945 年《联合国宪章》第 2 条第 1 款明确规定了各会员国主权平等的原则。主权平等原则,是指国家之间的法律地位平等,要求一国不得干涉他国内

---

〔1〕 Jean Bodin, *The Six Books of a Commonwealth*, Kenneth Douglas McRae ed., Harvard University Press, 1962, p. 84.

〔2〕 [荷]胡果·格劳秀斯:《战争与和平法》,A. C. 坎贝尔英译,何勤华等译,上海人民出版社 2017 年版,第 63 页。

〔3〕 Fisheries (United Kingdom v. Norway), Judgment, I. C. J. Reports 1951, p. 116 – 132.

政,正如法律格言所言“平等者之间无管辖权”(par in parem non habet jurisdictionem)。[1] 在某些特定情况下,国家在自愿的基础上,因缔结条约而承担的某种义务也构成对国家主权的限制。

国际社会并不存在一个能够对河流共享国之间的权利义务进行划分的超越国家主权之上的权力,国际河流的取水问题在任何情况下都会引起有关沿岸国水资源的主权和权利问题。1895 年,时任美国司法部部长的哈蒙提出“绝对领土主权论”,强调国家对其领土内的国际河流拥有绝对主权。针对美国与墨西哥之间的里奥格兰德河水利用争端,哈蒙认为,并不存在这样一种已经确立和得到承认的权利,即“为了灌溉边界一侧土地的目的而对一条国际界河河水的截引以及可能会影响乃至剥夺边界另一侧土地的灌溉使用目的的截引,将会违反任何已经确立的国际法原则”。[2] 根据“绝对领土主权论”,沿岸国可以享有自由支配国际河流水资源的权力,而不必考虑给其他沿岸国造成的损害或影响。与之相反,“绝对领土完整论”认为,一个国家有权期望获得同样数量的水,因此只容许上游国家最低限度的权利,不允许其因使用沿岸河流的水而造成流量的中断、减少或者增加。[3] 上述理论没有被国际法实践接受,因为它被证明是不可行的。在 1929 年“奥得河国际委员会领土管辖权案”中,常设国际法院认为,“通航河流利益共同体成为一项共同的法律权利基础,所有沿岸国在使用整个河流过程中完全平等”。[4] 该观点被认为是“利益共同体论”,即认为一个国家的主权受到共享同一流域的其他国家的类似权利的限制,强调整个流域利用的最佳效用。

---

〔1〕 See Dinstein Y., *Par in Parem non Habet Imperium*, Israel Law Review, 1(3), p. 407 - 420 (1966).

〔2〕 Judson Harmon, US Attorney General, (US v. Mexico) 1895.

〔3〕 See Mohamed S. Amr, *Diversion of International Watercourses under International Law*, African Yearbook of International Law, Vol. 10, p. 109 - 179 (2004).

〔4〕 Territorial Jurisdiction of Int'l Comm'n of River Oder (U. K. v. Pol.), 1929 P. C. I. J. (ser. A) No. 23 (Sept. 10), p. 27.

在1957年“西班牙法国拉努湖仲裁案”中,仲裁庭反驳了这一理论,认为“上游国家……没有义务在制定其计划时联系下游国家”。[1]

在本案中,常设国际法院认为:“只要这些运河位于当事国的领土内,荷兰和比利时都有权在自己的领土上对这些运河进行修建、扩大、改造、填充,甚至从新水源增加其水量,前提是条约规定的取水不受影响及南威廉运河的正常水位和流速不受影响。”[2]法院给予各国对流经其领土的河流采取行动的自由,前提是这种行动不会影响其他国家的水位。法院的观点体现了“有限领土主权论”,该理论结合了“绝对领土主权论”和“绝对领土完整论”,强调国家拥有在其领土内的国际河流使用水资源的主权权利,只要这种使用不会对其他国家造成损害。这一理论源于“使用自己财产时不得损害别人财产”(sic uteretuooutalienum non laedas),正如《奥本海国际法》认为,“任何国家不得改变其自己领土的天然状况致使领国领土的天然状况蒙受不利”。[3] 因此,每个国家原则上有平等的权利在其领土内最大限度地利用水,但是如果一国在国际河流中使用水的权利影响到沿岸国的利益,则该国在国际河流中使用水的主权权利受到限制。

本案的观点影响了国际水法的发展。国际法学会1961年通过的《关于使用国际非海洋水域的萨尔茨堡决议》第2条规定:“各国有权在国际法规定的范围内,使用横穿其领土或与其接壤的水域,这项权利受到对同一水道或水文流域的其他国家的使用权的限制。”1966年《国际河流水利用的赫尔辛基规则》第4条规定:“每个流域国在其领土内有权公平合理地分享开发利用国际流域内水的利益。”1997年联大《联合国国际水道非航行使用法公

---

〔1〕 Lake Lanoux Arbitration(France/Spain),12 R. I. A. A,1957,p. 139 - 140.

〔2〕 Diversion of Water from the Meuse(Netherlands/Belgium),Judgment,PCIJ Series A/B No. 70,28th June 1937,p. 25 - 26.

〔3〕 [英]詹宁斯、瓦茨修订:《奥本海国际法》(第9版)(第1卷第2分册),王铁崖等译,中国大百科全书出版社1998年版,第14页。

约》第5条规定:“水道国应在各自领土内公平合理地利用国际水道。特别是,水道国在使用和开发国际水道时,应着眼于与充分保护该水道相一致,并考虑到有关水道国的利益,使该水道实现最佳和可持续的利用和受益。”

本案通过解释条约的方式,解决了双方对于共享流域水资源利用的争议,虽然在解释条约的过程中存在瑕疵,但法院对国家使用国际河流的主权问题进行了明晰,国际河流所有流域国拥有平等使用流经本国境内的水资源的权利,同时应顾及其他沿岸国所享有的水资源权。

六、附录

(一)案件名与正式引注格式

1. 中文案件全名:1937年“荷兰/比利时默兹河取水案”

2. 英文案件全名:Diversion of Water from the Meuse (Netherlands/Belgium)

3. 案件的正式引注格式:Diversion of Water from the Meuse (Netherlands/Belgium), Judgment, PCIJ Series A/B No. 70, 28th June 1937, p. 5

(二)与本案主题相关的重要引用案件

1. North Sea Continental Shelf, Judgment, I. C. J. Reports 1969, p. 43 – 44.

2. Lake Lanoux Arbitration (France/Spain), 12 R. I. A. A, 1957, p. 308.

3. Cayuga Indians Case, Nielsen's Report of the United States—BritishClaims Arbitration, 1926, p. 307.

4. Gabcikovo-Nagymaros Project (Hungary/Slovakia), Judgment, I. C. J. Reports 1997.

5. Texaco Overseas Petroleum Company and California Asiatic Oil Company v. Libya, merits. Trail Smelter (USA/Canada), 11 March 1941.

(三)案件中涉及的重要地名

原文	中文
Meuse River	默兹河
Albert Canal	阿尔伯特运河
Zuid Willemsvaart Canal	南威廉运河
Campine Canal	坎平运河
Hasselt Canal	哈瑟尔特运河
Turnhout Canal	蒂伦豪特运河
Beverloo Canal	贝弗洛运河
Scheldt River	斯海尔德河
Juliana Canal	朱丽安娜运河
Bosscheveld Lock	博斯威尔德运河
Neerhaeren Lock	尼尔哈伦船闸
Bosscheveld Lock	博斯威尔德船闸
Curange Lock	库兰奇船闸
Wyneghem Lock	温尼格姆船闸
Hocht Lock	霍赫特船闸
Beverloo Camp	贝弗洛营
Borgharen Barrage	博格哈伦大坝
Haute-Marne	上马恩
Lixhe	里克斯贺
Maestricht	马斯特里赫特
Borgharen	博格哈伦
Wessem	韦瑟姆
Maasbracht	马斯布拉赫特
Venlo	芬洛
Antwerp	安特卫普
Bois-le-Duc	登博斯

续表

原文	中文
Hocht	霍赫特
Brabant	布拉邦特
Bocholt	博霍尔特
Liege	列日
Pulle	普勒
Limburg	林堡
Briegden	布里格登
Quaedmechelen	夸德梅赫伦
Herenthals	海伦塔尔斯
Viersel	维塞尔
Loozen	卢森
Liége-Monsin	李格—蒙辛

（四）与本案有关的重要参考文献

1. Earl of Halsbury & Viscount Hailsham, *Halsbury's Laws of England*(2nd ed.), Butterworth & Company, 1934, p. 87.

2. W. W. Buckland, *A Text-book of Roman Law from Augustus to Justinian* (2nd ed.), Cambridge: At the University Press, 1932, p. 493.

3. D. J. Harris, *Cases and Materials on International Law*, Sweet and Maxwell Limited, 1998, p. 49 .

4. V. D. Degan, *Source of International Law*, Kluwer Law International, 1997, p. 47.

5. Weckström K. & Papageorgiou AC, *International Environmental Law and Policy*, CITIC Publishing House: Aspen Publishers, Inc. ,2003, p. 867 – 868.

6. Philippe Sands, *Principles of International Environmental Law*, Cambridge University Press, 2003, p. 242.

第二章　国际法院案例

第一节　1997 年“匈牙利与斯洛伐克项目案”

1993 年 4 月 7 日：双方就争端解决缔结《匈牙利共和国与斯洛伐克共和国就两国间关于加布奇科沃—大毛罗什项目争端提交国际法院的特别协定》。

1993 年 6 月 28 日：《匈牙利共和国与斯洛伐克共和国就两国间关于加布奇科沃—大毛罗什项目争端提交国际法院的特别协定》生效。

1993 年 7 月 2 日：双方同意向国际法院提交本案争端。

1993 年 7 月 14 日：国际法院发布诉状与反诉状递交时限命令。

1994 年 5 月 2 日：匈牙利提交诉状。

1994 年 5 月 2 日：斯洛伐克提交诉状。

1994 年 12 月 5 日：匈牙利提交反诉状。

1994 年 12 月 5 日：斯洛伐克提交反诉状。

1994 年 12 月 20 日：国际法院发布答辩状递交时限命令。

1995 年 6 月 20 日：匈牙利提交答辩状。

1995 年 6 月 20 日：斯洛伐克提交答辩状。

1997 年 2 月 5 日：国际法院发布关于法院实地考察的决定。

1997 年 4 月 1 ~4 日:国际法院到现场视察。

1997 年 9 月 25 日:国际法院作出判决。

1998 年 9 月 3 日:斯洛伐克请求国际法院作出附加判决。

2017 年 6 月 30 日:斯洛伐克请求国际法院将该国通过请求对案件再作出一项判决的方式中止诉讼程序一事记录在案。

2017 年 7 月 12 日:匈牙利政府表示不反对中止诉讼程序。

2017 年 7 月 18 日:国际法院告知双方当事国,法院决定将斯洛伐克通过请求再作出一项判决的方式中止已开始的程序一事记录在案。

截至 2023 年 3 月,本案仍然待决。法院记录在案的是,斯洛伐克要求作出另一项判决而开始的程序被中止。

一、基本案情

多瑙河流经斯洛伐克和匈牙利。本案水坝所处的争议流域,位于斯洛伐克布拉迪斯拉发与在匈牙利布达佩斯之间的大约 2000 公里的区域。加布奇科沃属于多瑙河流经斯洛伐克的领土;在其下游位置,有片位于峡谷间的地区被称为大毛罗什。[1] 1977 年 9 月 16 日,匈牙利和捷克斯洛伐克签署《加布奇科沃—大毛罗什船闸建造和运营条约》(以下简称《1977 年条约》)。1978 年 6 月 30 日,《1977 年条约》生效,规定缔约方可以"联合投资"的身份在杜瑙基利蒂建造水坝系统,目的在于水力发电,改善多瑙河有关地段的通航情况和保护沿岸地区免受水灾,从而达成该条约之序言所述的"广泛利用多瑙河的布拉迪斯拉发—布达佩斯段的自然资源,以发展缔约方的水资源、能源、运输、农业和其他国民经济部门"的目的。同时,根据上述条约条款,

---

〔1〕 See GabCikovo-Nagymaros Project (Hungary/Slovakia), Judgment, I. C. J. Reports 1997, p. 18, para. 16.

缔约方有义务确保多瑙河水质不受该水坝项目的影响。[1]

1978 年,水坝工程开工。1983 年 10 月 10 日,匈牙利和斯洛伐克签署两份议定书,同意减缓工程进度,推迟发电厂投入运行的时间。1989 年 2 月 6 日,两国签署新的议定书,以加快工程进度。在此之后,由于该项目在匈牙利引起了强烈的批评,匈牙利政府于 1989 年 5 月 13 日决定暂停在大毛罗什的工程,等待有关当局在 1989 年 7 月 31 日之前完成相关研究工作。1989 年 7 月 21 日,匈牙利政府决定将大毛罗什的停工延长至 1989 年 10 月 31 日,并将杜瑙基利蒂的停工延长至同一日期。最后,在 1989 年 10 月 27 日,匈牙利决定终止在大毛罗什的工作,并维持杜瑙基利蒂处工程的现状。[2]

其间,两国进行过磋商,捷克斯洛伐克还提出了包括"变通方案 C"在内的多个临时解决方案。"变通方案 C"包括在库诺沃建造一个溢流坝和一个将该坝与旁路运河南岸连接起来的防洪堤,并使多瑙河在杜瑙基利蒂上游 10 公里处改道。这项决定于 7 月 25 日得到捷克斯洛伐克联邦政府的赞同。1991 年 7 月 23 日,斯洛伐克政府决定,从 1991 年 9 月 9 日开始,临时解决方案进入施工阶段,从而使加布奇科沃项目投入运作。关于"变通方案 C"的施工于 1991 年 11 月开始。其间,双方当事国继续进行磋商,但毫无结果。1992 年 5 月 19 日,匈牙利政府向捷克斯洛伐克政府递交了一份普通照会,宣布从 1992 年 5 月 25 日起终止《1977 年条约》。1992 年 10 月 15 日,捷克斯洛伐克封闭多瑙河,并从 10 月 23 日开始截水。[3]

1992 年 10 月 23 日,国际法院收到水坝项目相关争议的申请书,[4]但匈牙利承认国际法院没有管辖权基础。1992 年 10 月 28 日,在欧共体委员会

[1] See GabCikovo-Nagymaros Project (Hungary/Slovakia), Judgment, I. C. J. Reports 1997, p. 17 - 18, para. 15; p. 20, para. 18.

[2] Ibid., p. 24 - 25, paras. 21 - 22.

[3] Ibid., p. 25, para. 23.

[4] See Application of the Republic of Hungary v. The Czech and Slovak Federal Republic on the Diversion of the Danube River.

出面进行的调解中,两国作出了临时承诺,同意将争端提交国际法院,同时,三方实况调查团应最迟于10月31日就“变通方案C”方案提出报告,三方独立专家小组应就须采取的紧急措施提出建议。[1]

1993年1月1日,斯洛伐克独立。1993年4月7日,匈牙利与斯洛伐克就加布奇科沃—大毛罗什项目争端签署《匈牙利共和国与斯洛伐克共和国就两国间关于加布奇科沃—大毛罗什项目争端提交国际法院的特别协定》(以下简称《特别协定》)。此外,1993年8月26日,匈牙利和斯洛伐克就设立一个三方专家小组,旨在促成匈牙利和斯洛伐克就临时解决方案和多瑙河河水径流量达成协议。经过长时间的谈判,1995年4月19日,两国终于达成了一项协议,这项临时协定将在国际法院作出判决后14天结束。[2]

根据《特别协定》的规定,国际法院将就《1977年条约》的履行和终止问题,以及“临时解决方案”的建造和运行问题进行判决。[3]

二、双方主张

(一)匈牙利对斯洛伐克行为的立场

匈牙利以“变通方案C”的建设为分界线,分析了不同时间阶段中捷克斯洛伐克及斯洛伐克行为的违法性。匈牙利认为,该国的这些行为违反了相关条约和一般国际法。同时,由于缺乏先行违法行为、不符合“比例原则”、违反与基本人权有关的强行法规范(*jus cogens*)、违反斯洛伐克本国的基本利益等原因,捷克斯洛伐克的行为并不能基于“反措施”或“危急情势”

---

〔1〕 See GabCikovo-Nagymaros Project(Hungary/Slovakia), Judgment, I. C. J. Reports 1997, p. 27, para. 24.

〔2〕 Ibid., p. 27 – 28, para. 25.

〔3〕 See Special Agreement Between the Republic of Hungary and the Slovak Republic for Submission to the International Court of Justice of the Differences between Them concerning the GabCikovo-Nagymaros Project, jointly notified to the International Court of Justice on 2 July 1993, p. 4.

而排除其不法性。[1] 斯洛伐克作为捷克斯洛伐克所涉加布奇科沃—大毛罗什项目的唯一继承国,以及"变通方案 C"在 1993 年 1 月 1 日后继续运行的责任国,需要就此承担相应的赔偿责任。[2]

1. 捷克斯洛伐克原项目建设具有违法性

匈牙利指出,捷克斯洛伐克原项目建设施工的行为,既违反了相关条约,也不符合一般国际法。

以《1977 年条约》为例,该条约第 15 条、第 19 条、第 20 条分别规定了维持多瑙河水质、保护自然和渔业资源的相关措施。从双方当事国所签署或加入的各项相关条约解释,两国的具体义务涉及避免船闸建设运行给多瑙河带来的既有或潜在的污染危险,保护野生动植物及其栖息地与之相联系的冲积平原,以及保障特定鱼类的生存环境与迁徙安全。[3] 对于上述条约规定及相关环保机构给出的建议,捷克斯洛伐克以污染事件不会发生或可以补救为由,坚持实施水坝项目。匈牙利认为,捷克斯洛伐克的行为,不符合其确保不对整个自然环境或特别是水质造成重大损害的条约义务,因而违反了《1977 年条约》第 15 条、第 19 条。[4] 同时,捷克斯洛伐克在明知项目施工会对环境造成明显破坏的情况下,拒绝通过接受有意义的谈判进行合作,也违反了《维也纳条约法公约》(以下简称《条约法公约》)第 26 条"条约必须遵守"的义务。[5]

与此同时,捷克斯洛伐克还涉嫌违反了《1976 年边界水域公约》和一般国际法,主要涉及随着国际环境法发展而提出的"风险预防原则"和"合作义务"。[6]

---

[1] See Memorial of the Republic of Hungary, Volume 1, p. 234 – 243.

[2] Ibid., p. 244 – 249.

[3] Ibid., p. 183 – 189.

[4] Ibid., p. 194, para. 6. 46.

[5] Ibid., p. 195 – 196, para. 6. 49.

[6] Ibid., p. 196 – 209.

2. “变通方案C”不符合相关条约和一般国际法的规定

“变通方案C”的违法性同样体现在条约和一般国际法这两大方面。

匈牙利指出，捷克斯洛伐克（及斯洛伐克）建设和运行“变通方案C”的行为，违反了一系列条约，主要包括：《1977年条约》及其相关协定，《1976年边界水域公约》，以及其他与多瑙河航运与匈牙利和斯洛伐克两国边境有关的双边、多边条约。[1] 具体而言，上述条约的违反行为主要可以分为三大类：其一，违反了上述条约规定的基本合作义务，也与两国之间合作共享多瑙河自然资源的一般习惯规则相对应；其二，违反了具体的条约义务，包括《1977年条约》第15条、第19条、第20条等所涉及的保护自然环境的义务，《1976年边界水域公约》第6条等所涉及的保养水务工程的义务，《1977年条约》第14条、《共同承办计划》等所涉及的水资源管理的义务，以及捷克斯洛伐克将多瑙河作为边界河流的义务；[2] 其三，“变通方案C”还违反了“不造成境外环境损害义务”“事前通知协商义务”“不歧视原则”“公平利用共享自然资源原则”“自然资源永久主权原则”等一般国际法。[3]

（二）匈牙利对本国行为的立场

对于条约终止这项争议点，匈牙利表示，尽管他们暂停了某些项目施工，但是，暂停并终止项目施工，不代表暂停或终止《1977年条约》的适用。并且，“生态危急情势”能证明该行为的正当性。[4] 具体而言，匈牙利提出了5条抗辩理由，分别是：危急情势的豁免、条约履行不能、情势变更、捷克斯洛伐克重大违约，以及国际环境法新规范发展的影响。[5]

---

〔1〕 See Memorial of the Republic of Hungary, Volume 1, p. 210 – 211, para. 7. 04.

〔2〕 Ibid., p. 211, para. 7. 05. See also Memorial of the Republic of Hungary, Volume 1, p. 211 – 219.

〔3〕 See Memorial of the Republic of Hungary, Volume 1, p. 219 – 233.

〔4〕 See GabCikovo-Nagymaros Project (Hungary/Slovakia), Judgment, I. C. J. Reports 1997, p. 35 – 36, para. 40.

〔5〕 Ibid., p. 58, para. 92.

1. 匈牙利的行为适用“危急情势”的豁免

匈牙利援引《国际法委员会第三十二届会议工作报告》第 49 页第 31 段、《国家对国际不法行为的责任条款草案》第 33 条，以及“俄罗斯海狗案”，指出：“数千万人的生命”和“维护自然环境”，是匈牙利的“基本利益”。[1] 而《1977 年条约》计划的水坝系统以及后来单方面实施的“变通方案 C”，对人口构成了重大的经济和环境威胁。[2] 因为该水坝的建设，将导致河流径流量减少，从而使地下水水位下降，严重影响水质，造成地表水，尤其是水坝里的水的富营养化，同时，河流中的动植物也会灭绝。[3] 在匈牙利于 1992 年 5 月决定终止《1977 年条约》时，上述经济与环境威胁问题显然已迫在眉睫，同时，由于捷克斯洛伐克的强硬态度，终止条约是匈牙利唯一可行的方案。[4]

2. 匈牙利的行为适用“条约履行不能”的豁免

匈牙利援引“俄罗斯赔偿案”表示，条约履行不能，是基于“法律不能强迫做不可能的事”（“*ad impossibilia nemo tenatur maxima*”，又称“*lex non cogit ad impossibiliam*”）这一原则。[5] 在本案中，《1977 年条约》有关符合环境安全的水坝系统，以及互利的共同投资目标已经无法实现，而且这不是匈牙利的责任。[6] 这两大因素符合《条约法公约》第 61 条、第 62 条所反映的习惯国际法上条约不能履行的条件。[7]

---

〔1〕 See Memorial of the Republic of Hungary, Volume 1, p. 288, paras. 10. 21 – 10. 22. See also Memorial of the Republic of Hungary, Volume 1, p. 283 – 289.

〔2〕 Ibid., p. 287, paras. 10. 18 – 10. 19.

〔3〕 See GabCikovo-Nagymaros Project (Hungary/Slovakia), Judgment, I. C. J. Reports 1997, p. 35 – 36, paras. 40 – 41

〔4〕 See Memorial of the Republic of Hungary, Volume 1, p. 289 – 291.

〔5〕 Ibid., p. 293 – 294, paras. 10. 41 – 10. 42.

〔6〕 See Memorial of the Republic of Hungary, Volume 1, p. 297, para. 10. 51. See also Memorial of the Republic of Hungary, Volume 1, p. 296 – 299.

〔7〕 Ibid., p. 295 – 296, paras. 10. 46 – 10. 48.

3. 匈牙利的行为适用“情势变更”的豁免

匈牙利指出，情势变更的适用性，有必要从以下3方面进行审议：其一，所发生的实质性变化的程度和严重程度；其二，这些变化是否是匈牙利违反义务的结果；其三，是否适用任何特别的程序规定。[1] 本案中，东欧经济互助委员会解体，“社会主义一体化”理念消亡，《1977年条约》所涉水坝工程的“单一而不可分割的运作体系”已经瓦解，“联合投资”被证明是一场“巨大的投资惨败”，甚至《1977年条约》本身也被证明是在破坏环境等因素。匈牙利认为，这些都是情势发生根本性变更的证据。[2]

4. 捷克斯洛伐克“重大违约”在先

匈牙利援引《条约法公约》第60条和“纳米比亚案”表示，匈牙利终止《1977年条约》的另一项理由是，捷克斯洛伐克于1992年5月16日发表的声明构成实质违约。[3] 匈牙利表示：计划和建造“变通方案C”本身就是对《1977年条约》的严重违反，因此，一旦捷克斯洛伐克明确表示既不停止建造“变通方案C”，也不修正《1977年条约》以保护环境，匈牙利就有权援引这些行为作为终止《1977年条约》的理由。但与此同时，匈牙利也表示，这一行为具有“预期违约”的性质，即具有持续性。[4]

5. 匈牙利的行为是受国际环境法新规范发展的影响

匈牙利表示，“斯德哥尔摩第21条原则”，不得对他国领土或本国管辖范围外的区域造成环境损害已经成为一项国际法规则，并且，在对一个区域的人民具有重要意义的资源范围超出一个国家的情况下，这些义务属于对世义务(ergaomnes)。[5]

---

[1] See Memorial of the Republic of Hungary, Volume 1, p. 309, para. 10.72. See also Memorial of the Republic of Hungary, Volume 1, p. 313 – 315.

[2] Ibid., p. 309 – 311.

[3] Ibid., p. 316, paras. 10.86 – 10.87.

[4] Ibid., p. 316 – 317, paras. 10.88 – 10.90.

[5] Ibid., p. 317 – 319.

(三)斯洛伐克对匈牙利行为的立场

对于上述理由,斯洛伐克在其诉状中表示了反对,认为匈牙利没有履行建造、操作和维护该系统,保护环境和便利航行的义务。[1]

1. 匈牙利的行为违反相关条约规定

斯洛伐克指出,匈牙利从一开始就以经济困难为借口,未能履行其义务。[2] 斯洛伐克援引《条约法公约》第57条认为,本案中,《1977年条约》并没有就暂停履约订立相关规定,关于"暂停施行条约"前须经"全体当事国于咨询其他各缔约方后都表示同意"是在匈牙利的要求下增加的。但在本案中,斯洛伐克以时间过短为由,提出匈牙利不仅没有取得捷克斯洛伐克的同意,而且也没有进行任何协商。[3] 不仅如此,根据《条约法公约》第72条第2款,暂停履约的本质是"不能损害履约完成",但匈牙利的行为则涉嫌撤销相关协议,并直接对捷克斯洛伐克实施一项修正案,使后者别无选择。[4]

2. 匈牙利的相关主张不能构成"危急情势"的情形

对于匈牙利提出的"生态危急情势",斯洛伐克表示,匈牙利提出的所谓危急情势并不构成《条约法公约》有关"中止条约义务"的正当理由。同时,"生态危急情势"不属于"危急情势"例外的范畴。斯洛伐克否认1989年及之后涉案水坝工程存在生态问题的事实,其认为,匈牙利对现状作了"夸张且悲观"的描述。此外,斯洛伐克并不否认出现生态问题的可能性,但其认为在很大程度上,这些情况可以通过修改《1977年条约》加以改善。[5]

斯洛伐克表示,首先,根据当时最公正的《魁北克水力国际公司报告》和《贝克特尔公司报告》,无论在加布奇科沃—大毛罗什项目暂停施工期间还

---

[1] See Memorial Submitted by the Slovak Republic, Volume 1, p. 259, para. 6. 109.

[2] Ibid., p. 243, para. 6. 62.

[3] Ibid., p. 246 – 247, paras. 6. 72 – 6. 74.

[4] Ibid., p. 247 – 248, paras. 6. 77 – 6. 79.

[5] See GabCikovo-Nagymaros Project (Hungary/Slovakia), Judgment, I. C. J. Reports 1997, p. 37, para. 44.

是《1977 年条约》终止期间,所谓的紧迫的生态灾难或生态危急情势并不存在。[1]

其次,主张生态危急情势的前提是该国相信这一情况的存在,而在本案中,匈牙利在签订《1977 年条约》之后,还签署了《1977 年互助协定》。该协议应匈牙利的请求,将相关水坝项目的施工任务进行了分配。斯洛伐克认为,这表明匈牙利的财政问题和它自己的能源需求才是其终止履约的根本原因。[2]

最后,尽管匈牙利对多瑙河水质表示了关切,但是,涉案相关技术层面的协议表明,匈牙利相信,如果采取这些措施,就不会发生水污染所造成的环境威胁。[3] 不仅如此,在加布奇科沃—大毛罗什项目施工暂停期间,匈牙利没有就生态危急情势提供任何证据,还声称,只有加布奇科沃—大毛罗什项目在高峰时段的运行情况下,才会出现生态危急情势。[4]

此外,《1977 年条约》第 27 条已经设立了争端解决程序,即以客观科学数据为基础而非未经核实的单方主张的双边谈判。因此,斯洛伐克表示,充分利用这些机制,任何消极的事态发展都可以在《1977 年条约》的框架内得到解决。[5]

3. 匈牙利的相关主张不能构成“条约履行不能”或“情势变更”的情形

斯洛伐克表示,即使存在所谓的危急情势,匈牙利也必须在满足《条约法公约》第 61 条或第 62 条的情况下才能终止条约。[6] 本案中,《条约法公约》第 61 条第 1 款所规定的“必不可少的标的物永久消失或毁坏”的情况并

---

〔1〕 See Memorial Submitted by the Slovak Republic, Volume 1, p. 320 – 324, para. 8. 28.

〔2〕 Ibid., p. 324 – 325, paras. 8. 29 – 8. 32.

〔3〕 Ibid., p. 327 – 328, paras. 8. 40 – 8. 42.

〔4〕 Ibid., p. 328, para. 8. 42.

〔5〕 Ibid., p. 332, para. 8. 58.

〔6〕 Ibid., p. 333, para. 8. 61.

不存在。[1] 对于《条约法公约》第62条规定的情势变更，斯洛伐克表示，匈牙利的内部政治变化与依然有待履行的义务的范围无关。[2]

4. 匈牙利的行为不符合“对抗措施”的要求

斯洛伐克援引《条约法公约》第60条的规定认为，就“终止他国非法行为”这一目标而言，匈牙利多年来所做的一切努力都是为了避免自己履行其义务，并确保斯洛伐克也不履行其法律义务；[3]就对抗措施所需的“重建国与国之间的平衡”而言，匈牙利的终止履约不是在重建条约关系的平衡，而是在结束该条约关系。[4] 与此同时，匈牙利的行为也不符合《条约法公约》第60条规定的先决条件，即匈牙利既没有在解约前寻求相关赔偿，捷克斯洛伐克及斯洛伐克不存在国际不法行为，并且终止《1977年条约》的行为也不符合“比例原则”。[5]

5. 斯洛伐克对匈牙利提出的国际环境法之影响的不同意见

对于匈牙利提出的国际环境法的要求，斯洛伐克表示：

第一，相关国际环境法的内容只是“软法”，并不构成具有法律约束力的国际法规则，更不构成可以使《条约法公约》第64条生效的强行法。

第二，相关国际环境法的内容具有相当大的普遍性，不能减损《1977年条约》的“特别法”（*lex specialis*）的适用。

第三，即使相关国际环境法的内容属于国际法原则规则，在任何情况下，它们也不会减损缔约方之间商定的条约规定。

第四，“特别法优于普通法原则”（*lex specialis derogat legi generali*）是作为一种解释原则而存在的，它的作用不是中止或终止一项条约。

---

〔1〕 See Memorial Submitted by the Slovak Republic, Volume 1, p. 334, para. 8. 63.

〔2〕 Ibid., p. 338 – 339, para. 8. 78.

〔3〕 Ibid., p. 344, para. 8. 99.

〔4〕 Ibid., p. 344, para. 8. 100.

〔5〕 Ibid., p. 345 – 347.

第五，即使所有这一切不是这样，这些原则也不需要放弃《1977 年条约》，因为上述对于环境的考量完全可以纳入该条约，并且没有证据表明，只有终止加布奇科沃—大毛罗什项目才能保护环境。[1]

（四）斯洛伐克对本国行为的立场

1. 捷克斯洛伐克不存在重大违约

对于将违约责任归咎于本国存在重大违约，斯洛伐克表示本国的行为符合《1977 年条约》第 15 条、第 19 条的相关规定，其包括“变通方案 C”在内的项目建设并没有破坏多瑙河水质。[2] 并且，斯洛伐克充分履行了其目前的义务，完成了其所负责的约 90% 的建设义务，遵守了所有监测要求，多年来一直设法满足匈牙利的前后不一致的要求。[3] 而“变通方案 C”更是尽可能地实现《1977 年条约》目标和宗旨的唯一可行途径。[4]

2. “变通方案 C”的建设运行具有合法性

对于将终止履约归咎于“变通方案 C”，斯洛伐克表示，“变通方案 C”实际上是斯洛伐克对于匈牙利持续的违约行为的不得已的反应。[5] “变通方案 C”的目的是达成《1977 年条约》的目标。[6] 同时，也符合“索赔人必须设法减轻其所遭受的损害”的一般法律原则，这也是善意履约的要求之一。[7]

对于匈牙利提出的“变通方案 C”违反了“禁止界河改道”这一强制性规范，斯洛伐克指出，将多瑙河进行改道是《1977 年条约》一直设想的内容之一。因此，匈牙利在《1977 年条约》中同意将多瑙河改道进入斯洛伐克

---

〔1〕 See Memorial Submitted by the Slovak Republic, Volume 1, p. 349 – 350, para. 8.112.

〔2〕 Ibid., p. 341, para. 8.87.

〔3〕 Ibid., p. 341, para. 8.89.

〔4〕 Ibid., p. 342, para. 8.93.

〔5〕 Ibid., p. 279, para. 7.02.

〔6〕 Ibid., p. 282 – 289.

〔7〕 Ibid., p. 290 – 291.

领土。[1]

此外,“变通方案 C”也符合《多瑙河航行制度公约》[2]《1976 年边界水域管理协议》,[3]没有侵犯匈牙利的领土,也符合共同水道的相关习惯国际法的规则和原则。最后,斯洛伐克还表示,在“变通方案 C”方面,该国事实上完全准备与匈牙利开展合作。[4]

三、国际法院判决

(一)匈牙利暂停并终止加布奇科沃—大毛罗什项目是否属于“危急情势”的豁免

1. 匈牙利暂停并终止项目施工的性质

在判决书的第 1 段至第 26 段,国际法院首先回顾了案情的发展经过。与此同时,国际法院认为:本案中所涉条约、议定书是否适用《条约法公约》无须赘述,但需要注意的事实是,《条约法公约》中的一些规则被认为是对习惯国际法的汇编,这对第 60 条至第 62 条关于条约终止、中止履行和停止实施都适用。[5] 对于双方当事国在诉状中讨论颇多的《条约法公约》与国家责任的关系问题,国际法院认为并无必要,因为这是两个范畴明显不同的国际法分支。

对于匈牙利的暂停并终止履行条约的行为,国际法院回顾《1977 年条约》的内容表示,该条约的第 1 条第 1 段业已明确,加布奇科沃—大毛罗什

---

〔1〕 See Memorial Submitted by the Slovak Republic, Volume 1, p. 292, para. 7. 43. See also Memorial Submitted by the Slovak Republic, Volume 1, p. 292 – 294.

〔2〕 See the Convention of 18 August 1948 concerning the Régime of Navigation on the Danube.

〔3〕 See the 1976 Boundary Waters Management Agreement.

〔4〕 See Memorial Submitted by the Slovak Republic, Volume 1, p. 294 – 309.

〔5〕 本案审理时,《条约法公约》尚未生效。

项目是“单一和不可分割”的项目。[1] 并且,包括《1977 年条约》在内的相关条约、文件中所规定的双方当事国在加布奇科沃—大毛罗什项目中的具体工程项目及条约义务也表明,水坝项目的完工需要两国的在劳动力和物资供给方面的共同合作。[2] 针对匈牙利提出的“暂停并终止项目施工,不代表暂停或终止《1977 年条约》的适用”的看法,国际法院认为,匈牙利暂停并终止履行条约义务的行为,只能被解释成不愿遵守《1977 年条约》及其议定书的相关规定的表现。这种行为使《1977 年条约》明确描述为“单一和不可分割”的“加布奇科沃—大毛罗什项目”无法完成预期目标。[3]

2. 危急情势在本案中的适用

针对匈牙利提出的“危急情势”这一辩护理由,国际法院并未认可,其认为本案中匈牙利所面临的环境危险不具有“紧迫性”。并且,鉴于匈牙利有应对危险的多个解决办法,因此,该国不得援引危急情势为其条约履行瑕疵作辩护。[4]

(二)斯洛伐克是否有权建设“变通方案 C”并将其投入运行

1. “变通方案 C”是否适用“近似适用原则”(the principle of approximate application)

针对斯洛伐克提出的“近似适用原则”的抗辩理由,国际法院认为,法院没有证实是否存在“近似适用原则”这一国际法原则或一般法律原则的必要性,因为即使存在这一原理,它也必须在本案所涉条约的框架下适用,而根据《1977 年条约》,“变通方案 C”的建设不符合相关基本条件。[5] 国际法院指出,根据《1977 年条约》第 1 条,该条约的基本特点是“联合投资,协调建

---

〔1〕 See GabCikovo-Nagymaros Project(Hungary/Slovakia), Judgment, I. C. J. Reports 1997, p. 29, para. 28.

〔2〕 Ibid., p. 30, para. 29; p. 31, para. 30.

〔3〕 Ibid., p. 39, para. 48.

〔4〕 Ibid., p. 45 – 46, para. 57.

〔5〕 Ibid., p. 53, para. 76.

设”,整个工程项目是一个“单一和不可分割”的系统。无独有偶,《1977年条约》第8条、第10条同样反映了这一要求。根据上述定义,加布奇科沃—大毛罗什项目不可能通过一国的单方面行动来实现。“变通方案C”虽然在形式上与原方案有一定的相似之处,但在法律性质上却与原方案有很大不同。[1] 不仅如此,“变通方案C”的建设使捷克斯洛伐克获得了多瑙河中80%~90%的水资源。因此,斯洛伐克建设“变通方案C”的行为违反了《1977年条约》,构成了国际不法行为。[2]

法院同时也指出,1991年11月至1992年10月,捷克斯洛伐克只在自己的领土上执行为执行“变通方案C”所必需的工程,并表示如果当事各方之间达成协议,斯洛伐克会放弃该工程的施工,这一行为作为国际不法行为的预备行为,应当与实行行为相区分,不属于国际不法行为的范畴。[3]

2.“变通方案C”是否适用“减损原则”

针对斯洛伐克提出的“变通方案C”的建设,是基于“因对方违约而合同利益受损的一方,须设法减轻其所受损害”这一原则作出的,国际法院认为,虽然这一原则可能为之后的损害赔偿计算提供一个依据,但这一原则本身不能为“变通方案C”的国际不法行为辩护。[4]

3.“变通方案C”是否适用“违法性相抵”

在论证了“变通方案C”的建设属于国际不法行为的基础上,国际法院进一步分析“违法性相抵”是否能排除“变通方案C”的不法性。“违法性相

---

〔1〕 See GabCikovo-Nagymaros Project (Hungary/Slovakia), Judgment, I. C. J. Reports 1997, p. 53 – 54, para. 77.

〔2〕 Ibid., p. 54, para. 78.

〔3〕 Ibid., p. 54, para. 79. See also The Commentary on Article 41 of the Draft Articles on State Responsibility, "Report of the International Law Commission on the work of its forty-eighth session, 6 May – 26 July 1996", Official Records of the General Assembly, Fifty-first Session, Supplement No. 10 (A/51/10), p. 141, and Yearbook of the International Law Commission, Vol. Ⅱ, Part 2, 1993, p. 57.

〔4〕 See GabCikovo-Nagymaros Project (Hungary/Slovakia), Judgment, I. C. J. Reports 1997, p. 55, para. 80.

抵”的适用,须满足多个条件。首先,反措施必须是针对特定国家的发生在先的国际不法行为而采取的。对此,国际法院指出,尽管“变通方案 C”在一开始并非作为“反措施”出现,但是,该临时解决方案所针对的明显是匈牙利这个特定的国家以及其暂停并终止履行《1977 年条约》的行为。并且在法院看来,上述行为明显属于国际不法行为。[1]

其次,受害国必须要求不法行为的行为国停止其错误行为并对其做出赔偿。本案中,斯洛伐克曾多次要求匈牙利复工,例如,匈牙利于 1989 年 5 月 13 日暂停项目的施工后,捷克斯洛伐克就第一时间通知匈牙利,斯洛伐克将被迫采取单边措施恢复项目施工;又如,捷克斯洛伐克还在 1989 年 10 月 30 日的普通照会上,重申了其将着手临时解决方案施工的立场。[2] 此外,适用“违法性相抵”还有一个重要的条件,即“反措施”所造成的结果必须与该国之前所遭受的损失相称。本案中,捷克斯洛伐克单方面侵占了共享资源的控制权,从而剥夺了匈牙利公平合理使用多瑙河自然资源的权利。同时,捷克斯洛伐克使多瑙河改道对西盖特科兹(Szigetkoz)河岸区的生态环境所造成的影响,也不符合国际法所要求的“比例原则”。[3] 此外,鉴于上文所提及的“变通方案 C”和原方案在法律性质上的巨大差异,法院并不认为匈牙利对原方案的“施工许可”可以被推定为是对“变通方案 C”的施工许可。[4]

鉴于上述分析已经可以证明斯洛伐克行为的不法性,法院认为,没有必要继续分析“反措施的目的是促使侵害国承担其国际义务”和“反措施的结果必须是可撤销的”这两个条件。[5]

---

〔1〕 See GabCikovo-Nagymaros Project (Hungary/Slovakia), Judgment, I. C. J. Reports 1997, p. 55 – 56, para. 83.

〔2〕 Ibid., p. 33, para. 37; p. 47, para. 61; p. 56, para. 84.

〔3〕 Ibid., p. 56, para. 85.

〔4〕 Ibid., p. 54, para. 78; p. 56, para. 86.

〔5〕 Ibid., p. 56 – 57, para. 87.

(三)匈牙利通知终止《1977年条约》的法律后果

1.《1977年条约》终止所适用的法律规则

《1977年条约》的终止,既要遵守当时的国际法规则,也受条约自身规定的约束。对于前者,国际法院指出,由于双方当事国签署《1977年条约》在先,签署《条约法公约》在后,因此,《条约法公约》本身不能直接适用于《1977年条约》,只有其中已经成为习惯国际法的部分才有适用性。[1] 对于后者,国际法院指出,《1977年条约》中没有就条约终止作出规定,也没有任何迹象表明,条约双方当事国打算承认有退出或退出的可能性。相反,该条约建立了长期和持久的联合投资和联合行动制度。因此,《1977年条约》终止事项只能适用《条约法公约》中的相关习惯国际法。[2]

2. 国际法院对于匈牙利的抗辩理由的分析

对于上文所述的,匈牙利就条约终止合法性提出的五大抗辩理由,国际法院的观点如下:

其一,针对匈牙利提出的"存在危急情势的豁免"的抗辩理由,国际法院认为,即使存在危急情势,它也不能作为匈牙利终止《1977年条约》的根据。因为危急情势仅仅是一国未履行其条约义务后免于承担国家责任的一项豁免条款。在危急情势存续期间,相关条约可能无效,也可能事实上处于休眠但仍有效力的状态,只从危急情势消失起,条约国恢复履行条约的义务。[3]

其二,针对匈牙利提出的"条约履行不能"这一抗辩理由,国际法院认为,匈牙利对《条约法公约》第61条的解释与条约约文不一致,也与缔结条约法公约的外交会议的目的不一致。该条款的立法目的是希望各国狭义解释"条约履行不能",外交会议的预备会议报告表明与会国不考虑将经济困

---

[1] See GabCikovo-Nagymaros Project (Hungary/Slovakia), Judgment, I. C. J. Reports 1997, p. 62, para. 99.

[2] Ibid., p. 62 – 63, para. 100.

[3] Ibid., p. 63, para. 101.

难导致的不能履行条约作为终止或中止条约的理由。法院还认为,没有必要分析《条约法公约》第61条中的“标的物”(object)是否可以理解为包含任何情况下的一种法律制度,即便可以这样理解,也不能得出结论认为当时(1992年5月发出的照会)这种法律制度必然不存在。国际法院补充,根据《条约法公约》第61条第2款之规定,违约方不得援引“条约履行不能”终止条约。在本案中,《1977年条约》第15条、第19条、第20条事实上为缔约方提供了必要手段,以便适应经济需要和生态需要,且在任何时候进行谈判和修约。如果《1977年条约》规划的“联合开发投资”的可能性不复存在,最初也是因为匈牙利没有承担其《1977年条约》下的大部分工作。[1]

其三,针对匈牙利提出的“情势变更”这一抗辩理由,国际法院并未认可,其认为匈牙利所提出的已改变的情况,其性质都不可能从根本上改变为完成该项目依然需履行的义务的范围。[2]

其四,针对匈牙利提出的“捷克斯洛伐克重大违约”抗辩理由,国际法院指出,捷克斯洛伐克在1992年10月拦截多瑙河河水的时候才开始违反《1977年条约》,其之前的“变通方案C”建设并无不法行为。因此,匈牙利在1992年5月提出的终止条约是不成熟的,而且当时捷克斯洛伐克的违约行为并没有发生。由此可见,匈牙利以“捷克斯洛伐克重大违约”为由终止条约为时过早。[3] 此外,国际法院注意到,是匈牙利自身的不法行为促成了斯洛伐克建设“变通方案C”,因此,即使当时斯洛伐克违反了《1977年条约》的目的和宗旨,由于匈牙利自身行为的瑕疵,它也无权终止条约。[4]

其五,针对匈牙利提出的“受国际环境法发展的影响”这一抗辩理由,国

[1] See GabCikovo-Nagymaros Project (Hungary/Slovakia), Judgment, I. C. J. Reports 1997, p. 63 - 64, para. 103.

[2] Ibid., p. 64 - 65, para. 104.

[3] Ibid., p. 66, para. 108.

[4] Ibid., p. 67, para. 110.

际法院指出,一方面,鉴于双方当事国均未主张《1977 年条约》缔约后存在新的环境法强行法。因此,法院无须审查《条约法公约》第 64 条的适用范围。另一方面,国际法院指出,《1977 年条约》对新的国际环境法规则是持开放包容态度的,缔约方可以根据该条约第 15 条、第 19 条、第 20 条,将上述国际法环境法新规纳入《1977 年条约》,也可以通过第三方参与的方式,找到争端的解决方案。因此,尽管双方当事国均违反了《1977 年条约》,但这种交叉不法行为尚不构成条约终止的理由,也不能证明终止条约的正当性。[1]

综上所述,匈牙利发出的终止《1977 年条约》的通知,不具有终止《1977 年条约》及其相关法律文件的效力。[2]

(四)匈牙利、斯洛伐克所需承担的法律责任

1.《1977 年条约》是否对斯洛伐克具有法律约束力

针对匈牙利提出的《1977 年条约》因捷克斯洛伐克解体而不复存在的辩护意见,国际法院认为,没有必要探讨《关于国家在条约方面的继承的维也纳公约》第 34 条是否为习惯国际法;相反,《1977 年条约》的本质和特性与该争议点更为相关。

法院指出,《1977 年条约》的本质是"联合投资",其主要特点是沿多瑙河在匈牙利和捷克斯洛伐克境内建立大型、综合、不可分割的综合型构筑物,并将其投入运行;同时,该条约还就国际航道,尤其是国际航道至旁路运河的改道,建立了新的航运制度。如此一来,沿岸其他国家的利益必然受到影响。而该条约第 18 条恰又承认了第三方的利益。据此,双方当事国承诺按照《多瑙河航行制度公约》所规定的义务,确保"国际水道航行的通畅和安全"。

国际法院援引《关于国家在条约方面的继承的维也纳公约》第 12 条的

---

〔1〕 See GabCikovo-Nagymaros Project (Hungary/Slovakia), Judgment, I. C. J. Reports 1997, p. 67 – 68, paras. 112 – 114.

〔2〕 Ibid., p. 69, para. 115.

规定指出,在传统理论和现代观点中,领土特性的条约都被视为不受国家继承的影响,即具有法律效力的与领土有关的条约,将约束继承国。这一原则作为习惯国际法也为双方当事国所承认。本案中,《1977 年条约》的内容表明,它必须被视为在《关于国家在条约方面的继承的维也纳公约》第 12 条下建立了一个领土制度。它对多瑙河的沿岸部分设立了权利和义务。如此一来,《1977 年条约》本身不受国家继承的影响。综上所述,自 1993 年 1 月 1 日起,《1977 年条约》对斯洛伐克产生约束力。[1]

2.《1977 年条约》的效力及其法律后果

国际法院指出,《1977 年条约》对双方当事国仍然具有约束力,并且作为"特别法",支配着双方当事国的国际关系。[2] 同时,国际法院还指出了一项不容忽视的事实:多年来,《1977 年条约》并没有得到双方当事国的充分执行,两国的作为和不作为共同促成了本案目前的局面。[3] 因此,本案问题的关键是,如何将 1989 年来本案的相关问题置于现有和发展中的《1977 年条约》的框架内,从而最大限度地实现该条约的目标和宗旨,纠正由于双方当事国均未能履行其条约义务而造成的非正常局面。[4] 同时,这也是《条约法公约》第 26 条"条约必须遵守原则"(*pacta sunt servanda*)的体现。[5]

因此,国际法院指出,双方当事国须就国际法院判决的具体执行问题进行协商并达成一致。

具体来说:第一,双方当事国需要回顾《1977 年条约》的目标,并在实现该条约所有目标的同时,审议在《1977 年条约》的范围内用何种方式可以最大限度地服务于多种目标。这是因为,《1977 年条约》不仅是一个以能源生

---

〔1〕 See GabCikovo-Nagymaros Project (Hungary/Slovakia), Judgment, I. C. J. Reports 1997, p. 71 – 72, para. 123.

〔2〕 Ibid., p. 76, para. 132.

〔3〕 Ibid., p. 76, para. 133.

〔4〕 Ibid.

〔5〕 Ibid., p. 78 – 79, paras. 142 – 143.

产为目的的联合投资项目，还服务于改善通航、控制洪涝、保护环境等其他多个目标。[1]

第二，基于保持多瑙河水质与保护自然的义务，双方当事国在之后的活动中，需要将新的环境保护规范考虑在内，尤其是要解决即将排放到多瑙河旧河床及其两侧支流的水量的问题。[2]

第三，除非双方当事国另有协议，根据《1977 年条约》建立的联合管理制度应当被保留。[3] 而重建该制度也将以积极的方式，体现"共同利用水资源，以实现《1977 年条约》目标"的理念。[4]

3. 交叉不法行为的法律后果

国际法院在判决书中断定，双方当事国均犯有国际不法行为，并指出，这些行为使双方当事国遭受损害。因此，匈牙利和斯洛伐克均有义务支付赔偿，亦均有权利获得赔偿。但是，鉴于双方当事国有交叉的错误，如果当事各方都放弃或取消所有赔偿要求，则该问题可以在整体解决的框架内得到满意的结果。与此同时，法院还指出，工程建设账目结算问题和赔偿问题是两个不同的概念，前者应当根据《1977 年条约》及其相关法律文件来解决。如果匈牙利愿意共享库诺沃水坝设施的运营和收益，就应当按比例分担修建和运营成本。[5]

（五）判决结果

基于上述理由，1997 年 9 月 25 日，国际法院作出判决：

以 14 票对 1 票，判决匈牙利无权中止并暂停大毛罗什项目，亦无权暂停并终止《1977 年条约》及其相关法律文件要求匈方承担条约义务的加布奇科

---

〔1〕 See GabCikovo-Nagymaros Project（Hungary/Slovakia），Judgment，I. C. J. Reports 1997，p. 77，paras. 137 – 139.

〔2〕 Ibid.，p. 77 – 78，para. 140.

〔3〕 Ibid.，p. 79，para. 144.

〔4〕 Ibid.，p. 80，para. 147.

〔5〕 Ibid.，p. 81，paras. 151 – 154.

沃项目中的部分工程；

以9票对6票，判决捷克斯洛伐克有权在1991年11月着手《特别协定》条款所述的临时解决方案“变通方案C”；

以10票对5票，判决捷克斯洛伐克无权从1992年10月起将临时解决方案“变通方案C”投入运行；

以11票对4票，判决匈牙利于1992年5月19日发出的关于终止《1977年条约》及其相关法律文件的通知并不具有终止上述条约及相关文件的法律效力；

以12票对3票，判决斯洛伐克作为捷克斯洛伐克的继承国，自1993年1月1日起成为《1977年条约》的缔约方；

以13票对2票，判决匈牙利和斯洛伐克应根据本案当前情势，诚意地进行谈判，并须采取一切必要措施，确保以双方商定的方式，实现《1977年条约》的目的；

以13票对2票，判决除非当事各方另有协议，双方当事国应当根据《1977年条约》建立联合运营制度；

以12票对3票，判决除非当事双方另有协议，对于匈牙利因中止以及放弃归它负责的工程而使捷克斯洛伐克和斯洛伐克蒙受的损害，匈牙利应向斯洛伐克作出赔偿；

对于因捷克斯洛伐克将“变通方案C”投入运行以及斯洛伐克维持其运作而使匈牙利蒙受的损害，斯洛伐克应向匈牙利作出赔偿；

以13票对2票，判决项目的账目清算须按照《1977年条约》及其相关法律文件进行。

四、法官单独意见

（一）施韦贝尔法官的声明

施韦贝尔法官大体同意国际法院的判决，但他并不赞成“判决捷克斯洛伐克有权在 1991 年 11 月着手《特别协定》条款所述的‘变通方案 C’”。

施韦贝尔法官认为，作为临时解决方案的“变通方案 C”，其建造本身与实际运行是不可分割的。同时，匈牙利虽然违反国际法，但依然享有针对“捷克斯洛伐克重大违约”而终止条约的权利，因此，匈牙利于 1992 年 5 月 19 日发出的关于终止《1977 年条约》及其相关法律文件的通知应具有终止上述条约及相关文件的法律效力。[1]

（二）雷塞克法官的声明

雷塞克法官认为，由于缔约双方废除条约的态度已明确，所以《1977 年条约》事实上已不复存在。但同时，雷塞克法官针对“条约必须遵守原则”阐述了自己的观点。他认为，该原则是建立在主权国家之意愿的基础上的。抛开缔约方的主权意志，条约本身并不神圣。但是，基于本案中项目已经善意完工的部分，以及根据善意原则所引申的互惠义务，《1977 年条约》应继续履行，争端各国应就其达成新的执行方案。[2]

（三）威拉曼特里法官的单独意见

国际法院副院长威拉曼特里法官主要阐述了国际环境法原则的内涵，以及传统国际法原则在跨境环境问题中的适用性问题。具体包括平衡发展的竞争性需求和环境保护的可持续发展原则，环境影响持续评估原则，以及在解决涉及环境损害诉求等具有“对世义务”影响的议题时，是否适当使用如禁止反言等传统的国家间法律原则的适用性问题。

威拉曼特里法官指出，任何一项国际法原则，都不能脱离其他原则而肆意演变与发展。发展权和环境保护权是两大相互冲突的权利，而可持续发展原则，则为其两者冲突之和解提供了必要的原则和基础。[3] 在此基础上，

---

[1] See Declaration of President Schwebel, p. 85.

[2] See Declaration of President Rezek, p. 86 – 87.

[3] See Separate Opinion of Vice-President Weeramantry, p. 90.

威拉曼特里法官分别回顾了发展权、环境保护权,以及可持续发展权的演变历程,包括欧洲、中国、中东等地区的古代灌溉文明、佛教思想,并提出可持续发展不仅是现代国际法的一项原则,也是人类遗产中最古老的思想之一,[1]从中衍生出“地球资源托管原则”“代际权利原则”“发展与环境保护必须齐头并进的原则”。自然资源不是个人拥有的,而是集体拥有的。使用自然资源的一个原则是,它们应被用来为人类提供最大限度的服务,同时保留它们的再生能力。发展的目的是改善人类的生活。[2]

威拉曼特里法官援引1941年“冶炼厂仲裁案”提出,环境评估原则是动态的,它不仅存在于项目开工前,还存在于项目的运行中。这是因为,每个项目都有可能产生意料之外的后果。并且,工程项目的规模和范围越大,环境评估就愈加重要。[3]

威拉曼特里法官指出,尽管可持续发展在国际法院判决中只是被提及了概念,但这是具有规范性价值的国际法原则,对本案的判决至关重要。我们已经进入了一个新的国际法时代,这个时代要求我们不仅关注个体国家的利益,还要超越这个狭隘的价值观,关注更大利益——全人类和地球的福利。对此,传统的当事国之间的法律原则(如禁止反言),可能不适用于处理包括环境保护等在内的、涉及“对世义务”的国际义务问题。在处理这些超越了诉讼当事国之权利义务的问题时,国际法需要超越那些纯粹为当事国诉讼而制订的程序规则。[4]

(四)贝德贾维法官的单独意见

贝德贾维法官认为,偏离焦点问题是本案判决的主要瑕疵。[5] 对此,贝

---

[1] See Separate Opinion of Vice-President Weeramantry, p. 97 – 110.

[2] Ibid., p. 110.

[3] Ibid., p. 111. See alsoTrail Smelter Arbitration (United Nations, Reports of International Arbitral Awards, RIAA, 1941, Vol. Ⅲ, p. 1907).

[4] See Separate Opinion of Vice-President Weeramantry, p. 117 – 118.

[5] See Separate Opinion of Judge Bedjaoui, p. 120, para. 1.

德贾维法官主要对本案中的适用法、涉案条约的本质与法律效力、“变通方案 C”的性质、交叉违约现象等被国际法院判词所忽略的问题表达了自己的看法。主要观点如下：

第一，贝德贾维法官认为，国际法院没有就适用法问题阐述清楚，而这恰是本案的基本问题之一，因为它涉及《1977 年条约》及其相关法律文件，并且涉及环境、国际水道的法律法规的适用性问题。[1]

对于这个问题，贝德贾维法官表示：其一，根据“条约必须遵守原则”和强行法的适用规则，用“演化解释”(evolutionary interpretation)方法解释条约只能在《条约法公约》第 31 条下，以一般法律原则的形式加以适用。[2] 其二，在国际法下，一个概念的“定义”不得与其所适用的“法律”混淆。贝德贾维法官援引“纳米比亚案”表示，法院需要对“神圣信托”(sacred trust)这一特殊的法律概念进行阐释。对此，当时的国际法院只能通过观察案件事实本身来对概念的内涵进行说明。事实表明，在半个世纪里，“神圣信托”的概念随着时间的推移而发生了变化。也就是说，19 世纪 20 年代殖民地时期的“神圣信托”的内涵，和半个世纪后的非殖民地时期的“神圣信托”的内涵是不一样的。据此，法院表示，法庭所要解释的事项，如“神圣的信托”等，“不是静态的，而是不断演变和发展的”。也就是说，在对一个概念进行解释时，为了避免概念的要素过于陈旧，援引当代法律法规，是适宜的，也是有利于本案的申请方的动议的。本案法官对“神圣信托”进行解释只是特例；在本案中，贝德贾维法官认为，即使“环境”的“状态”发生变化，“环境”本身的概念也是恒定的。[3] 其三，条约的解释，不得与其修正案混淆。[4] 在此基础

---

[1] See Separate Opinion of Judge Bedjaoui, p. 120, para. 3.

[2] Ibid., p. 121 – 122, paras. 6 – 8.

[3] Ibid., p. 120, paras. 9 – 11. See also Legal Consequences for States of the Constituted Presence of South Africa in Namibia (South West Africa) notwithstanding Security Council Resolution 276 (1970), Advisory Opinion, I. C. J. Reports 1971, p. 31.

[4] See Separate Opinion of Judge Bedjaoui, p. 123, paras. 12 – 15.

上,贝德贾维法官再次强调,在没有任何其他规定的情况下,条约的解释要尊重当事人意志发展的自主性。而这意味着,在条约解释的过程中,“要考虑到所审议的每个时期普遍适用的一般法所采用的标准”。[1]

第二,贝德贾维法官认为,《1977 年条约》的本质在很大程度上决定了斯洛伐克是否享有条约继承权——因为它构成了可适用法律的实质内容;并且,尽管双方当事国都存在违约行为,该条约仍然有效。[2] 具体而言:其一,《1977 年条约》及其相关法律文件是与领土有关的条约。这是因为,首先,它通过创造权利义务的方式,将两国领土进行“结合”;其次,在两邻国间划分了特定的区域面积;最后,它还在事实上确定并轻微改变了两国的边境线。[3] 其二,斯洛伐克继承了《1977 年条约》。这不仅是因为其涉及领土的性质,还因为,斯洛伐克在捷克斯洛伐克解体前,就已经参与该条约的缔约,并在斯洛伐克建国之后立刻表示受该条约约束。[4] 其三,贝德贾维法官认为,《1977 年条约》仍有法律效力。

第三,贝德贾维法官认为,“变通方案 C”的性质是捷克斯洛伐克及斯洛伐克违约行为的突出问题。[5] 不同于国际法院分阶段考察“变通方案 C”的法律性质的方式,贝德贾维法官表示,“变通方案 C”在整体上是违法的。这是因为:其一,斯洛伐克提出的“近似适用原则”不是国际法中的理论。相反地,这一概念将损害国家间关系在法律层面的确定性,特别是损害条约的完整性和正确订立的权利义务的完整性,有违“条约必须遵守”原则,也没有获得诉讼双方当事国的承认。[6] 其二,独立专家的报告显示,“变通方案 C”的

---

〔1〕 Separate Opinion of Judge Bedjaoui, p. 124, para. 17.
〔2〕 Ibid., p. 125, para. 20.
〔3〕 Ibid., p. 125, para. 22.
〔4〕 Ibid., p. 126, para. 23.
〔5〕 Ibid., p. 127, para. 28.
〔6〕 Ibid., p. 127 – 129, paras. 30, 31, 32, 35.

施工建设不是中立的，不同于原先的水坝项目，即改变了项目的本质。[1] 其三，从条约的角度分析，贝德贾维法官认为“变通方案 C”的建设没有适用《1977 年条约》，因此，其在本质上是非法的。[2] 其四，贝德贾维法官同意国际法院有关“变通方案 C”的建设不属于对抗措施的观点。[3]

第四，贝德贾维法官指出，本案的特点就是双方当事国均违反了《1977 年条约》。交叉违约造成了两大“既成事实”，而这将继续构成争端地区的特征。[4] “既成事实”的存在，并未使《1977 年条约》失去效力，但同时，上述“既成事实”也不意味着不受法律惩处，最重要的是，这些“既成事实”将被“重新修订”，或增加到条约中。待相关条款通过协商后，新条约将作为“既成事实”的合法文本。[5] 这也说明下一阶段真诚谈判的必要性。重新谈判，善意谈判，必须被视为一项严格的义务加以履行，这不仅仅是《1977 年条约》本身的要求，也是国际水道与环境相关的一般国际法的要求。[6]

(五)科罗马法官的单独意见

科罗马法官支持国际法院的“匈牙利无权暂停并终止《1977 年条约》，该条约依然有效”的观点，但是，他反对国际法院的“‘变通方案 C’不得投入实际运行”这一判决。

具体而言，对于《1977 年条约》的效力问题，科罗马法官表示，这是基于“条约必须遵守原则”的需要。在所有的国际法原则中，“条约必须遵守原则”是国际法必不可少的一部分。违反此项原则的行为，不仅是对所涉条约义务的不尊重，也将严重损害《联合国宪章》所规定的“发展国际以尊重人民平等权利及自决原则为根据之友好关系……促成国际合作，以解决国际属

〔1〕 See Separate Opinion of Judge Bedjaoui, p. 130, para. 40.
〔2〕 Ibid., p. 133 – 134, para. 50.
〔3〕 Ibid., p. 134, para. 51.
〔4〕 Ibid., p. 135, para. 54.
〔5〕 Ibid., p. 140, para. 68.
〔6〕 Ibid., p. 140, para. 69.

于经济、社会、文化及人类福利性质之国际问题”。从这个意义上来说，在任何时候，一个国家在其履行条约出现困难时，就单方面地拒绝其条约义务，将严重破坏“条约必须遵守原则”和整个条约所涉国际关系。[1]

在此基础上，科罗马法官回顾了双方当事国的履约情况与相关报告。其表示，在本案中，虽然他同意国际法院对本案水坝所涉环境问题的担忧，但他同样认为，法官收到的材料尚不足以证明单方拒绝履约行为的正当性。具体而言，匈牙利既没有论证本案所涉水坝项目，会导致匈方所称的具体后果，也没有证明该后果具有“紧迫性”。科罗马法官认为，国际法院的这一判决重申了生效的国际公约，只有在其当事国均同意的情况下，才能暂停或终止履行。[2]

科罗马法官对“匈牙利是否有权将‘变通方案 C’投入实际运行”的意见与国际法院的判决不同。他认为，判决结果没有充分重视《1977 年条约》的各项规定，也没有充分考虑如果水坝项目没有完工，捷克斯洛伐克将遭受和忍受财政损失和环境损害，而“变通方案 C”是在执行《1977 年条约》，是实现该条约目的和目标不可或缺的真正尝试。本案中，《1977 年条约》赋予当事国在没有事先通知的情况下解除合同的权力，并适用经批准的共同承办计划所规定的水量。因此，从匈牙利—捷克斯洛伐克段的多瑙河中抽取大量水资源，用以运行加布奇科沃段水坝项目，是符合通过增加电力份额赔偿形式的考量的。也就是说，匈牙利已在该项目范围内同意将多瑙河改道，并在共同承办计划中同意一项从多瑙河取水的临时措施。[3]

（六）小田滋法官的反对意见

小田滋法官对 5 个问题发表了自己的看法。

---

〔1〕 See Separate Opinion of Judge Koroma, p. 142.

〔2〕 Ibid., p. 144.

〔3〕 Ibid., p. 145, 149, 150 and 151. See also Case of the Diversion of Water from the Meuse, Judgment, 1937, P. C. I. J., Series A/B, No. 70.

有关《共同承办计划》,小田滋法官认为,《共同承办计划》与《1977 年条约》有明显差异。《1977 年条约》没有就水坝项目建造的细节问题作出规定,而这恰恰是《共同承办计划》所涉及的内容。[1] 因此,对于后者的修改,《共同承办计划》应该遵循类似"合作伙伴"合同的模式,以更灵活的方式进行协商、修改和修订。[2]

有关匈牙利的违约行为,小田滋法官认为,国际环境法并不能证明匈牙利违约行为的合法性,因为整个水坝项目和《1977 年条约》是在考虑了多瑙河流域水环境的基础上签订的。[3]

有关"变通方案 C"的性质,小田滋法官认为,捷克斯洛伐克建设"变通方案 C"是符合国际法的,因为这是在匈牙利不能履行其条约义务的情况下,建造完成整个水坝项目的唯一选择。[4] 在此基础上,小田滋法官重申,反对"'变通方案 C'建设施工合法而实际运行不合法"的判决,尽管《1977 年条约》没有明确授权"变通方案 C"是临时解决方案,但这是在匈牙利没有履行其条约义务的前提下,捷克斯洛伐克不可避免的选择。[5]

有关国际法院判决执行及其后期协商,小田滋法官认为,应修改《共同承办计划》。"变通方案 C"是双方当事国原先认可的工程的具体实施,因此,它不应仅仅作为临时解决方案,而应成为《共同承办计划》的组成部分。[6] 具体而言,对于水资源分配,应当考虑水坝项目的原先计划,在《共同承办计划》的任何修订或修订中详细说明水资源的公平分配问题;[7] 针对工程所涉环境问题,修正后的《共同承办计划》应明确规定加布奇科沃电厂的

---

〔1〕 See Dissenting Opinion of Judge Oda, p. 155, para. 3.

〔2〕 Ibid., p. 156, para. 5.

〔3〕 Ibid., p. 159 – 160, para. 12.

〔4〕 Ibid., p. 163, para. 22.

〔5〕 Ibid., p. 153, para. 1; p. 164 – 165, para. 23.

〔6〕 Ibid., p. 167, para. 32.

〔7〕 Ibid., p. 167 – 168, para. 32.

运行模式,以避免在高峰模式下运行的需要。同时,各方应继续对整个区域进行环境评估,并寻求能够防止新项目可能造成的环境损害的技术性补救办法。[1]

有关赔偿问题,小田滋法官认为,捷克斯洛伐克因匈牙利没有履行其条约义务而遭受的损害和损失应得到赔偿。尽管大毛罗什水坝是整个项目工程的一部分,匈牙利放弃建造该水坝的行为,并没有对捷克斯洛伐克造成任何实际损害。为了保证水坝项目完工,匈牙利需承担库诺沃水坝的部分建设成本。整个项目(该运河上的旁路运河和加布奇科沃发电厂)只是对捷克斯洛伐克和斯洛伐克有利,匈牙利则没有从中获利,因此,在审议匈牙利向斯洛伐克赔偿损失和损害的货币补偿问题时,应考虑到这一点。[2]

(七)兰杰瓦法官的反对意见

兰杰瓦法官反对"'变通方案 C'建设施工合法而实际运行不合法"的划分方式,他认为,公共工程建设以其运行为最终目的。因此,从逻辑学角度分析,前者合法、后者违法这两大命题是不可兼容并存的。[3]

兰杰瓦法官认为,造成这种现象的症结在于"因果关系"。多数法官似乎对本案事件的先后顺序作了过于简单的分析,法官们没有对那些相互交叉的不法行为的法律后果予以足够的重视,而这些不法行为恰恰是构成本案争端的基石。法官本该考虑到这个问题,即假设没有最开始的违约行为(1989 年匈牙利的违约行为),本案之后的一系列不法行为,包括"变通方案 C"的建设和运行,是否还会发生?[4]兰杰瓦法官认为,国际法院错误地将"匈牙利首先违反条约是主要原因"的事实限制在了赔偿义务的分析中,而事实上,违约的概念使本案双方当事国能够任意地从"非法的在先行为"中

[1] See Dissenting Opinion of Judge Oda, p. 167, para. 32; p. 168, para. 33.

[2] Ibid., p. 168, para. 34.

[3] See Dissenting Opinion of Judge Ranjeva, p. 170.

[4] Ibid., p. 170 – 171.

推断出其自身行为的法律后果。[1] 因此,国际法院不能对构成本案双方当事国行为的一系列事实作出武断的结论。唯一可以肯定的是:匈牙利的暂停施工是在一种充满怀疑和不信任的气氛中形成的,是一项有预谋的行动。[2] 本案中,匈牙利所作的决定具有违法性,而这一违法性不是案件发生的原因,而是捷克斯洛伐克(及其继任国斯洛伐克)为了证明其之后行为合法性的理由或动机。[3]

兰杰瓦法官指出,"变通方案 C"的违法性不是因为建造本身或单方对多瑙河进行改道,而在于"是用国家项目取代国际项目",而这也是对《1977年条约》的重大违反。[4]

(八)赫尔茨泽格法官的反对意见

赫尔茨泽格法官明确表示,"变通方案 C"的建设和运行,是对《1977 年条约》的严重违反。基于危急情势,匈牙利有权终止履行《1977 年条约》。[5] 具体意见如下。

1. 加布奇科沃—大毛罗什项目的性质

赫尔茨泽格法官认为,该项目"大胆""过时""对风险预估不足""对项目可能造成的损害以及其解决方案没有完全的了解"。[6]《特别协定》没有就峰值运转作出规定,也没有就"相关器械"作出明确规定。[7] 因此,加布奇科沃—大毛罗什项目受到了匈牙利和捷克斯洛伐克两国的一致批评。赫尔茨泽格法官认为,国际法院在判决时本应将这些事实考虑在内。[8]

---

〔1〕 See Dissenting Opinion of Judge Ranjeva, p. 171 – 172.
〔2〕 Ibid., p. 173.
〔3〕 Ibid., p. 173.
〔4〕 Ibid., p. 174.
〔5〕 See Summary of the Judgment of 25 September 1997, p. 11.
〔6〕 See Dissenting Opinion of Judge Herczegh, p. 177.
〔7〕 Ibid., p. 179 – 180.
〔8〕 Ibid., p. 177 – 178.

2. 匈牙利终止履行《1977 年条约》的合法性

赫尔茨泽格法官认为,基于危急情势,匈牙利的终止履约符合国际法。根据《1977 年条约》第 1 条第 3(c)款的规定进行的挖掘工程,已经对多瑙河河床造成严重侵蚀,已然构成危急情势所要求的“严重危险”。赫尔茨泽格法官援引本案的国际法院判决指出:对于一个长期出现的“危险”,一旦在有关的时间点确定,即可能被认为是“迫在眉睫”的,因此,无论“危险”最终发生的时间点可能有多远,其必然性和不可避免性都是肯定的。[1] 也就是说,本案所讨论的“危险”之紧迫性,在于大坝的建设;没有大坝,就没有所谓的严重危险,无论是迫在眉睫的还是长期的。因此,一旦建造了大坝,就不应再谈论危险,而应谈论在大坝存在期间所发生的严重和永久的破坏。对此,国家有义务进行预防,而不只是进行赔偿。法院在审理本案时,应当考虑到如果当事国没有采取必要的预防措施可能造成的损害。[2]

在此基础上,斯洛伐克提出了净化地表水、排放大量砂砾、加建水坝等解决措施。赫尔茨泽格法官认为,上述解决措施,恰恰说明了情势变更的发生。根据《条约法公约》第 62 条第 1 款第(b)项和国际法院“渔业管辖权案”,情势变更是终止条约的依据之一。[3] 由此可见,大毛罗什项目的建设造成重大危急情势。因而,匈牙利的行为是为了维护其重要利益和应对迫在眉睫的危险,并且没有损害捷克斯洛伐克的基本利益,不属于任意行事。[4]

3. “变通方案 C”的违法性

与《1977 年条约》的原先规定和一般国际法要求不同,“变通方案 C”是捷克斯洛伐克未经直接利害关系国匈牙利许可单方实施的项目,该项目的

---

〔1〕 See Dissenting Opinion of Judge Herczegh, p. 184. See also GabCikovo-Nagymaros Project (Hungary/Slovakia), Judgment, I. C. J. Reports 1997, p. 42, para. 54.

〔2〕 See Dissenting Opinion of Judge Herczegh, p. 185.

〔3〕 Ibid., p. 185 – 186. See also Fisheries Jurisdiction (United Kingdom v. Iceland), Jurisdiction of the Court, Judgment, I. C. J. Reports 1973, p. 18, para. 36.

〔4〕 See Dissenting Opinion of Judge Herczegh, p. 188.

建设使匈牙利不再拥有《1977 年条约》第 14 条第 1 款所规定的从多瑙河取水的能力。[1] 根据“利用自己的财产不应损害他人之财产”(*sic uteretuoutalienum non laedas*)的格言,以及《1976 年边界水域管理协议》第 3 条,当事方仅有权使用河道中 50% 的水资源,未经缔约方同意,不得通过技术手段增加水资源使用量。因此,“变通方案 C”的建设不符合《1976 年边界水域管理协议》。[2] 不仅如此,捷克斯洛伐克还违反了《1977 年条约》第 15 条、第 19 条、第 20 条,以及该条约的目的与宗旨。赫尔茨泽格法官认为,这种严重的违约行为相当于捷克斯洛伐克拒绝履行《1977 年条约》的义务。[3]

4. 匈牙利终止履约的法律后果

赫尔茨泽格法官认为,鉴于国际法院已承认“变通方案 C”是对《1977 年条约》的根本违约,匈牙利有权终止履约。[4] 事实上,《1977 年条约》逐渐不为双方当事国所认可。[5] 通过回顾本案事实可以发现,《1977 年条约》已经合法终止,不再有效。[6]

(九)弗莱施豪尔法官的反对意见

弗莱施豪尔法官的反对意见主要涉及两个方面:第一,匈牙利终止《1977 年条约》的行为具有法律效力;第二,国际法院判决之法律后果意味着匈牙利和斯洛伐克须就水管理制度进行谈判。

弗莱施豪尔法官不同意国际法院大多数法官提出的“终止通知不够成熟,并且匈牙利因其自身违约在先而无权终止条约”的观点。[7] 弗莱施豪尔

---

〔1〕 See Dissenting Opinion of Judge Herczegh, p. 192.

〔2〕 Ibid., p. 193.

〔3〕 Ibid., p. 194.

〔4〕 Ibid., p. 197.

〔5〕 Ibid., p. 200 – 201.

〔6〕 Ibid., p. 202 – 203.

〔7〕 See Dissenting Opinion of Judge Fleishhauer, p. 205. See also GabCikovo-Nagymaros Project (Hungary/Slovakia), Judgment, I. C. J. Reports 1997, p. 66, para. 108.

法官提出3个理由:理由一,匈牙利已经通过其1992年5月19日发出的通知,终止了《1977年条约》。"变通方案C"显然破坏了《1977年条约》倡导的"联合项目"这一宗旨。[1] 根据国际法委员会《国家对国际不法行为的责任条款草案》第25条,"变通方案C"的实际运行及之后对该解决方案的继续施行,都构成了国际不法行为。[2] 弗莱施豪尔法官回顾了双方当事国的交涉及强硬态度表示,在这种情况下,双方当事国都没有和好如初继续履行的可能,捷克斯洛伐克在1991年11月的行为和1992年10月的行为都构成不法行为,而"变通方案C"的实际运行,也属于国际不法行为之列。[3] 此外,对于终止通知的合法性,弗莱施豪尔法官认为,尽管1992年5月没有筑坝行为,但等实际开始时,一切将为时过晚。因此,判决匈牙利发出的终止履行通知没有在1992年5月生效,未免过于形式主义。[4]

理由二,"变通方案C"不属于合法的反措施。弗莱施豪尔法官认为,国际法院忽略了几大重要的案件事实。第一,"变通方案C"的建设既不是捷克斯洛伐克对匈牙利违反《1977年条约》的自动或无意识的反应,也不是捷克斯洛伐克解决匈牙利违约问题的唯一办法;第二,"变通方案C"占用了多瑙河80% ~90%的水资源,不符合"比例原则",侵犯了匈牙利的基本权利,而该基本权利也是《1977年条约》履约完毕所必需的根本条件。因此,该临时措施不属于合法的对抗措施。[5] 换言之,国际不法行为不仅限于在多瑙河上实际筑坝,而是开始于1991年11月——比匈牙利通知终止《1977年条约》的时间早了6个多月。[6] 弗莱施豪尔法官表示:纠正的因素不在于使在

---

〔1〕 See Dissenting Opinion of Judge Fleishhauer, p. 205 – 206.

〔2〕 Ibid., p. 206 – 207.

〔3〕 Ibid., p. 207 – 209.

〔4〕 Ibid., p. 210.

〔5〕 Ibid., p. 212 – 213. See also GabCikovo-Nagymaros Project (Hungary/Slovakia), Judgment, I. C. J. Reports 1997, p. 54, para. 78; p. 56 – 57, paras. 85 and 87.

〔6〕 See Summary of the Judgment of 25 September 1997, p. 11.

先违约的国家丧失通过终止履约对抗之后违约的国家的权利，而在于对在先违约的国家要求赔偿之权利作出一定的限制。从这个意义上来说，不能基于匈牙利的在先违约行为，剥夺其终止条约的权利。[1]

理由三，关于国际法院判决的法律后果，弗莱施豪尔法官认为，匈牙利终止《1977 年条约》，捷克斯洛伐克无权运行"变通方案 C"，这意味着匈牙利不再有建造原大毛罗什项目的义务，斯洛伐克也没有与匈牙利联合运行或分享所发电力的义务。同时，斯洛伐克境内的水电设施不必拆除。但是，为了合法地继续使用相关水资源，斯洛伐克必须与匈牙利就水管理制度进行谈判。[2]

（十）韦列谢京法官的反对意见

韦列谢京法官基于对"反措施"的性质、条件等要素的分析认为，鉴于匈牙利的国际不法行为，捷克斯洛伐克有权启用"变通方案 C"。[3]

韦列谢京法官援引国际法院"尼加拉瓜诉美国案"及其他国际法文献，指出，一个具体的措施是否构成反措施，是一个客观判断，所谓受害国的主观阐述不足以证明，需要法院就其合法性作出分析。[4] 具体包括：(1)反措施所针对的国家先前有不法行为；(2)反措施符合"必要性原则"；(3)反措施符合"比例原则"。[5] 在"必要"的基础上，反措施还需满足"唯一性""可撤销"的要求。[6] 而对于"比例原则"，韦列谢京法官援引国际法委员会的评注指出，这一标准的判断是"不确定的""复杂的""没有统一的……标

---

〔1〕 See Dissenting Opinion of Judge Fleishhauer, p. 213.

〔2〕 Ibid., p. 215 – 216.

〔3〕 See Dissenting Opinion of Judge Vereshchetin, p. 219.

〔4〕 Ibid., p. 219. See also Military and Paramilitary Activities in and against Nicaragua (Nicaragua v. United States of America), Merits, Judgment, I. C. J. Reports 1986, p. 127, para. 249; United Nations, Official Records of the General Assembly, Fifty-first Session, Supplement No. 10 (A/51/10), p. 162 – 163.

〔5〕 See Dissenting Opinion of Judge Vereshchetin, p. 222.

〔6〕 Ibid., p. 220 – 222.

准”,但是,它不应仅仅考虑纯粹的“量化”因素,还要进行“定性”分析:(1)违约行为对经济和财政的影响与反措施对此的影响的对比;(2)违约行为对环境的影响与反措施对环境的影响的对比;(3)违约行为对利用共享水资源权利的影响与反措施对这一权利的影响的对比。[1] 并且,所有这些评价和比较本应限于双方当事国向国际法院提出的问题所规定的时间范围,即1991年11月至1992年10月。[2]

本案中,在1992年10月斯洛伐克启用“变通方案C”时,上述条件已经完全具备:

第一,双方当事国的争端已经上升到国家政府层面,因此,不存在其他的解决途径,符合“唯一性”条件。同时,从双方当事国的谈判过程可以看出,至少从1990年年底开始,斯洛伐克的谈判目标是致力于继续履约,而匈牙利的逐渐退出《1977年条约》的行为,促成了“变通方案C”的启用。[3]

第二,在“变通方案C”投入使用之前,匈牙利已非法终止《1977年条约》,符合“在先不法行为”条件。[4]

第三,“变通方案C”是临时的、可逆的,目的是让匈牙利将条约履行恢复到其不法行为发生之前的状态。值得注意的是,欧洲共同体委员会独立专家工作组在其1992年11月23日的报告中没有否认在技术上重返条约项目是可行的。[5] 因此,符合“必要性原则”。

第四,有关比例原则,韦列谢京法官指出,就经济而言,匈牙利并没有在诉状或辩论中表明捷克斯洛伐克启用“变通方案C”造成了实际物质损失;就环境而言,“变通方案C”可被视为一种对原先商定的项目有力的措

[1] See Dissenting Opinion of Judge Vereshchetin, p. 223 – 224. See also United Nations, Official Records of the General Assembly, Fifty-first Session, Supplement No. 10(A/51/10), p. 146 – 148.

[2] See Dissenting Opinion of Judge Vereshchetin, p. 224.

[3] Ibid., p. 221.

[4] Ibid., p. 222.

[5] Ibid., p. 222. See also Memorial of Hungary, Vol. 5, Part 11, Ann. 14, p. 434.

施——因为如果原条约项目完全废弃，没有水的运河支流和闲置的建筑物将对整个地区的环境造成巨大和持久的危险。另外，将匈牙利违约和启用“变通方案C”的严重程度相比较，不难发现，匈牙利剥夺了捷克斯洛伐克利用其部分共享水资源来实现原《1977年条约》根本目的的实际可能性，作为对这一非法行为的反应，捷克斯洛伐克单方面占用了《1977年条约》和《共同承办计划》所产生的两国有权在平等条件下得到的水资源，但捷克斯洛伐克不排除恢复履行《1977年条约》或修订相关条约的可能性。[1] 韦列谢京法官还表示，由于环境只是“比例原则”的多种考量因素之一，因此，即便假设存在日益严重的环境问题，也不能确保国际法院得出“捷克斯洛伐克无权启用‘变通方案C’”的结论。[2]

（十一）帕拉·阿朗古伦法官的反对意见

帕拉·阿朗古伦法官认为，匈牙利无权暂停并终止其在《1977年条约》及其相关法律文件下所负有的工程建设任务。[3] 也正因如此，捷克斯洛伐克的处境极其困难，不仅是因为迄今为止的巨额投资，还因为几近完成但无法投入使用的建筑物对环境所造成的后果。[4] 因此，鉴于捷克斯洛伐克有权尽其所能使《1977年条约》生效，作为该条约的临时解决方案，“变通方案C”制订和实施不能被认为是国际不法行为。[5] 即使“变通方案C”构成国际不法行为，其不法性也可以根据“对抗措施”的相关原则排除。[6] 换言之，除非有明显证据证明其滥用权利，原则上，斯洛伐克不应就“变通方案

〔1〕 See Dissenting Opinion of Judge Vereshchetin, p. 225 – 226.

〔2〕 Ibid., p. 226.

〔3〕 See Dissenting Opinion of Judge Parra-Aranguren, p. 227, paras. 1 – 2. See also Summary of the Judgment of 25 September 1997, p. 12.

〔4〕 See Dissenting Opinion of Judge Parra-Aranguren, p. 227, para. 5.

〔5〕 Ibid., p. 229 – 230, para. 15.

〔6〕 Ibid., p. 230, paras. 16 – 17.

C"的制订和实施以及斯洛伐克维持其服务而对匈牙利作出赔偿。[1]

此外,帕拉·阿朗古伦法官并不认同在判决书中讨论斯洛伐克继承条约的问题,因为这既不在《特别协定》所提交的问题之列,也不是上述提交问题的法律后果所引申的问题。[2]

(十二)专案法官斯库比谢夫斯基的反对意见

斯库比谢夫斯基法官并不认同"捷克斯洛伐克无权将'变通方案 C'投入实际运行"的判决。他认为,该判决过于笼统。国际法院应该就捷克斯洛伐克在其境内采取相应措施的权利,与该国(及其继任国斯洛伐克)将多瑙河改道并将大量水资源引入捷克斯洛伐克境内事宜所要对匈牙利承担的责任进行区分。[3] 斯库比谢夫斯基法官回溯了本案事实,认为匈牙利从水坝项目中撤出,使捷克斯洛伐克有了在其境内开展一般法律所允许的活动的机会。[4]

总体而言,"临时解决方案"在整体上是合法的,过去合法,现在也合法。争议各方"分享多瑙河河水,修复现状"的补救方式,并不改变"临时解决方案"的合法性。[5]

最后,斯库比谢夫斯基法官指出,尽管双方当事国在国际法院提出了赔偿要求,但两国应该就多瑙河水坝建设问题,尽力寻求共同的解决办法。[6] 此外,斯库比谢夫斯基法官建议适用"衡平法"作为国际法的一部分,这样能使判决体现出更多的细微差别。[7]

---

〔1〕 See Dissenting Opinion of Judge Parra-Aranguren, p. 231, para. 22.

〔2〕 Ibid., p. 231, para. 23.

〔3〕 See Dissenting Opinion of Judge Skubiszewski, p. 232, para. 1.

〔4〕 Ibid., p. 234, para. 7.

〔5〕 Ibid., p. 234, para. 8. See also Summary of the Judgment of 25 September 1997, p. 12.

〔6〕 See Dissenting Opinion of Judge Skubiszewski, p. 241, para. 26.

〔7〕 Ibid., p. 238, para. 16. See also Dissenting Opinion of Judge Skubiszewski, p. 238 – 239, paras. 16 – 21.

五、述评

本案是20世纪国际环境法兴起之时,国际法院首个就损害可能性及其结果尚不明确的环境问题,进行充分考量并发表意见的案例。在国家责任原则和条约法的框架内,本案通过法院审理以及12名法官发表的个别意见,深入分析与探讨国际法上若干重要概念与国际法的新发展,就国与国之间的资源分配、环境保护与经济发展之间的取舍作出裁决。本案对匈牙利诉求的不利判决,主要是基于国际法院对"危急情势""情势变更""风险预防原则"的分析与论证。本案虽然没有直接探讨环境保护问题,但对自然资源可持续利用的观点具有现实意义。

(一)危急情势的内涵及其在本案中的适用

基于严重而紧迫的危险,是匈牙利论证其终止水坝项目施工和终止条约之合法性的重要理由。因此,国际法院就"危急情势"在跨境环境损害争端中的适用作了详尽的分析。"危急情势"涉及的是整个国家或其民众(或一部分民众)面临的危险。[1] 这一概念源于犹太法和罗马法,是国家自我保护权利的组成部分。20世纪70年代,国际法委员会就这一概念作了全面研究,并体现在《国家对国际不法行为的责任条款草案》第33条"危急情势"(State of necessity)中。所涉利益的"重要性"、危险的"严重与紧迫性"、应对措施的"唯一性",以及对行为国及其国际义务的限制,构成了危急情势适用的几大条件。[2] 本案中,国际法院认为,危急情势是一项为习惯国际法所承认的、排除不符合国际义务行为的不法性的根据。然而,这一根据只能在

---

〔1〕 参见[意]安东尼奥·卡塞斯:《国际法》(第2版),蔡从燕等译,法律出版社2009年版,第338页。

〔2〕 See *Yearbook of the International Law Commission*, Vol. Ⅱ, Part 2, 1980, p. 34.

极其严格的例外情况下适用。[1] 国际法委员会认为,严重而紧迫的危险,必须“在当时对相关利益具有威胁性”。[2] 国际法院指出,“迫切性”是“即时性”或“主动性”的同义词,在词义和论证要求上,远远超出了“可能性”的概念。即使是长期的危险,也必须在特定的时间点确定存在,且不可避免。[3]

在此基础上,国际法院认为,现有证据尚不足以证明本案所涉及的“危险”在1989年匈牙利开始暂停并终止履行《1977年条约》时就确实存在,亦不足以证明它的“迫切性”:其一,在大毛罗什段,所谓环境问题是长期性的,最重要的是,这些危险仍然无法确定。这是因为,该项风险与加布奇科沃—大毛罗什项目水坝的高峰发电运行模式密切相关,然而,水坝最终是否按照这一模式运行仍未最终确定。[4] 其二,针对大毛罗什水坝下游水位下降,证据表明,这一问题在1989年之前就已经存在,因此,它不属于完全由加布奇科沃—大毛罗什项目所引发的“危险”。同时,针对水位下降,匈牙利拥有多个应对方案,“暂停并终止履行《1977年条约》”,并非它的“唯一办法”。[5] 其三,在加布奇科沃段,杜瑙基利蒂水坝水质量问题和地表水质量问题事实上是个未知数,因为即使存在河水富营养化现象,在过去20年里,多瑙河的水质量呈现好转趋势。[6] 其四,对于多瑙河流域动植物生态问题事实上也是个未知数,匈牙利也承认上述问题是相对缓慢的自然过程的结果,其影响

---

[1] See GabCikovo-Nagymaros Project(Hungary/Slovakia), Judgment, I. C. J. Reports 1997, p. 40, para. 51.

[2] See *Yearbook of the International Law Commission*, Vol. Ⅱ, Part 2, 1980, p. 49.

[3] See GabCikovo-Nagymaros Project (Hungary/Slovakia), Judgment, I. C. J. Reports 1997, p. 42, para. 54.

[4] Ibid., p. 42 –43, para. 55.

[5] Ibid., p. 43, para. 55.

[6] Ibid., p. 44, para. 56.

很难评估。[1]

对于危急情势的其他要件，国际法院承认加布奇科沃—大毛罗什项目所涉生态环境问题，确属匈牙利的“基本利益”的范畴。[2] 但是，在手段的“唯一性”方面，法院指出，正在进行的谈判可能导致对加布奇科沃—大毛罗什项目的审查和延长，因而不必终止履行《1977 年条约》。[3]

上述国际法院对“危急情势”适用要件的观点在《国家对国际不法行为的责任条款草案》(2001 年)第 25 条“危急情势”也有所体现。该条款规定，一国不得援引危急情势作为理由解除不遵守该国某项国际义务的行为的不法性，除非该行为应该是该国保护基本利益，对抗某项严重迫切危险的唯一办法；而且该行为并不严重损害作为所负义务对象的一国或数国的基本利益或整个国际社会的基本利益。

由此可见，国际司法实践和习惯国际法表明，只有在某些十分有限的条件下，危急情势可构成解除行为不法性的情况，强调“危急情势”的特殊性质以及对其可能被滥用的关切。

(二)情势变更的内涵及其在本案中的适用

“情势变更原则”是本案匈牙利论证其终止条约合法性的又一大重要理由。

中世纪以来，法学家对该原则是否真正成立一直存有争议。经过几个世纪的国家实践，国际法委员会肯定了这一原则，并将其作为“条约必须遵守原则”的例外，纳入《条约法公约》，以减轻各国不必要的或过度的履约负

---

〔1〕 See GabCikovo-Nagymaros Project (Hungary/Slovakia), Judgment, I. C. J. Reports 1997, p. 43 - 44, para. 56.

〔2〕 Ibid., p. 41, para. 53.

〔3〕 Ibid., p. 45, para. 57. 参见[意]安东尼奥·卡塞斯:《国际法》(第 2 版)，蔡从燕等译，法律出版社 2009 年版，第 340 ~ 341 页。

担。[1] 国际法院在"渔业管辖权案"中承认,"情势变更原则"属于习惯国际法。[2]

《条约法公约》对"情势变更原则"的适用设立了如下主要限制条件:其一,涉案情势的产生时间必须是"缔约当时";其二,"不可预见性";其三,涉案情事必须具有"重要性",构成缔约方同意接受条约拘束的必要基础;其四,变更的程度必须具有"根本性",造成尚待履行的条约义务发生根本改变。其中,"不可预见性"的判断具有一定的关键性。李浩培先生在其《条约法概论》中指出:根据《条约法公约》所采纳的客观说,情势变更问题的实质在于"对情事作客观的判断后是否可以认为,它们在缔约时如果想到了这样的变更的可能性,各缔约方仍然会为这种情事发生的场合缔结该条约"。[3] 对于"不可预见"的具体标准,国际法院在"加布奇科沃—大毛罗什项目案"中指出:"情势变更"必须具有"完全的不可预见性"。[4]

本案中,针对匈牙利提出的政治局势本质的变化,水坝项目经济可行性的衰减,以及环境保护与国际环境法的发展这几大"变更",国际法院指出,无论是就单独还是集体而言,匈牙利所提出的已改变的情况,其性质都不可能从根本上改变为完成该项目仍需履行的义务的范围。其一,回顾《1977 年条约》所设"联合投资"的方案,不难发现当时的政治情况并没有与《1977 年条约》的标的物和条约目的密切相关,并未构成缔约方双方同意的基础,因而也谈不上从根本上改变尚待履行的条约义务的范围。经济制度方面的情况也是如此。其二,国际法院并不认为环境保护与国际环境法的发展是"完全不可预见的"。《1977 年条约》第 15 条、第 19 条、第 20 条——这些为了适

[1] 参见李浩培:《条约法概论》,法律出版社 2003 年版,第 432 ~447 页。

[2] See Fisheries Jurisdiction (United Kingdom v. Iceland), Jurisdiction of the Court, Judgment, I. C. J. Reports 1973, p. 18, para. 36.

[3] 李浩培:《条约法概论》,法律出版社 2003 年版,第 437 页。

[4] See GabCikovo-Nagymaros Project (Hungary/Slovakia), Judgment, I. C. J. Reports 1997, p. 65, para. 104.

应环境保护要求的变化而制定的条款——使缔约方有可能考虑到这些发展,并在执行这些条约规定时加以实施。[1] 可见,国际法院严格解释情况之根本改变这一概念,认为维护条约关系的稳定性是基本要求,情况之根本改变只能是条约必须遵守的例外,其适用应当严格限制。同时,本案中国际法院在肯定《1977 年条约》依然有效、当事国必须遵守的前提下,还考虑本案双方的其他主张与情况,采取灵活态度,认为当事方在本案判决生效以后可以通过共同协商,在实施判决中修改并可以考虑新的环境规则和双方的实际情况,以便完整实现《1977 年条约》的目的。本案贝德贾维法官在其个别意见表明,在没有任何其他规定的情况下,条约的解释要尊重意志的发展的自主性,要考虑所审议的每个时期普遍适用的一般法所采用的标准。

(三)"风险预防原则"在本案中的体现

在本案诉讼期间,"风险预防原则"方兴未艾。面对"科学不确定性"风险引发的环境威胁,越来越多的国际环境宣言及条约被纳入风险预防原则。在跨界水资源开发与利用领域,1992 年《跨界水道与国际湖泊保护与使用公约》是首个明确规定风险预防原则的公约,国际法委员会在公约评注意见中明确指出,风险预防原则适用于"国际水道生态系统的保护"、"污染防控"和"外来物种的引进"三个方面。

本案中,匈牙利依据"风险预防原则"提出有关多瑙河国际水道环境保护的国际法要求,以排除继续履行《1977 年条约》的可能性。匈牙利在诉状和庭审答辩中提出,自 20 世纪 60 年代末以来,环境法以前所未有的力度和速度发展。现在有数以千计的国家法律和条例,大约 350 项国际多边条约,数百项双边协定,200 多项欧共体文书和数百项旨在保护环境或载有保护环境规定的不具约束力的国际宣言和决议。这些国家的实践表明,保护环境

---

[1] See GabCikovo-Nagymaros Project (Hungary/Slovakia), Judgment, I. C. J. Reports 1997, p. 64 –65, para. 104.

已成为一项普遍遵循的原则。[1] 其中,《赫尔辛基协议》力求促进防止和控制水污染,特别是跨界河流和国际湖泊的污染,具有相当重要的意义。[2]

在此基础上,匈牙利着重分析和阐述了"预防原则"与"风险预防原则"的关系。"预防原则"是有关环境保护的所有国际文书的基础。除少数例外情况,所有关于环境的国际商定的规则和程序旨在防止其退化,包括制定大气或水环境的污染物排放标准、规范危险废物的处置或跨界转移、禁止狩猎捕鱼或濒危物种交易。强调事先预防的理由是,污染对环境的损害往往是无法修复的,即使损害是可以恢复的,恢复的费用也可能是高昂的。此外,损害可能产生不可预测和深远的影响。由于国际环境法的主要原则是防止环境退化,"预防原则"是所有环境法的基础,可视为一项"对世义务"(an ergaomnes obligation)。[3] "风险预防原则"是在预防义务的基础上发展起来的。该原则适用在某些情况下,即使缺乏确定的科学证据,也可以假定相关环境损害的因果关系成立。该原则与不造成另一国家环境损害的一般义务相结合,这意味着如果一国的活动被认为可能对另一国的环境造成损害,则该涉嫌造成损害的国家有义务证明其活动不会产生这种负面影响;反之,相关活动应当被修改甚至取消。匈牙利列举了《里约环境和发展宣言》《联合国气候变化框架公约》《生物多样性公约》,以及 1987 年国际北海会议和 1990 年联合国欧洲经济委员会 34 个成员的环境部长(包括捷克斯洛伐克代表)和欧洲共同体代表通过了一项关于可持续发展的宣言,指出:"风险预防原则"是规定预防义务的一般规则的最发达形式。[4]

---

〔1〕 See Memorial of the Republic of Hungary, Volume 1, p. 198, para. 6. 57.

〔2〕 Ibid., p. 199, para. 6. 58.

〔3〕 Ibid., p. 200 – 201, paras. 6. 62 – 6. 63.

〔4〕 Ibid., p. 201 – 202, paras. 6. 64 – 6. 65.

对此,国际法院在判决中没有直接论述。但是,法院考虑到环境保护的需要,在判决书中敦促诉讼双方当事国在该原则的基础上进行谈判,从而保证环境保护新规则得以落实。法院援引“威胁使用或使用核武器的合法性咨询意见”,肯定了环境保护的重要性,并指出,“环境不是抽象的概念,它代表了生存空间、生活质量,以及人类及其后代的健康”。法院表示,《1977 年条约》的缔约方可以通过协定的方式,将国际环境法的新规则纳入《1977 年条约》第 15 条、第 19 条、第 20 条中,从而保证这些环境法新规则的施行。这 3 个条款分别规定了维持多瑙河水质、保护自然和渔业资源的相关措施。此外,法院也指出,尽管匈牙利违反条约义务,但是这并不意味着匈牙利丧失了公平合理分享国际水道资源的基本权利。捷克斯洛伐克通过“变通方案 C”的建设,获得多瑙河中 80% ~90% 的水资源,不符合公平合理分享水道资源的原则。同时,捷克斯洛伐克使多瑙河改道对西盖特科兹河岸区的生态环境所造成的影响,也不符合国际法所要求的“比例原则”。这些概念都在 1997 年《联合国国际水道非航行使用法公约》中有所体现。

(四)自然资源作为环境要素的可持续利用

1972 年联合国人类环境会议标志着国际社会开始重视环境保护。会议上通过的《斯德哥尔摩宣言》虽然没有对“环境”加以明确的定义,却提出了“人类环境”的概念,并在绪言中明确:“人类环境的两个方面,即自然和人为的两个方面,对于人类的幸福和对于享受基本人权,甚至生存权利本身,都是必不可缺少的。”同时,该宣言原则 2 明确,“地球上的自然资源包括空气、水、土地、植物和动物,特别是自然生态类中具有代表性的标本,必须通过周密计划或适当管理加以保护”。这些观点在 1992 年联合国环境与发展大会上得到了进一步的发展,大会通过的《里约环境与发展宣言》原则 1 明确,“人类处于普受关注的可持续发展问题的中心。他们应享有以与自然相和谐的方式过健康而富有生产成果的生活的权利”。

本案虽然没有直接探讨环境保护问题,但是法院在判决中清楚表明,国家对其自然资源的关心是该国的一项基本权利,充分体现了1972年《斯德哥尔摩宣言》的价值。法院注意到,因为对环境的损害往往是不可消除的,并且由于对于这类损害的补偿机制所固有的局限,所以在环境保护领域要求谨慎和预防。法院还指出,“在每个时代,人类出于经济和其他原因经常介入自然。过去,这样做时并没有考虑到对环境的影响。由于新的科学认识和对于人类——不仅是对本代而且还是对未来世代——所面对威胁越来越清醒的认识(这种威胁是由于人类不假思索、持续地进行这种介入所造成的),在过去20年中,在大量的法律文件中制定并提出了新的规范和标准。各国不仅在计划新的活动,并且还要在继续从过去开始的活动时,考虑这些新规范并适当重视这些新标准。在可持续发展的概念中适当地反映了经济发展与环境保护相一致的需要”。[1]

由于可持续发展原则在环境法领域所具有的普遍指导意义,国际法院上述观点具有重要现实意义。

六、附录

(一)案件名与正式引注格式

1. 中文案件全名:1997年“匈牙利与斯洛伐克项目案”

2. 英文案件全名:Case Concerning the GabCikovo-Nagymaros Project (Hungary/Slovakia)

3. 案件的正式引注格式:

英文:GabCikovo-Nagymaros Project(Hungary/Slovakia), Judgment, I. C.

[1] GabCikovo-Nagymaros Project (Hungary/Slovakia), Judgment, I. C. J. Reports 1997, para. 140.

J. Reports 1997, p. 7

法文：ProjetGabCikovo-Nagymaros (Hongrie/Slovaquie), arrêt, C. I. J. Recueil 1997, p. 7

4. 其他简称包括：the GabCikovo-Nagymaros Project, the Danube Dam Case

（二）相关条约译名对照表

原文	中文
1976 Joint Constractual Plan Agreement	《共同承办计划》
1977 Mutual Assistance Agreement	《1977 年互助协定》
a treaty "concerning the construction and operation of the GabCikovo-Nagymaros System of Locks", hereinafter 1977 Treaty	《加布奇科沃—大毛罗什船闸建造和运营条约》(又译《关于建造和运营加布奇科沃—大毛罗什水坝系统的条约》)
Charter of the United Nations	《联合国宪章》
Convention on Biological Diversity, CBD	《生物多样性公约》
Declaration of the Second International North Sea Conference on the Protection of the North Sea	《第二次保护北海国际会议宣言》
Declaration of the United Nations Conference on the Human Environment, hereinafter Stockholm Declaration	《斯德哥尔摩宣言》，又称《人类环境宣言》
Helsinki Final Act, also known as Helsinki Accord, Helsinki Declaration, Helsinki Final Act of the Conference on Security and Co-operation in Europe	《赫尔辛基最终法案》，又称《赫尔辛基协议》《赫尔辛基宣言》《欧洲安全与合作会议赫尔辛基最后文件》
Rio Declaration on Environment and Development	《里约环境和发展宣言》

续表

原文	中文
Special Agreement Between the Republic of Hungary and the Slovak Republic for Submission to the International Court of Justice of the Differences between Them concerning the GabCikovo-Nagymaros Project, hereinafter Special Agreement	《匈牙利共和国与斯洛伐克共和国就两国间关于加布奇科沃—大毛罗什项目争端提交国际法院的特别协定》
The 1976 Boundary Waters Convention	《1976 年边界水域公约》
The 1976 Boundary Waters Management Agreement	《1976 年边界水域管理协议》
The Convention of 18 August 1948 concerning the Régime of Navigation on the Danube	《多瑙河航行制度公约》
The Draft Articles on the International Responsibility of States	《国家对国际不法行为的责任条款草案》
the Helsinki Convention on the Protection and Use of Transboundary Watercourses and Intonational Lakes of17 March 1992	《跨界水道与国际湖泊保护与使用公约》
United Nations Framework Convention on Climate Change, UNFCCC or FCCC	《联合国气候变化框架公约》
Vienna Convention on Succession of States in Respect of Treaties	《关于国家在条约方面的继承的维也纳公约》
Vienna Convention on the Law of Treaty	《维也纳条约法公约》
World Charter for Nature	《世界自然宪章》

（三）相关案例译名对照表

原文	中文
Award of the Tribunal of Arbitration constituted under the Treaty concluded at Washington, the 29th of February 1892, between the United States of America and Her Majesty the Queen of the United Kingdom of Great Britain and Ireland, 15 August 1893, also known as: Bering Sea Arbitration of 1893 or the Russian Fur Seals Case	“俄罗斯海狗案”

续表

原文	中文
Case of the Diversion of Water from the Meuse, Judgment, 1937, P. C. I. J., Series A/B, No. 70	"默兹河引水案"
Fisheries Jurisdiction (United Kingdom v. Iceland), Jurisdiction of the Court, Judgment, I. C. J. Reports 1973, p. 3	"渔业管辖权案"
Lake Lanoux Arbitration Case (Spain v. France), 24 Int'l L. Rep. 101 (1957)	"拉努湖案"
Legal Consequences for States of the Constituted Presence of South Africa in Namibia (South West Africa) notwithstanding Security Council Resolution 276 (1970), Advisory Opinion, I. C. J. Reports 1971, p. 16	"纳米比亚案"
Legality of the Threat or Use of Nuclear Weapons, Advisory Opinion, 1. C. J. Reports 1996, p. 226	威胁使用或使用核武器的合法性咨询意见
Military and Paramilitary Activities in and against Nicaragua (Nicaragua v. United States of America), Jurisdiction and Admissibility, Judgment, I. C. J. Reports 1984, p. 392	"尼加拉瓜诉美国案"
Russian Claim for Interest on Indemnities (Damages Claimed by Russia for Delay in Payment of Compensation Owed to Russians Injured During the War of 1877 – 1878), Russian Federation v. Turkey, Award, ICGJ 399 (PCA 1912), 11th November 1912, Permanent Court of Arbitration [PCA], also known as: the Russian Indemnity Case	"俄罗斯赔偿案"
Trail Smelter Arbitration (United Nations, Reports of International Arbitral Awards, (RIAA), 1941, Vol. Ⅲ, p. 1907)	"冶炼厂仲裁案"

(四)与本案有关的重要参考文献与案例

1. Mari Nakamichi, *The International Court of Justice Decision Regarding the GabCikovo-Nagymaros Project*, Fordham Environmental Law Review, Volume 9, Number 2, 2017, Article 4, p. 337 – 372.

2. P. Sands, *Water and International Law: Science and Evidence in*

International Litigation, in Environmental Policy and Law, Vol. 44(1/2), 2014, p. 188 – 200.

3. Christian J. Tams & James Sloan edited, *The Development of International Law by the International Court of Justice*, Oxford University Press, 2013.

4. Daniel Dobos, *The Necessity of Precaution-The Future of Ecological Necessity and the Precautionary Principle*, Fordham Environmental Law Review, Volume 13, Number 2, 2001, Article 6, p. 375 – 408.

5. Gabriel E. Eckstein & Yoram Eckstein, *International Water Law, Groundwater Resources and the Danube Dam Case, Gambling with Groundwater-Physical, Chemical, and Biological Aspects of Aquifer-Stream Relations*, St. Paul Minn.: American Institute of Hydrology, 1998, p. 243 – 248.

6. Owen Mclntyre, *Case Law Analysis: Environmental Protection of International Rivers, Case Concerning the GabCikovo-Nagymaros Project (Hungary/Slovakia)*, in Journal of Environmental Law, Vol. 10:1, 1998.

7. Charles B. Bourne, *The Case Concerning the Gabč íkovo-Nagymaros Project: An Important Milestone in International Water Law*, Yearbook of International Environmental Law, Volume 8, Issue 1, 1997, p. 6 – 12.

8. Paul R. Williams, *International Environmental Dispute Resolution: The Dispute between Slovakia and Hungary Concerning Construction of the GabCikovoandNagymaros Dams*, Columbia Journal of Environmental Law Vol. 19:1, 1994.

9. Attila Tanzi, *State of Necessity*, in Max Planck Encyclopedia of Public International Law, Oxford University Press, 2010, p. 1 – 5.

10. Roman Boed, *State of Necessity as a Justification for Internationally*

Wrongful Conduct, 3Yale Hum. Rts. & Dev. L. J. (2000), https://digitalcommons. law. yale. edu/yhrdlj/vol3/iss1/1.

11. James Crawford, Alain Pellet, Simon Olleson & Kate Parlett edited, *The Law of International Responsibility*, Oxford Scholarly Authorities on International Law, 2010.

12. Malcolm N Shaw and Caroline Fournet, *Invalidity, Termination and Suspension of the Operation of Treaties*, s. 3 Termination and Suspension of the Operation of Treaties, Art. 62 1969 Vienna Convention, in Olivier Corten and Pierre Klein edited, The Vienna Conventions on the Law of Treaties, Oxford Commentaries on International Law, 2011.

13. 李浩培:《条约法概论》,法律出版社 2003 年版。

14. [意]安东尼奥·卡塞斯:《国际法》(第 2 版),蔡从燕等译,法律出版社 2009 年版。

15. [英]伊恩·布朗利:《国际公法原理》,曾令良、余敏友等译,法律出版社 2007 年版。

16. [英]詹宁斯、瓦茨修订:《奥本海国际法》(第 9 版)(第 1 卷第 2 分册),王铁崖等译,中国大百科全书出版社 1998 年版。

17. [英]劳特派特修订:《奥本海国际法》(第 8 版)(上卷第 2 分册),石蒂、陈健译,商务印书馆 1972 年版。

18. James Cameron & JuliAbouchar, *The Precautionary Principle: A Fundamental Principle of Law and Policy for the Protection of the Global Environment*, in Boston College International and Comparative Law Review, Volume 14, Issue 1, Article 2, 14 B. C. Int'l & Comp. L. Rev. 1 (1991), http://lawdigitalcommons. bc. edu/iclr/vol14/iss1/2.

19. A. Wallace Hayes, *The Precautionary Principle*, Archives of Industrial

Hygiene and Toxicology,56(2),July 2005.

20. Axel Luttenbergerger, *The Role of Precautionary Principle in Environmental Protection of Coastal Area*, in *Tourism and Hospitality Industry* 2014, Congress Proceedings, Trends in Tourism and Hospitality Industry, https://bib. irb. hr/datoteka/708383. Luttenberger. pdf.

21. Marko Ahteensuu, *Rationale for Taking Precautions*: *Normative Choices and Commitments in the Implementation of the Precautionary Principle*, kent, https://www. kent. ac. uk/scarr/events/ahteensuu. pdf.

22. Joakim Zander, *The Application of the Precautionary Principle in Practice*: *Comparative Dimensions*, Cambridge University Press, 2010.

23. Cass R. Sunstein, *The Laws of Fear*: *Beyond the Precautionary Principle*, Cambridge University Press, 2005.

(五)国际水法与国际环境法专著

1. Stephen C. McCaffrey & Christina Leb, Riley T. Denoon, *Research Handbook on International Water Law*, Edward Elgar Publishing Limited, 2019.

2. Slavko Bogdanović, *The International Law Association Helsinki Rules*: *Contribution to International Water Law*, Brill, 2019.

3. Alistair Rieu-Clarke, Andrew Allan and Sarah Hendry edited, *Routledge Handbook of Water Law and Policy*, Routledge, 2017.

4. Ellen Hey, *Advanced Introduction to International Environmental Law*, Edward Elgar Publishing, 2016.

5. Christina Leb, *Cooperation in the Law of Transboundary Water Resources*, Cambridge University Press, 2013.

6. Laurence Boisson de Chazournes, *Fresh Water in International Law*, Oxford University Press, 2013.

7. Erika J. Techera edited, *Routledge Handbook of International Environmental Law*, Routledge, 2012.

8. Tim Stephens, *International Courts and Environmental Protection*, Cambridge University Press, 2009.

9. Eyal Benvenisti, *Sharing Transboundary Resources: International Law and Optimal Resource Use*, Cambridge University Press, 2002.

10. Alexandre Charles Kiss and Dinah Shelton, *Manual of European Environmental Law*, Cambridge University Press, 1997.

11. André Nollkaemper, *The Legal Regime for Transboundary Water Pollution: Between Discretion and Constraint*, Kluwer Law International, 1993.

12. Alexandre Charles Kiss and Dinah Shelton, *International Environmental Law*, Transnational Publishers Inc. and Graham and Trotman Ltd., 1991.

（六）其他专有名词译名对照表

原文	中文
The GabCikovo-NagymarosSystem of Locks	加布奇科沃—大毛罗什水坝系统
Variant C	“变通方案 C”，其他译名包括暂时解决办法工程、“替代方案 C”、临时解决方案、临时解决办法、临时措施
Danube	多瑙河
Bratislava	布拉迪斯拉发
Budapest	布达佩斯
GabCikovo	加布奇科沃
Nagymaros	大毛罗什

续表

原文	中文
Dunakiliti	杜瑙基利蒂
Bratislava-Budapest section of the Danube	多瑙河的布拉迪斯拉发—布达佩斯河段
Cunovo	库诺沃
Stephen M. Schwebel	施韦贝尔
Francisco Rezek	雷塞克
Christopher Gregory Weeramantry	威拉曼特里
Mohammed Bedjaoui	贝德贾维
Abdul G. Koroma	科罗马
Shigeru Oda	小田滋
Raymond Ranjeva	兰杰瓦
GézaHerczegh	赫尔茨泽格
Carl-August Fleishhauer	弗莱施豪尔
Vladlen S. Vereshchetin	韦列谢京
Gonzalo Parra-Aranguren	帕拉－阿朗古伦
Krzysztof Skubiszewski	斯库比谢夫斯基

第二节　2009 年“哥斯达黎加/尼加拉瓜航行权及相关权利案”

2005 年 9 月 29 日：哥斯达黎加共和国向国际法院提交《争端解决申请书》。

2005 年 11 月 29 日：国际法院发布诉状与反诉状递交时限命令。

2006 年 8 月 29 日:哥斯达黎加提交诉状。

2007 年 5 月 27 日:尼加拉瓜提交反诉状。

2007 年 10 月 9 日:国际法院发布答辩状与第二次答辩状递交时限命令。

2008 年 1 月 15 日:哥斯达黎加提交答辩状。

2008 年 7 月 15 日:尼加拉瓜提交第二次答辩状。

2009 年 7 月 13 日:国际法院作出判决。

一、基本案情

圣胡安河发源于尼加拉瓜湖,自西向东流经哥斯达黎加和尼加拉瓜边境地区,最终汇入加勒比海。该河在下游科罗拉多三角洲地区分为两大支流:北部支流于卡斯蒂利亚角注入加勒比海;南部支流科罗拉多河流经哥斯达黎加,于巴拉科罗拉多注入加勒比海。以中游小镇卡斯蒂略维耶荷为界,圣胡安河上游部分完全位于尼加拉瓜境内,下游部分为哥斯达黎加和尼加拉瓜的界河。[1]

哥斯达黎加和尼加拉瓜的航行权争端可追溯至 19 世纪。1810 年,拉丁美洲独立战争爆发,尼加拉瓜、哥斯达黎加先后宣告独立。[2] 1824 年,尼科亚地区通过全民公投脱离尼加拉瓜,并入哥斯达黎加,但没有获得尼加拉瓜的承认。[3]

---

〔1〕 See Dispute regarding Navigational and Related Rights (Costa Rica/Nicaragua), Judgment, I. C. J. Reports 2009, p. 226, paras. 15 – 16. See also Sketch-map No. 1: General Geographical Context and Boundary between Costa Rica and Nicaragua, Dispute regarding Navigational and Related Rights (Costa Rica/Nicaragua), Judgment, I. C. J. Reports 2009, p. 227.

〔2〕 See Clifford L. Staten, The History of Nicaragua, ABC-CLIO, 2010, p. 20 – 22; Monica A. Rankin, The History of Costa Rica, ABC-CLIO, 2012, p. 35 – 63.

〔3〕 See Dispute regarding Navigational and Related Rights (Costa Rica/Nicaragua), Judgment, I. C. J. Reports 2009, p. 226 and 229, para. 17.

1857 年，哥斯达黎加和尼加拉瓜两国爆发战争。[1] 1858 年 4 月 15 日，两国达成《1858 年边界条约》，确立了两国边界和圣胡安河航行制度。该条约将尼科亚地区划归哥斯达黎加，将卡斯蒂略维耶荷至加勒比海河口一带圣胡安河的右岸，划为两国边界；确认尼加拉瓜对圣胡安河水域拥有主权和司法管辖权的同时，哥斯达黎加在该河下游享有“以商业为目的”的航行权。[2] 条约签署后，尼加拉瓜多次质疑其效力。为此，两国请求时任美国总统格罗弗·克利夫兰进行仲裁。1888 年 3 月 22 日，克利夫兰总统作出裁决，认定《1858 年边界条约》合法有效，哥斯达黎加的战船无权在圣胡安河航行，但与“以商业为目的”的航行相关的税务船舶可在该河上航行。[3]

20 世纪，随着圣胡安河的经济价值不断显现，两国间的矛盾也不断发酵。1914 年 8 月 5 日，尼加拉瓜与美国签署《布里安—查莫罗条约》，授权美国建造一条流经圣胡安河的运河。哥斯达黎加对此表示反对，并向中美洲法院提起诉讼。1916 年 9 月 30 日，中美洲法院作出裁决，认定尼加拉瓜没有履行《1858 年边界条约》和“1888 年克利夫兰裁决”中规定的“任何运河修建项目施工前须与哥斯达黎加进行协商”这一义务。[4] 1956 年 1 月 9 日，两国签署《弗尼尔—塞维利亚协定》，就促进边境贸易和加强边境安全达成合作意向。[5] 20 世纪 80 年代，圣胡安河流域发生武装冲突。尼加拉瓜以国家安全为由，对流域内哥斯达黎加船舶采取管制措施。10 年后，相关措施进一步升级：尼加拉瓜开始向圣胡安河上乘坐哥斯达黎加船舶的乘客收费，

〔1〕 See Dispute regarding Navigational and Related Rights (Costa Rica/Nicaragua), Judgment, I. C. J. Reports 2009, p. 229, para. 18.

〔2〕 Ibid., p. 229, para. 19.

〔3〕 Ibid., p. 229 – 230, para. 20.

〔4〕 Ibid., p. 230, para. 22.

〔5〕 Ibid., p. 230, para. 23.

并要求哥斯达黎加船舶必须在该河沿岸的尼加拉瓜哨所停靠。[1]

在此期间,两国签署了一系列联合公报,试图解决航行权分歧。在《夸德拉—卡斯特罗联合公报》中,两国同意共同打击边境地区人口贩卖和非法买卖车辆与违禁品。[2] 在《夸德拉—利萨诺联合公报》中,两国同意允许哥斯达黎加武装警力船舶在该河航行,以补充该河哥斯达黎加岸的边界岗位,但前提是,船上哥斯达黎加警员仅携带警用现役武器,且须提前通知尼加拉瓜政府,并由尼加拉瓜政府决定哥斯达黎加船舶是否应由尼加拉瓜护航。[3]

20 世纪末至 21 世纪初,两国对圣胡安河航行权的矛盾最终无法调和,开始进入诉讼阶段。1998 年 8 月 11 日,尼加拉瓜宣布《夸德拉—利萨诺联合公报》无效,哥斯达黎加对此表示反对。[4] 2001 年 10 月 24 日,尼加拉瓜对其接受国际法院管辖权的声明发布保留意见。其声称对于"任何基于对 1901 年 12 月 31 日之前签订、批准或制定的条约或仲裁裁决的解释而提出的指控",尼加拉瓜不再接受法院管辖权。此后,两国签署《托瓦尔—卡尔德拉协定》,双方同意 3 年内暂停通过国际法院或其他权威机构解决双方的争端。[5] 3 年暂停期满,双方未能解决存在的分歧。2005 年 9 月 29 日,哥斯达黎加向法院书记官处提交了申请,就"哥斯达黎加在圣胡安河上的航行权利和相关权利争端"对尼加拉瓜提出诉讼。[6]

二、双方主张

本案争议焦点集中在航行自由权,以及自给性捕鱼权。[7]

---

〔1〕 See Dispute regarding Navigational and Related Rights (Costa Rica/Nicaragua), Judgment, I. C. J. Reports 2009, p. 230, para. 24.

〔2〕 Ibid., p. 230, para. 25.

〔3〕 Ibid., p. 231, para. 26.

〔4〕 Ibid., p. 231, para. 26.

〔5〕 Ibid., p. 231, para. 27.

〔6〕 Ibid., p. 219, para. 1; p. 231, para. 28.

〔7〕 Ibid., p. 232, paras. 30 – 31.

(一)航行自由权与航行管理权

哥斯达黎加主张,航行自由权的权利基础源于条约规定和习惯国际法。《1858 年边界条约》赋予哥斯达黎加航行自由权;同时,圣胡安河属于"国际河流",而哥斯达黎加作为国际河流的沿岸国,理应享有航行自由权这一习惯法上的权利。[1] 分析了权利基础后,哥斯达黎加进一步阐述航行自由权的特征。哥斯达黎加表示,根据《1858 年边界条约》第 6 条,航行自由权具有"永久性"。[2] 据此,这一权利在位阶上高于尼加拉瓜的国家主权,在时间上永久存续、不受干扰,在范围上无任何附加限制条件。[3] 因此,对航行自由权附加任何条件的限制或障碍,都构成对航行自由权的侵犯。[4] 哥斯达黎加据此指称,尼加拉瓜的航行管理侵犯了其航行自由权。[5]

对于航行自由权的权利基础,尼加拉瓜表示,圣胡安河不是"国际河流",而是"包含国际因素的国家河流"。这是因为,根据《1858 年边界条约》,该河流完全位于尼加拉瓜境内。因此,圣胡安河的航行制度不应适用国际河流的习惯国际法,而应当适用条约的特别规定。[6] 对于航行自由权的"永久性"这一特征,尼加拉瓜表示,"行使航行权必须顾及领土主权的合法利益",只有领土主权得到维护,能够为航行提供物质条件和其他保障,航行自由权才能存续。也就是说,航行自由权不能脱离主权国家的航行管理

[1] See Dispute regarding Navigational and Related Rights (Costa Rica/Nicaragua), Judgment, I. C. J. Reports 2009, p. 232 – 233, para. 32.

[2] See Memorial of Costa Rica, Vol. 1, p. 49, para. 4. 06, August 29, 2006.

[3] Ibid., p. 49, paras. 4. 06 – 4. 08, August 29, 2006.

[4] Ibid., p. 52 – 53, para. 4. 16, August 29, 2006.

[5] See Dispute regarding Navigational and Related Rights (Costa Rica/Nicaragua), Judgment, I. C. J. Reports 2009, p. 249, para. 86.

[6] See Counter-Memorial of the Republic of Nicaragua, Vol. 1, p. 137 – 138, paras. 3. 3. 3 – 3. 3. 5, May 29, 2007. See also Dispute regarding Navigational and Related Rights (Costa Rica/Nicaragua), Judgment, I. C. J. Reports 2009, p. 233, para. 33.

而单独存在。[1] 因此,无论航行自由权的性质和具体内容,尼加拉瓜有权进行航行管理,以保障航行安全、公共秩序,以及边界安全。[2]

(二)自给性捕鱼权

除航行自由权与航行管理权外,两国还就圣胡安河沿岸居民的自给性捕鱼权进行了辩论。

哥斯达黎加表示,尼加拉瓜有义务允许哥斯达黎加的沿岸居民享有自给性捕鱼的权利。[3] 哥斯达黎加首先从程序角度入手,分析了该诉求的可受理性。哥斯达黎加认为,自给性捕鱼权可以被国际法院受理,理由如下:其一,尼加拉瓜已经通过递交反诉状的方式,默认地接受了捕鱼权诉求的可受理性;其二,尼加拉瓜既已接受国际法院管辖,便不得就该诉求的可受理性提出反对意见;其三,哥斯达黎加保留对《争端解决申请书》进行补充和修改的权利;其四,捕鱼权诉求属于"本案争端的恶化和延伸",因而隐含在原诉讼请求之内;其五,该诉求适用《争端解决申请书》中提到"其他适用的国际法规则"。因此,国际法院应当受理自给性捕鱼权这一诉由。[4] 在此基础上,哥斯达黎加开始分析自给性捕鱼权的实体问题。哥斯达黎加表示,自给性捕鱼权是习惯法上的权利,允许哥斯达黎加圣胡安河沿岸的居民为维持生计而在该河捕鱼是长期以来惯有的一种做法,并在《1858 年边界条约》中也得以保留。哥斯达黎加还援引了 1540 年的一项皇家法令(a Royal Ordinance of 1540)予以佐证,并表示,在本案诉讼开始前,尼加拉瓜并未对

---

〔1〕 See Counter-Memorial of the Republic of Nicaragua, Vol. 1, p. 88, para. 2. 1. 50, May 29, 2007.

〔2〕 See Dispute regarding Navigational and Related Rights(Costa Rica/Nicaragua), Judgment, I. C. J. Reports 2009, p. 248 – 249, para. 86.

〔3〕 Ibid., p. 263, para. 134.

〔4〕 Ibid., p. 263 – 264, para. 136.

此提出异议。[1]

尼加拉瓜从程序和实体两个角度予以反驳。从程序角度分析，该诉求没有明文或隐含地列入《争端解决申请书》，也不是本案诉讼实体内容的直接延伸，因而不应受理。[2] 从实体角度分析，自给性捕鱼权不是条约赋予的权利，因为《1858 年边界条约》并未规定捕鱼权；[3] 同时，该权利也不是习惯法上的权利，因为哥斯达黎加未能证明这一习惯对尼加拉瓜具有法律拘束力，虽然尼加拉瓜确实通常容忍哥斯达黎加沿岸人员有限地使用圣胡安河进行非商业性捕鱼，但这种容忍本身不能被视为一项法律权利的来源。尼加拉瓜表示，哥斯达黎加一直接受这样一个事实，即哥斯达黎加的权利来源只有条约，它没有习惯法上的权利。不过，在口头答辩中，尼加拉瓜表示，该国"绝对无意阻止哥斯达黎加居民从事维持生计的捕鱼活动"。[4]

三、国际法院判决

（一）航行自由权

本案中，两国对哥斯达黎加自由航行权的适用范围存在很大分歧，即《1858 年边界条约》赋予哥斯达黎加"永久权利"的航行类型。两国分歧主要体现在对《1858 年边界条约》第 6 条"以商业为目的"（*con objetos de comercio*）表述中的"商业"和"目的"两词的具体含义。[5]

在解释"目的"和"商业"两词的含义之前，国际法院首先分析了航行自由权的权利基础，以及条约解释的相关依据。

---

〔1〕 See Dispute regarding Navigational and Related Rights（Costa Rica/Nicaragua），Judgment，I. C. J. Reports 2009，p. 265，para. 140.

〔2〕 Ibid.，p. 263，para. 135.

〔3〕 Ibid.，p. 263，para. 135.

〔4〕 Ibid.，p. 265，para. 140.

〔5〕 Ibid.，p. 235，para. 42.

1. 航行自由权的权利基础

法院认为,没有必要就"航行自由权的权利基础是条约还是习惯法"这一问题进行分析。这是因为,"习惯法上的航行制度,只能在缺乏相关条约规定的情况下适用"。[1] 本案中,《1858 年边界条约》已经明确规定了争议河段的航行制度,[2]所以本案的航行自由权来源于条约规定。

2. 条约解释的相关依据

国际法院援引"《防止及惩治灭绝种族罪公约》适用案"和"领土争端案"指出,条约解释应当根据《条约法公约》第 31 条、第 32 条进行,而这两条规则实属习惯国际法。虽然尼加拉瓜不是《条约法公约》当事国,但并不妨碍国际法院参照《条约法公约》第 31 条、第 32 条中所规定的条约解释的原则。[3]

本案中,与航行自由权直接相关的国际条约是《1858 年边界条约》。该条约赋予哥斯达黎加"以商业为目的"的"永久航行自由权",同时赋予尼加拉瓜对圣胡安河整条河的"完整和专属的国家主权"。[4] 除《1858 年边界条约》外,《弗尼尔—塞维利亚协定》也对航行自由权的解释具有参考价值。在该协定中,两国同意就促进和加快圣胡安河上交通运输开展合作。[5]

与此同时,国际法院表示,《1858 年边界条约》还必须参照"1888 年克利夫兰裁决"和"1916 年中美洲法院判决"来综合分析。[6]

---

〔1〕 Dispute regarding Navigational and Related Rights (Costa Rica/Nicaragua), Judgment, I. C. J. Reports 2009, p. 233, paras. 34 – 35.

〔2〕 Ibid., p. 233, para. 36.

〔3〕 See Judgment, p. 237, para. 47. See also Application of the Convention on the Prevention and Punishment of the Crime of Genocide (Bosnia and Herzegovina/Serbia and Montenegro), Judgment, I. C. J. Reports 2007, p. 109 – 110, para. 160. See also Territorial Dispute (Libyan Arab Jamahiriya/Chad), Judgment, I. C. J. Reports 1994, p. 21 – 22, para. 41.

〔4〕 See Dispute regarding Navigational and Related Rights (Costa Rica/Nicaragua), Judgment, I. C. J. Reports 2009, p. 233 – 234, para. 37.

〔5〕 Ibid., p. 234, para. 39.

〔6〕 Ibid., p. 235, para. 41.

3. 航行自由权的具体内容

在上述分析的基础之上,国际法院开始分析《1858 年边界条约》第 6 条“以商业为目的”(*con objetos de comercio*)的具体含义,并据此推导出航行自由权的具体内容:私人航行方面,航行自由权包括运送商品货物和运输乘客两大类;[1]公务航行方面,以警务船舶为代表的公务船舶航行不在《1858 年边界条约》第 6 条的范围内,但税务船舶除外,这是因为“1888 年克利夫兰裁决”已解决此类船舶的航行问题。[2]

(二)航行管理权

在双方诉状中,两国就尼加拉瓜的航行管理权的范围存有分歧。尽管该分歧在庭审过程中有所弥合,但两国仍对尼加拉瓜航行管理的一些具体措施存有不同意见。[3] 对此,国际法院表示,尼加拉瓜有权进行航行管理,但是该管理权须受各方权利义务的制约。[4]

1. 航行管理权的一般性特征

国际法院表示,本案中的航行管理权具有如下五大特征:其一,管理权不能实质上阻碍或禁止航行自由权的行使;其二,管理权应当与《1858 年边界条约》的相关规定一致;其三,航运管理的目的必须合法,包括航海安全、预防犯罪、公共安全以及边境管制;其四,在制定航运时刻表等实务方面,不得存在对哥斯达黎加船舶的歧视性规定;其五,管理权必须合理实施,不得过度影响航运自由权。[5]

2. 具体措施的合法性

在分析了航行管理权的一般性特征的基础上,国际法院开始逐一分析

---

〔1〕 See Dispute regarding Navigational and Related Rights (Costa Rica/Nicaragua), Judgment, I. C. J. Reports 2009, p. 245, para. 73 and p. 246, para. 79.

〔2〕 Ibid., p. 247 – 248, paras. 80, 83 and 84.

〔3〕 Ibid., p. 248, paras. 85 – 86.

〔4〕 Ibid., p. 249, para. 87.

〔5〕 Ibid., p. 249 – 250, para. 87.

航行管理权各项具体措施的合法性。

针对告知义务,法院表示,尽管《1858 年边界条约》本身并没有就告知义务作出明确规定,但在本案中,尼加拉瓜有义务告知哥斯达黎加其采取的航行制度。这是因为,《1858 年边界条约》规定,在圣胡安河,尼加拉瓜享有主权而哥斯达黎加享有航行权,基于这一航行制度的实际需要,尼加拉瓜有告知义务;与此同时,从管理的本质分析,如果管理制度要有效实施,被管理者应当知悉具体规则。[1]

针对身份检查,法院认为,作为主权国家,尼加拉瓜有权知道进入其领土的船舶的身份。在这个意义上,尼加拉瓜关于船舶驶入和驶出时须停驶并接受搜查的要求是合法的。但是,法院并不认为"沿圣胡安河航行的船舶须在任何中间地点停止航行"的这一要求具有法律依据。[2]

针对签证和旅行卡,法院承认,"一国发放签证或拒签的权力,是一国拥有的控制他国人员进入本国境内的特权的体现"。[3] 也就是说,"发行签证或拒签属于一国自由裁量权的范畴"[4]。但在本案中,签证制度会妨碍航行自由权,与《1858 年边界条约》第 6 条相违背。[5] 因此,除非进入尼加拉瓜境内或尼加拉瓜湖,哥斯达黎加船舶上的乘客无须获得尼加拉瓜签证。[6] 无独有偶,获取旅行卡这一要求似乎并非为了方便其控制乘客进入圣胡安河,也与航行自由权不一致,因此尼加拉瓜不能要求乘坐哥斯达黎加船舶的人员购买旅行卡。[7] 但是,考虑航行安全、环境保护及刑事执法,尼加拉瓜

---

〔1〕 See Dispute regarding Navigational and Related Rights(Costa Rica/Nicaragua), Judgment, I. C. J. Reports 2009, p. 251 – 252, paras. 93 – 97.

〔2〕 Ibid., p. 254, para. 104.

〔3〕 Ibid., p. 257, para. 113.

〔4〕 Ibid., p. 257, para. 115.

〔5〕 Ibid., p. 257 – 258, para. 115.

〔6〕 Ibid., p. 258, paras. 116 – 117.

〔7〕 Ibid., p. 258 – 259, para. 119.

可以采取适当措施限制相关人员入境,这种行为并不违背航行自由。[1]

此外,针对制定时刻表,法院表示,没有足够证据证明圣胡安河在夜间航行方面有任何广泛的用途。鉴于此,尼加拉瓜禁止夜间航行的这一举措并未在很大程度上侵犯哥斯达黎加航行自由权。因此,制定时刻表不构成对航行自由权的妨碍。[2]

(三)自给性捕鱼权

在诉讼过程中,两国还就自给性捕鱼权的程序问题和实体问题产生了分歧。对此,国际法院也进行了逐一分析。

针对程序性问题,国际法院认为,自给性捕鱼权的相关问题可以被受理。法院首先援引了"瑙鲁境内磷酸盐地案"、"柏威夏寺案"以及"渔业管辖权案"表示,"一个案件是否可以被国际法院受理,是国际法院根据每个案件的具体情况决定的"。[3] 根据《国际法院规约》第40条第1款的规定,争端的实体内容必须在申请国的《争端申请书》中明确写明,而额外的诉讼请求则必须隐含在《争端申请书》中,或者属于"《争端申请书》实体问题的直接延伸"。[4] 本案中,自给性捕鱼权的相关问题可以被受理,理由有三:其一,自给性捕鱼权的相关主张和《争端申请书》之间联系"十分密切";其二,从被告尼加拉瓜在两轮书状和两轮口头答辩期间提交的关于案情实体问题的相关内容来看,哥斯达黎加未在请求书中列明自给性捕鱼权,未使尼加拉瓜处于劣势;其三,《争端申请书》没有明确提及自给性捕鱼权,并不影响国

---

〔1〕 See Dispute regarding Navigational and Related Rights(Costa Rica/Nicaragua),Judgment,I. C. J. Reports 2009,p. 258,para. 118.

〔2〕 Ibid.,p. 261,para. 126.

〔3〕 See Judgment, p. 264, para. 137. See also Certain Phosphate Lands in Nauru (Nauru/Australia),Preliminary Objections,Judgment,I. C. J. Reports 1992,p. 240.

〔4〕 See Judgment, p. 264, para. 137. See also Case Concerning the Temple of Preah Vihear (Cambodia/Thailand), Merits, Judgment of 15 June 1962: I. C. J. Reports 1962, p. 36 and Fisheries Jurisdiction(Federal Republic of Germany/Iceland),Merits,Judgment,I. C. J. Reports 1974,p. 203,para. 72.

际法院对本案内容的理解。[1]

在此基础上,国际法院开始分析自给性捕鱼权的实体问题。法院注意到,事实上,两国均同意哥斯达黎加沿河居民是为生存而从事捕鱼工作,并不存在商业性捕鱼问题。同时,法院还注意到,发生自给性捕鱼的区域地处偏远、人口稀少,因此,这种捕鱼的惯例不太可能有官方记载。但值得注意的是,自给性捕鱼的惯例长期存在且未受质疑。据此,国际法院得出结论,哥斯达黎加拥有自给性捕鱼权这一习惯法上的权利。但是,国际法院同时表示,自给性捕鱼权也应当遵守相关的渔业管理措施,从而保护当地自然环境和渔业资源。[2]

(四)双方当事国在最后陈述中的诉讼请求及其判决

1. 哥斯达黎加的诉讼请求及其判决

在最后陈述阶段,哥斯达黎加又向国际法院提出了三大诉讼请求:其一,要求尼加拉瓜立即停止违反国际义务;其二,要求尼加拉瓜就上述违反国际义务的行为对哥斯达黎加所造成的侵害给予相应的赔偿,并恢复原样;其三,要求尼加拉瓜保证不再重复上述不法行为。[3]

对于第一个诉讼请求,国际法院表示,停止不法行为的义务既可能源于每一国家遵守国际法的一般义务,也可能源于《国际法院规约》第59条。法院是否需要这样判决,取决于当事国的"侵犯行为是否持续存在"。也就是说,在特殊情况下,在判决的执行部分中阐明"遵守国际义务"是适当的。但是,鉴于本案情况,法院没有如此判决的必要。[4]

对于第二个诉讼请求,国际法院承认,停止侵害与恢复原状是对被害国

〔1〕 See Dispute regarding Navigational and Related Rights (Costa Rica/Nicaragua), Judgment, I. C. J. Reports 2009, p. 264 – 265, paras. 137 – 139.

〔2〕 Ibid., p. 265 – 266, paras. 141 – 144.

〔3〕 Ibid., p. 225, para. 14. See also Judgment, p. 266 – 267, para. 147.

〔4〕 Ibid., p. 267, para. 148.

进行赔偿的两种形式。但本案中,哥斯达黎加没有任何证据证明其遭受了经济上可评估的损害。因此,法院不支持这一诉讼请求。[1]

对于第三个诉讼请求,国际法院援引"霍茹夫工厂案""核试验案""在尼加拉瓜和针对尼加拉瓜的军事和准军事活动案"表示,作为一般规则,"国际法院推定诉讼双方当事国均持有善意"。鉴于此,"法院没有理由假定一国会重复其已被法院宣布为不法的行为"。因此,法院没有必要就此进行判决。[2]

2. 尼加拉瓜的诉讼请求及其判决

在最后陈述阶段,尼加拉瓜提出了两大诉讼请求:其一,驳回哥斯达黎加的所有索赔要求。对此,国际法院予以支持。其二,要求国际法院作出案情相关的正式声明。对此,国际法院认为,尼加拉瓜希望法院阐明哥斯达黎加对其应尽的义务,而本案的判决足以满足这一诉求,因此法院没有发布声明的必要。[3]

(五)判决结果

基于上述理由,2009 年 7 月 13 日,国际法院判决如下。

1. 关于《1858 年边界条约》下,哥斯达黎加在圣胡安河的航行权:

(1)一致通过,判决哥斯达黎加拥有在圣胡安河上以商业为目的进行自由航行的权利;

---

〔1〕 See Dispute regarding Navigational and Related Rights (Costa Rica/Nicaragua), Judgment, I. C. J. Reports 2009, p. 267, para. 149.

〔2〕 See Dispute regarding Navigational and Related Rights (Costa Rica/Nicaragua), Judgment, I. C. J. Reports 2009, p. 267, para. 150. See also Factory at Chorzów (Germany/Poland), Judgment, Claim for Indemnity, Merits, Judgment No. 13, (1928) PCIJ Series A No. 17, ICGJ 255 (PCIJ 1928), 13th September 1928, League of Nations (historical) [LoN]; Permanent Court of International Justice (historical) [PCIJ], p. 63; Nuclear Tests (Australia/France), Judgment, I. C. J. Reports 1974, p. 272, para. 60; Nuclear Tests (New Zealand/France), Judgment, I. C. J. Reports 1974, p. 477, para. 63; Military and Paramilitary Activities in and against Nicaragua (Nicaragua/United States of America), Jurisdiction and Admissibility, Judgment, I. C. J. Reports 1984, p. 437, para. 101.

〔3〕 See Judgment, p. 268 – 269, paras. 151 – 155.

(2)一致通过,判决哥斯达黎加以商业为目的的航行权包括乘客运载;

(3)以9票对5票,判决乘坐行使航行自由权的哥斯达黎加船舶,在圣胡安河上旅行的人员,无须取得尼加拉瓜签证;

(4)一致通过,判决乘坐行使航行自由权的哥斯达黎加船舶,在圣胡安河上旅行的人员,无须购买尼加拉瓜旅行卡;

(5)以13票对1票,判决圣胡安河哥斯达黎加侧河岸的沿岸居民,有权在沿岸社区之间航行,哥斯达黎加圣胡安河河岸的居民有权在沿岸社区之间航行往来,以满足其日常生活中便捷运输的基本需要;

(6)以12票对2票,判决在特定情况下,哥斯达黎加有权仅使用公务船舶在圣胡安河上航行,为沿岸居民提供必需服务,满足居民便捷交通的需求;

(7)一致通过,判决履行治安职能的哥斯达黎加船舶,无权在圣胡安河上航行;

(8)一致通过,判决哥斯达黎加无权以该河右岸边界治安岗位人员需要更换和再次补给为目的,携带公务设备(包括军用武器和弹药),在圣胡安河上航行。

2. 关于尼加拉瓜在圣胡安河的航行管理权:

(1)一致通过,判决尼加拉瓜有权要求圣胡安河上航行的哥斯达黎加船舶及其乘客,在途经的第一个和最后一个尼加拉瓜边港停靠;

(2)一致通过,判决尼加拉瓜有权要求在圣胡安河上旅行的人员携带护照或身份证件;

(3)一致通过,判决尼加拉瓜有权向行使航行自由权的哥斯达黎加船舶发放离境清关证明,但无权在发放此类证书时收费;

(4)一致通过,判决尼加拉瓜有权为圣胡安河上行驶的船舶制定航行时刻表;

(5)一致通过,判决尼加拉瓜有权要求装有桅杆或炮塔的哥斯达黎加船舶悬挂尼加拉瓜国旗。

3. 关于自给性捕鱼:

以13票对1票,判决尼加拉瓜须尊重圣胡安河哥斯达黎加岸居民在该岸进行自给性捕鱼这一习惯法上的权利。

4. 关于尼加拉瓜的履约情况:

(1)以9票对5票,判决尼加拉瓜要求在圣胡安河上乘坐行使航行自由权的哥斯达黎加船舶的人员取得尼加拉瓜签证的这一行为,违反了《1858年边界条约》;

(2)一致通过,判决尼加拉瓜要求圣胡安河上乘坐行使哥斯达黎加航行自由权船舶的人员购买尼加拉瓜旅行卡的这一行为,违反了《1858年边界条约》;

(3)一致通过,判决尼加拉瓜要求行使哥斯达黎加航行自由权的船舶的操作人员在获取离港检查证书时缴纳费用的这一行为,违反了《1858年边界条约》。

5. 一致通过,判决驳回哥斯达黎加和尼加拉瓜提交的所有其他呈件。[1]

四、法官单独意见

(一)阿莫尔法官的单独意见

塞普尔韦达—阿莫尔(以下简称阿莫尔)法官就签证合法性和自给性捕鱼权的权利基础发表了自己的观点。

关于签证合法性,阿莫尔法官表示,国际法院的判决不尽合理,因为它既没有考虑到尼加拉瓜在边境管制及移民控制方面的合法利益,也没有解

---

〔1〕 See Dispute regarding Navigational and Related Rights(Costa Rica/Nicaragua),Judgment,I. C. J. Reports 2009,p. 269 –272,para. 156.

释为什么签证制度会妨碍哥斯达黎加的航行自由权。[1] 如此判决,极有可能危及尼加拉瓜的公共安全,并且违反"一国发放签证或拒签的权力,是一国拥有的控制他国人员进入本国境内的特权的体现"这一国际法原则。[2] 对此,阿莫尔法官的建议是,尼加拉瓜可以通过援引多边公约的某些条款(如《美洲人权公约》《公民权利及政治权利国际公约》),作为签证合法性的法律基础。[3]

关于自给性捕鱼权的权利基础,阿莫尔法官指出,这一判决与国际法院先前有关习惯国际法的判决并不一致。[4] 阿莫尔法官援引"庇护权案"指出,如果要证明某国的一项权利构成国际习惯,该国必须证明,这项权利归该国所有的同时,也构成他国的一项义务。[5] 并且,在证明过程中,时间、国家实践,以及法律确信,都是很重要的因素。[6] 值得注意的是,"地方居民的行为不能等同于国家行为"。[7] 本案中,自给性捕鱼是哥斯达黎加某一特定地区的行为习惯,因此,该捕鱼权尚不属于全部哥斯达黎加沿河居民的既得

---

〔1〕 See Separate Opinion of Judge Sepúlveda-Amor, p. 273 and p. 277, para. 17.

〔2〕 Ibid., p. 276, paras. 13 – 14.

〔3〕 Ibid., p. 277, para. 18.

〔4〕 Ibid., p. 282, para. 36.

〔5〕 Ibid., p. 279, para. 24. See also Asylum (Colombia/Peru), Judgment, I. C. J. Reports 1950, p. 276 – 277.

〔6〕 See Separate Opinion of Judge Sepúlveda-Amor, p. 279 – 281, paras. 25 – 30. See also Case concerning Right of Passage over Indian Territory (Merits), Judgment of 12 April 1960: I. C. J. Reports 1960, p. 40; Military and Paramilitary Activities in and against Nicaragua (Nicaragua/United States of America), Merits, Judgment. I. C. J. Reports 1986, p. 97, para. 183; Arrest Warrant of 11 April 2000 (Democratic Republic of the Congo/Belgium), Judgment, I. C. J. Reports 2002, p. 24, para. 58 and p. 151, para. 23; Certain German interests in Polish Upper Silesia (Germany/Poland), Merits, Judgment, (1926) PCIJ Series A No. 7, ICGJ 241 (PCIJ 1926), 25th May 1926, League of Nations (historical) [LoN]; Permanent Court of International Justice (historical) [PCIJ], p. 42; Land, Island and Maritime Frontier Dispute (El Salvador/Honduras; Nicaragua intervening), Judgment, I. C. J. Reports 1992, p. 400 – 401, para. 66; Land and Maritime Boundary between Cameroon and Nigeria (Cameroon/Nigeria: Equatorial Guinea intervening), Judgment, I. C. J. Reports 2002, p. 374, para. 123 and p. 370, para. 107.

〔7〕 Separate Opinion of Judge Sepúlveda-Amor, p. 279 – 280, para. 26. See Judgment, p. 263, para. 132.

权利。[1] 但是，阿莫尔法官同时表示，鉴于"澳大利亚诉法国核试验案"和"关于起诉或引渡义务相关问题案"的相关判决，尼加拉瓜的"不同意自给性捕鱼的这一习惯法上的权利，但绝对无意阻止哥斯达黎加居民从事维持生计的捕鱼活动"这一表态，应当被视为"具有约束力的承诺"。[2]

(二)斯科特尼科夫法官的单独意见

斯科特尼科夫法官就航行自由权、航行管理权，以及自给性捕鱼权发表了自己的观点。

关于航行自由权，斯科特尼科夫法官援引"保加利亚、匈牙利和罗马尼亚和约解释案"表示，哥斯达黎加不应拥有使用公务船舶为沿岸社区提供服务的权力。诚然，哥斯达黎加有这样的需求，但是这个需求并没有转化为权利。如果两国有这方面的意愿，应当自行协商解决；国际法院的职责是解释条约，而非越俎代庖地去修改条约。[3]

关于航行管理权，斯科特尼科夫法官表示，航行自由不代表废除签证制度。发放签证，既是《1858 年边界条约》规定的尼加拉瓜管理权的内容，也是尼加拉瓜对圣胡安河行使主权的表现。[4]

关于自给性捕鱼权，斯科特尼科夫法官表示，《1858 年边界条约》并未影响圣胡安河哥斯达黎加河岸居民的自给性捕鱼。同时，诉讼双方当事国本应通力合作，确保这种做法不会变成商业捕鱼。[5] 此外，斯科特尼科夫法官

---

〔1〕 See Separate Opinion of Judge Sepúlveda-Amor, p. 281, para. 31.

〔2〕 See Separate Opinion of Judge Sepúlveda-Amor, p. 281 – 282, paras. 34 – 35. See Nuclear Tests (Australia/France), Judgment, I. C. J. Reports 1974, p. 267, para. 43; Questions relating to the Obligation to Prosecute or Extradite (Belgium/Senegal), Provisional Measures, Order of 28 May 2009, I. C. J. Reports 2009, p. 155 – 156, paras. 69, 71, 72 and 76.

〔3〕 See Separate Opinion of Judge Skotnikov, p. 286, para. 14. See also Interpretation of Peace Treaties (Second Phase), Advisory Opinion, I. C. J. Reports 1950, p. 229.

〔4〕 See Separate Opinion of Judge Skotnikov, p. 287, paras. 15 – 16. See also Judgment, p. 257, para. 113.

〔5〕 See Separate Opinion of Judge Skotnikov, p. 289, para. 20.

还就“商业”一词的解释问题，发表了自己的意见。

(三)专案法官纪尧姆的声明

纪尧姆法官就条约解释的适用法、航行自由权，以及航行管理权发表了自己的观点。

关于条约解释的适用法，纪尧姆法官补充道，习惯国际法没有对“国际河流”作出定义，也没有就国际河流航行管理设立具体的制度。[1]

关于航行自由权，纪尧姆法官表示，只有承运人有权从航行自由权中获益，据此非营利性目的船舶航行应当被排除在《1858 年边界条约》第 6 条所规定的情况之外。[2] 与此同时，纪尧姆法官也表示，公务船舶航行问题最好由诉讼双方当事国自行谈判解决。[3]

关于航行管理权，纪尧姆法官表示，尼加拉瓜有权拒绝相关人员进入本国领土，以维持公共秩序、保护环境，或处理紧急情况。在声明中，纪尧姆法官还提议设立黑名单制度和长期签证制度，并对法院没有如此判决表示遗憾。[4]

五、述评

“条约解释的最终目的是确立条约的话语意义”(utterance meaning)。[5] 然而，有些条约期限较长，在履约过程中，部分条约术语的含义可能随时间推移而发生演变。对于这种情况，在条约解释时，应当依据条约签订时该术语的旧含义，还是应当依据条约解释时的当代含义？《条约法公约》没有就此作出明确规定。在 2009 年“哥斯达黎加/尼加拉瓜航行权及相关权利案”

---

〔1〕 See Declaration of Judge ad hoc Guillaume, p. 290, para. 3.

〔2〕 Ibid., p. 298 – 299, paras. 16 – 17.

〔3〕 Ibid., p. 301, para. 19.

〔4〕 Ibid., p. 301 – 302, para. 21.

〔5〕 Ulf Linderfalk, *On the Interpretation of Treaties: The Modern International Law as Expressed in the 1969 Vienna Convention on the Law of Treaties*, Springer, 2007, p. 88.

中,术语含义演变问题成了争议焦点。

(一)既有学术观点

对于术语含义发生演变的条约,有主张按照缔约当时的旧含义解释条约,也有认为应按演变后的新含义解释条约。前者称为"当时意义解释"(contemporaneous interpretation),后者称为"演化解释"(evolutive interpretation)。"当时意义解释"方法为不少国际法学者所推崇。詹宁斯和瓦茨表示,理解一个法律行为,必须参照该法律行为同一时期的法律法规。同理,解释一个条约,应当参照其缔约时的意义和缔约时的情况。[1] 曾令良教授在评述"中美出版物市场准入案"时也指出,条约签订时该术语的旧含义"最直接地表达了条约缔结者的真实意图",因而"最直接地"呼应了《条约法公约》第31条。[2] 查尔斯·鲁索(Charles Rousseau)甚至认为,这一观点是不证自明的。[3]

"演化解释"方法是条约解释的一个新趋势,国际法院、国际常设仲裁法院、WTO上诉机构、欧盟法院、欧洲人权法院、美洲人权法院等国际争端解决机构都是这一解释方法的倡导者。[4] 埃里克·比约尔热指出,善意解释是条约解释的重要原则,而"演化解释"方法恰恰是基于这一原则而产生的。[5] 贾里德·维塞尔从条约的期限角度,分析了"演化解释"方法

[1] 参见[英]詹宁斯、瓦茨修订:《奥本海国际法》(第9版)(第1卷第2分册),王铁崖等译,中国大百科全书出版社1998年版,第667~668页。

[2] 参见曾令良:《从"中美出版物市场准入案"上诉机构裁决看条约解释的新趋势》,载《法学》2010年第8期。

[3] See Ulf Linderfalk, *On the Interpretation of Treaties: The Modern International Law as Expressed in the* 1969 *Vienna Convention on the Law of Treaties*, Springer, 2007, p. 73 – 74.

[4] 参见曾令良:《从"中美出版物市场准入案"上诉机构裁决看条约解释的新趋势》,载《法学》2010年第8期;吴卡:《条约演化解释的最新实践及其反思》,载《法学家》2012年第1期;See also Ulf Linderfalk, On the Interpretation of Treaties: The Modern International Law as Expressed in the 1969 Vienna Convention on the Law of Treaties, Springer, 2007, p. 94.

[5] See EirikBjorge, *The Evolutionary Interpretation of Treaties*, Oxford University Press, 2014, p. 190.

的适用情境。他指出，以期限长短为标准，条约可以分为动态性条约(dynamictreaty)和终结性条约(end-game)。前者期限较长，术语开放，未来合作预期明确，对于这种条约应当采用术语的新含义进行解释；后者往往是外交关系恶化的国家为终止国家关系而签订，通常缺乏开放性术语或合作预期，对于这种条约，只能按照其缔约当时的含义进行解释。〔1〕乌尔夫・德福克则从语言学的角度入手，对“演化解释”方法的适用情境作了分析。他表示，在条约解释的过程中，“对约文的话语意义起决定性作用的”是相关条款与其所指的客观事物之间“关系”(reference)。而这个语言学上的“关系”，可以分为3类：独指(singular reference)、泛指(general references)、类指(generic reference)(前两者受语境的限制较大，而类指的含义是否改变则往往取决于人们的假定)。因此，在条约解释的过程中，如果所需解释的约文是一个类指，并且其指代的客观事物的范围是可改变的，那么在解释这一约文时，应当使用该术语在当代语境下的新含义；反之，应当继续沿用该术语在条约签订时的含义。〔2〕

(二)“演化解释”方法在2009年“哥斯达黎加/尼加拉瓜航行权及相关权利案”中的应用

1. 争议双方的观点

本案中，“商业”一词的解释涉及条约术语演变问题。争议双方在签订《1858年边界条约》后，“商业”一词的含义不断扩大，从“(运输)商品货物”

〔1〕 See Jared Wessel, *Relational Contract Theory and Treaty Interpretation: End-Game Treaties v. Dynamic Obligations*, in NYU Annual Survey of American Law, Vol. 60, 2004, p. 173 – 182.

〔2〕 See Ulf Linderfalk, *On the Interpretation of Treaties: The Modern International Law as Expressed in the* 1969 *Vienna Convention on the Law of Treaties*, Springer, 2007, p. 74 – 75 and 87. 关于语言学的相关知识，参见[瑞士]费尔迪南・德・索绪尔：《普通语言学教程》，高名凯译，商务印书馆1980年版，第100~116页。

发展到包括"(运输)乘客"。[1]

哥斯达黎加表示,根据19世纪版《西班牙皇家学院词典》,"商业"一词包括任何追求商业目的的活动,涉及公共健康、教育事业、社会安全等多领域。[2] 因此,必须先翻译成法文"à des fins de commerce",再翻译成英文"for the purposes of commerce",并且"以商业为目的"这一表述随着时间演变已经具有抽象含义,因此航行自由权不仅包括运输货物,还包括运输乘客。[3]

尼加拉瓜则表示,"商业"一词的解释应当使用条约缔约时的含义。因为条约解释的主要任务是确定条约起草者的意图,而"当时意义解释"方法是唯一忠于条约起草者意图的条约解释方法。[4] 因此,本案中的"商业"一词必须先翻译成法文"avec des marchandises de commerce",再翻译成英文"with articles of trade"。[5] 据此,争议所涉"目的"一词是指具体的物质。也就是说,哥斯达黎加的航行自由权仅包括运输商品货物,不包括运输乘客。[6]

2. 国际法院判决

国际法院既没有采纳哥斯达黎加的主张也未采纳尼加拉瓜的主张,而是运用"演化解释"方法来推定(presume)"商业"一词的含义。

法院援引"摩洛哥境内美利坚合众国国民权利案"和"卡西基里/塞杜杜

〔1〕 See Dispute regarding Navigational and Related Rights (Costa Rica/Nicaragua), Judgment, I. C. J. Reports 2009, p. 244, para. 70.

〔2〕 Ibid., p. 241, para. 59.

〔3〕 Ibid., p. 236, para. 45.

〔4〕 Ibid., p. 241, para. 58.

〔5〕 Ibid., p. 236, para. 45.

〔6〕 Ibid., p. 240, para. 58.

岛案”表示,“条约解释需要基于缔约方在条约签订时的共同意愿”。[1] 但与此同时,法院强调,“这并不意味着,术语的含义发生变化时,不应考虑该术语在条约解释时所拥有的新含义”。[2] 根据《条约法公约》第31条第3款第(b)项的规定,嗣后实践确实可能与缔约初衷不同。同时,在有些情况下,缔约方在签约时已经考虑到国际法的发展,愿意或推定愿意条约部分术语的含义随时间而发生变化。对于这种情况,为尊重缔约方在签约时的共同意愿,需要考虑涉案术语在条约各适用场合中的含义。[3] 国际法院援引“爱琴海大陆架案”,进一步表示,“如果条约当事国已经意识到条约术语的含义可能随时间而发生变化,且该条约已经施行了很长一段时间,在这种情况下,作为一般规则,必须假定缔约方希望这些术语有一个逐渐发展、不断演变的含义”[4]。

本案中,“商业”一词应当采纳其当代含义,解释为“包括(运输)乘客”,理由有三:其一,该术语为一般术语,指的是一类活动。其二,《1858年边界条约》永久有效,也就是说,该条约自签订起,就是为了创建一个以恒久有效为特征的法律制度。其三,从条约所涉标的物来看,在这方面的一个决定性的考虑因素是,承运人是否向乘客收费(象征性费用除外);如果收费,那么运营商的活动在本质上是符合“商业目的”的。[5]

由此可见,“演化解释”方法是通过分析条约术语的性质、条约时效的长

---

〔1〕 See Dispute regarding Navigational and Related Rights (Costa Rica/Nicaragua), Judgment, I. C. J. Reports 2009, p. 242, para. 63; See Case concerning Rights of Nationals of the United States of America in Morocco, Judgment of August 27th, 1952: I. C. J. Reports 1952, p. 176; Kasikili/Sedudu Island (Botswana/Namibia), Judgment, I. C. J. Reports 1999, p. 1062, para. 25.

〔2〕 Dispute regarding Navigational and Related Rights (Costa Rica/Nicaragua), Judgment, I. C. J. Reports 2009, p. 242, para. 64.

〔3〕 Ibid., p. 241 – 242, paras. 62 – 64.

〔4〕 Ibid., p. 242 – 243, paras. 65 – 66. See also Aegean Sea Continental Shelf, Judgment, I. C. J. Reports 1978, p. 3 and p. 32, para. 77.

〔5〕 Ibid., p. 243 – 244, paras. 67, 69, 70 and 71.

短推定特定术语的含义。然而,本案的特殊之处在于,主权限制可否被条约解释推定。

对此,国际法院表示,“一国领土主权的限制不可以被推定”。但是,“这个原则并不意味着,所有的限制条款都必须先验地进行狭义解释”。[1] 换言之,“以限制一国主权权力为目的的条约条款,必须像其他条款一样加以解释”。[2] 本案中,《1858 年边界条约》第 6 条规定表明,双方无意在主权和航行自由权之间建立高低位阶。相反,这两种权利是相互制衡的:维护主权的前提是不能损害航行自由权;航行自由权也不得损害领土完整。据此,国际法院得出结论,即不能推断“商业”一词可以限制国家主权。[3]

为了解决这一问题,国际法院回顾了《1858 年边界条约》第 6 条“以商业为目的”(conobjetos de comercio)的表述,通过对其中“目的”一词的含义进行语境研究,得出了结论。“目的”一词本身确实具有实体和抽象两种含义,前者仅包括(运输)商品货物,而后者包括(运输)乘客。但本案中,“目的”一词应当采取抽象含义,将(运输)乘客包括在内。理由有 4 点:其一,采用抽象含义进行条约解释,能使相关约文表达清楚、意思连贯;相反地,采用实体含义,相关约文会变得没有意义。其二,《1858 年边界条约》第 8 条中的“目的”仅能采用“目的”或“主题”这一抽象含义。法院据此推测,两国更倾向从抽象角度理解“目的”一词。其三,1857 年 12 月 8 日,两国曾签订过一份未被批准也从未生效的条约,即《卡纳斯—马丁内兹和平条约》。该条约中的“artículos de comercio”的含义是“物品”“商品”。法院据此推测,当两国想要表达商品交易中的实物财产时,他们使用的术语并非“objetosdecomercio”。其四,1887 年,两国分别向克利夫兰总统提交了《1858

[1] Dispute regarding Navigational and Related Rights(Costa Rica/Nicaragua),Judgment,I. C. J. Reports 2009,p. 237,para. 48.

[2] Ibid.,p. 237,para. 48.

[3] Ibid.,p. 237 - 238,para. 48.

年边界条约》英译本。尽管这两份英译本并不完全相同,但却都使用了“for the purposes of commerce”这一表述来指代原文中的“con objetos de comercio”。

综上所述,国际法院认为,“目的”一词应采纳其抽象含义,也就是包括(运输)乘客这一范畴。而整句“libre navegación... con objetos de comercio”也应从抽象意义上进行理解,将运输乘客包含在航行自由权的范围之内。[1]

3. 适用“演化解释”方法的前提条件

2009年“哥斯达黎加/尼加拉瓜航行权及相关权利案”表明,适用“演化解释”方法有两大前提条件:其一,条约期限较长;其二,术语含义开放、笼统。因为从一定程度上说,使用开放、笼统的术语,意味着缔约方很可能已经意识到术语含义具有不断演变的空间;而期限较长,则意味着术语含义演变的可能性更大。[2] 对于何为“开放、笼统的术语”,国际法委员会提出了三大标准:其一,术语的使用将嗣后技术、经济或法律的发展考虑在内;其二,术语为缔约方规定了进一步发展的义务;其三,术语含义本身具有一般性。[3]

(三)有关“演化解释”方法的争议

“演化解释”方法在实践中也受到了不少质疑和批评。有学者认为,从当代角度考察一个条约的宗旨和目的,不符合条约解释的综合性原理。[4] 也有学者对“推断”解释提出疑问,认为条约解释的主要内容是通过文义解释查明缔约方的意图。争端解决机构在没有当事国明确约定的情况下推定

---

〔1〕 See Dispute regarding Navigational and Related Rights (Costa Rica/Nicaragua), Judgment, I.C.J. Reports 2009, p. 238 - 240, paras. 51 - 52 and 53 - 56.

〔2〕 参见吴卡:《条约解释的新动向:当代意义解释对当时意义解释》,载《法学评论》2013年第2期。

〔3〕 See International Law Commission, Conclusions of the Work of the Study Group on the Fragmentation of International Law: Difficulties Arising from the Diversification and Expansion of International Law, 2006, para. 23.

〔4〕 参见曾令良:《从“中美出版物市场准入案”上诉机构裁决看条约解释的新趋势》,载《法学》2010年第8期。

术语的解释方法,显然不符合条约解释的法理。[1] 斯科特尼科夫法官对此也提出异议。他认为,在庭审中没有证据显示,诉讼双方当事国愿意将“商业”一词采取不断演变发展的解释方式。换句话说,尼加拉瓜不可能牺牲本国利益,赋予哥斯达黎加航行自由权,同意将“商业”一词的含义不断演变和扩大。[2] 斯科特尼科夫法官还援引“爱琴海大陆架案”“摩洛哥境内美利坚合众国国民权利案”,以及“卡西基里/塞杜杜岛案”表示,在适用国际案例的过程中,国际法院机械地列举了有利于“演化解释”方法的特定案例,但却忽略了其他根据涉案术语的当代词义进行解释的其他案例。[3]

对于这一缺陷,有学者提出,条约解释的方法应当遵循诉讼双方当事国的意图。在没有相关证据的情况下,应当综合考虑善意原则、案件情况、相关条约的目的和宗旨,权衡利弊,兼顾使用“当时意义解释”方法和“演化解释”方法。[4] 此外,实践表明,鼓励和促成诉讼双方当事国就此进行磋商、缔约,也是解决术语含义演变问题的一道良策。以本案为例,为解决争端,两国后来就《1858 年边界条约》的解读达成了新的共识:哥斯达黎加有权运送游客,并且哥斯达黎加的这项权利必然扩展至运送所有其他向承运人付费的乘客。[5]

六、附录

(一)案件名与正式引注格式

1. 中文案件全名:2009 年“哥斯达黎加/尼加拉瓜航行权及相关权利案”

---

〔1〕 参见吴卡:《条约演化解释方法的最新实践及其反思》,载《法学家》2012 年第 1 期。

〔2〕 See Separate Opinion of Judge Skotnikov, p. 284, para. 5.

〔3〕 Ibid., p. 284, para. 6. See also Aegean Sea Continental Shelf, Judgment, I. C. J. Reports 1978, p. 3; Rights of Nationals of the United States of America in Morocco, Judgment of August 27th, 1952: I. C. J. Reports 1952, p. 176; Kasikili/Sedudu Island (Botswana/Namibia), Judgment, I. C. J. Reports 1999, p. 1045.

〔4〕 参见吴卡:《条约演化解释方法的最新实践及其反思》,载《法学家》2012 年第 1 期。

〔5〕 Separate Opinion of Judge Skotnikov, p. 285, para. 10.

2. 英文案件全名：Dispute regarding Navigational and Related Rights (Costa Rica/Nicaragua)

3. 案件的正式引注格式：

英文：Dispute regarding Navigational and Related Rights (Costa Rica/Nicaragua), Judgment, *I. C. J. Reports* 2009, p. 213

法文：Différendrelatif à des droits de navigation et des droits connexes (Costa Rica/Nicaragua), arrêt, *C. I. J. Recueil* 2009, p. 213

(二)相关条约译名对照表

原文	中文
Application instituting Proceeding filed in the Registry of the Court on 29 September 2005 Dispute Regarding Navigational and Related Rights (Costa Rica/Nicaragua)	《争端解决申请书》
The "CañasMartinez" Peace Treaty	《卡纳斯—马丁内兹和平条约》
The 1858 Treaty of Limits, also known as The Jerez-Cañas Treaty	《1858 年边界条约》
The American Convention on Human Rights	《美洲人权公约》
The Chamorro-Bryan Treaty	《布里安—查莫罗条约》
The Cuadra-Castro Joint Communiqué	《夸德拉—卡斯特罗联合公报》
The Cuadra-Lizano Joint Communiqué	《夸德拉—利萨诺联合公报》
The Fournier-Sevilla Agreement	《弗尼尔—塞维利亚协定》
The International Covenant on Civil and Political Rights	《公民权利及政治权利国际公约》
The Statute of the International Court of Justice	《国际法院规约》
The Tovar-Caldera Agreement	《托瓦尔—卡尔德拉协定》
Vienna Convention on the Law of Treaties	《维也纳条约法公约》

(三)与演化解释方法相关的案例

原文	中文
1888 Cleveland Award	1888 年克利夫兰裁决
1916 decision of the Central American Court of Justice	1916 年中美洲法院判决
Aegean Sea Continental Shelf, Judgment, I. C. J. Reports 1978, p. 3	“爱琴海大陆架案”
Application of the Convention on the Prevention and Punishment of the Crime of Genocide (Bosnia and Herzegovina/Serbia and Montenegro), Judgment, I. C. J. Reports 2007, p. 43	“《防止及惩治灭绝种族罪公约》适用案”
Arrest Warrant of 11 April 2000 (Democratic Republic of the Congo/Belgium), Judgment, I. C. J. Reports 2002, p. 3	2000 年“逮捕令案”
Case concerning Right of Passage over Indian Territory (Merits), Judgment of 12 April 1960: I. C. J. Reports 1960, p. 6	“印度领土通行权案”
Case concerning Rights of Nationals of the United States of America in Morocco, Judgment of August 27th, 1952: I. C. J. Reports 1952, p. 176	“摩洛哥境内美利坚合众国国民权利案”
Case Concerning the Temple of Preah Vihear (Cambodia/Thailand), Merits, Judgment of 15 June 1962: I. C. J. Reports 1962, p. 6	“柏威夏寺案”
Certain German interests in Polish Upper Silesia, Germany v. Poland, Merits, Judgment, (1926) PCIJ Series A No. 7, ICGJ 241 (PCIJ 1926), 25th May 1926, League of Nations (historical) [LoN]; Permanent Court of International Justice (historical) [PCIJ]	“波属上西里西亚德国利益案”
Certain Phosphate Lands in Nauru (Nauru/Australia), Preliminary Objections, Judgment, I. C. J. Reports 1992, p. 240	“瑙鲁境内磷酸盐地案”
Colombian-Peruvian Asylum Case, Judgment of November 20th, 1950: I. C. J. Reports 1950, p. 266	“庇护权案”

续表

原文	中文
DS363：China-Measures Affecting Trading Rights and Distribution Services for Certain Publications and Audiovisual Entertainment Products-AB-2009-3-Report of the Appellate Body	“中美出版物市场准入案”（上诉机构裁决）
Factory at Chorzów, Germany v. Poland, Judgment, Claim for Indemnity, Merits, Judgment No. 13, (1928) PCIJ Series A No. 17, ICGJ 255 (PCIJ 1928), 13th September 1928, League of Nations (historical) [LoN]; Permanent Court of International Justice (historical) [PCIJ]	“霍茹夫工厂案”
Fisheries Jurisdiction (Federal Republic of Germany/Iceland), Merits, Judgment, I. C. J. Reports 1974, p. 175	“渔业管辖权案”
GabCikovo-Nagymaros Project (Hungary/Slovakia), Judgment, I. C. J. Reports 1997, p. 7	“加布奇科沃—大毛罗什项目案”
International Status of South-West Africa, Advisory Opinion: I. C. J. Reports 1950, p. 128	“纳米比亚咨询案”
Interpretation of Peace Treaties (Second Phase), Advisory Opinion, I. C. J. Reports 1950, p. 221	“保加利亚、匈牙利和罗马尼亚和约解释案”
Kasikili/Sedudu Island (Botswana/Namibia), Judgment, I. C. J. Reports 1999, p. 1045	“卡西基里/塞杜杜岛案”
Land and Maritime Boundary between Cameroon and Nigeria (Cameroon/Nigeria: Equatorial Guinea intervening), Judgment, I. C. J. Reports 2002, p. 303	“喀麦隆与尼日利亚间陆地与海洋划界案”
Land, Island and Maritime Frontier Dispute (El Salvador/Honduras; Nicaragua intervening), Judgment, I. C. J. Reports 1992	“萨尔瓦多与洪都拉斯边界争端案”
Military and Paramilitary Activities in and against Nicaragua (Nicaragua/United States of America), Jurisdiction and Admissibility, Judgment, I. C. J. Reports 1984, p. 392	“在尼加拉瓜和针对尼加拉瓜的军事和准军事活动案”（程序部分）

续表

原文	中文
Military and Paramilitary Activities in and against Nicaragua (Nicaragua/United States of America), Merits, Judgment, I. C. J. Reports 1986, p. 14	"在尼加拉瓜和针对尼加拉瓜的军事和准军事活动案"(实体部分)
Nuclear Tests (Australia/France), Judgment, I. C. J. Reports 1974, p. 253	"澳大利亚诉法国核试验案"
Nuclear Tests (New Zealand/France), Judgment, I. C. J. Reports 1974, p. 457	"新西兰诉法国核试验案"
Questions relating to the Obligation to Prosecute or Extradite (Belgium/Senegal), Provisional Measures, Order of 28 May 2009, I. C. J. Reports 2009	"关于起诉或引渡义务相关问题案"
Territorial Dispute (Libyan Arab Jamahiriya/Chad), Judgment, I. C. J. Reports 1994, p. 6	"领土争端案"
" Guinea-Guinea-Bissau Maritime Delimitation ", Guinea-Guinea-Bissau. Maritime Delimitation Case, Court of Arbitration constituted under an. Agreement of 18 February 1983, Award of 14 February 1985, ILR, Vol. 77, p. 636 et seq	"几内亚和几内亚比绍海洋边界仲裁案"
"La Bretagne Arbitration", Dispute Concerning Filleting within the Gulf of St Lawrence ("La Bretagne") (Canada/France), Arbitral Tribunal established by Agreement of 23 October 1985, Award of 17 July 1986, ILR, Vol. 82, p. 591 et seq	"布列塔尼仲裁案"
"Young Loan", The Kingdom of Belgium, The French Republic, The Swiss Confederation, The United Kingdom and The United States of America v. The Federal Republic of Germany (Young Loan), Arbitral Tribunal for the Agreement on German External Debts, Award of 16 May 1980, ILR, Vol. 59, p. 495 et seq	"'永贷款'仲裁案"

(四)参考文献:演化解释方法有关的专著、论文

1. International Law Commission, *Conclusions of the Work of the Study Group on the Fragmentation of International Law: Difficulties Arising from the Diversification and Expansion of International Law*, 2006.

2. [英]詹宁斯、瓦茨修订:《奥本海国际法》(第 9 版),王铁崖等译,中

国大百科全书出版社 1998 年版。

3. Ulf Linderfalk, *On the Interpretation of Treaties: The Modern International Law as Expressed in the 1969 Vienna Convention on the Law of Treaties*, Springer, 2007.

4. EirikBjorge, *The Evolutionary Interpretation of Treaties*, Oxford University Press, 2014.

5. Jared Wessel, *Relational Contract Theory and Treaty Interpretation: End-Game Treaties v. Dynamic Obligations*, NYU Annual Survey of American Law, Vol. 60(2004).

6. 曾令良:《从"中美出版物市场准入案"上诉机构裁决看条约解释的新趋势》,载《法学》2010 年第 8 期。

7. 吴卡:《条约演化解释方法的最新实践及其反思》,载《法学家》2012 年第 1 期。

8. 吴卡:《条约解释的新动向:当代意义解释对当时意义解释》,载《法学评论》2013 年第 2 期。

(五)其他专有名词译名对照表

原文	中文
San Juan River	圣胡安河
Lake Nicaragua	尼加拉瓜湖
Caribbean Sea	加勒比海
DeltaColorado	科罗拉多三角洲
Punta de Castilla	卡斯蒂利亚角
Colorado River	科罗拉多河
Barra de Colorado	巴拉科罗拉多
Castillo Viejo	卡斯蒂略维耶荷
Nicoya	尼科亚地区

续表

原文	中文
The nineteenthcentury editions of the *Dictionary of the Royal Spanish Academy*	19 世纪版《西班牙皇家学院词典》
Stephen Cleveland	格罗弗·克利夫兰
Judge Sepúlveda-Amor	塞普尔韦达－阿莫尔法官
Judge Skotnikov	斯科特尼科夫法官
Judge ad hoc Guillaume	专案法官纪尧姆

第三节 2010 年“阿根廷/乌拉圭纸浆厂案”

2006 年 5 月 4 日：阿根廷向国际法院提起诉讼并提出临时措施指示请求。

2006 年 5 月 10 日：乌拉圭向国际法院提交关于阿根廷请求临时措施的书面意见。

2006 年 7 月 13 日：国际法院发布起诉状和应诉状递交时限命令。

2006 年 7 月 13 日：国际法院发布不需要指示临时措施的命令。

2006 年 11 月 30 日：乌拉圭向国际法院提出临时措施指示请求。

2007 年 1 月 15 日：阿根廷向国际法院提交起诉状。

2007 年 1 月 23 日：国际法院发布不需要指示临时措施的命令。

2007 年 7 月 20 日：乌拉圭向国际法院提交应诉状。

2007 年 9 月 14 日：国际法院发布答辩状和复辩状递交命令。

2008 年 1 月 29 日：阿根廷向国际法院提交答辩状。

2008 年 7 月 29 日：乌拉圭向国际法院提交复辩状。

2010 年 4 月 20 日：国际法院作出判决。

一、基本案情

乌拉圭河发源于巴西的塞拉杰拉尔,汇入拉普拉塔河。在上游,乌拉圭河部分流经巴西领土后成为阿根廷和巴西的边界。在下游,乌拉圭河则构成阿根廷和乌拉圭之间的边界。阿根廷和乌拉圭于 1961 年 4 月 7 日在蒙得维的亚缔结了边界条约(以下简称《1961 年条约》),划定了双方在乌拉圭河上的界限。[1]《1961 年条约》于 1966 年 2 月 19 日生效。

根据《1961 年条约》第 7 条的规定,双方应就"乌拉圭河"的合理使用建立一套行之有效的制度。为此,双方于 1975 年 2 月 26 日在乌拉圭的萨尔托签署了《乌拉圭河规约》,即《1975 年规约》[2](以下简称《规约》),于 1976 年 9 月 18 日生效。

《规约》第 1 条明确了其宗旨与目的,即"为了建立最佳且合理利用乌拉圭河所必需的联合机制"。[3]《规约》规制包括河流航行和工程、引航、河水利用、其他自然资源的养护、利用和开发、研究、执法和其他辖区内行为等在内的各项活动。此外,《规约》第 10 章明确了各方在预防污染方面的义务,以及对污染造成的损害需承担的责任。依据《规约》的要求,双方共同设立了乌拉圭河行政委员会(Comisión Administradora del Río Uruguay,CARU),由相同人数的双方代表组成,负责执行管理《规约》的具体实施。

---

[1] See Treaty between the Argentine Republic and the Eastern Republic of Uruguay of 7 April 1961 concerning the Boundary Constituted by the River Uruguay, United Nations, Treaty Series, Vol. 635: 9074, p. 98.

[2] See Statute of the River Uruguay, United Nations, Treaty Series, Vol. 1295:21425, p. 340.

[3] 参见《规约》(英文版)第 1 条原文:"Article 1: The Parties agree on this Statute, in implementation of the provisions ofarticle 7 of the treaty concerning the Boundary Constituted by the River Uruguay, of 7 April 1961, in order to establish the joint machinery necessary for the optimum andrational utilization of the River Uruguay, in strict observance of the rights and obligationsarising from treaties and other international agreements in force for each of the Parties."

(一)CMB(ENCE)纸浆厂项目

引起争议的第一座纸浆厂[以下简称 CMB(ENCE)],是由“CelulosasdeM'Bopicuá S. A.”设计,由西班牙公司 ENCE(西班牙语“EmpresaNacionaldeCelulosas de E spaña”的缩写,以下简称 ENCE)在乌拉圭成立。该纸浆厂拟建于乌拉圭河左岸,位于乌拉圭内格罗河省弗雷本托斯市东部,在阿根廷瓜莱瓜伊丘地区的对面。2002 年 7 月 22 日,项目发起人向乌拉圭国家环境理事会(National Directorate for the Environment, DINAMA)提交了对该纸浆厂项目的环境影响评估书。同时,CMB 公司的代表向 CARU 主席通报了该项目。CARU 主席于同年 10 月 17 日致函乌拉圭环境部长,请求获取该项目的环境影响评估书副本。2003 年 5 月 14 日,乌拉圭向 CARU 提交了一份题为“环境影响研究,CMB. 公示概要”的文件。一个月后,CARU 下设的水质和污染控制委员会注意到该文件,并建议将该文件的副本送交技术顾问征求意见。缔约各方代表团也收到了该副本。

2003 年 7 月 21 日,在乌拉圭弗雷本托斯市举行了关于 CMB 公司申请环境许可的公开听证会,CARU 有关人员出席了该会议。之后,CARU 要求乌拉圭提供关于 CMB(ENCE)纸浆厂的进一步信息。同年 10 月 2 日,DINAMA 向乌拉圭住房、土地使用规划和环境事务部(MVOTMA)提交了评价报告,建议附特定条件地授予 CMB 公司初步环境许可。10 月 8 日,乌拉圭代表团通知 CARU,称 DINAMA 将立刻向其提交一份关于 CMB(ENCE)纸浆厂项目的报告。

2003 年 10 月 9 日,MVOTMA 即向 CMB 授予了建造 CMB(ENCE)纸浆厂的初步环境许可。当天,阿根廷和乌拉圭的总统在乌拉圭进行会面。阿根廷坚持声称,乌拉圭总统曾许诺阿根廷总统,在阿根廷关于环境方面的担忧未得到解决时,不会授予任何行政许可。[1] 乌拉圭对此提出质疑,称双

---

〔1〕 See *Argentina's Application Instituting Proceedings*(4 May 2006), p. 9, para. 9.

方在该次会面上只是同意共同处理CMB(ENCE)项目问题,而无须通过《规约》第7条至第12条规定的程序来解决。并且乌拉圭还称阿根廷实际上并不反对该项目本身。阿根廷驳斥了这些说法。

在阿根廷和乌拉圭国家元首会晤的次日,CARU宣布,一旦乌拉圭提交了等候其提交的文件,本理事会愿意重新开始对CMB(ENCE)纸浆厂项目进行技术分析。在2003年10月17日举行的CARU特别全体会议上,阿根廷对乌拉圭就10月9日授予初步环境许可的行为表示了不满。会议过后,由于双方始终无法就如何实施《规约》规定的磋商机制达成一致意见,CARU暂停工作6个多月。

2003年10月27日,乌拉圭向阿根廷送交了ENCE公司于2002年7月22日提交了环境影响评估书副本、DINAMA于2003年10月2日出具的最终评价报告副本和2003年10月9日授予的初步环境许可副本3个文件。同日,阿根廷通知乌拉圭,称乌拉圭授予初步环境许可的行为不符合《规约》的规定以及其他国际法规则。[1]

应阿根廷外交部的请求,乌拉圭于2003年11月7日递交乌拉圭环境部关于CMB(ENCE)项目的完整材料副本。随后,阿根廷将所有文件转交给了CARU。2004年3月2日,双方外交部部长会面并达成了部长级谅解书。同年5月15日,CARU注意到该谅解书并宣布恢复工作。此后,CARU水质和污染控制委员会制订了一项"监测纸浆厂所在区域水质的计划"(以下简称PROCEL计划),并于11月12日获得CARU的批准。

2005年11月28日,乌拉圭授权开展CMB(ENCE)纸浆厂建造的地面清理准备工作。2006年3月28日,CMB(ENCE)项目的发起人决定停工90天,并于9月21日宣布不再打算于乌拉圭河畔的原定地点建造这座纸浆厂。

---

〔1〕 See *Argentina's Application Instituting Proceedings*(4 May 2006), p. 9, para. 10.

（二）Orion（Botnia）纸浆厂项目

引起争议的第二座纸浆厂工业项目是由“Botnia S. A.”和“Botnia Fray Bentos S. A.”（以下简称 Botnia 公司）开展，这两家公司是芬兰公司 Oy Metsä-Botnia AB 专门为了这个项目于 2003 年根据乌拉圭法律成立。该纸浆厂［以下简称 Orion（Botnia）纸浆厂］建于乌拉圭河左岸，距离 CMB（ENCE）纸浆厂规划厂址下游几公里，同样靠近弗雷本托斯市，计划于 2007 年 11 月 9 日开始运作。Botnia 公司于 2003 年年底向乌拉圭当局通报了这一工业项目，于 2004 年 3 月 31 日向乌拉圭当局提出了初步环境许可申请。同年 4 月 29 日和 30 日，CARU 成员和 Botnia 代表举行了非正式会议。之后，CARU 先后两次向 Botnia 公司表明，其需要获取关于其向 DINAMA 提出的初步环境许可申请的详细材料。在 CARU 水质和污染控制委员会的建议下，CARU 于 11 月 16 日通过照会向乌拉圭提出了关于获取初步环境许可申请详细材料的请求。12 月 21 日，DINAMA 举行了一场公开听证会，CARU 派出 Orion（Botnia）工程的顾问参加会议。

DINAMA 于 2005 年 2 月 11 日通过了对 Orion（Botnia）纸浆厂的环境影响研究报告，并建议附特定条件地授予初步环境许可。同年 2 月 14 日，MVOTMA 授予了 Botnia 建造 Orion（Botnia）纸浆厂以及邻近的一个港口码头的初步环境许可。阿根廷在此后的两次 CARU 会议上，基于《规约》规定的程序性义务，对乌拉圭给予初步环境许可是否有充分根据提出了质疑。4 月 12 日，乌拉圭同时授权进行纸浆厂建造场地和相关地基的清理活动。

2005 年 5 月 31 日，根据两国总统于 5 月 5 日达成的意向，两国外交部部长成立了一个高级技术小组（High-Level Technical Group，GTAN），负责在 180 日内解决 CMB（ENCE）和 Orion（Botnia）纸浆厂的纠纷。2005 年 8 月 3 日至 2006 年 1 月 30 日，GTAN 举行了 12 次会议。在这一双边进程中，两国交换了各种文件，但未能达成任何协议。

2005 年 6 月 26 日，阿根廷致函国际复兴开发银行行长，就国际金融公司(International Finance Corporation，IFC)可能为乌拉圭计划建造的纸浆厂提供资金支持一事表示担忧。尽管如此，IFC 还是决定为 Orion(Botnia)纸浆厂提供资金支持，并委托 EcoMetrix——一家专门从事环境和工业事务的咨询公司，就计划建造的纸浆厂编写各方面的技术报告，并对其进行环境影响评估，以及在纸浆厂投入使用后代表 IFC 对其进行环境监测。

2005 年 7 月 5 日，乌拉圭授权 Botnia 在 Orion(Botnia)纸浆厂附近建造一个专供该纸浆厂使用的港口码头，以及可为工业目的利用的河床。同年 8 月 22 日，乌拉圭授权建造 Orion(Botnia)纸浆厂的烟囱和混凝土地基。纸浆厂在建设过程中，又获得了建造废物处理设施等方面的进一步授权。10 月 13 日，乌拉圭向 CARU 送交了关于 Orion(Botnia)纸浆厂邻近的港口码头的补充文件。

阿根廷一再要求(包括在多次 CARU 会议上)暂停与 Orion(Botnia)纸浆厂和 CMB(ENCE)纸浆厂有关的初步工作。2006 年 3 月 11 日乌拉圭总统于智利圣地亚哥举行的两国首脑会议上要求，ENCE 和 Botnia 暂停两座纸浆厂的建造工作。ENCE 同意暂停建造工作 90 天，Botnia 则同意暂停 10 天。

2006 年 1 月 31 日，乌拉圭认定，GTAN 内部进行的谈判失败；阿根廷也于 2006 年 2 月 3 日作出相同认定。同年 5 月 4 日，阿根廷向国际法院提出诉讼申请书，将争端提交国际法院。

2006 年 8 月 24 日，乌拉圭授权 Orion(Botnia)纸浆厂邻近的港口码头进行试运行。同年 9 月 12 日，乌拉圭授权 Botnia 为工业目的从乌拉圭河中抽取和使用河水。2007 年 11 月 8 日，乌拉圭授权 Orion(Botnia)纸浆厂投入试运行，并于次日开始经营。

根据阿根廷在其诉讼申请书、起诉书或答辩书中所提出的诉讼请求，以及其在2009年9月29日的听证会上提交的最后陈述,本案诉讼标的为乌拉圭对建造CMB(ENCE)纸浆厂的授权以及建造和试运行Orion(Botnia)纸浆厂及相关设施的授权。本案争议涉及《规约》的解释和适用。具体有两方面的争议焦点:第一,乌拉圭授权建造CMB(ENCE)纸浆厂以及建造和试运行Orion(Botnia)纸浆厂和其邻近码头的行为是否遵守了《规约》规定的程序性义务;第二,自2007年11月Orion(Botnia)纸浆厂试运行以来,乌拉圭是否遵守了《规约》规定的实体性义务。

双方同意法院的管辖权基础为《国际法院规约》第36条第1款和《规约》第60条第1款。[1] 本案中,法院的管辖权仅限于有关《规约》解释与适用的争端。针对阿根廷的诉讼请求,法院认为,其对阿根廷关于噪声、视觉污染以及因“臭味”影响其旅游业的诉讼请求,以及判决乌拉圭是否履行了在其他国际协定下的义务的诉讼请求,不具有管辖权。

二、双方主张

双方基于所有先前程序,包括起诉状、应诉状、答辩状、复辩状等当中的所有事实、理由与主张,在口头诉讼环节中各自提出了最终主张。双方主张分为程序性与实体性两大类。

(一)程序性主张

1. 阿根廷

(1)乌拉圭在没有与CARU商议的情况下批准了所有计划(《规约》第7条第1款、第2款)

根据《规约》第7条第1款的规定,乌拉圭有义务在给予授权之前,与

---

[1] Pulp Mills on the River Uruguay (Argentina v. Uruguay), Judgment, I. C. J. Reports 2010, p. 40(以下简称法院判决).《规约》第60条第1款规定:“任何与条约(指《1961年条约》)和本规约的解释或适用有关的争端,如不能通过直接谈判解决,任何一方均可将此争端提交至国际法院。”

CARU 商议并向 CARU 告知其计划建设的工厂。上述规定显然是指在任何有关授权建造的行动之前进行的商议和告知。《规约》第 2 章的措辞在这方面并非含混不清,其指出“如果一方计划建造……或开展……工程,它应通知委员会”,委员会将对“计划”作出回应。CARU 有 30 天“初步确定该计划是否可能对另一方造成重大损害”。只有在 CARU 确定计划不会造成重大损害时,相关方才能开展或授权计划工程的建造。第 7 条第 1 款明确提到一项要求,即在任何一方采取与工程建造有关的任何行动之前,以及若该方不自行开展工程而将工程授予他人建造,则在该方授权进行该工程的建造之前,进行通知。后一种情况就是本案中出现的情况。它涉及乌拉圭对 ENCE 和 Botnia 企业的授权。[1]

乌拉圭出具的任何继续建造的授权均不符合与 CARU 进行事先商议或向 CARU 进行事先通知,以便 CARU 确定乌拉圭是否能够实施或授权相关工程的义务。

(2)乌拉圭未能通过 CARU 向阿根廷告知项目信息(《规约》第 7 条第 2 款、第 3 款)[2]

根据《规约》的规定,当事方有义务提交所有相关信息。事先通知和商议义务的显著特点在于其目的,即允许另一方当事人“评估此类工程对航行、河流水情或水质可能产生的影响”。因此,当事方有必要提供全面和详尽的细节而非仅是一些信息碎片,以便能够有效地进行这种评估。然而,乌拉圭未能向 CARU 提交 CARU 和阿根廷所需用以评估计划工程对河流及受河流影响地区的影响的信息,违反了《规约》第 7 条和第 8 条规定的国际义务。

---

〔1〕 See Pulp Mills on the River Uruguay(Argentina v. Uruguay), Judgment, I. C. J. Reports 2010, p. 94 – 95, para. 4. 12.

〔2〕 Ibid., p. 106 – 109, paras. 4. 65 – 4. 79.

(3)乌拉圭不顾阿根廷的反对且在争端尚未解决的情况下即出具授权(《规约》第9条)[1]

乌拉圭既没有就争议的工程或河流使用的计划[CMB(ENCE)和Orion(Botnia)纸浆厂和Orion(Botnia)纸浆厂邻近港口的建设和试运行以及Botnia对河水的提取和使用]与CARU进行商议,也没有提交关于这两座纸浆厂的必要信息。尽管阿根廷反对,且两国之间的争端没有得到解决,乌拉圭还是批准了这些工程和对河流的使用。乌拉圭未等待CARU的决定、双方直接解决争端或法院解决争端,即出具了开展工程和利用水域和河床的授权。

2. 乌拉圭

(1)乌拉圭在向ENCE和Botnia授予初步环境许可之前无须通知CARU

乌拉圭表明,《规约》文本和CARU摘要条款都明确规定,在项目获得授权后可向CARU发出通知。从表面上看,该条款显然预期各方将首先发布授权,然后在相关情况下通知CARU。[2] 另外,阿根廷和CARU早在初步环境许可发行日期之前就知道乌拉圭的计划。[3]

(2)乌拉圭没有义务等待CARU对两座纸浆厂的授权

根据《规约》以及CARU摘要,缔约方是唯一有权批准项目的主体。根据一份1997年的题为"CARU在一方就可能影响水质的项目安装与之进行沟通时应遵循的标准程序"的CARU文件,CARU在《规约》第7条至第12条规定,磋商程序中的作用严格限于初步技术审查,没有批准或不批准项目的权力。[4]

---

〔1〕 See Pulp Mills on the River Uruguay(Argentina v. Uruguay),Judgment,I. C. J. Reports 2010, p. 109 - 110,paras. 4. 80 - 4. 83.

〔2〕 Ibid. ,para. 3. 7,p. 153 - 154.

〔3〕 Ibid. ,para. 3. 14,p. 158.

〔4〕 Ibid. ,paras. 3. 32 - 3. 77,p. 169 - 197.

(3)乌拉圭已向阿根廷提供充分的信息

《规约》第7条第3款规定,信息共享要求最好根据其目的来理解,即"评估此类工程对航行、水情或水质的可能影响"。乌拉圭提供的信息足以使阿根廷评估系争纸浆厂对航行、水情和水质的可能影响。[1]

(4)乌拉圭在协商和争端解决期间遵守了自己的义务

《规约》没有要求项目发起国在磋商期间完全停止一个项目。相反地,磋商期间,在另一国有充分机会提出其意见之前,以及在这些意见得到真诚考虑之前,计划发起国可以进行准备性工作。在GTAN磋商过程中,乌拉圭只开展了一些筹备性工作。磋商结束后,乌拉圭即可以自由地开展纸浆厂项目。《规约》没有要求当事方在磋商结束和争端解决程序开始后,不得执行项目。1997年《水道公约》和2001年的条款草案都允许发起国在协商结束后实施项目。《规约》条文、该区域各国的做法以及一般国际法的规则都没有给予被通知国对发起国项目的否决权。[2]

(二)实体性主张

1. 阿根廷

(1)乌拉圭违反了防止污染和保护乌拉圭河水质及其生态系统的义务

阿根廷指出,《规约》第40条中"污染"的定义符合许多国际协定的规定,并符合国际惯例。它设定了一个非常低的阈值,阿根廷认为,除最小流量的排放外,所有程度的排放都包括在内。

第一,乌拉圭没有采取一切措施来保护乌拉圭河的水质及受其影响的地区。哈特菲尔德报告从几个方面批评了乌拉圭向IFC提供的环境影响评估,重点在于:它们没有充分详细地定义工厂设计,以确定工厂是否确实会使用最佳可行技术;它们没有提供工厂附近环境中排放物的完整清单;评价

---

[1] See Memorial of Argentina, paras. 3.87 - 3.88, p. 204 - 205.

[2] Ibid., paras. 3.108 - 3.127, p. 227 - 237.

所提供的数据高估了实际排放的许多污染物的数量(报告补充认为,过度保守的估计扭曲了评估过程,导致公众不必要的担忧,而低估也同样扭曲了分析)。哈特菲尔德报告对Orion(Botnia)项目的环境影响评估提出了特别批评,并指出该评价没有提供Orion(Botnia)纸浆厂下游水质或该区域中临时或永久性水生资源(动植物)的详细信息。该评价也没有对当地鱼类进行生物测试。

第二,乌拉圭未能采取一切措施保护和维护乌拉圭河及受其影响地区的生物多样性。乌拉圭没有采取适当和必要的措施保护生物多样性,即乌拉圭未能确保提供所需信息,以确定排入河流以及受其影响地区的污染物的数量或特征。因此,根据现有信息,无法确定生物多样性可能受到的影响,特别是对萨巴洛、博加和多拉多等鱼类以及其他供人类食用的鱼类的影响。阿根廷提交的独立报告得出结论认为,乌拉圭河中鱼类种群和生态系统的多样性极有可能受到影响,且富营养化导致有毒藻类水华的频率正在增加。

第三,乌拉圭未能确保进行全面的环境影响评估。乌拉圭违反了《规约》第41(a)条和其他规定,在环境影响评估不充分的基础上批准建造Orion(Botnia)纸浆厂。对Orion(Botnia)纸浆厂进行的评价明显不足,例如,它缺乏对所有可能产生的影响的评价、关于河流水质及其生态系统的准确初始数据清单,以及关于选择厂址和拒绝其他可能选址的原因的解释。根据国际惯例要求,在环境影响评估能够被视为包含足够的要素以供批准之前,必须提供此类数据。虽然DINAMA在其就Orion(Botnia)纸浆厂的环境影响评估作的报告中指出了Botnia所递交的文件在信息上提供得不足,但其依然批准了Orion(Botnia)纸浆厂的建造,甚至批准了另一个纸浆厂的建造。IFC报告也指出了环境影响评估的问题。最终的CIS报告没有解决这些难题。

第四,乌拉圭没有履行《规约》第2章规定的义务,故未能采取一切措施防止污染。乌拉圭也没有履行其采取一切适当措施防止污染的义务,因为它没有履行与CARU商议、向CARU(或者在适当情况下,通过CARU向阿根廷)递交信息的义务,并在授权Orion和CMB工厂之前进行协商。同时,乌拉圭没有要求纸浆厂采用"最佳可用技术",故未能采取一切措施防止污染。Orion(Botnia)纸浆厂的位置意味着排放物将排入敏感水域,如果要遵守BAT标准,则需要进行三级处理;Orion(Botnia)项目没有这么做。阿根廷还注意到另一项违反BAT标准的行为,即缺乏一个空的应急池来应对大规模泄漏或有关废水的显著变化。因此,乌拉圭未能要求采用"最佳可得技术"和"最佳环境做法",再次违反了其采取一切措施防止污染的义务。[1]

(2)乌拉圭违反了防止乌拉圭河及受其影响地区的生态平衡发生变化的义务,特别是其严重损害乌拉圭河及其影响地区的行为

乌拉圭决定开展的主要桉树种植作业活动会对土壤管理和乌拉圭林地产生影响。这一决定还将对乌拉圭河的水质产生重大影响。桉树种植园规模巨大,其使用将直接造成河水污染。《规约》第35条规定,乌拉圭有义务采取"必要措施",这包括有义务评估种植桉树的决定对河流造成的所有直接和间接后果。在作出决定时,乌拉圭没有考虑未来纸浆厂使用桉树纸浆作为原料的间接影响。乌拉圭在几年前将这一决定作为一项经济发展事项提出,但这一决定不能被当作既成事实强加。《规约》通过之后,不意味着乌拉圭可以逃避该法令规定的保护乌拉圭河及受其影响地区环境的义务。乌拉圭采取的措施不足以防止乌拉圭河的生态平衡发生变化。[2]

---

〔1〕 See Memorial of Argentina, paras. 5.4 – 5.78, p. 113 – 136.

〔2〕 Ibid., paras. 5.79 – 5.82, p. 136 – 138.

2. 乌拉圭

乌拉圭指出,阿根廷的所有论点都建立在一个单一的事实前提下,无论是基于《规约》本身、国际公约还是一般国际法原则,即 Orion(Botnia)纸浆厂向乌拉圭河的排放物将构成对乌拉圭河有害的污染,而《规约》禁止这种污染。

如果阿根廷关于"存在污染"的前提是错误的,即如果纸浆厂的排放物不会对河流造成重大损害,那么阿根廷基于最佳可行技术的使用、纸浆厂选址、环境影响评估的充分性、生物多样性或湿地保护、持久性有机污染物公约,或河流的公平合理利用等的所有主张都将失去实际意义。事实上,技术和科学证据表明,乌拉圭授权建造的纸浆厂不存在对水质造成损害的可能性,这一事实得到了 IFC 以及该公司聘请的独立专家的确认,他们均对 Orion(Botnia)纸浆厂进行了评估。[1]

(1)乌拉圭遵守了《规约》第 41 条规定的防止污染的义务

《规约》第 41 条的规定没有禁止向河流排放任何污染物,也没有要求河流保持原状。《规约》第 27 条明确声明,各方有权"在其管辖范围内将河水用于家庭、卫生、工业和农业目的",每一项(第一项除外)都可能导致潜在有害物质排入河流。因此,第 41 条中提及的缔约方"保护和养护水环境"的承诺必须在这一背景下理解,不能以剥夺缔约方根据第 27 条享有的权利的方式加以解释。乌拉圭认为,排放物只有在达到一定的严重程度后才构成污染,无论是在数量上还是在其所在地环境方面。此外,自缔约以来,双方的实践证实了双方之间不禁止所有排放物的意向。事实上,Orion(Botnia)纸浆厂附近目前的大部分污染来自阿根廷,阿根廷也承认其排放到瓜莱瓜伊丘河的污染物在乌拉圭河靠阿根廷的一侧造成了高浓度的磷和有机物。因

〔1〕 See Pulp Mills on the River Uruguay(Argentina v. Uruguay), Judgment, I. C. J. Reports 2010, p. 245 – 246, para. 4. 3.

此,Orion(Botnia)纸浆厂不可能是第一个向乌拉圭河排污的。

根据《规约》第41条的规定,双方“承诺”保护和养护水环境,特别是通过制定适当的规则和措施防止水环境污染。然而,将这一责任分配给各国受制于阿根廷明显忽视的一个重要限制,即阿根廷和乌拉圭制定此类规则和措施的权力“不影响分配给委员会在这方面的职能”。这对确定《规约》规定的实质性义务具有重要意义。

《规约》要求,在CARU颁布的环境标准与某一缔约方采用的环境标准相冲突的情况下,采用CARU的标准。这意味着若CARU决定不在《规约》第56条授权的最大范围内行使其权力,则阿根廷和乌拉圭可以自主合理地对相关领域进行规制。比如,乌拉圭1979年第253号法令第5条规定的特定的水质标准。

CARU可以制定一些最低标准,但如何确保遵守这些标准则由各州自行决定。这就是CARU在水质方面所做的。因此,乌拉圭法律在1979年第253号法令第11条中规定了最大污水排放限值;禁止任何超过这些限值的排放,并授权环境部长在必要时制定新标准,以保护同一法令第14条下规定的水质。

阿根廷和乌拉圭一致认为,CARU已履行其为乌拉圭河的环境保护制定规则和条例的职责。在《规约》签订后的几年中,双方通过CARU精心设计了一项制度,根据《规约》第41条规制污染预防,可适用的规则可见于《CARU摘要》(以下简称《摘要》)的第E3部分。[1]

(2)乌拉圭确保Orion(Botnia)纸浆厂不会改变乌拉圭河的生态平衡

阿根廷和乌拉圭一致认为,CARU制定了落实第36条中实质性义务的规则。毫无疑问,Orion(Botnia)纸浆厂的运营不会违反任何CARU水质标准,阿根廷也没有提出此类索赔。IFC的独立专家特别发现,CMB(ENCE)和Orion(Botnia)纸浆厂(合并)的排放不会超过CARU或乌拉圭水质标准,

[1] See Memorial of Argentina, paras. 4.9 – 4.46, p. 249 – 270.

他们得出结论："因此，纸浆厂的排放物不会对人类健康或水生生物产生不利影响。"[1]

(3)乌拉圭选择Orion(Botnia)纸浆厂的地点符合所有可适用的义务

如果没有污染和生态平衡的改变，既没有违反《规约》第36条或第41条，也没有违反CARU水质标准或其他规定，那么选址是完全无关紧要的。证据表明，乌拉圭履行了其在这方面的义务，并通过分析与Orion(Botnia)纸浆厂的位置相关的潜在影响，仔细考虑了Orion(Botnia)纸浆厂选址的适宜性，进而得出结论认为该位置是合适的。[2]

(4)环境影响评估的国际法

环境影响评估(Enviornmental Impact Assessment,EIA)本质上是一个国家程序，而不是阿根廷所声称的国际程序。阿根廷认为环境影响评估是一个静态过程而不是一个持续过程，这一点同样是错误的。此外，与阿根廷的主张相反，国际法上，环境影响评估唯一的最低要求是其必须对可能对人、财产和环境造成的有害跨界影响进行评价。其余内容属于国内法律规定事项。环境影响评估并非用来评估遥不可及或推测性的风险，而是评价可能产生重大影响的风险。[3] 就《规约》对环境影响评估提出的任何额外要求而言，乌拉圭也完全满足了这些要求。乌拉圭全面评价了所有重大不利跨界影响的可能性，并向阿根廷提供了环境评价的结果。[4]

三、国际法院判决

(一)程序性义务与实体性义务的联系

阿根廷认为，《规约》规定的程序性义务与实体性义务有内在联系，对前

---

[1] Memorial of Argentina, paras. 4.47 – 4.58, p. 271 – 277.

[2] Ibid., paras. 4.59 – 4.61, p. 277 – 279.

[3] Ibid., paras. 4.89, p. 293.

[4] Ibid., paras. 4.107, p. 304.

者的违反就会自然导致对后者的违反。

乌拉圭同样认为,程序性义务的目的是便利实体性义务的履行,前者是一种手段,而不是目的。然而,乌拉圭反对阿根廷的主张,因为阿根廷试图将程序性问题和实体性问题混为一谈,目的是使人相信违反程序性义务必然导致实体性义务的违反。乌拉圭认为,应当由法院判定其是否违反了这两类义务,并根据案件具体情况在责任和赔偿方面得出必要性的结论。

法院注意到,《规约》第 1 条规定的目的和宗旨是:当事各方通过建立"联合机制"进行合作,实现"乌拉圭河的最佳与合理利用"。这种"联合机制"由 CARU 的设立以及《规约》第 7 条至第 12 条所载的程序性规定组成。

当任一《规约》缔约方发起一项计划时,正是通过合作,并且通过履行《规约》下的程序性义务与实体性义务,各相关缔约方才能共同管理该项计划可能带来的环境损害风险,以防止损害发生。实体性义务的表述常常很宽泛,而程序性义务的表述则更为明确具体,以便有关各方通过持续谈判协商,促进《规约》的履行。法院将《规约》建立的制度体系描述为"全面和进步的制度体系",因为上述两类义务相辅相成,使缔约方得以实现《规约》第 1 条确定的目标。[1]

《规约》设立了 CARU,并制定了与该机构有关的程序,以使各方能够履行其实体性义务。然而,《规约》中没有任何内容表明,一方当事人可以通过仅遵守程序性义务来履行实体性义务,也没有任何内容表明,违反程序性义务自动导致实体性义务的违反。同样,当事方履行了其实体性义务并不意味着它们被视为事实上履行了其程序性义务,或被免除了这一义务。事实上,如果一方当事人不履行其程序性义务,随后放弃执行其计划的活动,这两类义务之间的联系也可能被打破。

---

〔1〕 See Pulp Mills on the River Uruguay (Argentina v. Uruguay), Provisional Measures, Order of 13 July 2006, I. C. J. Reports 2006, p. 133, para. 81.

因此,法院认为,《规约》规定的两类义务在损害预防方面确实存在职能上的联系,但缔约方仍需要根据这些义务的具体内容对其进行逐一遵守,并在必要时,视情况承担因违约而产生的责任。

(二)乌拉圭是否违反程序性义务

《规约》第7条至第12条规定了程序性义务。[1] 其中,法院注意到,第7条的西班牙文原文与法文译文均区分了向CARU的"告知"(inform)义务(第7条第1款)和向另一方的"通知"(notify)义务(第7条第2款)。然而,英语译文在两项义务上使用了相同的动词"notify"。为符合西班牙原文规定,法院将对两种表述作出区分,即区分向CARU的"告知"(inform)义务和向另一方的"通知"(notify)义务。

1. 乌拉圭是否履行告知CARU的义务

阿根廷认为,乌拉圭未能履行最先的程序性义务(《规约》第7条第1款),即将计划建造纸浆厂的有关事项告知CARU,导致《规约》第7条至第12条中规定的所有程序都成为一纸空谈。CARU是双方在《规约》涵盖的几乎所有领域中进行合作所需的一个关键性机构。若乌拉圭未能履行告知CARU的义务,那么乌拉圭对于整个《规约》的合规性就从根本上出现了问题。CARU或阿根廷与有关公司的非正式接触或者私下往来,无论以何种形式进行,都不能被视为履行了第7条第1款的告知义务。

此外,关于应当向CARU提供什么信息以及何时提供,阿根廷认为,应当根据告知义务的目的来确定,即为了防止对航行、水情以及水质造成的威胁。一国可以在某项工程计划仍处于非常初期的阶段时就告知CARU,因为此种告知只需要让CARU足以在30天内就该计划是否可能对另一方造成巨大损害作出初步判断即可。在接下来的程序阶段中,告知义务的内容才会逐渐变得更加宽泛。但无论如何,一国必须在批准或实施乌拉圭河上的

---

[1] 该部分条款原文详见本案例附录中的第三部分。

某一工程项目之前将项目相关信息告知 CARU。

乌拉圭认为,将有关事项提交 CARU 这一程序性义务并非如阿根廷所说具有严格的强制性。双方可经一致同意,通过采用其他程序性安排,利用不同渠道进行合作。CARU 如同其他河流委员会,并非一个有着自治权力的主体,而是一个为促进双方合作而设立的机制。由于 CARU 并没有获得可以超出缔约方意愿行事的授权,缔约方可以自由决定需通过 CARU 采取何种行动,尤其是各方可以一致同意不按照《规约》第 7 条规定的方式告知 CARU。这恰好是当前案件出现的情况,即两个缔约方同意省略 CARU 的初步审查,直接进入磋商阶段。

此外,乌拉圭坚持,在初步环境许可授予之前,CARU 已经通过 ENCE 和 Botnia 的代表知晓这两座纸浆厂的建造计划。

法院忆及,其已将 CARU 界定为"一个具有规制、执行、管理、技术和调解职能的联合机制,受托以合理执行《规约》中所载规则,管理共享河流资源……并且该机制是《规约》框架中非常重要的一部分"。[1]

法院指出,根据《规约》第 50 条的规定,CARU 被赋予了法律人格以"履行其职能",并且《规约》缔约方承诺向其提供"必要的资源和所有其运行所必需的信息与设施"。因此,CARU 并不仅是双方间的一个信息传递机制,且有其自身的一种永久存在形式;它不仅行使权利,而且有责任履行《规约》赋予其的职能。尽管根据该规约第 55 条的规定,委员会的决议必须经沿岸国家的一致同意方能通过,这些决议仍是由秘书处制定与执行的,该秘书处的职员能够享受特权与豁免。此外,CARU 能够通过设立其认为所必需的附属机构以分散其各项职能。

法院注意到,与其他具有法律人格的国际组织一样,CARU 有权行使

[1] Pulp Mills on the River Uruguay (Argentina v. Uruguay), Provisional Measures, Order of 13 July 2006, I. C. J. Reports 2006, p. 133, para. 81.

《规约》赋予其的权能,这些权能是实现《规约》的目的和宗旨——“最佳及合理利用乌拉圭河”所必需的。正如法院所指出的:国际组织需服从特定性原则(principle of speciality);也就是说,有权设立这些国际组织的国家对它们进行投资,它们的运作是为促进这些国家的共同利益,这也是这些国家所寄托于它实现的目标。[1]

由于 CARU 是作为双方进行磋商的一个机制与框架,尤其是《规约》第 7 条第 1 款中所述在拟开展计划工程的情况下。没有一方能够单方脱离这一机制,然后用其他沟通渠道取而代之。双方在建立 CARU 并用所有其运作所必需的资源对其进行投资时,就已经为双方进行稳定、持续、有效合作提供了最好的保证,以促进《规约》宗旨与目的的实现。这就是 CARU 在《规约》中起核心作用,而不能仅仅沦为一个供各方依其意愿决定是否使用的可选机制的原因。CARU 在河流的各级利用中均发挥作用:关于预防计划活动可能造成的跨境损害;对河水的利用,其中 CARU 将收到当事方关于河水利用的报告,并核查所有活动进展是否可能造成重大损害(《规约》第 27 条和第 28 条);避免生态平衡发生任何变化(《规约》第 36 条);一方在另一方管辖范围内进行的科学研究(《规约》第 44 条);行使执法权(《规约》第 46 条);行使航行权(《规约》第 48 条)。

此外,CARU 还被赋予在很多与河流联合管理相关的领域,以及在《规约》第 56 条罗列的领域,制定规则的职能。最后,在各方的建议下,委员会能够在双方之间产生矛盾时发挥调解机制的作用(《规约》第 58 条)。因此,法院认为,鉴于双方所赋予职能的广泛性与多样性,CARU 是双方在《规约》下合作义务的一个中心部分。

法院认为,计划开展活动的国家将相关计划告知 CARU 是《规约》的整

---

〔1〕 See Legality of the Use by a State of Nuclear Weapons in Armed Conflict, Advisory Opinion, I. C. J. Reports 1996, p. 78, para. 25.

个程序机制的初始阶段。对 CARU 的告知义务使双方能够开展必要合作以履行损害预防义务。如果在一国境内开展的活动仅可能对该国自己造成损害,则整个《规约》将不适用于该活动。但就乌拉圭河这一共享资源而言,任何对航行、水情及水质的妨害都可能对另一方造成严重损害。在这一初始阶段,CARU 的职责就是确定某项活动计划是否需要遵守《规约》规定的程序,而无须对该活动计划会对河流或其水质造成何种实质性影响作出判断。这解释了《规约》第 7 条第 1 款与第 3 款之间用语有所区别的原因,第 1 款仅指明需告知 CARU,而第 3 款则是关于在后续程序阶段对另一方进行通知的内容,以使被通知方能够评估此类计划对航行、河流水情或水质可能产生的影响。

因此,计划开展活动的国家应当在计划拟订到一定程度,足以使 CARU 作出初步性判断时,就将相关信息告知 CARU,此时告知的信息不一定要包括对有关项目完整的环境影响评估。但是,如有更完整的信息,则当然应当告知 CARU,以使其判断能够建立在尽可能完善的基础上。无论如何,告知义务产生于有关当局收到为申请初步环境许可而提交的项目材料以后、授予初步环境许可之前。

法院注意到,本案中乌拉圭没有向 CARU 提交关于两座纸浆厂的相关信息。CARU 多次对其提出告知信息的要求[2002 年 10 月 17 日与 2003 年 4 月 21 日就 CMB(ENCE)纸浆厂提出,2004 年 11 月 16 日就 Orion(Botnia)纸浆厂提出]。而乌拉圭仅在 2003 年 5 月 14 日向 CARU 送交了一份 CMB(ENCE)纸浆厂项目环境影响评估的公示概要,没有就 Orion(Botnia)纸浆厂项目提交任何文件。CARU 认为,提交的材料不充分,又在 2003 年 8 月 15 日和 2003 年 9 月 12 日提出补充提交材料的要求。乌拉圭在未能遵守《规约》第 7 条第 1 款的告知义务的情况下,分别于 2003 年 10 月 9 日和 2005 年 2 月 14 日向 CMB(ENCE)和 Orion(Botnia)纸浆厂出具了初步环境许可。也就是说,乌拉圭在没有 CARU 介入的情况下,认定两个纸浆厂项目的环境影响在可接受的限度内,并根据乌拉圭1994年9月21日第435/994号法令对两个纸浆厂项目授予初步环境许可。

此外,法院认为,任何非源于政府的信息传达都不能替代《规约》第7条第1款中规定的应当由计划开展工程的缔约方所承担的信息告知义务。

因此,法院认定,乌拉圭在对两座纸浆厂及邻近Orion(Botnia)纸浆厂的港口码头的有关工程出具初步环境许可之前,没有将该计划工程告知CARU,违反了《规约》第7条第1款下的义务。

2. 乌拉圭是否履行将有关计划通知另一方的义务

乌拉圭表示已经根据其国内立法(1994年9月21日第435/994号法令,环境影响评估条例)进行过相关的环境影响评估,并分别于2003年11月7日和2005年8月19日将CMB(ENCE)纸浆厂项目和Orion(Botnia)纸浆厂项目的环境影响评估提交DINAMA供其审议,同时也报送给了阿根廷。DINAMA要求有关公司提供所有的额外信息以对其提交的环境影响评估进行补充,直到觉得满意时,才建议环境部授予初步环境许可。由于初步环境许可已经在其国内法上获得通过,乌拉圭无须在授予初步环境许可之前将环境影响评估送交阿根廷。

阿根廷指出,乌拉圭送交的环境影响评估并不完整,尤其体现在既没有提供备选厂址,也没有征求受影响群众的意见。阿根廷认为,在其收到完整的环境影响评估之前,乌拉圭不得授予初步环境许可,否则在这种情况下阿根廷将无法行使其在《规约》第7~11条下的权利。

根据《规约》第7条第2款的规定,一旦CARU认定某项计划可能对另一方造成严重损害,或者CARU就此作出决定,拟实施计划的一方应当通过委员会将该计划通知另一方。第7条第3款规定了通知的内容。法院认为,此项通知义务的目的是创造条件以促进双方间的成功合作,使双方能够在尽可能完善的基础上,对该计划可能对乌拉圭河造成的影响作出评估,并且在必要时协商确定调整方法以避免潜在损害。

《规约》第 8 条规定，被通知方需在 180 天内对相关计划作出回应，该期限可以由委员会视情况延长。如果提交的文件不完整，被通知方应有 30 天的时间通过委员会将此情况告知拟实施计划的一方。如果被通知方没有提出异议，那么根据《规约》第 9 条的规定，另一方即可实施或者批准工程计划。否则，根据第 11 条的规定，被通知方必须通知另一方，具体说明拟实施工程的哪些方面可能对其造成损害以及其修改建议，该通知作出后，即根据第 12 条规定的启动 180 天的磋商期限，双方可在 180 天内谈判以达成协议。

因此，此类通知义务有利于双方协商评估计划风险并且讨论可能的修改方案，以将风险与损害最小化。一方必须将环境影响评估通过 CARU 通知给另一方，以便于另一方能够参与到确保评估完善的进程中，从而在充分掌握事实的情况下对目标计划及其影响进行考量。一方必须在对目标计划的环境可行性作出判断之前履行这一通知义务。

在本案中，法院发现，两个纸浆厂项目的环境影响评估都是乌拉圭在授予初步环境许可后才通知阿根廷的。CMB（ENCE）纸浆厂的相关材料是在 2003 年的 10 月 27 日和 11 月 7 日通知阿根廷的，而初步环境许可则在 2003 年 10 月 9 日即已授予；而 Orion（Botnia）纸浆厂的相关材料是在 2005 年 8 月至 2006 年 1 月送交阿根廷的，而初步环境许可则在 2005 年 2 月 14 日即已授予。因此，法院认定，乌拉圭没有遵守《规约》第 7 条第 2 款和第 3 款下对另一方的通知义务。

3. 双方是否一致同意不遵循《规约》下的程序性义务

对此，当事双方提到了分别于 2004 年 3 月 2 日与 2005 年 5 月 5 日达成的两份“协议”。双方对这两份协议的范围与内容均有异议。

（1）双方于 2004 年 3 月 2 日达成的“谅解”

“谅解”相关部分的摘要如下：

“2004年3月2日,阿根廷和乌拉圭两国外交部部长就如何处理此事达成谅解,即乌拉圭政府将提供关于纸浆厂建设的信息;在运行阶段,CARU将根据《规约》对水质进行监测。

阿根廷共和国代表团和乌拉圭东岸共和国代表团重申了两国外交部长于2004年3月2日达成的安排。根据该安排乌拉圭将通报有关纸浆厂建设,包括环境管理计划的相关信息。因此,CARU将收到有关公司提供给乌拉圭政府的关于纸浆厂建设和运营的环境管理计划,因为乌拉圭代表团会将这些计划转交给CARU。”

乌拉圭认为,根据“谅解”的内容,双方就CMB(ENCE)纸浆厂项目共同商定了“CARU”之外的方法。并且,无论在法律上还是逻辑上均没有理由禁止双方通过达成适当的双边协定而非遵照《规约》中规定的程序来解决问题。

首先,上述“谅解”仅涉及将CMB(ENCE)纸浆厂建设和运营的环境管理计划提交给CARU。其次,这份“谅解”解决了其与阿根廷就《规约》第7条规定的程序方面的一切争端。最后,“谅解”的适用范围扩大到了Orion(Botnia)纸浆厂项目,因为CARU的水质小组委员会正在实施的PROCEL计划关系“两个工厂”的活动,即CMB(ENCE)和Orion(Botnia)纸浆厂,且水质小组委员会报告的标题和文本中均使用了这种复数形态的表述。

阿根廷坚持认为,“谅解”旨在确保《规约》规定的程序能够得到遵守,从而能够将CMB(ENCE)项目重新引入CARU框架内,结束关于CARU能否处理该项目的管辖权争议。阿根廷向CARU内的各机构重申,它没有放弃第7条下的权利,但阿根廷也承认,如果“谅解”中规定的程序完成了,其与乌拉圭在这方面的争议也可以得到解决。然而,乌拉圭事实上从未像其在“谅解”中承诺的那样,向CARU转交所需资料。阿根廷还否认“谅解”的范围扩大到了Orion(Botnia)纸浆厂。在阿根廷看来,PROCEL计划中虽提到了两座纸浆厂,但这并不意味着《规约》中规定的程序完全被废止了。

法院首先指出,虽然当事国对 2004 年 3 月 2 日之“谅解”的存在没有异议,但是对其内容和范围则存在分歧。无论其名称为何以及记录在什么样的文件中,只要双方就该“谅解”达成一致同意,并善意遵守之,则该“谅解”对双方都具有约束力。就某一特定工程项目而言,双方有权达成适当的双边协定,而不遵照《规约》规定的程序。倘若“谅解”中规定的信息交流程序适用,其是否会取代《规约》所规定的程序?双方对此意见不一。

法院指出,这种程序上的取代是否会发生,取决于乌拉圭对“谅解”中规定程序的遵守情况。然而乌拉圭从未送交其在“谅解”中同意向 CARU 送交的文件。因此,法院不接受乌拉圭的主张,即 CMB(ENCE)纸浆厂项目“谅解”解决了其与阿根廷在实行《规约》第 7 条规定的程序方面的争议。此外,在达成这一“谅解”时,双方存在争议的只有 CMB(ENCE)纸浆厂项目。因此,不能如乌拉圭所说,将其适用范围扩大到 Orion(Botnia)纸浆厂项目。两座工厂的说法仅从 2004 年 7 月起,才出现在 PROCEL 计划中。然而,PROCEL 计划只涉及对流经纸浆厂区域河水质量的监测与控制措施,并不涉及《规约》第 7 条规定的程序。

因此,法院认定,2004 年 3 月 2 日的“谅解”如果旨在取代《规约》的程序,那么只有在乌拉圭遵守了“谅解”规定的情况下,此种取代效力才能发生。法院认为,乌拉圭并未遵守,因而“谅解”不能被视为免除了乌拉圭在《规约》下承担的程序性义务。

(2)成立 GTAN 的协议

为了落实阿根廷总统和乌拉圭总统于 2005 年 5 月 5 日达成的协议,两国外交部于 2005 年 5 月 31 日发布了一篇新闻稿,宣布成立 GTAN。新闻稿中写道:“根据阿根廷和乌拉圭两国总统商定的内容,两国外交部在其亲自监督下成立了一个技术专家组,旨在对乌拉圭境内正在建造的两座纸浆厂的运营将对乌拉圭河生态系统产生的影响进行补充性研究和分析、信息交流以及后续跟进。该小组将在 180 天内提出初步报告。”

乌拉圭认为,上述由两国外交部联合发布的新闻稿是对两国具有约束力的协议。据此协议,两国决定将 GTAN 作为《规约》第 12 条规定的双方进行直接谈判的机构,因为 GTAN 的目的是分析“乌拉圭境内正在建造的纸浆厂的运营”对环境的影响。由此推知,双方一致同意建造两座纸浆厂,并将双方之间的争议范围限制在了纸浆厂运营造成的环境风险上。阿根廷根据《规约》第 12 条的规定,将案件提交法院这一事实就恰好证明了其观点,因为第 12 条规定,如果双方未能在 180 天的磋商期间内达成协议,则任何一方均可将争端提交国际法院。

因此,乌拉圭认为,由于新闻稿中所载的协议直接为《规约》第 12 条规定的谈判义务铺设了道路,因此其覆盖了任何在第 7 条至第 12 条规定程序上的不合规行为。乌拉圭指出,它在 GTAN 举行的 12 次会议期间向阿根廷通报了所有必要的信息,并按照双方在 GTAN 第一次会议上所商定的,向 CARU 提交了 Orion(Botnia)纸浆厂邻近港口项目的有关信息。

此外,虽然《规约》没有规定在谈判期间通知国是否能够开展工程,但乌拉圭承认,根据国际法,在谈判期间拟开展工程的国家必须予以克制,不得开展工程。但乌拉圭又认为,这一项规则不适用于所有类型的活动,尤其是准备性工作。乌拉圭承认:其开展了一些准备性工作,如建造 Orion(Botnia)纸浆厂的地基,但其认为,这些准备性工作并不构成阻止谈判继续进行的既成事实(faits accomplis)。故乌拉圭没有法定义务暂停港口的任何工作。

阿根廷认为,根据 2005 年 5 月 31 日的新闻稿,无法推断出阿根廷对纸浆厂的建造工作有任何同意的意思表示。阿根廷主张,在建立 GTAN 时,各方并没有决定用其取代 CARU,反而是将其视为与后者共存的一种谈判方式。阿根廷认为,争议事项是根据《规约》第 60 条而非第 12 条提交给法院的,因为乌拉圭的行为已经违背了《规约》第 2 章规定的整个程序机制,从而导致第 12 条无法作为提交争端的依据。因此,阿根廷认为,法院应就所有乌拉圭违反《规约》的行为作出判决,包括但不限于其批准建造纸浆厂的行为。

此外,阿根廷认为,乌拉圭的行为违背了《规约》第 7 条至第 9 条规定的程序。GTAN 内部谈判期间,乌拉圭继续进行 Orion(Botnia)纸浆厂的建造工作,并开始建造港口码头。阿根廷再次重申,在 GTAN 内部谈判期间,乌拉圭必须遵守《规约》第 7～12 条规定的程序性义务,并暂停工程。

最后,阿根廷反对乌拉圭的主张,即 Orion(Botnia)纸浆厂的地基、烟囱和港口建造工作只是初步性质和准备性质的,不能被视为整个工程建设的开始。对阿根廷来说,这种区分是毫无根据的,也不能因所开展工作的性质而被合理化。

法院认为,首先,没有必要区分案件究竟是依据《规约》第 12 条还是第 60 条提交的。虽然第 12 条确实规定,如果谈判在 180 日期限内未能达成协议,可诉诸第十五章所规定的程序。紧接着该规约第 60 条发挥作用,特别是其第 1 款,规定任一方都能向法院提交任何有关《规约》解释或适用的,并且不能通过直接谈判解决的争端。从表述上看,该款当然包括了与第 12 条的解释或适用有关的争端。

其次,在 2005 年 5 月 31 日的新闻稿中两国达成了一项协议,决定建立一个谈判框架,即 GTAN,以便对正在乌拉圭境内建造的纸浆厂的运营可能对乌拉圭河生态系统产生的影响进行研究、分析及信息交换,并且 GTAN 须在 180 日内提出初步报告。GTAN 的成立目的是使《规约》第 12 条规定的磋商程序能够进行,并且其恰好也有 180 天的期限。

《规约》第 12 条规定的磋商是第 7 条至第 12 条规定的整个程序机制的一部分,其目的是使当事方与 CARU 能够在整个程序机制的最后履行其义务,以防止任何一方计划开展的活动可能造成的任何严重跨境损害。因此,虽然新闻稿中双方达成的协议设立了一个谈判机制,使双方能够实现与《规约》第 12 条的规定相一致的目标,但是不能将其解释为双方一致同意削减《规约》规定的其他程序性义务。阿根廷在同意设立 GTAN 时,并非如乌拉圭所称的,放弃了其在《规约》下所享有的其他程序性权利,也没有放弃向乌拉圭追究侵权责任的可能性。阿根廷在建立 GTAN 的协议中没有"明确和清楚地放弃"其在《规约》下的权利。[1] 它也未同意中止《规约》中程序性规定的适用。

再次,法院注意到,关于建立 GTAN 的协议在陈述"正在乌拉圭东岸共和国建造的纸浆厂"时,只是阐明了一个简单事实,不能解释为阿根廷同意相关纸浆厂的建造。法院认为,在《规约》第 7 条至第 12 条规定的协商和谈判期间,乌拉圭无权建造或授权建造相关纸浆厂和港口码头,否则将违背《规约》的目的和宗旨。但是第 9 条规定:"如果被通知方在第 8 条规定的期限(180 天)内没有提出异议或作出答复,另一方可实施或批准计划开展的工程。"因此,只要旨在防止对任一方造成严重损害的双方合作程序机制正在进行,计划开展活动的国家就有义务不批准相关工程,更不能实施相关工程。如果在《规约》第 7 条至第 12 条规定的合作机制尚未结束的情况下,计划开展活动的一方就实施或授权实施相关活动,那么这一合作机制就毫无意义。事实上,如果是这样,双方之间进行谈判的目的也将不复存在。

最后,乌拉圭所主张的纸浆厂建造的"准备性工作"并不构成例外。这项工作实际上是纸浆厂建造项目不可分割的一部分。

因此,法院认定,设立 GTAN 的协议并未允许乌拉圭削减其在《规约》第 7 条下所承担的信息和通知义务。乌拉圭在谈判期届满前授权建造两座纸浆厂与在弗雷本托斯的港口码头的行为违反了《规约》第 12 条规定的谈判

〔1〕 See Certain Phosphate Lands in Nauru (Nauru v. Australia), Preliminary Objections, Judgment, I. C. J. Reports 1992, p. 247, para. 1.

义务。总而言之,乌拉圭没有履行《规约》第 7 条至第 12 条规定的整个合作机制义务。本案内容复杂,概括性的总结可能有些重复但还是需要的。

4. 谈判期结束后乌拉圭是否仍负有义务

由于“有义务进行谈判并不意味着有义务达成协议”,[1]在第 12 条规定的谈判期结束后,法院作出最终判决之前,计划开展活动的国家是否依然负有某些特定义务,法院认为,仍需对此进行审查。

《规约》第 12 条规定,如当事方在 180 日内未能达成协议,可诉诸第 15 章中的程序。第 15 章中第 60 条规定,若任何关于《1961 年条约》和《规约》解释或适用的争端,不能通过直接谈判解决,任一方可将该争端提交国际法院。

首先,根据《规约》第 12 条的规定,如果当事各方未能在第 11 条所述通知发出后 180 日内达成协议,法院将成为最终的决断者。根据《规约》第 9 条规定以及对第 11 条和第 12 条的解释,同时考虑《规约》的目的和宗旨,如果被通知方提出反对,另一方不能开展也不能授权开展工程,除非第 7 条至第 12 条规定的程序已经完成并且法院已经作出判决。因此,阿根廷认为,在法院的争端解决程序中,计划开展工程的国家不能以“工程已经开展”作为既成事实来对抗另一方。

其次,乌拉圭提出的“否决权”问题是不恰当的,如果双方意见不一,最终应当由法院作出具有既判力的判决来解决争端。换言之,乌拉圭能做的只有与其达成协议,或者等待争端的解决。乌拉圭建造和试运行 Orion (Botnia)纸浆厂与港口码头的行为,构成了对《规约》第 2 章规定的程序性义务的持续性违反。

乌拉圭认为,《规约》既没有明文规定当事方在第 12 条规定的磋商期间

[1] Railway Traffic between Lithuania and Poland, Advisory Opinion, 1931, P. C. I. J., Series A/B, No. 42, p. 116.

的义务，也没有明文规定在该磋商期间结束后的义务，阿根廷在其答辩状中亦未能指出任何明确的规定。结合一般国际法，尤其是 1997 年《联合国国际水道非航行使用法公约》，对于这一点最合理的解释是，《规约》禁止活动发起方在磋商期间实施工程，但允许其在磋商期结束后实施工程。[1] 如果认为，《规约》禁止在案件悬而未决期间进行相关工程建造，则将实际上赋予一方对另一方经济发展工程的“否决权”，而无论另一方将要开展的工程是否满足可持续发展要求。[2] 因此，乌拉圭指出，在法院对争议作出判决之前，若存在“不得建设义务”，将会使一方阻止另一方开展对其可持续发展至关重要的工程，这将与“对乌拉圭河进行合理和最佳利用”的目的相违背。

乌拉圭认为，在《规约》中没有任何具体条文规定的情况下，应适用一般国际法，如反映在 2001 年国际法委员会《关于预防危险活动造成跨界损害的条款草案》中的一般国际法规则，尤其是其第 9 条第 3 款，即关于“就预防措施的协商”的规定——“如果协商未能得出一致同意的解决方法，当拟开展活动所在国决定是否对该活动进行授权时，应考虑到可能受影响的国家的利益……”

最后，乌拉圭认为，允许其在案件悬而未决期间继续实施工程只是一种临时安排。[3]

法院认为，《规约》没有明文规定乌拉圭在谈判期结束后、法院作出判决前，负有“不得建设义务”，且从其条文中也无法推知。《规约》第 9 条只规定在第 7 条至第 12 条所述的程序期间存在这种义务。如果双方在谈判期结束时对计划开展的活动仍存在分歧，《规约》没有规定由受理争端的法院决定

〔1〕 See Rejoinder of Uruguay (29 July 2008), p. 12, para. 1. 20.

〔2〕 Ibid., p. 13, para. 1. 22.

〔3〕 Ibid., p. 12, para. 1. 21.

是否批准开展有关活动。法院指出,虽然《规约》赋予它处理任何有关《规约》解释或适用的争端的管辖权,但并未赋予它最后决定是否批准有关活动的权力。因此,计划开展活动的国家可在谈判期结束后继续建设,并且自行承担施工风险。在法院根据《规约》第 12 条和第 60 条作出裁决之前,法院无法支持对第 9 条作出的禁止任何建造活动的解释。

此外,《规约》第 12 条没有规定当事方有义务向法院提交争议事项,但给予当事方在谈判期结束后将争端提交法院的可能性。因此,只要法院没有对有关当事方的权利和义务作出最后判决,第 12 条就不能改变这些权利和义务。法院认为,这些权利包括在谈判期届满后继续开展工程,并且自行负责的权利。

最后,法院已在 2006 年 7 月 13 日的命令中指出,"在当前地点建造纸浆厂不能被视为创造一种既成事实"。因为法院曾强调,"如果确定建造工程涉及侵犯合法权利,则不能也不应当天然地排除某种可能性,即法院仍会作出不得继续建造或必须修改或拆除该工程的司法判决"。[1]

由此,法院认定,由于《规约》第 12 条规定的谈判期于 2006 年 2 月 3 日届满,且双方于该日确定,在 GTAN 框架内进行的谈判失败。因此,在 2006 年 2 月 3 日之后,乌拉圭不承担任何"不得建设义务",乌拉圭的不法行为只存在于上述谈判期内。

(三)乌拉圭是否违反实体性义务

1. 促进乌拉圭河最佳及合理利用的义务(《规约》第 1 条)

阿根廷认为,乌拉圭没有在采取必要措施以避免生态变化的问题上与阿根廷进行协作,也没有采取必要措施以预防污染,从而违反了促进乌拉圭河最佳及合理利用的义务。

---

[1] Pulp Mills on the River Uruguay (Argentina v. Uruguay), Provisional Measures, Order of 13 July 2006, I. C. J. Reports 2006, p. 133, para. 78.

根据《规约》第27条的规定，任意一方对乌拉圭河进行任何形式的使用，“可能影响河流水情或水质”的，都有义务将此事项提交CARU、交换信息、通知对方，并且为达成事前协议的目的与对方协商。[1]

此外，阿根廷提及，在1972年联合国斯德哥尔摩人类环境会议召开之前，1971年，阿根廷与乌拉圭通过了一项关于水资源的宣言。在此背景下，两国才于1973年和1975年分别签署了关于河床和乌拉圭河的双边条约。在1971年宣言中，阿根廷和乌拉圭就水资源利用需遵循的几项原则达成了一致意见。阿根廷认为，这几项原则也是双方在与乌拉圭河有关的事项上进行合作的基石。[2] 其中一项原则为公平和合理使用原则。阿根廷指出，在根据公平和合理使用原则解释《规约》，特别是第27条、第35条和第36条时，必须考虑乌拉圭河已经存在的所有合法用途，尤其包括娱乐和旅游用途。

乌拉圭指出，在两国之间，关于《规约》第7条至第12条中规定的程序性义务是否适用于工业设施，一直以来仍是一个开放且尚未解决的问题。在两国实践中，阿根廷也在乌拉圭河旁授权建造了大量工厂，这些工厂均有可能影响水质，但是均未告知或通知乌拉圭，其在本案中率先主张乌拉圭的工厂应遵守第7条至第12条的程序性规定。虽然阿根廷的主张能够在第27条中找到依据，但是两国在本案之前的实践表明，双方已默认在《规约》以外解释第27条。[3]

此外，乌拉圭称，其从未违反公平合理使用河流的原则，且这一原则也没有提供任何依据表明，其更加支持乌拉圭河先前已经存在的用途，如旅游或捕鱼，而胜过其他新用途。

---

〔1〕 See Memorial of Argentina(15 Jan. 2007), p. 62, paras. 3.97 – 3.98.

〔2〕 Ibid., p. 44, para. 3.25.

〔3〕 See Counter-memorial of Uruguay(20 July 2007), p. 78, paras. 2.82 – 2.85.

法院认为,《规约》第1条规定的宗旨贯穿于实体性义务的解释中,但其本身并没有为当事人设定具体的权利和义务。对乌拉圭河的最佳和合理利用是通过遵守《规约》规定的环境保护义务以及对共享资源的共同管理义务来实现的。这一目标的实现还需通过CARU和其通过的规定以及缔约方通过的规定和措施来确保。

为执行《1961年条约》第7条,双方制定了《规约》,要求缔约方共同建立河流覆盖物使用制度,包括预防污染与保护和养护水环境的规定。因此,最佳和合理利用可被视为《规约》所确立的合作制度,以及为实行此种合作而建立的联合机制的根基。

要实现对乌拉圭河的最佳和合理利用,需要在两方面之间进行平衡:一方面,各方将河流用于经济和商业活动的权利与需求;另一方面,保护河流不受此类活动造成的任何环境损害的义务。维持这一平衡的必要性反映在《规约》规定当事方权利义务的各项条文中,如第27条、第36条和第41条。因此,法院将根据《规约》中规定的权利和义务,对乌拉圭授权建造和运营Orion(Botnia)纸浆厂的行为进行评价。

关于《规约》第27条的含义,法院认为,其措辞不仅反映了在跨界情形下,尤其是在使用共有自然资源时,需要协调沿岸各国的利益,而且反映了需要在河水利用和河流保护之间取得平衡,以符合可持续发展目标。根据第27条的规定,任一缔约方如欲行使其利用河水的权利,并且此种使用可能会影响河流水情或水质,则必须遵守第7条至第12条规定的义务。如果不考虑其他沿岸国在共享资源上的利益以及对该共享资源的环境保护,就不能认为对河水的利用是公平且合理的。因此,法院认为,《规约》第27条体现了公平合理利用共享资源与平衡经济发展和环境保护之间的相互联系,即可持续发展的本质。

2. 有义务确保对土壤和林地的管理不损害河流水情或水质(《规约》第35条)

《规约》第35条规定,双方"承诺采取必要措施,确保在管理土壤和林地时,以及在利用地下水和乌拉圭河支流水域时,不会造成可能严重损害河流水情或水质的变化"。

虽然阿根廷主张,乌拉圭作出进行重大桉树种植作业、为Orion(Botnia)纸浆厂提供原材料的决定,对土壤和乌拉圭林地的管理以及河流水质均造成了影响。但法院认为,阿根廷没有提供任何证据支持其主张。其提交的证据材料中没有任何内容表明,乌拉圭对土壤和林地的管理或对地下水和支流河水的使用与其所称乌拉圭河水质的变化有直接关系。因此法院认定,阿根廷未能证实这一主张。

3. 协调措施以避免生态平衡变化的义务(《规约》第36条)

《规约》第36条规定:"缔约方应通过委员会,协调必要措施,避免生态平衡发生任何变化,并对河流及受其影响地区的害虫和其他有害因素进行控制。"

阿根廷认为,《规约》第36条规定了一项结果性义务,称乌拉圭违反了该条规定,因为Orion(Botnia)纸浆厂的排放物改变了河流的生态平衡。阿根廷提到了2009年2月4日的藻类疯长事件,认为这个例子清楚地证实河流生态平衡发生了变化。此外,阿根廷还称Orion(Botnia)纸浆厂将毒素排入了河流中,导致了畸形轮虫的滋生。

乌拉圭称,国际法委员会关于《联合国水道公约》的评注特别提到《规约》第36条,是作为《联合国水道公约》第20条的先例。该评注指出,第20条规定了水道国应在适当的时候并在公平基础上进行合作。由此,国际法委员会事实上明确了,《规约》第36条的直接目的只是确认缔约方之间具有合作义务,以实现保护河流生态平衡的合作目标,其本身并未禁止任何行为。[1] 此外，Orion(Botnia)纸浆厂完全符合 CARU 关于维持河流生态平衡的要求，故乌拉圭没有违反《规约》第 36 条的规定。

法院认为，指望通过任何一方单独采取行动来履行这一义务是不可能的，各方需要通过委员会进行协调。这反映了《规约》的共同利益性，并体现了建立联合机制的目的之一，即各方为可持续管理河流和保护河流环境，协调各项行动和措施。双方确实按照 CARU 发布的标准采取了这些措施。《规约》第 36 条的目的是通过 CARU 协调必要措施，防止任何可能改变河流生态平衡的跨境污染。因此，该条对两国均规定了采取积极行动以避免生态平衡变化的义务。这些行动不仅包括双方已经做的，即制定一个规制体系，还包括遵守和执行已制定的措施。第 36 条规定的义务是针对双方的，并规定了履行该条义务的具体行为。单独或共同采取立法或行政措施并予执行的义务属于一种行为义务。因此，第 36 条要求，双方在通过委员会采取必要措施以保护河流生态平衡时，需审慎尽责。

因此，法院认为，由于阿根廷并没有充分证明乌拉圭拒绝采取《规约》第 36 条所规定的协调行为，不能认定乌拉圭违反了第 36 条。

4. 预防污染和保护水环境的义务(《规约》第 41 条)

第 41 条规定："在不影响委员会在这方面行使职能的情况下，双方承诺：

(a)根据可适用的国际协定，并在有关情况下，依照国际技术机构的指引和建议，通过制定适当的规则以及(采取适当的)措施，来保护和养护水环境，特别是防止其受到污染。

(b)在各自的法律制度中不予以降低：

1)有效防止水污染的技术要求，以及

2)对违反规定行为进行处罚的严厉程度。

[1] See Rejoinder of Uruguay(29 July 2008), p. 278 – 279, paras. 5.10 – 5.11.

(c)如果任一方计划制订关于水污染的法律规则,需要互相通知,以便在双方各自的法律体系中建立对等的规则。”

鉴于《规约》第41条在本案双方争议中的中心角色,以及双方在关于该条解释和适用上的重大分歧,法院在讨论当事方的具体论辩之前,就该条的规范性内容作如下总体性评述:

第一,《规约》第41条明确区分了赋予CARU的规制性职能和《规约》规定缔约各方负有的制定规则和措施以“保护和养护水生环境,尤其是预防污染”的义务。因此,缔约方在第41条下承担的义务是在各自国内法律制度框架内制定适当的规则和措施以保护和养护水环境以及预防污染,该项义务不同于在第36条和第56条下的义务。第41(b)条和第41(c)条的表述均支持了这一结论,其中提到了不必降低缔约方各自立法中已经生效的技术要求和处罚的严厉程度,并需要互相通报即将颁布的规则,以便在双方各自的法律体系中建立对等的规则。

第二,对《规约》第41条文本的简单阅读表明,各方在各自法律制度中制定的规则和措施必须“符合可适用的国际协定”,以及“在有关情况下,与国际技术机构的指引和建议保持一致”。

第三,“保护水环境,特别是通过制定适当的规则和措施预防污染”这一义务要求,各方对其管辖和控制下开展的所有活动尽到应有的注意。这一义务不仅要求制定适当的规则和措施,并且要求在执行这些规则和措施时保持一定的警惕,并对公共和私营经营者实行行政管制,如对这些经营者所从事的活动进行监管。因此,如果能证明《规约》缔约方未能勤勉行事,未能采取一切适当措施对其管辖范围内的公共或私营经营者执行相关管制,则该缔约方应承担责任。根据《规约》第41(a)条的规定,各方制定的规则和措施必须“符合可适用的国际协定”,以及“在有关情况下,与国际技术机构的指引和建议保持一致”。这一要求加强了缔约方在制定规则与措施时的审慎注意义务,且有利于确保双方制定的规则和措施符合可适用的国际协定,且将国际上一致同意的技术标准考虑在内。

第四,预防污染的义务的范围必须根据《规约》第40条中对“污染”的定义确定。第40条规定,《规约》中,污染系指人类直接或间接将具有有害影响的物质或能量引入水环境。《摘要》把“有害影响”一词界定为:“任何水质的改变,阻止或妨碍任何合法用水的,对生物资源造成不利影响或损害的,对人类健康有风险的,对包括捕鱼在内的水上活动或者娱乐活动构成威胁的。”

《摘要》表达了双方的意愿及其对《规约》条款的解释。其第41条与《规约》的许多其他条款一样,规定了管理和限制河流使用以及保护河流环境的广泛性义务,这些义务是由双方共同商定的,并通过两种相辅相成的方式具体化:一是通过《规约》第56条规定的CARU的规制行为;二是通过各缔约方的规制行为,或两种方式兼有。CARU的标准主要是关于水质,其仅对工业工厂的特定排放物或污水设定了一般限制,如“碳氢化合物”“可沉降固体”“油与油脂”。正如《摘要》明确指出的,这些问题留给缔约方各自加以规范。《摘要》规定,缔约方对其管辖范围内排放的废水,应采取适当的“纠正措施”,以确保其符合水质标准。乌拉圭在关于水体质量的条例(第253/79号法令)中,以及MVOTMA就Orion(Botnia)纸浆厂出具的授权书规定的条件中,均对这一点作出了规定。位于纸浆厂对面,乌拉圭河沿岸的阿根廷恩特雷里奥斯省在一项关于工业排放管制的法令中,也承认了《摘要》的约束效力。

此外,法院开始审查阿根廷对乌拉圭违反有关规则的指控,更具体地说,可由此确定是否存在“有害影响”。

法院指出,在《规约》中,这些规则一方面可见于缔约方通过CARU建立的协同立场(如《规约》第41条的导言和第56条所规定的),另一方面可见于缔约方各自在《规约》规定的范围内制定的法规[如《规约》第41(a)条、第41(b)条和第41(c)条所规定的]。

CARU在第56(a)条下的职能包括制定关于预防污染以及保护和养护生物资源的规则。CARU在行使其制定规则的权能时,于1984年通过了关于乌拉圭河水域使用的《摘要》,并对其进行了修订。1990年,当《摘要》第E3部分获得通过时,各缔约方均承认该部分是根据《1961年条约》第7(f)条和《规约》第35条、第36条、第41条至第45条和第56(a)条第4项起草的。如《摘要》所述,第E3部分的"基本宗旨"如下:"(a)保护和养护水体及其生态平衡;(b)在考虑到长期需要,特别是人类消费需要的情况下确保合法利用河水;(c)防止一切新形式的污染,如果污染超过了为实现河流多种合法使用而制定的标准值,则需减少污染;(d)促进关于污染的科学研究。"

法院从环境影响评估、Orion(Botnia)纸浆厂使用的生产技术问题、纸浆厂排放物对河流水质的影响、对生物多样性的影响、空气污染五个方面,对乌拉圭是否违反其所承担的预防污染和保护水环境的义务进行了审查。

①环境影响评估

双方一致同意有必要进行环境影响评估。然而,对于环境影响评估的范围和内容,双方意见不一。

阿根廷认为:首先,乌拉圭在决定授权之前未能确保全面的环境评价已经作出;其次,乌拉圭的决定是基于不能令人满意的环境评价作出的,尤其是因为乌拉圭没有考虑到纸浆厂带来的所有潜在影响,违背了国际性法律和实践的要求。在这一点上,阿根廷提到了1991年《联合国欧洲经济委员会跨境环境影响评估公约》(以下简称《跨境环境影响评估公约》),以及1987年《联合国环境规划署关于环境影响评估的目标和原则》(以下简称

《UNEP 目标和原则》)。[1]

乌拉圭称,国际法没有对环境影响评估应具备什么样的内容施加任何条件,因为环境影响评估的编制是一种国内程序,而不是国际程序,至少不同国家的涉案项目是不同的。乌拉圭认为,国际法对环境影响评估的唯一要求是,必须按照国家实践和国际法委员会 2001 年《关于预防危险活动造成跨界损害的条款草案》的要求,评估该项目对其他国家人民、财产和环境潜在的有害跨界影响,而无须对微乎其微的或猜测性的风险进行评估。

法院认为,当事各方若要履行其在《规约》第 41(a)条和第 41(b)条下承担的义务,必须就可能造成跨界损害的活动进行环境影响评估,以保护和养护水环境。

第 41(a)条项下保护和养护水环境的义务需要按照一种惯例来解释,即当拟进行的工业活动可能造成重大跨境不利影响,尤其是可能对共有资源产生重大不利影响时,各国需对该活动进行环境影响评估。而这一惯例近几年因被足够数量的国家所接受,故而可被认为是一般国际法的一项要求。此外,如果一方规划的工程可能影响河流的水情或水质,但该方没有对此类工程的潜在影响进行环境影响评估,则不应视为该方尽到了审慎注意义务。

法院认为,《规约》和一般国际法都没有具体规定环境影响评估的范围和内容。此外,阿根廷和乌拉圭不是《跨境环境影响评估公约》的缔约方。虽然阿根廷提及的《UNEP 目标和原则》对缔约方没有约束力,但仍属于一个国际技术机构发布的准则,缔约方在各自的国内法规框架内制定措施时,必须根据《规约》第 41(a)条对其加以考虑。《UNEP 目标和原则》仅规定,"环境影响评估中的环境影响应根据与其可能的环境意义相称的详细程度

---

〔1〕 See UNEP/WG. 152/4 Annex(1987), document adopted by UNEP GoverningCouncil at its 14th Session Dec. 14/25(1987).

进行评估”(原则5),而没有说明环境影响评估的最基本的核心组成部分。因此,法院认为,应当由各国在考虑到项目的性质和规模和可能对环境造成的不利影响,以及开展环境评价时尽到审慎注意的义务之后,在其国内立法或项目授权过程中,决定不同情况下环境影响评估的具体内容。环境影响评估必须在项目实施之前进行。此外,一旦开始作业,如有必要,在项目的整个持续期间应持续监测其对环境的影响。

在这一部分,法院审查了双方关于环境影响评估在实体性义务履行方面所起作用的争议点。具体而言:首先,这种评价是否应当考虑纸浆厂建造地河流的承受能力,从而必然地考虑到可行的备选地址;其次,在进行环境影响评估时,是否应该或实际上已经征求了可能受影响的群众,在本案中即为乌拉圭和阿根廷的沿岸住民的意见。

有关Orion(Botnia)纸浆厂的选址。阿根廷认为,没有对纸浆厂的备选厂址进行分析是乌拉圭的环境影响评估不够充分的原因之一,而国际法要求进行备选厂址的研究。[1] 阿根廷主张,从生态观点来看,Orion(Botnia)纸浆厂的选址十分敏感,“鉴于排入污染物的水体性质、场地沉降和富营养化倾向、逆流现象以及乌拉圭河畔最大定居数的逼近”,将纸浆厂建在此处不利于污染的消解。

乌拉圭反驳了阿根廷的观点称,最初之所以选择位于弗雷本托斯的建厂点,是因为该位置所在地的河流水量特别大,有助于污水的稀释。此外,该地点便于航行,有助于原材料的运送,且当地也有足够的人力。乌拉圭认为,假设其有义务考虑备选地址,阿根廷援引的法律文件也没有要求将备选地址作为环境影响评估的一部分,除非在具体情况下有必要这样做。最后乌拉圭申明,无论如何,其行为均符合有关规定,并且其对Orion(Botnia)纸浆厂选址的恰当性进行了全面评估。

---

〔1〕 See UNEP Goals and Principles, Espoo Convention, IFC Operational Policy 4.01.

法院将这一问题分成两部分：首先，乌拉圭在进行环境影响评估时，特别是在纸浆厂选址方面，是否未能做到审慎注意；其次，Orion（Botnia）纸浆厂的选址，即弗雷本托斯，是否不适合建造排放此种性质与规模的工业废水的工厂，或可能对河流造成有害影响。

关于第一点，法院已经阐明，《跨境环境影响评估公约》不适用于本案，而关于阿根廷提到的《UNEP 目标和原则》，其法律性质已在上文中说明。乌拉圭一再表示其已全面评估了弗雷本托斯厂址的恰当性，并考虑了其他可能的地点。法院进一步指出，在 IFC 2006 年 9 月的最终累积影响研究（以下简称 CIS）显示，2003 年，Botnia 公司在选择弗雷本托斯之前，总共评估了 A、B、C 和弗雷本托斯 4 个地点。评估得出的结论是：A 地的淡水数量有限，并且是一个重要的鸟类栖息地，因而不适合作为建厂地；B 地因旱季水流量不足，可能与其他竞争性用水发生冲突，以及缺乏基础设施，故而也被排除；C 地，因靠近住宅、娱乐以及具有文化重要性的区域，故而也不予考虑。因此，法院不支持阿根廷的主张，即乌拉圭在确定最终厂址之前没有对其他可能的地点进行评估。

关于第二点，法院指出，关于在乌拉圭河沿岸为建造此类工厂进行实际选址的任何决定，都应考虑到河流水体接受、稀释和消解工厂排放的此类性质和规模的废水的能力。

法院注意到，当谈及纸浆厂所在地河流的承受能力，双方在以下方面存在分歧：第一，该地河流的地貌和水动力特征，尤其是与河流流量有关的特征；第二，河流流量（包括流向和流速）如何决定污染物的消解和稀释。各方对河流流量提出不同意见的原因可能是，各自采用了不同的建模系统来分析乌拉圭河在流经弗雷本托斯处的水动力特征。一方面，阿根廷采用一个三维模型，测量了河流 10 个不同深度处的水流速度和方向，并使用了声呐［一个声学多普勒流速剖面仪（Acoustic Doppler Current Profiler，ADCP）是一种用于测量水速的水声学流速计,原理类似声呐]记录了一年来一系列不同深度的水流速度。这一三维系统生成了大量的数据,这些数据后被引入一个水动力数值模型中。另一方面,Botnia 公司的环境影响评估采用的则是二维模型(RMA2)。EcoMetrix 公司在 CIS 中则采用了三维和二维模型。但是,关于上述两公司是否在河流的不同深度使用了 ADCP 声呐,则没有提及。

法院认为,没有必要详细审查当事各方为确定有关地区河水流量和流向而进行的各种建模、校准和验证行为的科学及技术有效性。然而,法院指出,双方一致认同乌拉圭河经常发生逆流现象,并且在有关地区可能会观察到低流量和停滞现象,但他们对于这些现象与 Orion(Botnia)纸浆厂在此流域的排放物之间的关系意见不一。

法院认为,CARU 在根据《规约》第 36 条和第 56 条制定其水质标准时,必须考虑河水的承受能力和敏感性,包括弗雷本托斯邻近流域的河水。因此,在没有确定 Orion(Botnia)纸浆厂的废水排放量超过这些标准规定的浓度限定值的情况下,法院无法断定乌拉圭违反了《规约》规定的义务。此外,双方都没有在法庭上主张,CARU 制定的水质标准没有充分考虑河流的地貌和水文特征,以及河流水体消解和稀释不同类型排放物的能力。法院认为,如果发现了这一不足,特别是涉及河流的某些流域,如弗雷本托斯所处流域,则缔约方应着手审查 CARU 制定的水质标准,以确保这些标准清楚反映河流的特点,且能够保护河流及其生态系统。

关于征求受影响群众的意见。虽然双方均同意,征求受影响群众的意见应构成环境影响评估的一部分,但双方对于在环境影响评估过程中,应当向可能受 Orion(Botnia)纸浆厂建设影响的群众,特别是在阿根廷一侧河岸居住的群众,在何种程度上征求意见,存在分歧。阿根廷称,国际法在这方面对各国施加了具体的义务。阿根廷援引了《跨境环境影响评估公约》第

2.6 条和第 3.8 条、2001 年国际法委员会《关于预防危险活动造成跨界损害的条款草案》第 13 条以及《UNEP 目标和原则》之原则 7 和原则 8。

乌拉圭认为，阿根廷援引的规定不能作为向受影响群众征求意见之义务的法律依据，并补充道，无论如何，乌拉圭确实已经征求了受影响群众的意见。

法院认为，阿根廷援引的法律规定没有使乌拉圭产生向受影响群众征求意见的法律义务。在事实方面，法院注意到，乌拉圭在授予初步环境许可之前与之后，确实开展了旨在向阿根廷和乌拉圭两侧河岸受影响群众征求意见的活动。这些活动包括 2003 年 12 月 2 日在内格罗河省和 2004 年 5 月 26 日在弗雷本托斯举行的会议，两次会议均有一些阿根廷非政府组织参与。此外，2004 年 12 月 21 日，乌拉圭在弗雷本托斯召开了一次公开听证会，主要内容为"处理纸浆厂和港口中的化学产品；酸雨、二噁英、呋喃和其他可能影响环境的高毒性多氯化物的出现；对《斯德哥尔摩公约》的遵守情况；纸浆厂的大气排放；电磁和静电排放；向乌拉圭河的液体排放"。弗雷本托斯居民以及附近的乌拉圭和阿根廷有关地区的居民参加了会议，并在会上提交了 138 份载有问题或关切事项的文件。

此外，法院注意到，2005 年 6～11 月，由 IFC 承包的一个专门从事促进对话、调解和磋商工作的非营利组织——共识建立研究所，组织了 80 多次访谈。这些访谈在弗雷本托斯、瓜莱瓜伊丘、蒙得维的亚和布宜诺斯艾利斯均有进行，采访对象包括民间社会团体、非政府组织、商业协会、公职人员、旅游业经营者、当地企业家、渔民、农民和河流两岸的种植园主。2005 年 12 月，CIS 草案和共识建立研究所编写的报告公布，同时 IFC 启动了一段磋商期，以听取在阿根廷和乌拉圭的利益攸关方的额外反馈。

鉴于上述情况，法院认为乌拉圭确实与可能受影响群众进行了协商。

②Orion(Botnia)纸浆厂使用的生产技术问题

阿根廷坚持认为,乌拉圭没有采取一切措施预防污染,因其没有要求工厂采用“最佳可行技术”,而这是《持久性有机污染物公约》第5(d)条所要求的。《持久性有机污染物公约》的规定是通过《规约》第41(a)条这一“转介条款”而被纳入该规约范围内的。阿根廷称,其援引的专家报告证实,纸浆厂没有采用最佳可行技术,并且从其用于生产纸浆的各种技术来看,其性能不符合国际标准。

此外,阿根廷尤其批判Orion(Botnia)纸浆厂没有对废水进行三级处理(在排放到自然环境中之前对生产废水进行第三轮处理)以减少废水中的营养物质(包括磷)含量。此外,纸浆厂还缺少一个空的应急池,用来盛放溢出的污水。阿根廷认为对污水进行三级处理是可行的,但乌拉圭未能对三级处理方案在该纸浆厂的应用进行充分评估。

乌拉圭反驳了阿根廷的说法称,其根据CIS、哈特菲尔德第二份报告以及AMEC应IFC的要求进行的审计,[1] Orion(Botnia)纸浆厂凭借其所采用的技术,是世界上最好的纸浆厂之一,其不仅应用了最佳可行技术,而且符合该地区包括欧盟标准在内的各种标准。

关于三级处理问题,乌拉圭回应称,“专家们认为没有必要为该工厂配备三级处理阶段”。增加三级处理设施虽然可行,但整体来看不会对环境产生利好,因为这将大大增加工厂的能源消耗、碳排放、污泥的产生以及化学品的使用。乌拉圭始终坚持,纸浆厂所使用的漂白技术是可以接受的,现有的应急池也是足够的,工厂生产的合成化合物符合技术要求,而且当前这种生产方式的潜在风险也是经过评估的。

法院认为,第41(a)条规定的预防污染以及保护和养护乌拉圭河水环境

---

〔1〕 哈特菲尔德第二份报告:是指由哈特菲尔德公司顾问经IFC雇佣,对CIS的充分性进行审查而编制的第二份报告。AMEC:由一些独立的技术专家组成的国际工程咨询公司。

的义务,以及该条中所包括的审慎注意义务,要求仔细考虑即将建立的工厂所要使用的技术,尤其是在纸浆制造等行业,因为该种行业常常涉及使用或生产对环境有影响的物质。再加上第41(a)条规定,缔约方通过的法规体系必须符合国际技术机构的指引和建议,由此上述注意生产技术的要求就更加重要。

Orion(Botnia)纸浆厂使用了漂白牛皮纸制浆工艺。欧盟委员会于2001年12月发布了《关于制浆造纸工业最佳可行技术的完整污染防控参考文件》(以下简称IPPC-BAT),双方均将其奉为行业标准。根据IPPC-BAT,牛皮纸制浆工艺当时已占全世界纸浆生产的80%左右,因此是化学制浆法中应用最广泛的生产方法。Orion(Botnia)纸浆厂采用了无元素氯漂白工艺和涉及活性污泥处理的一级和二级废水处理方式。

法院认为,从Orion(Botnia)纸浆厂所采用的技术来看,同时基于双方提交的文件,尤其是IPPC-BAT,没有证据支持阿根廷的主张,即该纸浆厂每生产1吨纸浆所排放的废水不符合IPPC-BAT的主张。换言之,阿根廷没有提供明确证据证明Orion(Botnia)纸浆厂不符合《规约》《摘要》,以及双方国内关于工厂排放的每升废水中污染物的浓度和一天内可排放废水绝对数量的相关法规。

乌拉圭提交了关于监测到的Orion(Botnia)纸浆厂废水排放的大量数据,这些数据载于EcoMetrix公司和DINAMA的各种报告上,包括EcoMetrix第二阶段独立绩效监测。阿根廷表示,如果这些证据不具有排他性,乌拉圭在这一方面能够获取的事实证据要比阿根廷多得多。然而,法院注意到,阿根廷本身已经获得了许多事实信息,并且乌拉圭提交的材料已在诉讼的各个阶段提供给阿根廷,或可在公共领域获取。因此,法院不认为,阿根廷在有关工厂污水排放的证据出示方面处于不利地位。

为了确定Orion(Botnia)纸浆厂排放的污染物浓度是否在规制范围内,

法院将根据废水排放限定值对其进行评估，包括排放的每升废水中的污染物浓度和每日可排放废水的绝对数量两方面。这一限定值由双方国内适用的规制标准以及乌拉圭当局对纸浆厂出具的许可条件确定，因为《摘要》只对"碳氢化合物""可沉降固体""油和油脂"设置了一般限制，但未就当事方之间争议的物质排放设定具体限制。而且，阿根廷没有指控 Orion（Botnia）纸浆厂不符合 CARU 制定的污水排放标准。

根据 DINAMA 和 EcoMetrix 编制的系列报告中所载的相关数据，Orion（Botnia）纸浆厂的排放量似乎没有超过乌拉圭相关法规规定的限定值，也没有超过 MVOTMA 出具的初步环境许可中的规定值，极个别浓度超过限定值的情况除外。所记录的测量值超过限定值的唯一参数是：氮、硝酸盐和可吸附有机卤素（AOX）。然而，2005 年 2 月 14 日出具的初步环境许可特别允许对参数进行年度平均计算。在这些超过限定值的情况中，最值得注意的是与 AOX 相关的情况。AOX 是国际上用来检测纸浆厂排放污水的参数，有时包括持久性有机污染物（Persistent Organic Pollutants，POPs）。根据缔约方提交的 IPPC-BAT 参考文件，"许多国家的环境管控当局对以 AOX 计量的氯化有机物排放到水环境中的量设置了严格的限制"。Orion（Botnia）纸浆厂开始运行后，在 2008 年 1 月 9 日，AOX 浓度最高水平达到 13mg/L，而环境影响评估中的最大限值和 MVOTMA 规定的最大限值均为 6mg/L。然而，由于没有令人信服的证据表明这不是一个孤立事件，而是一个持久性问题，法院无法断定乌拉圭违反了《规约》的规定。

③纸浆厂排放物对河流水质的影响

双方向法院提交了大量的事实和科学材料，其中载有纸浆厂试运行前河流中已经存在的污染物基准水平的数据和分析，以及在纸浆厂投产后，个别情况下一直到 2009 年中，对其水排放和大气排放的测量值结果。

关于基准数据，缔约方提交的研究文件和报告载有对各方面的数据和分析，尤其是关于以下方面：河流水质，空气质量，浮游动植物，河流鱼类的健康指标和其身上关于河流污染的生物标记，对纸浆厂周围地区鱼类的监测，河流鱼类群落和物种多样性，河流鱼类中树脂酸、氯化酚和植物固醇的浓度，对铁兰属（学名：Tillandsia，植物类）物种的调查，纸浆厂的启动前审计，以及鱼肉中汞和铅含量的分析。

关于纸浆厂实际运行后其污水排放对河流产生的影响，缔约方均提供了监测到的数据，包括通过不同测试系统获得的数据，特别是由阿根廷两所国立大学的一个科学小组操作的测试系统所获数据。该科学小组与阿根廷国家环境与可持续发展秘书处、乌拉圭国家卫生工程局（Obras Sanitariasdel Estado, OSE）、DINAMA 和 Botnia 签订了工作合同，并向 DINAMA 和 IFC 汇报。

阿根廷维护的监测点位于乌拉圭河靠近阿根廷的一侧，最上游位置的监测点距离纸浆厂 10 公里，最下游位置的监测点则距离纸浆厂约 16 公里。有 3 个监测点位于纸浆厂附近；另有 3 个地点则位于南杜拜萨尔湾和伊内斯潟湖。根据阿根廷律师的说法，从这些监测点获取的数据使科学家们能够清楚地将这个海湾分别出来，因为它是一个与乌拉圭河相对独立的生态系统。

DINAMA 和 Botnia 公司维护的监测点则位于乌拉圭河靠近乌拉圭的一侧。OSE 监测点位于 DINAMA 11 号站或其附近，在弗雷本托斯饮用水供应的进水管处。

该科学小组收集了 2007 年 11 月至 2009 年 4 月的数据，其中许多结果是 2008 年 10 月获得的。乌拉圭自 2006 年 3 月起就通过 DINAMA 对该地点进行监测。其最新数据一直覆盖至 2009 年 6 月。在对乌拉圭河水质的整体责任方面，OSE 一直在收集相关数据，且这些数据已用于纸浆厂运营的定期报告中。

法院还收到了由双方指任的专家提供的、双方自己及其律师提供的数据解析。然而,在评估所提交证据的证明价值时,法院主要对相关数据进行了衡量和评估,而不是考量当事方或其专家与顾问对数据作出的相互矛盾的解释,从而确定乌拉圭授权建造和试运行 Orion(Botnia)纸浆厂的行为是否违反了《规约》第 36 条和第 41 条规定的义务。

就 Orion(Botnia)纸浆厂排放的污水对河流水质的影响而言,各方之间存在争议的具体参数和物质有:溶氧量;总磷(以及磷酸盐引起的富营养化相关的物质);酚类物质;壬基酚和壬基酚聚氧乙烯醚;二噁英和呋喃类化合物。法院将评估当事各方就这些参数和物质提出的证据。

A. 溶氧量

法院认为,阿根廷未能证明其指控。第一,阿根廷所依据的溶氧量数值与 EcoMetrix 第三次监测报告中的溶氧量数值不符,因为后者的报告显示,2008 年 2 ~ 10 月所采集样本的溶氧量均高于 CARU 规定的最低标准。第二,DINAMA 2009 年 7 月的水和沉积物质量数据报告(以下简称 DINAMA 水质报告)显示前 6 个月溶氧量平均为 9.4mg/L,远高于《摘要》规定的最低水平。第三,阿根廷在 2009 年 6 月 30 日的报告中总结道,监测期间的水质参数记录"对于具有典型季节性温度模式和相关溶氧量的河流来说是正常的"。在"科伦坡报告"中,即便有一些稍低数值的存在,其呈现的数百项测量结果也支持了这一结论。第四,DINAMA 水质报告中关于溶氧量的数值与阿根廷收集到的数值具有基本相同的特点,它们均高于 CARU 规定的最低标准,并且上游与下游的数值相同。因此,法院得出结论:随着时间的推移,各数据集之间似乎没有明显的差异,并且没有证据支持阿根廷的观点,即 OSE 报告中提及的"需氧量"应被解释为"溶氧量"。

B. 总磷

双方一致认为,乌拉圭河的总磷含量很高。双方之间的一个重大分歧在于,河水中较高的磷浓度与 2009 年 2 月发生的水华现象之间的关系,以及

Orion(Botnia)纸浆厂的运营是否导致了河水的富营养化。阿根廷声称Orion(Botnia)纸浆厂是导致乌拉圭河富营养化和较高磷酸盐浓度的原因,而乌拉圭否认了这一点。

法院指出,CARU没有制定有关河流中总磷和磷酸盐水平的水质标准。同样,阿根廷也没有关于河流总磷水平的水质标准。因此,法院只能使用乌拉圭在其国内立法中规定的水质和总磷排放限值,以评估总磷的浓度水平是否超过该限制。如前文所述,乌拉圭的国内立法是基于《规约》第41(a)条的规定通过的。乌拉圭国内法规定,用于饮用、人类食用作物灌溉以及涉及人类直接接触水的娱乐活动的用水,总磷水质标准为0.025mg/L(1979年第253号法令,水质条例)。乌拉圭国内法还规定了5mg/L的总磷排放标准(1979年第253号法令,水质条例,第11条第2款)。Orion(Botnia)纸浆厂必须符合这两个标准。

法院认为,根据现有证据,Orion(Botnia)纸浆厂到目前为止始终符合总磷排放标准。在这一点上,法院注意到,根据EcoMetrix第三次监测报告,2008年乌拉圭的数据显示,该厂排放污水中的总磷含量平均为0.59mg/L。此外,根据DINAMA 2009年的环境排放报告,2008年11月至2009年5月的排污数据在0.053mg/L至0.41mg/L。阿根廷没有对这些数字提出异议,因为这些数字远远低于乌拉圭国内法规定的标准。

相关的,法院注意到,早在2005年2月11日,DINAMA在对Orion(Botnia)纸浆厂的环境影响评估中就注意到河流中高负荷的营养物质(磷和氮),并指出:

“可以想见,公司不宜批准任何可能造成危险性参数增加的废物处理措施,即使是在该公司认为增加幅度不大的情况下。然而,表示水质受损的参数并非仅与系争纸浆厂的污水排放行为有关,还会受到其他工业或生活废水处理行为的影响。因此,只要在超过任一危险性参数的标准值的情况下予以补偿,本项目中提议的废物处理措施是可被接受的。”

法院还注意到,2005 年 2 月 15 日出具的初步环境许可要求 Botnia 公司遵守其中的条件、CARU 的标准以及 IPPC-BAT 所载的最佳可行技术。该初步环境许可还要求完成执行缓和与补偿措施的计划。该计划已于 2007 年年底完成,并于 2007 年 11 月 8 日获得执行批准。2008 年 4 月 29 日,Botnia 公司和 OSE 签订了一项《关于处理弗雷本托斯城市废水的协议》,旨在减少总磷和其他污染物数量。

法院认为,从比例上看,Orion(Botnia)纸浆厂向河流排放的总磷数量与其他来源的总磷数量相比微不足道。因此,法院得出结论,虽然河流中总磷的浓度水平超过了乌拉圭关于水质标准的国内法中规定的限值,但不能视为乌拉圭违反了《规约》第 41(a)条的规定,因为在该纸浆厂试运行之前,河流中已经存在相对较高的总磷含量,并且乌拉圭正在采取补偿措施。

法院接着审议了 2009 年 2 月 4 日出现的“水华”问题。关于 2009 年 2 月 4 日的水华现象,双方在几点上意见一致,包括乌拉圭河的营养物质浓度在水华现象前后均处于较高水平,以及水华出现不久后即消失。然而,现有证据仍未能说服法院确定 2009 年 2 月 4 日的水华现象是由 Orion(Botnia)纸浆厂的营养物质排放造成的。

C. 酚类物质

关于酚类物质,阿根廷主张,Orion(Botnia)纸浆厂一开始运行,其污染物排放就导致河流中的酚类物质超出了 CARU 的标准,而数据显示,在纸浆厂运行前,河流中的酚类物质并未超标。

乌拉圭辩称,早在纸浆厂投入运行之前,在整条河流中就已经存在许多超标情况。乌拉圭指出了包括 EcoMetrix 最终累积影响研究在内的几项研究报告,以证实其主张。

根据记录和双方提交的数据,法院的结论是:没有足够的证据将河流中酚类物质浓度的升高归因于 Orion(Botnia)纸浆厂的运营。

D. 壬基酚和壬基酚聚氧乙烯醚

阿根廷声称,Orion(Botnia)纸浆厂向河流中排放壬基酚,从而对河流环境造成损害,或至少已对河流环境造成实质性风险。阿根廷认为,这些排放物最可能的来源是表面活性剂(洗涤剂)、用于清洁木浆以及工厂自身设施的壬基酚聚氧乙烯醚。阿根廷还主张,在对水样进行的 46 次测量中,最高浓度值,尤其是超过欧盟相关标准的浓度值,是在纸浆厂前方下游处和 2009 年 2 月 4 日采集的水华样本中确定的,而河流上游和下游的浓度相比则较低。这表明,Orion(Botnia)纸浆厂废水是这些残留物的最可能来源。此外,阿根廷称,2006 年 9 月至 2009 年 2 月,纸浆厂前方下游处收集的底部沉积物数据显示壬基酚迅速增加,则证实了乌拉圭河中这些化合物的增加趋势。阿根廷还指出,在轮虫(无脊椎)、移植亚洲蛤(脂质储备减少)和鱼类(雌激素效应)中检测到了亚致死效应,此种亚致死效应的空间分布与壬基酚的分布区域一致,这表明这些化合物可能是一个重要的应激因子。

乌拉圭反对阿根廷有关壬基酚和壬基酚羟基化物的主张,并断然否认 Orion(Botnia)纸浆厂使用了壬基酚和壬基酚羟基化物。特别地,乌拉圭提供了一位 Botnia 官方人员的宣誓书,大意是纸浆厂在任何生产过程中,包括在纸浆洗涤和清洁阶段,从未使用过壬基酚或壬基酚聚氧乙烯醚衍生物,也未曾使用含有壬基酚的清洁剂来清洁工厂设备。

法院忆及,只有阿根廷 2009 年 6 月 30 日提交的报告提出了本案的壬基酚问题。尽管阿根廷自 2008 年 11 月起就开始对壬基酚进行检测,但法院认为,阿根廷并没有举出明确的证据,证明在河水中发现的壬基酚与 Orion(Botnia)纸浆厂之间存在联系。乌拉圭在法庭上也断然否认 Orion(Botnia)纸浆厂将壬基酚聚氧乙烯醚用于生产或清洁。因此,法院认为,现有证据未能证明阿根廷就这一争议事项的主张。

E. 二噁英和呋喃

阿根廷认为,其研究数据表明,与 Orion(Botnia)纸浆厂开始运行前的数据相比,二噁英和呋喃浓度的增长趋势更为明显。阿根廷根据其监测小组测试的萨巴洛鲱鱼样本,以这条鱼体内升高的二噁英和呋喃含量来说明在 Orion(Botnia)纸浆厂投入运营后,河水中二噁英和呋喃的出现率上升。乌拉圭对这一说法提出质疑,其认为,乌拉圭河沿岸和邻近的南杜拜萨尔湾有许多其他工业活动,而且所测试的萨巴洛鲱鱼物种具有高度洄游性,因此河水中二噁英和呋喃含量的升高与 Orion(Botnia)纸浆厂的运营无关。此外,乌拉圭提出,其对来自 Orion(Botnia)纸浆厂的废水的检测表明,不可能有二噁英和呋喃进入纸浆厂排放的废水中,因为该两种物质在废水中的浓度水平并没有显著地高于在乌拉圭河中的基准水平。

因此,法院认为,没有明确的证据将河流中二噁英和呋喃的增加与 Orion(Botnia)纸浆厂的运行联系在一起。

④对生物多样性的影响

阿根廷主张,其监测到了水生生物中的异常效应,如轮虫畸形和蛤蜊脂肪丢失,以及在食用碎屑鱼类(如萨巴洛鲱鱼)中检测到二噁英和呋喃等持久污染物的生物放大作用。乌拉圭指出,DINAMA 最近关于鱼类区系的综合报告得出结论,与 2008 年和 2009 年相比,鱼类区系的物种多样性没有发生变化。此外,根据对某些鱼类觅食的河流沉积物的监测结果,DINAMA 的报告认为:"乌拉圭河底沉积物的质量没有因为 Orion(Botnia)纸浆厂的工业活动而改变。"

法院认为,作为养护水环境义务的一部分,双方有义务保护河流的动植物。双方根据《规约》第 41 条的规定,必须制定的规则和措施,也应当反映其在生物多样性和栖息地保护方面的国际承诺,以及关于水质和废水排放的其他标准。然而,法院没有找到足够的证据来断定乌拉圭违反了养护水环境(包括保护其内动植物)的义务。案卷材料不足以表明 Orion(Botnia)纸浆厂的废水排放与轮虫畸形、在萨巴洛鲱鱼体内发现的二噁英或蛤蜊的脂肪损失之间,有明确的关系。

⑤空气污染

阿根廷声称,Orion(Botnia)纸浆厂造成了空气、噪声和视觉污染,对“水环境”产生负面影响,违反了《规约》第 41 条。阿根廷还称,缔结《规约》不仅是为了保护水质,更广泛地说,是为了保护河流和“受河流影响的地区,换言之,就是影响整个河流生态系统,以及受河流生态系统影响的所有因素”。乌拉圭主张,法院对这些事项没有管辖权,而且阿根廷的这些主张均无法律依据。

关于噪声和视觉污染,法院在前面的判决中已经得出结论,根据《规约》,法院对此类事项没有管辖权。关于空气污染,法院认为,如果工厂烟囱的排放物使有害物质进入水环境中,那么这种对河流的间接污染属于《规约》的范畴。乌拉圭同意这一结论。基于法院对水质的调查结果,法院认为,本案中没有任何明显证据表明 Orion(Botnia)纸浆厂的大气排放将有害物质引入了河流水环境中。

⑥关于《规约》第 41 条的结论

法院最终认定,没有确凿的证据表明乌拉圭没有尽到必要程度的审慎注意,也没有确凿证据表明 Orion(Botnia)纸浆厂自 2007 年 11 月投入运营以来,其废水排放对生物资源、水质或生态平衡造成了有害影响或损害。因此,根据现有证据,法院判定乌拉圭没有违反该规约第 41 条规定的义务。

⑦持续性义务:监测

法院认为,双方均有义务使 CARU 能够可持续地行使《规约》赋予其的权力和职能,包括监测河流水质和评估 Orion(Botnia)纸浆厂的运行对水环境的影响。乌拉圭则有义务根据《规约》第 41 条规定持续监测纸浆厂的运行情况,并确保纸浆厂遵守乌拉圭国内法规以及 CARU 制定的标准。根据《规约》,双方有义务通过 CARU 继续合作,并使 CARU 能够制定必要的措施,在保护河流环境的同时,促进河流的公平利用。

⑧关于是否应“恢复原状”以及“不再犯的保证”

第一,关于“恢复原状”。阿根廷在最后陈述环节提出,即使法院认定乌拉圭没有违反《规约》规定的任何实体性义务,只是违反了一些程序性义务,仅仅作出认定行为不法性的判决也不足以作为补偿。《规约》规定的程序性义务和实体性义务是密切相关的,不能为了赔偿目的而将其相互分离,因为即使在违反程序性义务的行为停止之后,其带来的不良影响依然存在。因此,乌拉圭有义务“就地并且在法律意义上将情形恢复至国际不法行为作出之前的状态”。为此,乌拉圭应拆除 Orion(Botnia)纸浆厂。

阿根廷称,恢复原状是为国际不法行为作出赔偿的主要形式。根据国际法委员会《关于国家对国际不法行为的责任条款草案》第 35 条的规定,恢复原状优先于所有其他形式的赔偿,除非其“实质上不可能”或“恢复原状相比于赔偿损失而言,带来的负担与利益不成比例”。阿根廷认为,拆除纸浆厂实质上并非不可能,也不会给应诉国造成不成比例的负担,因为法院已在应阿根廷请求作出的临时措施命令中指出,被告“主张纸浆厂的建造不构成损害阿根廷权利的既定事实,因此应由乌拉圭单方决定是否继续建造纸浆厂,并且承担在法院作出相反判决的情况下不得不拆除纸浆厂的风险”。[1] 阿根廷补充道,恢复原状是否不成比例,最迟必须在阿根廷提起诉讼申请时确定,因为从那时起,乌拉圭知道了阿根廷要求其停止纸浆厂建造工作,并恢复原状一事,因而不可能没有意识到继续建造有争议的纸浆厂将面临的风险。

---

〔1〕 Pulp Mills on the River Uruguay (Argentina v. Uruguay), Provisional Measures, Order of 13 July 2006, I. C. J. Reports 2006, p. 125, para. 47.

乌拉圭认为,在确定因一方违反规则而导致的赔偿义务的形式时,必须考虑所违反规则的目的。如果法院判定乌拉圭只需承担违反程序性义务的责任,那么恢复原状将不是一种适当的赔偿形式。乌拉圭称,拆除 Orion (Botnia)纸浆厂无论如何都会导致"不法行为的后果与救济措施之间的显著不对称性"。另外,关于恢复原状会否造成不成比例的负担,必须在法院审判时确定,而非如阿根廷所称在法院受理案件时确定。

法院忆及,恢复原状是习惯国际法上损害救济的一种形式,如果恢复原状在实质上不可能,或将造成与从中获得的利益不成比例的负担,则应采取补偿或抵偿,甚至两者兼具的救济形式。[1] 因此,恢复原状必须与所造成的损害相称,如此方构成"与损害相称的'适当救济形式'"。[2]

法院认为,由于在谈判期限届满后乌拉圭未被禁止继续进行 Orion (Botnia)纸浆厂的建造和运营,而且乌拉圭也没有违反《规约》规定的任何实体性义务,法院认为,命令拆除该纸浆厂不是对违反程序性义务的合理救济方式。

第二,关于"不再犯的保证"。阿根廷请求法院判决并宣布,乌拉圭必须"提供充分的保证,这里是'保证不犯'的意思,不是保障。以至于今后不妨碍《规约》,尤其是其第 2 章规定的磋商程序的适用"。

法院指出,虽然其可以像过去那样命令应当对国际不法行为负责的国家向受害国提供不重复的担保和保证,但只有在情况允许时,法院才可以这

〔1〕 See Gabčíkovo-Nagymaros Project (Hungary/Slovakia), Judgment, I. C. J. Reports 1997, p. 81, para. 152; Legal Consequences of the Construction of a Wall in the Occupied Palestinian Territory, Advisory Opinion, I. C. J. Reports 2004 (I), p. 198, paras. 152 – 153; Application of the Convention on the Prevention and Punishment of the Crime of Genocide (Bosnia and Herzegovina v. Serbia and Montenegro), Judgment, I. C. J. Reports 2007 (I), p. 233, para. 460; see also Articles 34 to 37 of the International Law Commission Articles on the Responsibility of States for Internationally Wrongful Acts.

〔2〕 See Avena and Other Mexican Nationals (Mexico v. United States of America), Judgment, I. C. J. Reports 2004 (I), p. 59, para. 119.

样做,并且这是由法院来评估的。一般性规则,是指法院若已宣判一个国家的行为是不法的,则没有理由假定该国今后会重复该种行为,因为法院必须推定该国具有善意。[1] 因此,若非出于特殊情况,法院没有理由颁布"提供不重复的担保和保证"的命令。[2] 而本案中不存在这样的特殊情况,故法院无法支持阿根廷的请求。

基于上述原因,国际法院作出如下判决:

1. 以13票同意,1票反对,判决乌拉圭东岸共和国违反了《规约》第7条至第12条规定的程序性义务,而且法院对此项违约的声明是适当的;

2. 以11票同意,3票反对,判决乌拉圭没有违反其在《规约》第35条、第36条和第41条下的实体性义务;

3. 一致同意驳回双方所有其他主张。

四、法官单独意见

(一)法官哈苏奈和西马的联合反对意见

联合反对意见的主要观点如下。

1. 错失了以一种绝佳的方式处理科学不确定性的机会

两位法官同意法院关于乌拉圭违反程序性义务的判决,但基于科学事实审查不足,不同意法院关于"乌拉圭没有违反其在《规约》第35条、第36条和第41条下的实质性义务"的判决。

基于本案事实的细致性、复杂性、技术性与科学性,不同于国际法院审

---

〔1〕 See Factory at Chorzów, Merits, Judgment No. 13, 1928, P. C. I. J., Series A, No. 17, p. 63; Nuclear Tests (Australia v. France), Judgment, I. C. J. Reports 1974, p. 272, para. 60; Nuclear Tests (New Zealand v. France), Judgment, I. C. J. Reports 1974, p. 477, para. 63; and Military and Paramilitary Activities in and against Nicaragua (Nicaragua v. United States of America), Jurisdiction and Admissibility, Judgment, I. C. J. Reports 1984, p. 437, para. 101.

〔2〕 See Dispute regarding Navigational and Related Rights (Costa Rica v. Nicaragua), Judgment, I. C. J. Reports 2009, p. 267, para. 150.

理过的绝大多数案件,用传统的方式来评估本案证据是不够的。然而,国际法院仍然沿用了一直以来所依循的评估证据的习惯,如法院在本案判决书第168段所说的"确定哪些事实是必须认定为有关的,评估其证明价值,并恰当地从中得出结论"。本案在国际环境法上属于一个教科书级别的案例。但法院审查本案的方式却会令国际法律社会质疑国际法院是否恪尽职守地处理了复杂的科学问题。[1]

法院自身评估和权衡双方提出的这类复杂的科学证据的做法并不十分合宜。在本案中,例如,如果没有专家的协助,法院无法评估关于二维或三维建模是否是评估河流流体动力学的最佳或适当做法,或者各种物质对乌拉圭河中各种生物健康的影响。法院的任务不是对所发生的事情进行科学评估,而是评估当事方在法庭上提出的主张,以及这些主张是否有充分的理由以证明法律义务的违反。

两位法官提出了几个可供选择的方案:第一,根据《国际法院规则》第62条的规定,法院可要求当事各方提供其认为对于理解所涉事项所必需的证据或解释,或要求他们根据该条第2款安排专家出席。第二,法院可援引《国际法院规约》第50条规定,即"法院得随时选择任何个人、团体、局所、委员会或其他组织,委以调查或鉴定之责"。法院在本案之前也援引过该条。在"科孚海峡案"中,法院根据第50条,委托3名海军专家评估阿尔巴尼亚海岸的能见度,以证实英国基于一项事实调查结果提出的主张,即阿尔巴尼亚可以在其海岸看到各种布雷行动。[2] 在"缅因湾划界案"中,法院根据第50条的规定,就处理一些技术事项以及编制海洋边界说明和海图委任了1

---

〔1〕 See cf. S. Rosenne, *Fact-Finding before the International Court of Justice*, in Essays on International Law and Practice, 2007, p. 235、250; A. Riddell and B. Plant, Evidence before the International Court of Justice, 2009, p. 353; C. M. Schofield and C. H. Carleton, *Technical Considerations in Law of the Sea Dispute Resolution*, in A. G. Oude Elferink and D. R. Rothwell (eds.), Oceans Management in the 21st Century, 2004, p. 251 – 252.

〔2〕 See Order of 17 December 1948, I. C. J. Reports 1947 – 1948, p. 124 et seq.

名专家。该专家的报告作为附件附在法院后来关于本案的判决书中。在必要时向专家求助符合法院的司法职能。[1] 如法院先前所述,“专家意见的目的必须是协助法院就提交法院的问题作出判决”。[2]

在涉及高度复杂的科学和技术事实的案件中,这种对专家的依赖更加不可避免。例如,在本案这样的科学案件中,尽管仍需由法院履行专门的司法职能,如法律术语的解释、事实问题的法律分类,以及举证责任的评估,但作出充分合理法律决定的洞察力必然来自专家。科学专家的结论对于“重要性”“充分性”“合理限度”等法律概念的提炼可能是不可或缺的。因此,在涉及复杂科学证据及高度科学不确定性的案件中,必须在充分公开及有当事方参与的情况下进行专家咨询。

2. 错失了以具有前瞻性与远见的方式解决一项环境争端的机会

法院否定了第 12 条可能含有任何“不得建设”义务的假设,并且决定,一旦某一缔约方在《规约》下的磋商义务结束后,该缔约方有权实施项目。

《规约》规定了法院的双重角色。一方面,《规约》第 60 条赋予法院传统角色,即解释和适用《规约》中的权利和义务,这是法院在面对根据特别管辖条款提交法院的争端时通常行使的司法职能。另一方面,《规约》第 12 条看似是适用第 60 条的另一条路径,但本质上讲,在第 12 条下,法院的职能并不是事后判定是否发生了违约行为以及需要采取哪些补救措施,而是可供当事方一同选择,从工程规划的早期阶段就开始协助他们。对法院来说,与《规约》第 60 条规定的标准职责不同,第 12 条的程序意味着它必须采取前瞻性的、有远见的做法,即如果双方对某一工程是否存在对环境的潜在有害影响存在分歧,法院将在该工程完成之前介入,进行全面的风险评估,并在

---

〔1〕 See Appointment of Expert, Order of 30 March 1984, I. C. J. Reports 1984, p. 165 – 166.

〔2〕 Application for Revision and Interpretation of the Judgment of 24 February 1982 in the Case concerning the Continental Shelf (Tunisia/Libyan Arab Jamahiriya) (Tunisia v. Libyan Arab Jamahiriya), Judgment, I. C. J. Reports 1985, p. 228; emphasis added.

确定这种风险可能带来的后果时采用预防性而非补偿性逻辑。这种逻辑在环境法领域具有特别的说服力。[1]

3. 错失了一次阐明程序性和实质性义务之间关系的机会

在与共有自然资源的使用和跨界损害可能性有关的事件中，人们注意到的最显著特点是所涉实质性原则的极端弹性和普遍性。对自然资源的永久主权、公平和合理利用这些资源、不造成重大或明显损害的义务、可持续发展原则等都反映了这种普遍性。发生争议时这些原则的糅合会使问题进一步复杂化。显然，在这种情况下，尊重程序性义务具有相当重要的意义，作为在具体案件中判断实质性义务是否被违反的一个重要指标，程序性义务居于首要地位。因此，"不遵守有关程序性义务最终对实质性义务的遵守与否没有影响"的结论是不易被接受的。举例而言，如果乌拉圭遵守了《规约》第7条至第12条规定的程序，可能会为纸浆厂选择一个更合适的地点。[2]

虽然国际法院确实承认了《规约》规定的程序性义务和实质性义务之间的职能联系（判决书第79段）。然而，无论是在评估是否存在违反《规约》第41条的行为时，还是在确定违反《规约》第7条至第12条的适当补救措施时，法院都没有充分重视这种相互依存关系。法院认为，只要保证遵守实质性义务（或至少未被证实不遵守实质性义务），违反程序性义务就无关紧要，因此，宣布程序性义务的违反即构成合理补偿。这不是合理注意程序和实质之间相互关系的恰当方式。[3]

（二）基思法官的个别意见

基思法官同意法院在本案中的结论，但不同意其部分推理和该推理中的一项结论。

---

[1] See Joint Dissenting Opinion of Judges Alkhasawen and Simma, para. 18.

[2] Ibid., para. 26.

[3] Ibid., para. 27.

1. 事实调查程序

法院的一项中心职能是对争议事实作出认定,以判断当事方是否违反相关法律义务。这些争议事实可能关于技术或科学事项。根据基本原则和国际法院长期确立的程序和实践,各方有充分机会提出书面与口头证据以及主张,以支持其对认为存在争议的事实问题的立场。而本案中,双方也的确充分地提出了各种证据以及主张。

就双方提供的信息质量而言,双方都没有对监测站在河流上下游以及纸浆厂排放点收集的数千项数据的任何细节提出质疑。相反,他们无法达成一致意见的是如何对这些数据进行解释。所收集的数据在时间上以及在整个相关河段表现出的一致性也支持了这些数据的准确性。从判决中可以看出,在 Orion(Botnia)纸浆厂开始运行之前和之后收集的数据以及阿根廷和乌拉圭监测到的数据中,也普遍存在这种一致性。虽然确实有一些差异的出现,如可能出于温度的变化,但正如判决所示的,这些差异对于评估该纸浆厂运行对河流水质的影响来说,并不算显著。

本案中的争议是关于原始数据的解释或评估——不是数据质量,主要也不是数据内容。基思法官同意本案法院观点(判决书第 236 段),即本案中的任务是根据原始数据评估纸浆厂运行对水质的影响。正如判决所示,阿根廷基于如此大量的信息,仍未能证明纸浆厂运行导致水质发生了变化,即未能证明乌拉圭违反了相应的实质性义务。

基思法官理解根据《规约》第 50 条,法院有权进行调查并征求专家意见,而且法院本可以在本案中行使这些权力。

就本案而言,基思法官未能看出法院能够通过这些调查程序或专家意见获得任何真正的帮助,而且,当事方没有提出采取这些程序的提议。在法院已经获得的数千项数据的基础上,任何调查都不可能显著增加新的数据。其中一些信息是在案件开始前几年收集和记录的。任何专家意见都将涵盖当事双方在其专家协助下已经在法庭上主张过的问题。基思法官要强调的是,只有在法院需要根据一些科学性争议事项决定阿根廷是否提出其主张时,才涉及就这些科学性争议事实作出决定的责任。比如,水流流量就不在上述争议事实之列。基思法官认为,法院确实必须根据原始数据作出决定的事项,这是相对简单的。

2. 关于乌拉圭违反其程序性义务

基思法官同意乌拉圭违反了《规约》第7条下的通知义务,也同意在180天磋商期限结束时,乌拉圭未被禁止授权纸浆厂的建造及运行。基思法官的反对意见关系到这一过程的中间步骤以及法院作出的"乌拉圭在这180天内对每一个纸浆厂采取的行动违反了其程序性义务"的认定。[1]

乌拉圭在磋商期间给予3项授权是否违反了其善意磋商的义务,这些行动是否会阻碍磋商,它们是否意味着磋商没有意义?正如基思法官已经指出的那样,这些问题的答案部分取决于GTAN的磋商过程,以及当事方对这些磋商所作的贡献,正如所出现在法院记录中的那样。此外,还取决于乌拉圭采取的与两个纸浆厂项目有关的行动的性质。基思法官结合案件信息,重新对这些问题进行了梳理,并得出结论:乌拉圭在磋商期间就这些纸浆厂项目给予3项授权,并没有违反其善意磋商的义务。

(三)斯科特尼科夫法官的声明

斯科特尼科夫法官认为,不能完全同意法院对《规约》的解释。其不能接受多数人的逻辑,即在磋商期结束后,乌拉圭没有根据《规约》第12条规定将其与阿根廷的争端提交法院,而是可以自由地继续开展建造工作。

斯科特尼科夫法官表示,《规约》条款规定及其目标和宗旨中的确反映了一项"不得建设义务"。《规约》第7条至第12条的规定显然是为了防止与《规约》实质性规定不符合的单方面行动,从而避免在保护各方共有水道

---

[1] See Separation Opinion of Judge Keith, para. 16.

的同时损害各方的权利。因此,《规约》有通知、告知和磋商的义务。合乎逻辑的是,如果磋商结束后仍然没有达成协议,发起项目的一方可以选择完全放弃工程,或者根据《规约》第 12 条规定将争端提交法院解决。在这种情况下,任何一方的权利都不会受到损害,共享水道仍然受到保护。

相反地,根据判决中所载的解释,当事方在缔结《规约》时,必须同意允许这种损害的发生,即允许磋商期满后单方的继续建造行为,如有可能在以后再由法院裁决予以纠正。然而,假定当事各方已预先接受这种安排是不符合《规约》目标和宗旨的。

除第 60 条所载的经典的特别管辖条款外,《规约》第 12 条规定,各方均有义务将与第 7 条所述活动有关的争端提交法院解决。在法院的解释中(判决书第 137 段),第 12 条被剥夺了各种意义。如果第 12 条的唯一目的是启动第 60 条的适用,则根本没有必要使用第 12 条,因为当事各方始终可以直接诉诸后者。

总而言之,《规约》第 7 条至第 12 条明确规定了一种程序机制,其中不仅包括通知、告知以及在有异议时进行磋商的义务,而且还包括如果磋商失败,双方有义务将争端提交本法院解决。[1]

(四)特林达德法官的个别意见

特林达德法官的个别意见洋洋洒洒,内容丰富。基本观点如下。

1. 关于国际法起源的思考。特林达德法官认为,在特定案例中明确法律的适用,必然会引发对国际法的法律"起源"这一基本主题的思考,并对法院没有就此深入讨论表示遗憾。他支持在更大程度上遵守法律原则,这些原则不仅包括国际环境法领域的各项原则,也包括 1975 年《规约》中适用于本案的法律。特林达德法官认为,他本人的立场符合过去 90 年以来(1920～2010 年)积淀的国际法律观点的潮流,这些观点自 20 世纪 70 年代

〔1〕 See Declaration of Judge Skotnikov, para. 9.

中期以来也出现在国际环境法领域。从《国际法院规约》第38条的立法历史起源以及后续发展(1945年以后)可以发现,第38条第3款"一般法律原则"不仅是指国内法原则,同样也包括在特定领域的国际法原则,例如国际法环境法领域。[1]

2. 有关国际环境法的原则。首先,预防和风险预防原则的思考。特林达德法官认为,本案双方都援引并承认这些原则,详细论述了其提法、内容和适用性。在审查了风险的关键因素以及风险预防原则构成在科学上的不确定性后,他提出代际公平不可避免地长期存在,应该在法院的判决中得到承认。对普遍存在的保护因素(而不是简单地开发自然资源)的关注反映了人类与自然和他或她所生活的世界融合的文化表现。[2] 其次,特林达德法官指出,乌拉圭和阿根廷共同缔结的《规约》(第10部分)最后一条可持续发展原则,符合拉丁美洲国际法思想的根深蒂固的传统,即关注国际法领域"一般法律原则"的作用。[3]

3. 关于本案的相关事实认定,特林达德法官审查了常设国际法院/国际法院在处理证据方面的做法,并得出结论:鉴于法院以往在处理相互矛盾的证据方面所具备的经验,在本案中,其尚未穷尽所有实况调查的可能性。如果法院穷尽所有手段,关于《规约》第35条、第36条、第41条实体义务的结论可能是不同的。[4] 进而,特林达德法官认为,本案中超国家的因素也非常重要,尤其是:(1)人类健康和福祉;(2)民间环境保护组织的作用;(3)环境义务的客观性与多边性的特点;(4)乌拉圭河行政委员会的法律人格;等等,都是国际社会所关注的议题。[5]

---

〔1〕 See Separate Opinion of Judge Cancado Trindade, paras. 1 – 3.

〔2〕 Ibid., para. 114.

〔3〕 Ibid., part. X.

〔4〕 Ibid., part. XI.

〔5〕 Ibid., part. XII.

4. 将一般法律原则的相关性推到显著地位(如诚信原则、有约必守原则)。特林达德法官主张,一般法律原则不仅启发了对法律规范的解释和应用,也推动对法律规范的阐释与制定进程。它们反映法律确信,而这些法律确信又以法律构成为基础。[1]

综上,特林达德法官从国际法起源分析,认为本案的判决依据不仅是《规约》,也包括国际环境法领域的原则,主要是预防原则、风险预防原则、可持续发展原则。在他看来,这些原则可以作为国际法渊源中的一般法律原则,可以是解决国际环境争端的适用法。

(五)优素福法官的声明

优素福法官同意这一判决,但对法院处理当事方提交的大量事实材料的方式持保留意见。他认为,法院本应按照《规约》第 50 条的规定,求助于专家,以帮助法院更深刻地了解当事方提交证据的科学和技术复杂性,特别是关于 Orion(Botnia)纸浆厂的废水排放可能对乌拉圭河的生物资源、水质和生态平衡产生的影响。[2]

本案各方已向法院提交了大量复杂的技术和科学材料。此外,他们还提供了由各自的专家和顾问收集的大量数据。这些事实信息涉及广泛的科学和技术领域,包括水文学、水生生物学、河流形态学、水化学、土壤科学、生态学和林业。此外,在书面和口头程序中,当事各方在数据收集和解释的科学方法方面提出了许多相互矛盾的主张和不同的做法。

当然,法院有责任确定事实并评估其证明价值,但这并不妨碍法院在处理复杂的科学和技术材料时,利用其权力进行调查或征求专家意见。法院为了行使其解决争端的职能,不仅需要确保掌握与所面临问题有关的全部现有事实,而且还需要充分理解这些事实的实际意义,以便合理地将法律适

---

〔1〕 See Separate Opinion of Judge Cancado Trindade, Parts XIII – XVI.

〔2〕 See Declaration of Judge Yusuf, para. 1.

用于这些事实。《国际法院规约》和《国际法院规则》中关于调查和征求专家意见的规定，背后的立法目的是允许法院获得必要的协助和支持，从而能够充分了解事实。

在这类涉及保护环境和防止污染的案件中，专门的科学专业知识可以为法院提供必要的见解，以便对当事各方提交的科学和技术材料的价值进行彻底评估。鉴于此，优素福法官认为，在事实和科学上都很复杂的案件中，如在像本案这样的案子中，法院没有根据《规约》第 50 条寻求调查委员会或专家意见的协助，十分令人担忧，因为在认定事实方面的错误可能会严重损害国际法院的信誉，并致使涉及科学技术问题的争端各方不愿意将争端诉诸法院。为避免在领会和裁定事实时发生可能对法院信誉产生巨大破坏的错误，并且为了向出庭的各国保证法院已经充分理解并领会了与其案件相关的具有科学复杂性的事实，今后制定出一套清晰的战略，使法院在审议一桩案件的早期阶段便可以评估是否需要专家意见，那么这将对法院十分有利。[1]

（六）格林伍德法官个别意见

格林伍德法官同意，关于乌拉圭没有违反其在《规约》中实质性义务的裁定，也赞成关于乌拉圭没有遵守《规约》第 7 条至第 12 条中规定的程序性义务的决定，但就如下几方面发表了个别意见。

1. 乌拉圭对《规约》程序性义务的违反

格林伍德法官认为，乌拉圭对程序性义务的违反在范围上比法院认定的要更加有限。关于法院所作的，关于乌拉圭在第 7 条至第 12 条规定程序的第三个磋商阶段结束前，授权两座纸浆厂相关工作的行为违反了《规约》义务的认定，格林伍德法官表示不赞同。

《规约》第 8 条至第 12 条规定的程序的目的是确保《规约》的一方在没

---

〔1〕 See Declaration of Judge Yusuf, paras. 13 – 14.

有参与《规约》规定的信息交流和磋商程序的情况下，不开展可能对航行、水情或水质造成重大不利影响的工程。然而，进行如准备地基等准备性步骤本身不太可能对航行、水情或水质产生任何不利影响。

判决书第148段的结论是，这种准备性行动构成“纸浆厂建造的一个组成部分”，因此被视为定然不符合善意磋商的义务，这是没有道理的。

格林伍德法官认为，一方可以真诚地进行有意义的磋商，同时仍然采取准备性步骤，以确保在磋商达成协议可以开展工程的情况下，或在规定期限内没有达成协议的情况下，准备好继续开展工程。采取这些步骤本身并不违背善意磋商的义务。只有当整个磋商记录表明，有关当事方不打算进行有意义的磋商时，法院才有理由认定该程序性义务的违反。

在格林伍德法官看来，乌拉圭在磋商期限结束前授权采取的工作步骤并没有违反《规约》第9条所隐含的禁止性义务或善意磋商的义务。因此，格林伍德法官表示其不能同意法院的结论（判决书第149段），即“乌拉圭在磋商期限届满前授权在弗雷本托斯建造工厂和港口码头，故未能履行《规约》第12条规定的磋商义务”。[1]

2. 证据问题

第一，关于证明标准。在格林伍德法官看来，本案属于较低证明标准的案件类别。阿根廷应当仅在平衡可能性的基础上证明其主张，格林伍德法官赞同阿根廷并没有做到这一点。第二，关于专家、证人和律师之间的区别。他补充说，区别证人或专家的证据与律师的辩护对在法庭上采取正当的诉讼行为至关重要。本案中，一些以律师身份在庭上发言，而不是以证人或专家身份作证的人积极和密切参与编写科学报告，这一问题尤其严重，因为这些报告是法院收到的证据的一部分，这种行为既无助于法院的裁决，也对另一方不公平。

---

〔1〕 Separate Opinion of Judge Greenwood, paras. 1 – 5.

3. 双方的持续性义务

格林伍德法官还提请各方注意要继续履行各自根据《规约》所承担的义务。例如，根据《规约》第 41 条的规定，乌拉圭继续有义务防止乌拉圭河的污染，从而对 Orion（Botnia）纸浆厂的任何排放保持监测和严格控制制度。[1]

（七）专案法官贝纳尔德斯的个别意见

贝纳尔德斯法官认可法院在其判决中作出的多项结论，包括管辖权、法律的适用、举证责任和专家证据、驳回原告提出的被告违反《规约》实体义务的指控和拆除弗雷本托斯的 Orion（Botnia）纸浆厂等内容。然而，贝纳尔德斯法官并不认同判决中就阿根廷声称的被告违反《规约》中的程序性义务的问题引出的几点思考，这构成了大多数法官就这一问题得出的结论的基础。贝纳尔德斯法官就此问题得出的结论与大多数法官得出的结论有所不同。

贝纳尔德斯法官认为，过分地从“体制上理解”CARU 对判决有影响，且结果是，它的推理勾出一幅图景，描绘了委员会的权力及其在 1975 年《规约》第 7 条至第 12 条规定的事先磋商进程中扮演的角色，他并不认可这一点。贝纳尔德斯法官认为，《条约法公约》第 31 条的解释通则是一项综合性规则，每一条款都是整体的一部分。尽管该规则包含“适用于当事国间关系之任何有关国际法规则”，它也包含其他要素，在解释的过程中必须权衡其中各个要素，首先应澄清文本含义，而不是开始就试图查明各方的意图。

贝纳尔德斯法官认为，实际上，大多数法官采取的“演化解释”方式有助于对《规约》各项条款进行“具有发展性的”阐释。在《规约》中关于实质性义务的规定方面，贝纳尔德斯法官同意如上观点。这在《规约》第 41 条，关于有义务保护和保持水生环境并防止河水污染的措辞中有所体现。本案判

[1] See Separate Opinion of Judge Greenwood, para. 29.

决书第204段提到的一般国际法方面(主要是指国际法环境法)所出现的发展也是不容辩驳的。另外,他不认同用同样的方式去解释《规约》中的程序性规则,无论是这些规定在上下文中的措辞、各方订立的后续协定,还是各方在阐释和应用该条约时的做法,都不能说明其有理由采用导致“发展性”的“演化解释”的方法。这会影响国家主权,即一个国家的领土主权的限制是不可推定的。[1]

在此基础上,贝纳尔德斯法官对《规约》的程序性义务进行全面的文本解读,并得出如下结论:鉴于所有前述考虑,他不同意法院关于乌拉圭违反其对阿根廷的程序性义务的裁定,这也是本案的主题。因此,他投票反对判决的执行条款中的第一点。

(八)比努埃萨法官的反对意见

比努埃萨法官同意法院判决第1段,即乌拉圭违反了《规约》下的程序性义务,不同意如下几方面的多数意见:(1)程序性义务和实体性义务之间的关系;(2)如果《规约》缔约方没有根据第12条的约定达成协议,不存在“不得建设义务”;(3)得出赔偿是一种合适的弥补方式的结论的背后推理。此外,他完全不同意法官判决的第2段。[2]

1. 关于程序性义务的问题

(1)程序性义务和实体性义务之间的关系

比努埃萨法官不同意大多数法官的假设,即关于实体性义务的争议限于“自2007年11月Orion(Botnia)纸浆厂试运行以来,乌拉圭是否遵守了《规约》规定的实体性义务”(判决书第46段)。乌拉圭可能在Orion(Botnia)纸浆厂试运行之前就违反了实体性义务,比如,乌拉圭授权Orion(Botnia)纸浆厂建造在一个具有环境敏感性的地址的行为也违反了实体性

[1] See Separate Opinion of Judge Ad Hoc Torres Bernardez, para. 13.

[2] See Dissenting Opinion of Judge Ad Hoc Vinuesa, para. 1.

义务,且独立于程序性义务的违反。

比努埃萨法官也不同意大多数法官关于《规约》中规定的"程序性义务不同于实体性义务"的认定,认为程序性义务直接与实体性义务相关联。比努埃萨法官指出,根据《规约》第27条的规定,违反第7条至第12条的规定即意味着违反第27条的规定,而第27条本质上是实体性条款。[1]

(2)在争端得到解决前的过程中的"不得建设义务"

比努埃萨法官坚决不同意法院所作的"乌拉圭在第12条规定的磋商期结束后不负有任何'不得建设义务'"的判决(判决书第157段)。

虽然《规约》中确实没有明确规定自磋商期结束到法院作出最终判决前是否存在"不得建设义务",但是因此假设上述义务无法从《规约》条文中推出,也是错误的。《规约》自身的规定就将磋商和司法争端解决程序联系在一起,因此自然也将"不得建设义务"延长至法院程序结束,即争端解决为止。

在比努埃萨法官看来,第12条对第9条起补充作用,以确保双方在磋商期间未达成协议的情况下,双方能够适用第十五章中的程序。并且,从第12条与第60条的规定来看,第60条采用了许可式的表述,显然当两条文本一同来看时,当以第12条的规定为准。[2]

根据文义解释以及善意原则,第12条对双方是具有强制力的。其要求双方遵循第十五章中的程序。因此第12条呈现了一项"特别管辖安排",也是双方所承担的一项明确义务,即当双方未能就计划工程达成协议时,需遵循第十五章里指示的程序,通过提交法院来解决争端。

比努埃萨法官认为,法院对第12条的解释并不符合该条文本在上下文中的清晰准确之意,也违背了《规约》的目的。法院对第12条的这一解释将放任一种模糊不明的情形的发生,即在关于当事方之间共有自然资源利用

〔1〕 See Dissenting Opinion of Judge Ad Hoc Vinuesa, para. 6.
〔2〕 Ibid., para. 11.

的纠纷在国际法院中仍然悬而未决的情况下,允许任一方单方利用该共有自然资源,如同利用自己的专属资源一样。[1]

(3)以赔偿作为乌拉圭多次违约行为的恰当的弥补方式

为了确定法院是否应认定本案中存在特殊情况,要考虑许多事实。第一,乌拉圭一直在考虑在该地区建立新纸浆厂的不同建议。第二,乌拉圭违反程序性义务是其规避遵守《规约》之意愿的直接结果。第三,乌拉圭在磋商中缺乏善意。第四,乌拉圭当局曾公开承认它对遵守《规约》中的程序性义务缺乏兴趣。从上述事实来看,结论是:乌拉圭的上述举动即表示了特殊情况,表明法院应对乌拉圭施加以保证不再犯的义务。

然而,法院规避了对特殊情况的考量。尤其是法院明明判决乌拉圭违反了善意磋商的义务(判决书第149段),却仍然认为"必须推定"乌拉圭会善意遵守《规约》。比努埃萨法官表示无法认同这种推理。如果一国的行为被法院宣布为不法行为,假定该国今后将不会重演这些行为,那么法院宣布保证不再犯的义务的声明将是多余的。[2]

2.《规约》下的实体性义务

就程序性义务的违反而言,呈现在法院面前的证据是有力的,故法院可以基于此作出其判决。然而就实体性义务而言,证据存在一定的不确定性,这将严重不利于法院基于可靠的科学审查而对事实和法律作出合适的决定。

(1)关于举证责任的决定

比努埃萨法官不同意法院关于"《规约》本身没有任何规定表明其将举证责任同等施加于双方当事人"的评价(判决书第164段)。

本案中,阿根廷的确存在取证劣势,其只能够在乌拉圭河靠近阿根廷的一侧收集证据,被拒绝在靠近乌拉圭的一侧收集样本,尤其是在Orion(Botnia)

---

〔1〕 See Dissenting Opinion of Judge Ad Hoc Vinuesa, para. 29.

〔2〕 Ibid., paras. 38 – 39.

纸浆厂排放的地点,此外也被禁止从纸浆厂本身获取样本,且也不存在双方通过 CARU 共同收集的证据。

首先,《规约》第 12 条中的义务是针对双方的;其次,法院认定乌拉圭违反了《规约》下的程序性义务必然意味着乌拉圭没有将所有相关证据提交 CARU 和阿根廷,以便适用第 7 条。比努埃萨法官认为,乌拉圭违反程序性义务的一个直接结果是乌拉圭应当将未提交的证据提交给法院。

法院一方面认定乌拉圭违反了提供信息的程序性义务,另一方面说"并不意味着被告无须提供其可能掌握的有助于法院解决争端的证据"(判决书第 163 段),即仅仅只是敦促乌拉圭作为被告进行举证上的合作。法院此举是将有约束力的举证义务转变为了合作提供证据的善意之举。[1]

(2)关于《规约》的目的与宗旨以及对河水的利用

比努埃萨法官指出,《规约》第 1 条不仅贯穿于对实体性义务的解释中,而且为双方设定了特定的权利和义务,建立了最佳且合理利用乌拉圭河所必需的联合机制,以实现《规约》的目的。

根据第 27 条的规定,任何一方若在其管辖权范围内为家庭、卫生、工业及农业等目的使用河水,且此种使用可能对水情或者水质造成不利影响,则该权利必须在遵守《规约》第 7 条至第 12 条规定程序的前提下行使。正如法院认为的,其措辞反映了可持续发展的本质(判决书第 177 段),因此比努埃萨法官认为第 27 条构成一项实体性义务。鉴于乌拉圭违反了第 7 条至第 12 条中的义务,因此法院应当宣布乌拉圭违反了第 1 条和第 27 条下的实体性义务。很遗憾的是,其并没有。[2]

(3)协调措施以避免河流及受其影响地区生态平衡发生变化的义务

比努埃萨法官认为法院关于"阿根廷并没有充分证明乌拉圭拒绝采取

---

〔1〕 See Dissenting Opinion of Judge Ad Hoc Vinuesa, para. 44.

〔2〕 Ibid., paras. 47 – 49.

第36条所规定的协调行为而违反了该条规定”的认定是错误的。本条中所指各方应协调的必要措施不仅是如法院所说通过CARU颁布的标准而采取的，而是指根据第7条至第12条通过CARU进行合作。[1]

(4)预防污染和保护水环境的义务

①环境影响评价

乌拉圭在决定纸浆厂选址之前，没有开展合适的评估。根据第1条、第27条、第7～12条的规定，乌拉圭在为纸浆厂选址时，有义务根据纸浆厂计划的用途以及其对选址的特殊影响，评估选址的敏感性和脆弱性。由于乌拉圭违反了第7～12条的程序性义务，CARU和阿根廷均无法评价计划的活动是否可能影响纸浆厂所在河流位置的水质。

此外，乌拉圭没有征求受影响群众的意见。所有法院提到的已经征求意见的行为都是在授予环境许可之后发生的。

②关于污水排放和法院在评估证明实体性义务违反的科学数据方面的作用

比努埃萨法官不同意法院基于不充分的数据评估得出的结论。并且其深感遗憾法院没有设法处理Orion(Botnia)纸浆厂产生的实际污染的未来累积影响，以便评估纸浆厂在未来40年寿命期间的有害影响。法官指出，乌拉圭未能收集并向法院提供可靠的数据。法院试图在没有无异议的科学证据作为支持的情况下，在法律上，特别是在评价乌拉圭的实体性违法行为时，得出可靠和公正的结论，这样的结论是经不起推敲的。[2]

(5)关于实体性义务的最后说明

比努埃萨法官指出，本案具有一定的科学复杂性，根据证据的复杂性寻求专家意见，以解决事实问题完全符合法院的惯例。《规约》第50条正是基

[1] See Dissenting Opinion of Judge Ad Hoc Vinuesa, paras. 50 - 52.

[2] Ibid., para. 53.

于这一目的,因此,法院本可以也本应当寻求专家意见来评估当事各方提出的科学和事实证据。[1]

最后,比努埃萨法官对法院在处理《规约》中实体性义务时的做法表示失望。法院不仅应该考虑 Orion(Botnia)纸浆厂排放的实际影响,而且还应该考虑到纸浆厂未来排放的累积长期影响。法院未能考虑到后者,意味着其失去了适用风险预防原则来恰当地防止污染以及养护乌拉圭河水环境的机会。[2]

五、述评

正如法官哈苏奈和西马的联合反对意见中所言:本案在国际环境法上属于一个教科书级别的案例。综观全文,无论是法院判决,还是法官的单独意见,都对有关国际共有水资源利用与保护和国际环境法的发展作出了重大贡献。对本案的述评将着重选取如下七方面进行。

(一)程序性义务和实体性义务的区分

国际环境法下的程序性义务通常包括进行环境影响评估的义务以及通知和协商义务,实体性义务则通常是在可能发生跨界损害的情形下产生的相关义务。

一方面,在本案中,法院承认程序性义务和实体性义务之间存在"职能上的联系"。实体性规则和程序性规则在条约制度中,或者可以说,在国际法律规则中十分普遍。从某种程度来说,法院判决阐明了实体性规范和程序性规范之间相互关联的层级结构。公平和合理使用原则以及与之密切相关的预防跨境损害义务,这两种实体性规范居于这一层级结构的顶部,但是基于前者的一般性,以及后者在具体履行过程中需进行审慎注意的特性,它

[1] See Dissenting Opinion of Judge Ad Hoc Vinuesa, para. 95.
[2] Ibid., para. 100.

们必须通过若干程序性要求而实现规范化操作的可能。这些程序性要求包括通知、协商和交换信息的义务,以及合作义务下所通常包含的一系列具体义务。正如法院在本案中认定,《规约》中程序性义务和实体性义务相辅相成的作用,使当事双方能够实现对乌拉圭河的最佳及合理利用。这表明法院认可了条约中规定的合作机制、程序性要求和机构安排(如本案中的CARU)对公平和合理使用原则的重要意义,同时也关系到可持续发展理念与预防跨界损害义务。事实上,国际水法中的这种"程序化"或许可被视为这一规则体系日渐成熟的标志。[1]

另一方面,法院又认为两类义务之间的联系可能被打破,违反程序性义务不一定意味着必然违反实体性义务,对这两类义务的遵守情况需要分别审查。在本案中,乌拉圭虽明显违反程序性义务,但事实上并未造成跨境损害或对阿根廷、对乌拉圭河资源的利益造成任何不公平或不合理干涉。在这种情况下,国家违反其程序性义务的责任将在不违反其实体性义务的情况下产生。相反,如果一国欲启动一个可能造成跨界损害的项目,虽然其履行了所有程序性义务,但损害仍然发生,则该国将被视为符合实体性义务中审慎注意标准所要求的程序性要素,之后只需审查其是否符合纯粹的实体性要素即可。因此,在某种程度上,充分遵守程序性义务将有助于一国证明对实体性义务的遵守。所以本案判决也启示了程序性规范的双重意义:即使没有实际损害发生,各国也必须确保遵守程序性义务;在损害确实发生的情况下,违反程序性义务将成为法院判定未能达到预防跨境损害义务中审慎注意标准的一个关键因素。

(二)损害预防原则

国际环境法自20世纪60年代起,随着人们保护环境意识的逐渐增强而

---

〔1〕 See Owen McIntyre, *The Proceduralisation and Growing Maturity of International Water Law*, 22 Journal of Environmental Law 475(2010).

渐渐发展成形。20 世纪 70 年代初,国际社会已经承认了损害预防原则,以避免一般的环境损害,尤其是禁止跨界环境损害,并且该原则是针对实际损害或者损害发生的科学确定性而形成的。损害预防原则明文阐述于 1972 年《斯德哥尔摩宣言》原则 21 和 1992 年《里约环境和发展宣言》原则 2 中,为信息交换、通知和协商等一般义务提供了基础(可见于 1992 年《里约环境和发展宣言》原则 19)。[1] 1982 年 10 月 28 日,联大通过了《世界自然宪章》,损害预防原则贯穿其中。在《里约环境和发展宣言》发表 5 年后,基于同样思路,1997 年《联合国国际水道非航行使用法公约》规定:"水道国在其领土内使用国际水道时,应当采取一切适当措施,防止对其他水道国造成重大损害。"[2]

国际法院在 1997 年"匈牙利/斯洛伐克项目案"强调:"在环境保护领域,审慎和预防是必须的,因为环境损害往往具有不可逆性,并且这类损害的赔偿机制本身具有内在的局限性。"[3]在本案中,国际法院直接指明,损害预防原则是一项习惯法规范,其源于一国在其领土内需要遵守的审慎注意要求。"每个国家都有义务避免在其领土上发生损害其他国家权利的行为。"[4]因此,一国有义务采用可掌握范围内的一切手段,避免在其领土或其管辖的任何地区发生对另一国环境造成重大损害的活动。这项义务"现已成为与环境有关的国际法的一部分"。[5] 法院认为,本案中的审慎注意义务

---

〔1〕 See J. Juste Ruiz, *Derecho Internacional del Medio Ambiente*, Madrid, McGraw-Hill, 1999, p. 72 – 73. QuotedinPulp Mills on the River Uruguay (Argentina v. Uruguay), Separate Opinion of Judge Cançado Trindade, p. 149, para. 59.

〔2〕《联合国国际水道非航行使用法公约》第 7 条第 1 款。

〔3〕 Gabčíkovo-NagymarosProject (Hungary/Slovakia), Judgment, I. C. J. Reports 1997, p. 78, para. 140.

〔4〕 Corfu Channel Case (United Kingdom v. Albania), Merits, Judgment, I. C. J. Reports 1949, p. 22.

〔5〕 Legality of the Threat or Use of Nuclear Weapons, Advisory Opinion, I. C. J. Reports 1996, p. 242, para. 29.

由《规约》所包含的程序和实体两方面义务来衡量，具体是“事先通知义务”“合作义务”“谈判协商义务”“环境评估义务”“环境保护义务”“污染预防义务”等。

（三）风险预防原则

在损害预防原则产生之后，人类意识到，面对持续存在的风险，人和环境仍然十分脆弱，也缺少科学知识来避免可能发生的威胁和危险。在此背景下，风险预防原则从20世纪80年代末开始盛行。然而，它并不是要取代损害预防原则，而是赋予其一个新的层面。解释这一演变的两个关键因素在于：一是对风险存在或将持续存在的认识；二是对关键问题存在科学不确定性的认识。就损害预防原则而言，对环境的威胁或危险是实际存在的，而就风险预防原则而言，对环境的潜在威胁和危险尚未发生。虽有所不同，但两项原则都旨在为国家行为提供引导，以避免对环境造成损害或损害威胁。

在“Orion（Botnia）纸浆厂案”之前，风险预防义务曾出现在国际法院的多个诉讼案件中，由当事方在诉讼过程中提出。例如，在“（第二次）核试验（地下试验，新西兰诉法国）案”中，新西兰坚持认为，无论在何种情况下，现行国际法中广为接受的“风险预防原则”都要求国家进行环境影响评估，“作为开展相关活动的前提条件，并证明没有与该活动相关的风险”。[1]

在“（第一次）核试验（大气试验，澳大利亚和新西兰诉法国）案”中，新西兰方也提到了风险预防原则，但并未引起法院的注意。在“加布奇科沃—大毛罗什项目案”中，匈牙利援引了风险预防原则。法院虽注意到此，但只是说道，双方同意必须认真对待环境问题并采取必要的预防措施，至于产生

〔1〕 Request for an Examination of the Situation in Accordance with Paragraph 63 of the Court S Judgment of 20 December 1974 in the Nuclear Tests (New Zealand v. France) Case, I. C. J. Reports 1995, p. 298, para. 35.

何种后果，双方意见不一，[1]并没有明确承认风险预防原则，也没有详细说明其法律含义。

本案中，在当事各方都明确提到了风险预防原则的情况下，法院再次倾向在这一问题上保持沉默，既没有肯定风险预防原则的存在，也没有对其进行详细阐述原则。可见自1973年以来，法院在保护人类及其环境方面，对当事方在法庭上提出的风险预防主张始终没有表现出更为敏感的态度。[2]

然而，风险预防概念在跨界水资源开发与利用领域逐渐发展。在条约层面，1992年《跨界水道与国际湖泊保护与使用公约》及其评注首次明确风险预防原则以及在淡水资源保护中的具体适用领域。就软法文件和公约草案而言，2004年《关于水资源法的柏林规则》是国际法协会出台的最新及最全面的法律文件，反映了河流委员会的最新研究成果。根据《关于水资源法的柏林规则》的规定，当水资源的可持续利用受到严重不利影响的风险时，流域国应遵循风险预防原则，采取所有合适措施，防止、消除、减少或控制水生环境危害，即使没有结论性的证据证明污染排放与其预计影响之间存在因果关系。在2008年《跨界含水层法草案》的起草过程中，特别报告员、国际法委员会以及各国政府，对风险预防原则的表述客观上体现出，该原则作为一项正在形成中的习惯国际法规则的特点。尽管软法文件不同于具有法律拘束力的公约或条约，但其采纳了现有的习惯国际法规则，并结合国际水法领域的最新发展编纂而成，对于风险预防原则的确立与发展起到了重要的推动作用。

（四）跨界环境影响评估

本案有关"环境影响评估"的认定，对国际环境法以及国际水法的发展

---

〔1〕 See Gabčíkovo-Nagymaros Project (Hungary/Slovakia), Judgment, I. C. J. Reports 1997, p. 68, para. 113.

〔2〕 See Pulp Mills on the River Uruguay (Argentina v. Uruguay), Separate Opinion of Judge Cançado Trindade, p. 151, para. 61.

意义重大。首先,对环境影响评估的相关认定是在解释《规约》第41(a)条时得出的。在解释该条款时,法院采用了"演化解释"的方法,正如法院在关于"2009年哥斯达黎加/尼加拉瓜航行权及相关权利案"中指出:"在有些情况下,当事方缔结条约的意图是或可能被推定是给予所使用的术语或其中的一部分,即某种能够发生演化的含义或内容,而不是一次确定即永远不变,使国际法能够处于发展之中。"基于此,法院才引出了对环境影响评估问题的分析。这一惯例近几年被足够数量的国家所接受,因而可以被认为是一般国际法的一项要求。此外,如果一方规划的工程可能影响河流的水情或水质,但该方没有对此类工程的潜在影响进行环境影响评估,则该方不应视为达到了损害预防义务中的审慎注意要求。[1] 因此,对于可能造成重大跨界损害的活动,各国必须进行环境影响评估,以满足损害预防义务中的审慎注意要求。这也体现了程序性义务和实体性义务之间的关联性。

然而,法院虽认定在可能发生重大跨界损害时开展环境影响评估是一项一般国际法义务,但指出一般国际法并没有具体规定环境影响评估的范围和内容,只是认定环境影响评估必须在项目实施之前进行。具体的评估内容及方法等,是每个国家的国内立法或该项目授权中,决定不同情况下所需的环境评估的具体内容。这似乎情有可原,因为一国通知他国的目的是使被通知方能够参与到完善评估的过程中,从而能够在充分掌握事实的情况下对目标计划及其影响进行考量,[2]因此可以假设,环境影响评估过程的真正价值在于提供了一种几乎广为接受的方法框架,以便各国能够进一步明确地研究和交流计划项目或活动中那些有争议的方面,从而作出有效决

〔1〕 See Pulp Mills on the River Uruguay(Argentina v. Uruguay),Judgment,I. C. J. Reports 2010, p. 83,para. 204.

〔2〕 Ibid. ,p. 60,para. 119.

策。[1] 最后法院认为,"一旦项目开始运作,必要时,在项目的整个持续期间,应持续监测其对环境的影响",[2]在许多法律体系中缺乏项目核准后监测要求的情况下,这一认定是国际法的补救手段,同时有望利用实时监测来检验过去的预判,进行适应性管理,从而为将来的决策提供基础。[3]

(五)水资源的公平和合理使用原则与可持续发展

公平和合理使用原则是国际水法的核心。在本案中,国际法院在分析《规约》第27条时指出,该条反映了"在使用共有自然资源时需要协调沿岸各国的利益以及在河水利用和河流保护之间取得平衡,以符合可持续发展目标",如果不考虑其他沿岸国在共享资源上的利益以及对该共享资源的环境保护,就不能认为对河水的利用是公平且合理的。因此,第27条体现了可持续发展的本质。[4] 此外,法院还强调公平和合理的使用是一个国家间程序,而不是一个明确的规范性规则,没有规定一个特定的结果。

由此,国际法院有效地确认了环境考量在公平和合理使用原则的权衡过程中所处的重要地位,也呼应了其首次在"加布奇科沃—大毛罗什项目案"中提及的可持续发展概念。在本案中,法院以另一项关于国际河流共有水域的使用和环境保护的争端为背景指出:在经济发展与环境保护之间进行协调的需要在可持续发展概念中得到了恰当的表达。[5] 很多年来许多学

---

〔1〕 See Owen McIntyre, *The Proceduralisation and Growing Maturity of International Water Law*, 22 Journal of Environmental Law 475(2010), p. 496.

〔2〕 Pulp Mills on the River Uruguay (Argentina v. Uruguay), Judgment, I. C. J. Reports 2010, p. 73 – 74, para. 205.

〔3〕 See generally Neil Craik, *The International Law of Environmental Impact Assessment: Process, Substance and Integration*, Cambridge University Press, 2008, p. 153 – 155. Quoted in Donald K. Anton, Case concerning Pulp Mills on the River Uruguay (Argentina v Uruguay) (Judgment) [2010] ICJ Rep(20 April 2010), 17 Australian International LawJournal 213(2010), p. 221.

〔4〕 See Pulp Mills on the River Uruguay (Argentina v. Uruguay), Judgment, I. C. J. Reports 2010, p. 64, para. 177.

〔5〕 See Gabčíkovo-NagymarosProject (Hungary/Slovakia), Judgment, I. C. J. Reports 1997, p. 77, para. 140.

者也试图将可持续发展概念与国际水资源法的核心原则相协调，建议在共享淡水资源的具体语境中，将公平与合理利用原则“落实”到可持续发展概念里。[1] 因此，通过本案可以明确的是，对国际水资源进行公平合理使用的要求相当于可持续发展的要求，包括基于可持续发展产生的环境和生态系统保护相关的所有准则和标准。法院在判决书的最后一段指出，“双方具有通过 CARU 进行合作和协调的长期有效传统”，通过这种传统，它们“在乌拉圭河的管理和环境保护方面建立了真正的利益和权利共同体”，从而进一步将公平合理使用原则中所固有的“利益共同体”方法与合作义务联系起来。因此，为进行合作而设立的程序性规则对于公平和合理使用、进而对可持续发展所具有的中心意义，也是毋庸置疑的，并且再次反映了国际环境法中程序性义务与实体性义务的联系。

（六）举证责任倒置和专家意见

本案中，阿根廷主张，《规约》采用了一种预防性方法，即规定“乌拉圭就证明 Orion（Botnia）纸浆厂不会对环境造成重大损害承担举证责任”。阿根廷认为举证责任不应仅由作为申请人的阿根廷承担，《规约》对双方规定了相同的说服责任，一方需证明纸浆厂不会造成损害，另一方则需证明纸浆厂有害。

乌拉圭声称，根据法院长期以来的判例法，举证责任应由作为申请人的阿根廷承担。由于阿根廷的主张与论据显然很不充分，再考虑乌拉圭向法院提交的大量独立证据，即便阿根廷关于举证责任转移的观点是正确的，也没有区别。乌拉圭强烈反对阿根廷的主张，即主张在《规约》中没有明文规定举证责任转移的情况下，其预防性方法即蕴含了举证责任的转移。同时

〔1〕 See PK Wouters and AS Rieu-Clarke, *The Role of International Water Law in Promoting Sustainable Development*, 12 Water Law 281 (2001), p. 283. Quoted in Owen McIntyre, The Proceduralisation and Growing Maturity of International Water Law, 22 Journal of Environmental Law 475 (2010), p. 492.

乌拉圭也反对阿根廷所提出的,《规约》对双方施加同等举证责任的立场。

法院认为,根据确立已久的“谁主张,谁举证”原则,主张特定事实的当事方有责任证明这些事实。法院一直以来都将这一原则适用于申请人和被申请人对事实的主张。[1] 当然,照理而言,申请人应当首先提交相关证据,以证明其诉请。但是,这并不意味着被告无须提供其可能掌握的有助于法院解决争端的证据。

至于阿根廷提出的关于举证责任倒置以及在《规约》下双方负同等举证责任的主张,法院认为,在《规约》的解释和适用中,预防性方法可能是相关的,但这并不意味着其作用就是使举证责任倒置。法院还认为,《规约》本身没有任何规定表明其将举证责任同等施加于双方。

关于专家证据的问题,本案中,阿根廷和乌拉圭都向法院提交了大量事实和科学材料以证明各自主张。此外,双方各自委托的专家和顾问以及 IFC 以项目贷款人的身份委托的其他人编写的报告和研究文件,也提交给了法院。其中一些专家还作为一方或另一方的代理律师出庭提出证据。

然而,对于作为案件记录一部分提交的上述报告和研究文件的权威性和可靠性,双方意见不一。这些报告及研究文件中,一部分是由双方各自的专家和顾问编制的,另一部分则是由 IFC 的专家编制的,而 IFC 专家编制的报告中很多时候含有相互矛盾的主张和结论。阿根廷在答复一名法官提出的问题时说,对这些文件的重视程度不仅应根据作者是否具有“独立性”来确定(作者的“独立性”表现为该作者不得与争端结果有个人利害关系,也不

---

〔1〕 See Maritime Delimitation in the Black Sea (Romania v. Ukraine), Judgment, I. C. J. Reports 2009, p. 86, para. 68; Sovereignty over Pedra Branca/Pulau Batu Puteh, Middle Rocks and South Ledge (Malaysia/Singapore), Judgment, I. C. J. Reports 2008, p. 31, para. 45; Application of the Convention on the Prevention and Punishment of the Crime of Genocide (Bosnia and Herzegovina v. Serbia and Montenegro), Judgment, I. C. J. Reports 2007 (I), p. 128, para. 204; Military and Paramilitary Activities in and against Nicaragua (Nicaragua v. United States of America), Jurisdiction and Admissibility, Judgment, I. C. J. Reports 1984, p. 437, para. 101.

得是政府雇员)，而且还应当参照报告本身，尤其是其分析的严谨性、其完整性、所使用数据的准确性，以及从这些数据得出之结论的明确性和内在一致性。乌拉圭在对同一问题的答复中认为，不应将参与诉讼的专家所编写的报告视为具有独立性，而应谨慎对待；由 IFC 等主管国际组织发表的专家声明和评估报告，或由该组织聘用的顾问发表的文件应被视为具有独立性，并给予“特别重视”。

法院认为，关于那些在诉讼中以律师身份出庭的专家，如果他们是以《国际法院规则》第 57 条和第 64 条中规定的专家证人的身份出庭，会更加有用。根据其科学或技术知识及其个人经验在庭上向法院提供证据的人，应当以专家或证人的身份出庭作证，或者在某些情况下同时以两种身份出庭作证，而不是以律师的身份出庭作证，以使他们也可以接受另一方或者法官的询问。

至于这些专家的独立性，法院认为对双方专家和顾问编写的文件和研究文件的有关价值、可靠性和权威性进行一般性讨论，对于本案的裁决来说并无必要。无论当事方提交的事实信息的数量和复杂性如何，在仔细考虑各当事方提交的所有证据之后，法院的责任是确定哪些事实是必须被认为相关的，以评估其证明价值并合理地从其中得出结论。因此，为遵循一贯实践，法院将根据所提交的证据，自行确定事实，然后将国际法的相关规则应用于已发现的事实。这表明，国际司法实践已关注到，在处理环境资源争端时，需要采用一些有别于解决传统争端的手段与方法。

(七)作为国际法渊源的一般法律原则

特林达德法官的个别意见认为：在特定案例中明确适用法律本身便显示了法院自身的法律概念，并且这必然引起对国际法的法律“起源”这一基本主题的思考。《国际法院规约》(1920 年)第 38 条的立法历史起源以及后续发展(1945 年之后)，表明第 38 条第 3 款“一般法律原则”不仅是源自国家法律体系,同样也源自国际法体系所形成的原则。

特林达德法官上述观点反映了国际法基础理论与实践的发展趋势。《国际法院规约》第 38 条是国际法体系中最重要的条约规则,是解决国际争端的适用法准则。近年来,联合国国际法委员会重视对第 38 条的逐项解释。2018 年,国际法委员会第 70 届会议年决定将“一般法律原则”专题列入工作方案,并任命马塞洛·巴斯克斯 - 贝穆德斯先生为特别报告员。2019 年 7 月 30 日第 3494 次会议上,考虑到全体会议表达的意见,委员会决定将特别报告员第一次报告所确定结论草案 1 至草案 3 送交起草委员会。其中,草案 3 是有关“一般法律原则的缘起”,其结论切合上述特林达德法官的意见。[1] 国际法委员普遍认为,尽管一般法律原则源自国家法律体系获得普遍认可,但并不排除它们可能有其他来源。这一类别的存在理由也可以解释为:如果一般法律原则的作用是填补空白,那么源自国际法律体系便是符合逻辑的,因为源自国家法律体系的一般法律原则可能不足以发挥这一作用。[2] 目前,该专题工作尚未完成,但国际法委员会目前的观点值得进一步探讨。

六、附录

(一)案件名与正式引注格式

1. 中文案件全名:2010 年“阿根廷/乌拉圭纸浆厂案”

2. 英文案件全名:Case Concerning Pulp Mills on the River Uruguay (Argentina Uruguay)

3. 案件的正式引注格式:Pulp Mills on the River Uruguay (Argentina v. Uruguay), Judgment, I. C. J. Reports 2010, p. 14

---

〔1〕 结论草案 3,一般法律原则包括:(1)源自国家法律体系的原则;(2)国际法体系形成的原则。

〔2〕 See General Principles of Law, para. 223, https://legal. un. org/ilc/reports/2019/english/chp9. pdf.

（二）与本案主题相关的重要引用案件

1. Legality of the Use by a State of Nuclear Weapons in Armed Conflict, Advisory Opinion, I. C. J. Reports 1996, p. 66.

2. Certain Phosphate Lands in Nauru (Nauru v. Australia), Preliminary Objections, Judgment, I. C. J. Reports 1992, p. 240.

3. Gabčíkovo-Nagymaros Project (Hungary/Slovakia), Judgment, I. C. J. Reports 1997, p. 7.

4. Corfu Channel case (United Kingdom v. Albania), Merits, Judgment, I. C. J. Reports 1949, p. 4.

5. Legality of the Threat or Use of Nuclear Weapons, Advisory Opinion, I. C. J. Reports 1996, p. 226.

6. Railway Traffic between Lithuania and Poland, Advisory Opinion, 1931, P. C. I. J., Series A/B, No. 42.

（三）本案涉及的《规约》第 7 条至第 12 条原文

Article 7: If one Party plans to construct new channels, substantially modify or alter existing ones or carry out any other works which are liable to affect navigation, the régimeof the river or the quality of its waters, it shall notify the Commission, which shall determineon a preliminary basis and within a maximum period of 30 days whether the plan mightcause significant damage to the other Party. If the Commission finds this to be the case or if a decision cannot be reached in that regard, the Party concerned shall notify the other Party of the plan through the said Commission. Such notification shall describe the main aspects of the work and, where appropriate, how it is to be carried out and shall include any other technical date that will enable the notified Party to assess the probable impact of such works on navigation, the régime of the river or the quality of its waters.

Article 8: The notified Party shall have a period of 180 days in which to respond inconnection with the plan, starting from the date on which its delegation to the Commission receives the notification. Should the documentation referred to in article 7 be incomplete, the notified Parties shall have 30 days in which to so inform, through the Commission, the Party which plans to carry out the work. The period of 180 days mentioned above shall begin on the date on which the delegation of the notified Party receives the full documentation. This period may be extended at the discretion of the Commission if the complexity of the plan so requires.

Article 9: If the notified Party raises no objections or does not respond within the period established in article 8, the other Party may carry out or authorize the work planned.

Article 10: The notified Party shall have the right to inspect the works being carried out in order to determine whether they conform to the plan submitted.

Article 11: Should the notified Party come to the conclusion that the execution of the work or the programme of operations might significantly impair navigation, the régime of the river or the quality of its waters, it shall so notify the other Party, through the Commission, within the period of 180 days established in article 8

Such notification shall specify which aspects of the work or the programme of operations might significantly impair navigation, the régime of the river or the quality of its waters, the technical reasons on which this conclusion is based and the changes suggested to the plan or programme of operations.

Article 12: Should the Parties fail to reach agreement within 180 clays following the notification referred to in article 11, the procedure indicated in chapter XV shall be followed.

(四)案件中涉及的重要地名

原文	中文
Serra Geral	塞拉杰拉尔
Río Negro	内格罗河省
Fray Bentos	弗雷本托斯
Gualeguaychú	瓜莱瓜伊丘
Rio de La Plata	拉普拉塔河
Nandubaysal	南杜拜萨尔湾
Esteros de Farrapos	法拉波斯之星
Salto Grande	萨尔托格兰德大坝

(五)与本案有关的重要参考文献

1. Owen McIntyre, *The Proceduralisation and Growing Maturity of International Water Law*, Journal of Environmental Law, Vol. 22:3, p. 475 – 497 (2010).

2. Donald K. Anton, *Case concerning Pulp Mills on the River Uruguay (Argentina v. Uruguay) (Judgment)* [2010] *ICJ Rep* (20 *April* 2010), Australian International Law Journal, Vol. 17:1, p. 213 – 223(2010).

3. Sebastian Lopez Escarcena, *The Pulp Mills over the River Uruguay Case*, Revista Chilena de Derecho, Vol. 39:3, p. 849 – 860(2012).

4. Henrik Lindblom, *On the Distinction between Procedural and Substantive Law*, Scandinavian Studies in Law, Vol. 18, p. 109 – 150(1974).

5. Neil Craik, *The International Law of Environmental Impact Assessment: Process, Substance and Integration*, Cambridge University Press, 2008.

第四节　2015 年“尼加拉瓜/哥斯达黎加圣胡安河沿线修建公路案”

2010 年 11 月 18 日：哥斯达黎加向法院递交诉讼程序申请书。

2010 年 11 月 18 日：哥斯达黎加请求法院指示临时措施。

2011 年 3 月 8 日：国际法院指示临时措施。

2011 年 4 月 5 日：国际法院发布关于递交诉状和反诉状的时限命令。

2011 年 12 月 5 日：哥斯达黎加递交诉状。

2011 年 12 月 22 日：尼加拉瓜向法院递交诉讼程序申请书。

2012 年 1 月 23 日：国际法院发布关于递交诉状和反诉状的时限命令。

2012 年 8 月 6 日：尼加拉瓜递交反诉状。

2012 年 11 月 30 日：哥斯达黎加递交关于尼加拉瓜反诉可受理性的书面意见。

2012 年 12 月 19 日：尼加拉瓜递交诉状。

2013 年 1 月 30 日：尼加拉瓜递交关于其反诉可受理性的书面意见。

2013 年 2 月 3 日：国际法院发布关于递交回复和答辩的时限命令。

2013 年 4 月 17 日：国际法院发布命令将两案合并审理。

2013 年 4 月 18 日：国际法院发布关于尼加拉瓜反诉请求可受理性的决定。

2013 年 5 月 23 日：哥斯达黎加请求法院变更指示的临时措施。

2013 年 6 月 14 日：尼加拉瓜请求法院变更关于合并审理案件的决定。

2013年6月20日:哥斯达黎加递交关于对尼加拉瓜变更临时措施请求的书面意见("哥斯达黎加诉尼加拉瓜案")。

2013年7月16日:国际法院发布关于不变更临时措施的决定。

2013年9月24日:哥斯达黎加请求法院指示新临时措施。

2013年10月11日:尼加拉瓜请求法院指示临时措施。

2013年11月22日:国际法院发布关于拒绝尼加拉瓜更新临时措施的请求的决定。

2013年12月13日:国际法院发布关于临时措施的指示。

2013年12月19日:哥斯达黎加递交反诉状。

2014年8月4日:尼加拉瓜对反诉状进行回复。

2015年2月2日:哥斯达黎加对尼加拉瓜诉请提出答辩。

2015年12月16日:国际法院宣布判决。

2017年2月2日:国际法院发布关于就赔偿问题递交书面诉求的时限命令。

2017年4月3日:哥斯达黎加递交有关赔偿问题的诉状。

2017年6月2日:尼加拉瓜递交有关赔偿问题的反诉状。

2017年7月18日:国际法院发布关于递交回复和答辩的时限命令(赔偿问题)。

2017年8月8日:哥斯达黎加就赔偿问题进行回复。

2017年8月29日:尼加拉瓜就赔偿问题作出回应。

2018年2月2日:国际法院就赔偿问题作出判决。

一、基本案情

圣胡安河源自尼加拉瓜湖,注入加勒比海,总长约205千米,流经尼加拉瓜和哥斯达黎加的边界,是沟通太平洋和加勒比海的重要通道。在

1857 年“敌对行动”后，哥斯达黎加和尼加拉瓜政府在 1858 年 4 月 15 日签署了《卡尼亚斯—赫雷斯条约》（以下简称《1858 年边界条约》），该条约规定了两国之间从太平洋至加勒比海的边界，同时也规定了尼加拉瓜对圣胡安河的所有权和控制权，并确认了哥斯达黎加享有出于商业目的的自由航行权。由于对《1858 年边界条约》的有效性存在疑问，双方在 1886 年 12 月 24 日签署协议，同意将《1858 年边界条约》的有效性问题提交时任美国总统格罗弗·克利夫兰进行仲裁。1888 年 3 月 22 日，克利夫兰总统裁定了条约的有效性并确认了有关双方边界划分和在圣胡安河上修建设施的规定。从 20 世纪 80 年代开始，双方对哥斯达黎加在《1858 年边界条约》中享有航行权利的具体范围产生了争议，导致 2005 年 9 月 29 日哥斯达黎加向国际法院提起诉讼，国际法院于 2009 年 7 月 13 日作出判决，澄清了哥斯达黎加在圣胡安河上的航行权以及尼加拉瓜管理航行权的范围。[1]

自 2010 年 10 月 18 日起，尼加拉瓜为提高河流的航行便利开始疏浚圣胡安河，并在卡莱罗岛地区也进行了施工活动。哥斯达黎加政府表示反对，认为尼加拉瓜实际上是人为在其领土上修建了一条隧道，侵犯了其领土与主权，同时也违反了相关环境保护义务，对哥斯达黎加的湿地等生态环境系统造成了损害。尼加拉瓜则认为，其只是在清理一个本国领土内的运河出口，并派遣了一些军事人员和其他人员驻守，且没有违反相关环境保护义务。同时，哥斯达黎加开始沿着其与尼加拉瓜的边界，修筑“胡安·拉斐尔·莫拉·波拉斯 1856 号”公路。这条长达 159.7 千米的公路，从 108.2 千米处开始沿着圣胡安河修建。尼加拉瓜政府认为，该公路的修建对其环境

---

〔1〕 See Certain Activities Carried Out by Nicaragua in the Border Area (Costa Rica/Nicaragua) and Construction of a Road in Costa Ricaalong the San Juan River (Nicaragua/Costa Rica), Judgment, I. C. J. Reports 2015, p. 691 – 694.

造成了损害，且哥斯达黎加没有对该公路进行环境影响评估，违反了相关国际法以及国际条约的规定。哥斯达黎加则认为，其2011年2月21日颁布的行政命令，宣布两国边界进入危急情势，已经豁免了修建公路时进行环境影响评估的义务。[1]

针对上述问题，双方政府均向国际法院提起了诉讼。2010年11月18日，哥斯达黎加政府启动了对尼加拉瓜的诉讼程序，并依据《国际法院规约》第41条请求国际法院指示临时措施。2011年12月22日，尼加拉瓜政府开启了对哥斯达黎加的诉讼程序，控诉哥斯达黎加修建公路的行为造成了严重跨界损害。2013年4月17日，国际法院发布命令将两案合并审理。根据1948年《美洲和平解决争端条约》，法院对两个案件均享有《国际法院规约》第36条中的强制管辖权，双方对此均无异议。[2]

二、双方主张

（一）哥斯达黎加

1. 尼加拉瓜侵犯了哥斯达黎加对卡莱罗岛地区的主权

哥斯达黎加政府第一项主张是针对尼加拉瓜对其领土主权的侵犯，即卡莱罗岛地区的主权。哥斯达黎加政府认为，涉案争议领土位于《1858年边界条约》所划定的哥斯达黎加境内，并被其后依《帕查诺马塔公约》设立的划界委员会确认。这一点也在两次亚历山大裁决（Alexander Awards）中得到确认。哥斯达黎加政府认为，卡莱罗岛地区的边界划定在2010年诉讼程序开始之前，就已经得到了国际社会的认可，这体现在三个方面：第一，争议双方的官方地图一直将卡莱罗岛划为哥斯达黎加领土；第二，尼加拉瓜从未对

---

〔1〕 See Certain Activities Carried Out by Nicaragua in the Border Area (Costa Rica/Nicaragua) and Construction of a Road in Costa Ricaalong the San Juan River (Nicaragua/Costa Rica), Judgment, I.C.J. Reports 2015, p. 694.

〔2〕 Ibid., p. 673.

该地区边界的划定提出质疑;第三,哥斯达黎加对卡莱罗岛地区的主权在尼加拉瓜占领之前从未受到挑战。哥斯达黎加政府认为,尼加拉瓜对于这一地区的领土诉求是事后提出的,无法得到支持。

就侵犯主权的内容而言,哥斯达黎加政府认为,尼加拉瓜对卡莱罗岛地区的军事侵略和占领是对其主权的侵犯。其认为尼加拉瓜仅在占领该地区后,才对这一地区提出主权诉求。尼加拉瓜既没有尝试与哥斯达黎加就划定新边界进行谈判,也没有通知哥斯达黎加官方地图存在勘误等问题。不仅如此,鉴于尼加拉瓜公开承认其占领行为是军事行动,哥斯达黎加认为该行为构成"一国对于另一国领土的攻击或占领"。[1] 因此,依据《联合国宪章》第2条第4款,尼加拉瓜的行为构成侵略。同时,即使不存在敌对行为或军事冲突,尼加拉瓜对之前并未控制或管辖的领土进行军事占有,依据1949年《日内瓦第四公约》第2条的规定,仍然构成占领。综上,鉴于尼加拉瓜对已经划定的领土进行公然的侵犯,哥斯达黎加政府认为,尼加拉瓜已经公然违反了其尊重领土完整性的义务,并无视了边界划定的稳定性和永久性。[2]

2. 尼加拉瓜开挖隧道等行为违反相关环境保护义务

哥斯达黎加的第二项主张,是关于尼加拉瓜在圣胡安河和港头潟湖(又称波蒂略潟湖)区域之间开挖隧道、对圣胡安河进行疏浚以及对该地区原始森林的砍伐等行为所造成的不利环境影响。哥斯达黎加认为,尼加拉瓜既违反了包括进行环境影响评估在内的程序义务,也破坏了包括1971年有关湿地保护的《拉姆萨尔公约》等在内的多边或双边条约中有关环境保护的规定。

---

〔1〕 See Definition of Aggression, annexed to UN General Assembly Resolution 3314(XXIX), 14 December 1974.

〔2〕 See Dispute Concerning Certain Activities Carried Out by Nicaragua in the Border Area (Costa Rica/Nicaragua), Memorial of Costa Rica, 5 December 2011, p. 134 - 197.

(1)尼加拉瓜违反环境保护的程序义务

哥斯达黎加认为,依据一般国际法规则,国家有义务对在一国管辖范围内可能对其他国家造成重大损害的行为,特别是在具有共同环境条件的地区,进行环境影响评估、通知受影响的国家,并进行协商。因此,尼加拉瓜就上述可能对哥斯达黎加领土造成不利影响的行为,负有通知和协商的义务。为此,哥斯达黎加援引了国际法院在2010年"阿根廷/乌拉圭纸浆厂案"中对涉案的《乌拉圭河规约》中类似条款的裁判,即"(各方的)通知义务是为成功协作创造条件"。[1]因此,由于尼加拉瓜完全没有就疏浚河道作业进行通知及协商,也没有提供环境影响评估报告书,所以其违反了《拉姆萨尔公约》第5条。

首先,尼加拉瓜并未向《拉姆萨尔公约》秘书处通报其在两处受到国际保护的湿地进行疏浚河道以及修筑人工隧道作业的行为,也从未与秘书处进行合作。尼加拉瓜未曾向哥斯达黎加提供任何相关信息,也不曾提供环境影响评估以供参考。哥斯达黎加称,尼加拉瓜上述不作为的行为违反了该条规定,同时也违反了在一般国际法下,对可能造成他国环境损害的行为应进行环境影响评估的义务。哥斯达黎加认为,进行环境影响评估的义务已在一般国际法中得到认可,并援引了国际法院在乌拉圭纸浆厂案中的观点,即进行环境影响评估是一项一般国际法下的要求。同时,尼加拉瓜作为1992年《生物多样性公约》的缔约方,根据该公约第14条的规定则负有就类似行为进行评估、通知、交换信息以及协商的义务。进一步地,哥斯达黎加认为,尼加拉瓜也违反了其于1992年签署的《中美洲保护生物多样性和优先野生动物保护区公约》。该公约第13条g款规定,"各方应协助进行在国家机构和中美洲地区的信息交换";第33条更是特别强调了

[1] Pulp Mills on the River Uruguay (Argentina/Uruguay), Judgment, I. C. J. Reports 2010, p. 77.

“在涉及可能对生物资源产生影响的行为,各国负有分享相关信息的义务”。

对于环境影响评估义务,哥斯达黎加认为,本案中尼加拉瓜就疏浚河道行为而出具的环境评估报告是不完整的,没有考虑相关行为可能带来的跨界影响,具体体现在两方面:第一,尼加拉瓜并没有按照《拉姆萨尔公约》第 5 条的规定,就继续疏浚圣胡安河与哥斯达黎加交换意见,且没有给哥斯达黎加提供环境评估报告的副本。第二,由于该环境评估报告没有考虑可能的跨界影响,因此报告书本身所包含的信息也是极度不足的。[1]

(2)尼加拉瓜的行为违反环境保护的实体义务

对于尼加拉瓜行为所造成的影响,哥斯达黎加认为,这些行为包括但不限于:向河流倾倒沉积物、移除土壤并破坏灌木丛、改道圣胡安河、疏浚、截流等,已经造成了相应的环境损害,除前文所述的程序义务外,还违反了其在《拉姆萨尔公约》以及克利夫兰裁决等多份有拘束力的国际法律文件关于其不得对国际湿地造成损害的义务的规定。就损害的构成和程度而言,哥斯达黎加政府大量援引了来自诺丁汉大学科林·索恩(Colin Thorne)教授的研究报告(附于哥斯达黎加诉状附件一的第一卷中)。该报告称:“(尼加拉瓜)修建隧道对卡莱罗岛以及港头潟湖地区造成直接负面的影响,这些隧道可能导致分隔港头潟湖和加勒比海之间的屏障被破坏,从而使得卡莱罗岛北部地区的生态系统遭到不可逆的破坏。”因此,哥斯达黎加认为,上述行为已经造成了严重的环境损害,并就这些损害向尼加拉瓜提出修复和赔偿请求。[2]

---

〔1〕 See Memorial of Costa Rica, p. 200 - 211.

〔2〕 Ibid., p. 211 - 259.

3. 尼加拉瓜违反国际法院作出的决定和判决

哥斯达黎加还主张,尼加拉瓜违反了国际法院指示的临时措施,也违反了国际法院于 2009 年 7 月 13 日就哥斯达黎加与尼加拉瓜两国有关圣胡安河的纠纷作出的判决(该判决认定哥斯达黎加在圣胡安河上享有自由的航行权)。

(1)尼加拉瓜违反国际法院指示的三项临时措施

由于尼加拉瓜拒绝从卡莱罗岛地区撤回相关人员,并停止修筑隧道的行为,国际法院指示了一系列临时措施。2011 年 4 月,哥斯达黎加环境部与《拉姆萨尔公约》秘书处的代表会面,商讨对于湿地的考察以及收集科学数据的计划,以开展联合环境行动。根据尼加拉瓜报纸的报道,2011 年 4 月 5 日,100 ~ 150 名"桑迪诺民族解放阵线青年团"(尼加拉瓜执政党)成员登上卡莱罗岛的北端,并在此建立营地驻扎。这次驻扎得到了来自尼加拉瓜中央政府的支持。2011 年 4 月 6 日,由于这些人员的阻拦,联合环境行动的成员无法在卡莱罗岛北部进行考察。[1] 哥斯达黎加对于这一事件提出了抗议和谴责。哥斯达黎加认为,这些人员在尼加拉瓜政府的支持下,在国际法院临时措施适用的争议领土上进行的行为(包括扎营、饲养牲畜、种植作物等),违反了 3 项指示措施的规定。依据第一项措施,法院要求各方都不得在争议领土上部署或派遣任何人员,包括平民、警察、安全部队;依据第二项措施,法院指示,哥斯达黎加可以派遣负有环保职责的人员到争议地区,以防止湿地遭受不可逆损害;依据第三项措施,争议双方都不得进行扩大争议的行为。[2]

哥斯达黎加指出,法院指示的第一项措施不限于军事人员,而是包含平

〔1〕 See Army provides support for July 19 Sandinista Youth in River San Juan, La Prensa, May 4, 2011.

〔2〕 See Certain Activities Carried Out by Nicaragua in the Border Area (Costa Rica/Nicaragua), Provisional Measures, Order of 8 March 2011, I. C. J. Reports 2011, p. 6.

民在内的一切人员。因此,尼加拉瓜派遣“桑迪诺民族解放阵线青年团”至卡莱罗岛地区的行为违反了这一项措施。此外,无论该青年团的行为本身是否可以被归因于尼加拉瓜政府,尼加拉瓜政府都没有尽到防止有关人员进入争议地区的适当注意义务。

有关派遣负有环保职责人员的部分,哥斯达黎加认为,在尼加拉瓜争议地区驻扎的行为妨碍了联合环境行动,违反了第二项临时措施。依据该临时措施,只有被授予相关环保职责的哥斯达黎加人员,在与《拉姆萨尔公约》秘书处合作的情况下,才能进入争议区域并展开行动。上文所述之进入争议地区的联合环境行动,不仅是为了保护湿地,而且还是与秘书处联合进行的,符合该例外规定。尼加拉瓜人员进入该地区的行为严重阻碍了联合环境行动,且该行动本身也是对湿地的生态系统的破坏,违反了第二项措施。

在扩大争议事态方面,哥斯达黎加认为,尼加拉瓜的驻扎人员进一步加剧了双方争议的情势。尼加拉瓜军队领导人阿维莱斯(Aviles)将军宣称“将会保护这些青年团成员”,“哥斯达黎加明显没有领教过战争”;总统奥尔特加(Ortega)则威胁对该地区使用武力。这些行为加剧了情势的严重性,从而违反了法院指示的第三项临时措施。[1]

(2)尼加拉瓜违反国际法院2009年的生效判决

对于哥斯达黎加所享有在圣胡安河上的航行权,哥斯达黎加政府认为,尼加拉瓜对哥斯达黎加相关人员的扣留等行为侵犯了其依据《1858年边界条约》第6条享有的自由航行权。而且,这一权利已经在国际法院2009年的判决中得到明确,即“哥斯达黎加享有在圣胡安河上基于贸易的自由航行……包括运输旅客”。[2]

---

〔1〕 See Memorial of Costa Rica, p. 264 - 289.

〔2〕 Dispute regarding Navigational and Related Rights (Costa Rica/Nicaragua), Judgment, I. C. J. Reports 2009, p. 213.

2010年10月22日,一队哥斯达黎加记者乘船进入圣胡安河,前往报道尼加拉瓜对卡莱罗岛地区的占领情况。然而,记者们乘坐的船舶被尼加拉瓜哨所拦截,人员也被扣留,并被告知在没有尼加拉瓜特别许可的情况下不得在圣胡安河上航行,否则人身安全将无法保证。哥斯达黎加指出,记者的航行符合国际法院在2009年判决中确认的自由航行权的情形,尼加拉瓜没有任何理由扣留和阻碍记者的正常通行。同时有报告称,尼加拉瓜时常禁止圣胡安河沿岸村庄居民为了满足基本生活需要而在该河上航行(如儿童上学等行为)。哥斯达黎加认为,上述行为明显违反了法院2009年的生效判决,侵犯了其享有的在圣胡安河上的自由航行权。[1]

4. 补救措施以及相关诉求

基于上述尼加拉瓜对哥斯达黎加主权及相关权利的侵犯,以及对一系列条约的违反,尼加拉瓜的行为已经构成国际不法行为,哥斯达黎加因此请求国际法院判决:

(1)宣告尼加拉瓜违反国际法义务,并宣告其违法程度;

(2)尼加拉瓜停止其国际不法行为;

(3)尼加拉瓜赔偿哥斯达黎加相关损失;

(4)尼加拉瓜承诺和保证不再重蹈不法行为。

关于尼加拉瓜所进行的砍伐树木、倾倒沉积物以及开挖河道等行为对哥斯达黎加环境造成的损害及其相关义务的违反,哥斯达黎加请求法院判决尼加拉瓜:

(1)违反了其在《拉姆萨尔公约》第5条第1款项下,应与哥斯达黎加就可能对受保护湿地造成不利影响的行为进行协商的义务;

(2)违反了其在《拉姆萨尔公约》《中美洲保护生物多样性和优先野生动物保护区公约》等一系列国际、区域性及双边条约中的环境保护义务;

---

〔1〕 See Memorial of Costa Rica, p. 290 – 294.

(3)违反了其根据克利夫兰仲裁中的决定,即不得进行可能导致圣胡安河泛滥或损害的作业以及侵占哥斯达黎加领土行为之义务。

另外,由于尼加拉瓜持续消极的态度,除了上述措施外,哥斯达黎加政府还请求国际法院判决以下措施,以避免尼加拉瓜再犯:

(1)停止一切从科罗拉多河分岔处到圣胡安河入海口地区的开挖作业,直到尼加拉瓜进行了完全的环境影响评估,且对于哥斯达黎加提前不少于3个月进行通知;

(2)不再在这一地区从事可能对哥斯达黎加领土、环境或其享有的相关权利造成重大损害的开挖行为。[1]

(二)尼加拉瓜

2012年12月19日,尼加拉瓜政府向国际法院提交诉状,起诉哥斯达黎加沿圣胡安河修建公路的行为违反了相关国际法义务,包括但不限于对尼加拉瓜造成的环境损害、侵犯尼加拉瓜依据条约享有的航行权以及对其主权的侵犯。

1. 哥斯达黎加修建公路的行为违反相关环境保护义务

(1)修建公路对尼加拉瓜造成了环境损害

尼加拉瓜诉求,哥斯达黎加在圣胡安河右岸地区修建公路的行为,对尼加拉瓜环境造成了不可挽回的损害。不仅如此,哥斯达黎加还以危急情势为由,豁免了其进行环境影响评估的义务。

尼加拉瓜认为,哥斯达黎加批准授权的修建公路的行为带来了森林砍伐、水土流失等问题,其所倾倒的大量沉积物导致圣胡安河重大损害。此外,修建公路的方式本身也不符合相关工程标准,且未采取保护湿地和水道的预防措施。具体而言,尼加拉瓜政府认为,上述损害主要包括:①在圣胡安河附近地区大量砍伐树木,转移新开挖的松土,导致河流流域水土流失;

[1] See Memorial of Costa Rica, p. 297 - 301.

②施工过程中堆积的土丘形成极易坍塌的裸露斜坡;③移除土壤及改变地形的行为造成沉积物流入河流,从而带来了滑坡风险;④工程缺乏适当的排水系统,且河流通过公路的构造,将无法预防河流污染和水土流失等问题。

基于上述事实,尼加拉瓜认为,上述对水道等环境敏感地区造成的损害已经发生,并一直持续存在。因此,尼加拉瓜提出哥斯达黎加应采取相应补救措施。[1]

(2)哥斯达黎加违反了对公路施工进行环境影响评估的义务

在国内法层面,尼加拉瓜指出,环境影响评估是一项广受承认的国际法义务,并援引了1992年《里约环境和发展宣言》原则17的规定,“在计划进行可能对环境造成不利影响的行为时,应进行环境影响评估,且应由权威机关决定”。在本案中,基于哥斯达黎加修建公路的长度和经过的路线,修建公路应属于“可能造成重大环境不利影响”的行为。然而,2011年3月7日,哥斯达黎加总统府发布的第36440 - MP紧急法令称,尼加拉瓜对哥斯达黎加的领土主权的侵犯,已构成危急情势。[2] 根据该法令,哥斯达黎加可采取不同于往常的例外措施。在这一基础上,哥斯达黎加对修路行为无须进行环境影响评估,甚至连建设蓝图都无须提供。尼加拉瓜认为,“危急情势”不能成为哥斯达黎加违反相关环境影响评估的正当理由。尼加拉瓜政府指出,构成“危急情势”的情形有着严格的要求。根据国际法院在1997年匈牙利与斯洛伐克“加布奇科沃—大毛罗什项目案”的判决,足以排除违法性的“危急情势”只能存在于“一国出于保护其核心利益不受重大损失,而能采取的唯一措施”的情形。[3] 尼加拉瓜认为,本案中哥斯达黎加显然没有遭遇此

---

〔1〕 See Dispute Concerning Construction of A Road in Costa Rica Along the San Juan River (Nicaragua/Costa Rice), Memorial of the Republic of Nicaragua, December 19, 2012, p. 45 - 114.

〔2〕 See Official Daily Gazette, No. 46, Decree No. 36440 - MP, Year CXXXIII, La Uruca, San José, Costa Rica, 07 March 2011 (NM, Vol. Ⅱ, Annex 11).

〔3〕 See GabCikovo-Nagymaros Project (Hungary/Slovakia), Judgment, I. C. J. Reports 1997, p. 78.

类情形。此外,尼加拉瓜指出,即使存在该情形,在危急情势消失后,国家仍应当履行其义务。

尼加拉瓜诉称,即使哥斯达黎加已经给出了一份所谓的“环境管理计划书”,但由于该计划书是在公路已经大体完成后出具的,故不能视为哥斯达黎加完成了环境影响评估的义务。综上所述,哥斯达黎加违反了《里约环境和发展宣言》的规定,国家应依据国内法履行对于修路进行环境影响评估的义务。[1]

在国际法层面,尼加拉瓜指出,环境影响评估不仅是一项国内法义务,更是一项国际法义务。在涉及跨境影响的领域,对于可能造成环境影响的行为进行环境影响评估,是受到国际法承认的国际义务。对此,尼加拉瓜援引了国际法院在2010年“阿根廷/乌拉圭纸浆厂案”中的判决,即“对于所计划进行,若有造成重大跨界不利影响风险的行为,应进行环境影响评估。(该义务)作为一项实践,在近年来已经广受各国的支持,从而应被认为是一项一般国际法义务”。[2] 尼加拉瓜政府认为,哥斯达黎加政府针对公路项目没有进行任何环境影响评估,因而其未尽到任何基于适当注意的预防义务。对此,哥斯达黎加自身在起诉尼加拉瓜的诉状中也认同,国家有义务依据一般国际法,对其管辖范围内对他国造成损害的行为进行评估。

此外,尼加拉瓜还援引了1991年《跨境环境影响评估公约》第2条第6款的规定:“(风险行为的起源国)应提供可能受风险行为影响的地区公众,参与相关环境影响评估程序中的机会。”进一步地,公约还要求“(起源国)应与受影响国家进行磋商,以减少或者消除不利影响”。这些原则与国际法院在2010年“阿根廷/乌拉圭纸浆厂案”中有关环境影响评估的认定逻辑上相

---

〔1〕 See Memorial of the Republic of Nicaragua, p. 152 – 165.

〔2〕 Pulp Mills on the River Uruguay (Argentina/Uruguay), Judgment, I. C. J. Reports 2010, p. 204.

一致,而哥斯达黎加却没有遵守任何一项规定,关于修路行为,无论是对于哥斯达黎加还是尼加拉瓜的环境影响都未进行事前环境影响评估。综上所述,哥斯达黎加违反了进行环境影响评估的国际法义务。[1]

(3)哥斯达黎加违反了事先通知尼加拉瓜的义务

尼加拉瓜指出,对于可能造成他国损害的项目,应进行及时通知,这是一项在过去20余年中得到广泛承认的规则。即使在哥斯达黎加起诉尼加拉瓜的诉状中,哥斯达黎加政府也明确承认了程序上通知与协商义务是一项没有争议的义务。尽管如此,哥斯达黎加自身并未履行及时通知尼加拉瓜有关修路行为的义务。为此,尼加拉瓜援引了一系列国际法律文件,包括《里约环境和发展宣言》原则19"一国应向可能遭受重大跨界环境影响的国家提供及时且事前的通知以及相关信息",《跨境环境影响评估公约》第3条"对于列于附录一的行为,起源国应尽早通知任何可能受行为影响的国家,且不迟于其告知本国公众之时间",以及《关于预防危险活动造成跨界损害的条款草案》第4章"起源国应及时通知可能受影响国家,并且将评估结果和相关技术信息一并通知"的规定。[2]

尼加拉瓜还重点援引了1997年《联合国国际水道非航行使用法公约》的规定。尼加拉瓜政府指出,虽然该公约对圣胡安河水道并不直接适用,但是该公约条文规定了相关通知义务的具体内容具有很大价值。该公约第19条就专门规定了有关"紧急情况下实施计划的措施"时的通知义务。根据该款规定,在为了保护公共健康、公共安全或其他同等之利益时,国家有权立即实施相关措施,但仍应遵守公约第5条和第7条相关规定,即"平等合理地利用、参与"及"不造成重大损害"原则。因此,尼加拉瓜政府主张,即使哥斯达黎加法令中的情形属于紧急情况,其仍未遵守不造成重大损害以及允

[1] See Memorial of the Republic of Nicaragua, p. 166 – 171.

[2] Ibid., p. 172 – 174.

许尼加拉瓜公平合理参与的原则。而在第12条中，该公约还要求预先通知内容中应有“现有的技术数据以及相关信息，包括环境影响评估的内容”，显然，哥斯达黎加并未履行这一义务。[1]

基于上述理由，尼加拉瓜政府主张，其有权利要求哥斯达黎加主动通知上述信息。在1997年《联合国国际水道非航行使用法公约》第18条以及《跨境环境影响评估公约》第3条中都有相关规定，即当国家有合理理由相信自己会受到重大不利环境影响时，可以要求相关行为的来源国提供或交换信息。在本案中，由于哥斯达黎加已经直接开始公路项目，尼加拉瓜完全有理由相信这一行为可能造成重大环境影响发生，并在哥斯达黎加媒体对公路建设进行公开新闻报道后，要求哥斯达黎加政府通知相关信息。但哥斯达黎加政府却以该修路行为不会对尼加拉瓜造成影响为由，拒绝了这一请求，也并未提供进一步的解释。这一不作为行为不仅明显地违反了上述通知和提供相关信息的义务，更违背了在“拉努湖仲裁案”中仲裁庭所作出的“一国不能作为利益是否受影响的唯一评判”的判决。[2] 综上，尼加拉瓜认为，哥斯达黎加违反了就修建公路的行为进行及时事前通知的义务。[3]

(4)哥斯达黎加违反“不得造成重大跨界损害”原则

尼加拉瓜诉称，基于此前提交的有关公路施工已经造成实际环境损害的证据，哥斯达黎加违反了“不得造成重大跨界损害”这一根本性原则的规定。尼加拉瓜政府认为，不令本国领土被用于可能对他国造成不利影响的行为，早已是一项广受承认的国际法原则。尼加拉瓜政府为此援引了国际

〔1〕 See Memorial of the Republic of Nicaragua, p. 175 – 177.

〔2〕 See Lake Lanoux Arbitration (France/Spain), Award, 16 November 1957, International Law Reports, Vol. 24, p. 119.

〔3〕 See Memorial of the Republic of Nicaragua, p. 178 – 186.

法院在"核武器咨询意见案"[1]、2010年"阿根廷/乌拉圭纸浆厂案"[2]、1997年"匈牙利与斯洛伐克'加布奇科沃—大毛罗什项目'案"[3]等多份判决中的观点,以及《里约环境和发展宣言》《斯德哥尔摩人类环境宣言》的相关规定,证明这一原则为一项国际环境法基本原则。尼加拉瓜政府认为,之前所描述的修建公路的行为造成的损害,包括但不限于圣胡安河岸的水土流失、对生态系统和湿地的破坏以及圣胡安河的淤积,这些都足以涵盖修建公路行为所造成的跨境环境损害,并附有详细阐释,因而哥斯达黎加违反了该原则。[4]

(5)哥斯达黎加违反有关国际公约

尼加拉瓜诉称,哥斯达黎加违反了一系列双方均为缔约方的国际公约。首先,公路施工违反了1992年《生物多样性公约》。尼加拉瓜指出,该公约第3条明确规定,缔约方有责任保证在其境内或管辖范围内的行为不对其他国家环境造成损害。尼加拉瓜指出,哥斯达黎加作为缔约方,其修路行为已经对尼加拉瓜的环境以及生物多样性造成了重大损害,显然未履行该义务。此外,公约第14条也规定了缔约方对可能给生物多样性造成不利影响的行为进行环境影响评估的义务。尼加拉瓜认为,对于可能给尼加拉瓜生物多样性造成不利影响的修路行为,哥斯达黎加并未按照《生物多样性公约》第14条(a)款的规定进行"有关环境影响评估的程序,以消除或最小化行为对于生物多样性造成不利影响",也未按照该条(c)款规定"交换相关信息并进行协商",因而违反了《生物多样性公约》的规定。

---

[1] See Legality of the Threat or Use of Nuclear Weapons, Advisory Opinion, I. C. J. Reports 1996 (Ⅰ), p. 241 – 242.

[2] See Pulp Mills on the River Uruguay (Argentina/Uruguay), Judgment, I. C. J. Reports 2010, p. 101.

[3] See GabCikovo-Nagymaros Project (Hungary/Slovakia), Judgment, I. C. J. Reports 1997, p. 41.

[4] See Memorial of the Republic of Nicaragua, p. 187 – 191.

其次,尼加拉瓜和哥斯达黎加均为1971年《拉姆萨尔公约》缔约方。根据该公约附录,哥斯达黎加有12处受到保护的湿地。依据该公约第3条第1款的规定,缔约方对于列入附录的湿地保护,应有适当的规划,并对领土内的相关湿地进行合理利用。同时在公约的第2款中规定,缔约方应在最短时间内了解附录所列的湿地由于污染或其他人类干预而发生的生态变化。尼加拉瓜政府认为,哥斯达黎加未履行合理利用湿地之义务,也未在已经知情的情况下,将修建公路对湿地造成的生态变化通知《拉姆萨尔公约》秘书处。此外,尼加拉瓜政府认为,哥斯达黎加明显地违反了该公约第5条规定,即缔约方应就实施公约相关义务进行协商,特别是针对跨越国界的湿地和两国共有的水体。尼加拉瓜政府指出,条文所述两种情形均存在于本案中:圣胡安河是两国共有的水体系统,受公约保护的湿地范围也跨越两国。但哥斯达黎加非但拒绝与尼加拉瓜就相关保护问题进行协商合作,还声称"公路项目不会影响尼加拉瓜领土"。即使在尼加拉瓜以官方照会形式提出抗议后,哥斯达黎加仍然表示"尼加拉瓜须提供足以证明修路行为对其利益造成环境损害的证据"。尼加拉瓜指出,该公约第5条中协商合作的义务并不以另一方提供有关理由或科学证据为前提。综上所述,尼加拉瓜主张哥斯达黎加违反《拉姆萨尔公约》第3条及第5条等规定。[1]

(6)哥斯达黎加违反了有关区域和双边条约

除上述国际公约外,尼加拉瓜还认为哥斯达黎加的公路项目违反了一些区域和双边条约。首先,哥斯达黎加违反了于1989年签署的《中美洲环境保护公约》。尼加拉瓜政府认为,哥斯达黎加公路施工中的做法完全违背了该公约的宗旨与目的。依据该公约序言以及第1条和第2条,公约旨在"在中美洲各国间建立合作关系","促进政府间的合作行动以保障对于地区自然资源的合理使用,污染防控及恢复生态平衡"。尼加拉瓜认为,哥斯达

〔1〕 See Memorial of the Republic of Nicaragua, p. 192 - 200.

黎加一意孤行的行为并不是双方为了解决生态问题进行合作的体现。同时,该公约将“保护分水岭和生态系统”“热带雨林管理”作为采取行动的首要任务,第2章中专门建立了环境和发展委员会以及相关保护机制。尼加拉瓜指出,哥斯达黎加的修路行为严重地损害了这一机制的运行。

其次,哥斯达黎加违背了其与尼加拉瓜以及萨尔瓦多等于1991年缔结的《特古西加尔巴议定书》。尼加拉瓜政府援引该议定书的第3条的规定,阐明了议定书目的是“推进成员和中美洲地区整体的可持续经济、政治以及文化和谐发展……以共同的行动保护环境,与环境和谐共处”。尼加拉瓜指出,筑路施工未经事先策划,也不符合环境保护要求,哥斯达黎加更是始终拒绝合作,与该议定书的宗旨不符。同时,哥斯达黎加还违反了议定书第4条和第6条中与基本原则相关的规定。该议定书第4条中规定了包括“和谐且平衡的地区性发展”在内的基本原则,第6条则规定,成员应避免进行可能对实现中美洲一体化目标和原则相违背之单方行为。尼加拉瓜指出,哥斯达黎加的修路行为属于完全未经协商和事先通知的单方面行为。此外,该行为的违法性也在中美洲法院于2012年6月21日作出的判决中被确认,判决书中写道,“因此,法院认为哥斯达黎加有义务,依据《特古西加尔巴议定书》,通知尼加拉瓜修路行为的效果、特征以及环境影响……”。[1]由此,尼加拉瓜认为,哥斯达黎加单方面进行的修路行为违反了其在《特古西加尔巴议定书》中的义务。

再次,哥斯达黎加违反了其与其他5个中美洲国家于1992年共同缔结的《中美洲保护生物多样性和优先野生动物保护区公约》。该公约第2条b款规定,各国应保证在其控制或管辖范围内的行为,不对境内或相邻地区的生物多样性造成损害。该公约第3条则规定了保护生物多样性时的合作义务。该公约第33条涉及在跨界情形下交换信息的义务。尼加拉瓜主张称,

〔1〕 Central American Court of Justice, Case No. 12-06-12-2011, Decision of 21 June 2012.

公路施工公然违反了上述条文,哥斯达黎加也未能履行公约有关合作保护生物多样性资源,以及不对他国造成损害的义务。为此,尼加拉瓜还援引了哥斯达黎加提交的诉状,在诉状中,哥斯达黎加也认为受影响国家依据《中美洲保护生物多样性和优先野生动物保护区公约》,采取旨在防止损害发生的措施,是其“固有权利”。尼加拉瓜进一步指出,公路施工不仅带来环境损害,更由于缺少事前通知和合作协商,尼加拉瓜无法采取对应措施缓解损害。因此,按照哥斯达黎加自身对于公约的解释,哥斯达黎加侵犯了尼加拉瓜享有的这一权利。

复次,尼加拉瓜诉称,根据1992年《有害废物跨境转移区域协定》第3条第3款的规定,各方应采取预防性措施,以防止泄漏有害物质,展开合作防止污染,并实施清洁生产。尼加拉瓜指出,哥斯达黎加在修路过程中大量地向圣胡安河及其支流排放废物,这些废物可能携带如石油之类的有害物质。依据哥斯达黎加工程协会的报告,哥斯达黎加没有采取任何预防性措施以防止废物对于圣胡安河的污染,包括本国境内的污染在内。因此,尼加拉瓜指控哥斯达黎加违反这一协定规定。

最后,尼加拉瓜诉称,哥斯达黎加违反了两国于1990年签署的《边界保护区协定》。该协定的宗旨和原则是“通过合理且可持续地实施管理自然资源项目,以推进两国当地人口的生活质量”。一方面,尼加拉瓜主张,哥斯达黎加在规划并且施工时,并未顾及这些宗旨和原则。相反,道路施工令加勒比海岸地区最大的一片热带雨林处于“巨大危险”中。同时,道路施工也对该地区丰富的生物多样性资源造成极大威胁,本已稀少的乡村人口也会因道路带来的改变而受到威胁。另一方面,尼加拉瓜指出,在《边界保护区协定》宣言部分,双方达成合意,即“宣布该协议作为两国进行相关保护自然项目时的首要考虑”,而哥斯达黎加的行为使这一承诺受到了质疑。[1]

---

〔1〕 See Memorial of the Republic of Nicaragua, p. 201 – 217.

2. 总结

对于上述违反条约以及相关国际法义务的行为，尼加拉瓜以中美洲法院2012年6月21日的判决书内容进行总结：第一，哥斯达黎加以“单方、草率且缺乏沟通的方式”违反了多项双边以及多边条约，且其不能以国内法为由主张抗辩〔1〕；第二，修建道路带来了极大的环境损害风险，且并未进行事前风险评估；第三，修建道路已对圣胡安河流域以及两国共享的生态环境造成损害。因此，尼加拉瓜政府认为，哥斯达黎加单方面贸然采取的具有高度危险的施工行为，其不利后果必定会在几年内发生。

3. 诉求及补救措施

基于上述事实与请求，尼加拉瓜请求国际法院判决哥斯达黎加：

（1）停止可能影响尼加拉瓜的公路施工项目；

（2）恢复相关地区环境至事前的状况；

（3）赔偿尼加拉瓜相关损失，包括疏浚圣胡安河的费用；

（4）不再进行未经环境影响评估的开发行为，环境评估的结果应及时通知尼加拉瓜。

同时，尼加拉瓜请求国际法院判决其：

（1）有权依据《1858年边界条约》在圣胡安河上进行增进通航性的作业，包括疏浚以及开挖行为；

（2）有权依据《1858年边界条约》恢复圣胡安河航行状况；

（3）有权基于哥斯达黎加对于一系列国际法义务的违反，采取相应的反措施，包括中止哥斯达黎加在圣胡安河上的航行权利。

尼加拉瓜同时请求国际法院立刻采取相关紧急措施，防止圣胡安河及

〔1〕 See Central American Court of Justice, Case No. 12 - 06 - 12 - 2011, Decision of 21 June 2012.

相关地区受到进一步损害。[1]

三、国际法院判决

2013 年 4 月 17 日,国际法院发布命令将“哥斯达黎加沿圣胡安河修建公路案”和“尼加拉瓜在边界地区进行的某些活动案”两案合并审理。2015 年 12 月 16 日,国际法院宣布合并判决。

(一)尼加拉瓜在边界地区进行的某些活动案

1. 争议领土的主权及侵犯问题

国际法院首先对哥斯达黎加主张的尼加拉瓜对其领土主权的侵略进行审理。法院认为,根据两国的主张和材料,双方均承认尼加拉瓜在卡莱罗岛地区有开挖隧道的行为。争议焦点在于,尼加拉瓜认为,依据《1858 年边界条约》以及亚历山大仲裁和克利夫兰仲裁的决定,其对以圣胡安河右岸为界的领土享有完全主权,因此有权进行开挖作业。国际法院认为,《1858 年边界条约》第 2 条明确地将两国边界划定在圣胡安河的右岸,而这一划界的具体情况应结合该条约第 6 条的内容确定。第 6 条规定,哥斯达黎加在圣胡安河河口一定范围内享有永久自由航行权。且根据亚历山大仲裁,圣胡安河在“一般水文情况下”可以用于商业航行。法院认为,在综合考虑《1858 年边界条约》第 2 条和第 6 条的基础上,在航道可供通行的情况下,圣胡安河右岸应作为两国边界。因此,哥斯达黎加的航行权与对右岸的主权有关,右岸显然是属于哥斯达黎加的河口,哥斯达黎加拥有延伸至圣胡安河河口区域的全部领土主权。[2]

关于领土争议,两国的争议集中于亚历山大仲裁中描述的地理位置。哥斯达黎加主张,仲裁后圣胡安河主航道的河床并未有重大抬升,也并不因

---

〔1〕 See Memorial of the Republic of Nicaragua, p. 251 – 253.

〔2〕 See Judgment of Costa Rica/Nicaragua, p. 696 – 700.

此注入港头潟湖,该航道的右岸(直到河口部分)应全部被认为属于哥斯达黎加。尼加拉瓜开挖的沟通圣胡安河和港头潟湖的人工隧道不会改变这一划界依据。而尼加拉瓜则认为,地理环境的自然改变已经对划界产生实质性影响:与仲裁时的情形不同,现存的航道已经将圣胡安河与港头潟湖的南段相连。人工隧道仅仅是用于提高航行便利,不影响尼加拉瓜对已经形成数年的隧道所划分的边界内领土享有完全主权。尼加拉瓜进一步指出,依据1961年开始收集到的卫星与航拍材料,该隧道一直存在。而哥斯达黎加则以一张2010年拍摄的卫星图提出反驳,主张开挖疏浚隧道之前并无任何自然形成的"隧道"。法院认为,难以推知2010年之前的地形状况,相关证据并不足以确定存在自然隧道联通圣胡安河和港头潟湖。同时,尼加拉瓜官员在哥斯达黎加政府起诉后才提供的证词,对于证明隧道存在的帮助也很少。[1]

除列举地图、卫星影像等一系列相关证据外,双方都援引有效控制原则支持己方的主张。哥斯达黎加政府称,在2010年之前,其对争议领土的主权从未遭到尼加拉瓜质疑。尼加拉瓜指出,从20世纪70年代起,该国就开始在港头潟湖地区进行军事巡逻。法院认为,2010年尼加拉瓜修筑人工隧道时,所谓"隧道"的位置尚有大量堆积树木未清理,结合哥斯达黎加专家提供的相关证据,尼加拉瓜政府主张的天然隧道存在与否是存疑的。此外,双方专家都认可,在2010年尼加拉瓜疏浚前是否存在一条可供商业航行的航道同样存疑,而所谓的"天然隧道"显然也无法满足这一目的。法院因此认为,争议领土应属哥斯达黎加,即哥斯达黎加享有延伸至圣胡安河下游一直到注入加勒比海的河口处之全部领土主权。在此基础上,法院判决尼加拉瓜从2010年起在该地区从事疏浚开挖等作业,侵犯了哥斯达黎加领土主权,并

---

[1] See Judgment of Costa Rica/Nicaragua, p. 701 – 702.

应给予赔偿。[1]

除侵犯领土外，哥斯达黎加还指控尼加拉瓜违反《1858 年边界条约》第 9 条规定的“即使两国不幸处于交战状态，也不应利用圣胡安河从事敌对行为”的义务。法院没有发现任何证明敌对行为的证据，因此驳回了这一诉求。哥斯达黎加也主张尼加拉瓜违反了《联合国宪章》“不得使用或威胁使用武力”的义务。法院认为，鉴于已判决尼加拉瓜入侵行为违法，则该判决本身足以充分解决哥斯达黎加这一诉求，故无须进一步审查。同样地，对于尼加拉瓜在争议领土上行为构成军事占领的主张，法院认为，在认定有关行为侵犯哥斯达黎加主权的基础上，无须分析其是否构成军事占领。[2]

2. 违反国际环境法的问题

在程序方面，双方均同意，根据国际法，在国家管辖范围内进行的活动对其他国家造成重大损害，特别是在共享环境条件的地区，国家有义务进行环境影响评估。哥斯达黎加认为，尼加拉瓜在疏浚前没有进行环境影响评估。疏浚行为对科罗拉多河造成了损害，且疏浚带来的人为改变将对湿地造成不利影响。哥斯达黎加政府还提出证据表明，疏浚行为存在跨境损害的风险。尼加拉瓜认为，其 2006 年的环境影响研究书已经表明该行为不构成重大越境损害的风险，并将对圣胡安河及其周围地区产生有利影响。法院引用了 2010 年“阿根廷/乌拉圭河纸浆厂案”的判决内容，即“预防原则作为一项习惯规则，起源于一国在其领土上所需要的尽职调查”[3]，其认为，为了履行在防止重大跨境环境损害方面尽职调查的义务，一国必须在开展可能对另一国环境产生不利影响的活动之前，查明是否存在重大跨境损害的风险，这将引发进行环境影响评估的义务。法院审查了相关证据、报告和专

---

〔1〕 See Judgment of Costa Rica/Nicaragua, p. 702 – 703.

〔2〕 Ibid. , p. 704.

〔3〕 Pulp Mills on the River Uruguay (Argentina/Uruguay), Judgment, I. C. J. Reports 2010, p. 55 – 56.

家证词,故认为疏浚项目没有对科罗拉多河及相关湿地造成重大跨境风险,因此尼加拉瓜没有进行环境影响评估的义务。

对于可能引发重大跨界损害风险的行为应进行通知与协商的义务,尼加拉瓜政府认为,《1858 年边界条约》并未规定对于任何改善河流的作业,也应进行通知和协商。尼加拉瓜政府还指出被哥斯达黎加所援引的《拉姆萨尔公约》等条约,都只是"鼓励缔约方共享信息",不具有强制力。法院认为,《1858 年边界条约》规定了有所限制的通知与协商义务,不妨碍尼加拉瓜在负有相关条约义务下对这一义务的承担。法院认为,《拉姆萨尔公约》第 3 条第2 款仅要求缔约方针对可能改变湿地生态状况行为通知本公约秘书处。而在本案中,开挖疏浚行为并未造成类似影响,故尼加拉瓜不负有通知义务。另外,法院指出,公约第 5 条规定了对于"实施公约"进行协商的一般义务,并未给尼加拉瓜施加就实施具体项目进行协商的义务。因此,尼加拉瓜就疏浚圣胡安河下游的作业并无义务与哥斯达黎加协商。对于哥斯达黎加所援引的《中美洲保护生物多样性和优先野生动物保护区公约》的两个条款,法院同样认为,这两个条款均未规定具有约束力的通知或协商义务。综上所述,法院认定尼加拉瓜并未违反任何习惯国际法或条约中的程序义务。[1]

在跨境损害实质义务方面,法院已经认定尼加拉瓜应对其违反哥斯达黎加领土主权的活动所造成的损害负责。尚待审查的是,尼加拉瓜是否应对其领土主权范围内、圣胡安河下游及其左岸进行的疏浚活动造成的任何跨界损害负责。哥斯达黎加政府主张,尼加拉瓜违反了习惯国际法"不得造成重大跨界损害"原则的义务,且相关行为已经对科罗拉多河以及圣胡安河右岸的领土造成了损害。尼加拉瓜政府认为,疏浚行为并未造成这些影响,相反,这些行为对圣胡安河下游以及受保护湿地都是有益的。尼加拉瓜还

〔1〕 See Judgment of Costa Rica/Nicaragua, p. 705 – 710.

认为,依据克利夫兰仲裁,即使类似改进河流状况的开挖行为造成损害,也不能认定其违法。为此,其援引了该仲裁原文:“哥斯达黎加不能阻止尼加拉瓜在本国领土上进行改进圣胡安河的行为,只要该行为不对哥斯达黎加造成侵占、洪水泛滥或妨碍其航行权的损害。”[1]尼加拉瓜认为,这一裁决给予其采取此种行为的权力。

对此,法院援引了此前在2010年“阿根廷/乌拉圭纸浆厂案”中的观点,即“国家应采取其所能采取的措施,避免在其境内或管辖下的行为对于别国造成重大环境损害”。[2] 法院认为,只有在哥斯达黎加政府证明圣胡安河下游的疏浚行为对环境造成损害的情况下,才需要审查《1858年边界条约》中的义务和这一习惯法规则的关系。而哥斯达黎加提供的证据不足以证明开挖行为对湿地或科罗拉多河造成了损害。首先,科罗拉多河90%水流来自圣胡安河,而由于开挖造成的引流只影响了其中不到2%。其次,尽管哥斯达黎加提供可以证明2011年1月至2014年10月,科罗拉多河流量有重大减少的证据,但是法院认为,这一减少可能是由于降水量较低所致,因而并不能建立流量减少与疏浚开挖项目之间的因果联系。在此基础上,开挖疏浚作业所带来的引流,实不足以妨碍哥斯达黎加航行权或损害其领土主权。因此,法院认定,尼加拉瓜在圣胡安河下游进行的疏浚开挖行为并未违反其国际法义务。[3]

3. 临时措施的遵守问题

哥斯达黎加主张尼加拉瓜未遵守法院于2011年与2013年指示的临时措施。其认为,尼加拉瓜平民及军事人员进入争议领土以及在2011年后继

---

〔1〕 R. I. A. A., Vol. XXVIII, p. 210.

〔2〕 Pulp Mills on the River Uruguay (Argentina/Uruguay), Judgment, I. C. J. Reports 2010, p. 56.

〔3〕 See Certain Activities Carried Out by Nicaragua in the Border Area (Costa Rica/Nicaragua) and Construction of a Road in Costa Ricaalong the San Juan River (Nicaragua/Costa Rica), Judgment, I. C. J. Reports 2015, p. 711 – 712.

续进行隧道开挖作业等行为,违反了法院 2011 年指示的双方“应避免派遣或维持在争议领土地区的人员,包括平民和军警,以及进行开发隧道作业”。[1]

法院认为,由于尼加拉瓜承认其在 2011 年后进行了两条隧道的开挖作业,也在争议地区进行了军事部署,因而确实违反了 2011 年法院所指示的临时措施。法院同时指出,这些行为也相应构成对哥斯达黎加领土主权的侵犯。然而,法院并未发现足以证明尼加拉瓜违反了 2013 年指示的临时措施的证据。[2]

4. 航行权的侵犯问题

哥斯达黎加在诉求中指控,尼加拉瓜侵犯了其依据《1858 年边界条约》享有的在圣胡安河上的航行权。尼加拉瓜则认为,该诉求与两国的主要争议无关,法院不应受理。对此,法院指出,这一诉求与圣胡安河上渠化及开挖作业有关,因此可以受理。法院援引了《1858 年边界条约》第 6 条,以及其先前于 2009 年判决的“2009 年哥斯达黎加/尼加拉瓜航行权及相关权利案”,均规定或确认了哥斯达黎加居民在圣胡安河河岸区域内享有出于贸易或基本需求的航行权。

哥斯达黎加还列举了 5 起尼加拉瓜侵犯其航行权的事件,其中两起,尼加拉瓜未表示异议。第一起事件发生于 2013 年 2 月,两位居住在河岸的农民被拘留在尼加拉瓜军事哨所处,并受到了侵犯尊严的对待。第二起事件发生于 2014 年 6 月,尼加拉瓜政府人员阻止来自哥斯达黎加的合作社成员在圣胡安河上航行,这两起事件均有证言作证。

---

[1] Certain Activities Carried Out by Nicaragua in the Border Area (Costa Rica/Nicaragua), Provisional Measures, Order of 8 March 2011, I. C. J. Reports 2011, p. 6.

[2] See Certain Activities Carried Out by Nicaragua in the Border Area (Costa Rica/Nicaragua) and Construction of a Road in Costa Ricaalong the San Juan River (Nicaragua/Costa Rica), Judgment, I. C. J. Reports 2015, p. 713 – 714.

法院认为,尼加拉瓜并未为上述两起事件中限制航行权的行为提供正当理由,因此认定尼加拉瓜侵犯哥斯达黎加依据《1858 年边界条约》享有的航行权。[1]

5. 赔偿问题

鉴于尼加拉瓜的违法行为,哥斯达黎加请求法院判决尼加拉瓜废除其侵犯哥斯达黎加航行权的法律条款,以及进行一系列有关赔偿,包括开挖隧道等行为对哥斯达黎加领土所造成的损害,以及为此采取的弥补措施的成本。

在前述认定的基础上,国际法院认为,有关侵犯航行权方面,由于哥斯达黎加所指控的事件与所诉请废除的尼加拉瓜的法律,即 079 - 2009 号法律并无关系,故不能判决废除该法。对于尼加拉瓜侵犯领土主权以及违反法院临时措施等违法行为,法院认为这些损害是非物质的,因此宣告这些行为违法本身足以满足哥斯达黎加的诉求。

对于要求尼加拉瓜"保证不重犯"的诉求,法院援引了其在"2009 年哥斯达黎加/尼加拉瓜航行权及相关权利案"中的观点:基于善意,一国在其行为被宣告为违法后,将不会重演此类行为。因此,"保证不重犯"只得在特殊情形下适用。基于本案案情,法院认为,在 2013 年以后,尼加拉瓜已遵守法院临时措施,故无须判令其"保证不重犯"。对于其余损害赔偿,法院判决哥斯达黎加有权获得由于尼加拉瓜造成的物质损害而应给予的赔偿,具体数额则由另行程序确定。根据《国际法院规约》第 64 条"各方应各自负担其费用"的规定,法院驳回了哥斯达黎加要求尼加拉瓜支付相关专家及律师费用的诉求。[2]

---

〔1〕 See Certain Activities Carried Out by Nicaragua in the Border Area (Costa Rica/Nicaragua) and Construction of a Road in Costa Ricaalong the San Juan River (Nicaragua/Costa Rica), Judgment, I. C. J. Reports 2015, p. 714 - 716.

〔2〕 See Judgment of Costa Rica/Nicaragua, p. 716 - 718.

(二)哥斯达黎加沿圣胡安河修建公路案

1. 程序义务

(1)环境影响评估义务

尼加拉瓜诉求称,哥斯达黎加违反了一般国际法,在进行公路施工前应进行环境影响评估的义务。哥斯达黎加则认为,公路施工并不会给圣胡安河或尼加拉瓜领土造成任何重大环境风险,且鉴于尼加拉瓜对卡莱罗岛地区的占领所造成的危急情势,哥斯达黎加得以豁免这一义务。即使无法豁免,哥斯达黎加认为其也履行了这一义务,进行了一些环境影响评估,包括2013年的环境影响评估。对此,尼加拉瓜政府对哥斯达黎加提出的上述理由予以一一驳斥,并请求国际法院宣告,哥斯达黎加不得在恰当的环境影响评估前继续在该地区施工。

法院对于哥斯达黎加是否负有环境影响评估的义务,以及其是否得以豁免该义务,分别进行了分析。首先,法院重申了对于可能引起重大环境不利影响的行为,国家有基于适当注意义务进行事前预防的观点,其中就包括进行环境影响评估。因此,事前评估相关行为是否具有环境风险的义务应由哥斯达黎加承担。其次,法院也不支持哥斯达黎加政府在口头辩论中提出的,其已在公路施工前进行了初步的环境影响评估的抗辩,法院指出,哥斯达黎加并未援引任何证明其已经进行类似评估的证据。[1]

关于公路施工是否具有"造成重大跨界损害的风险",法院从公路的规模以及施工具体活动两方面加以分析:公路总长160千米,沿圣胡安河102.8千米。由于其地理位置离圣胡安河极近(最近处仅有5米),任何修建公路造成的损害将很容易对河流造成不利影响。此外,公路穿过一处受《拉

---

〔1〕 See Certain Activities Carried Out by Nicaragua in the Border Area(Costa Rica/Nicaragua) and Construction of a Road in Costa Ricaalong the San Juan River(Nicaragua/Costa Rica), Judgment, I. C. J. Reports 2015, p. 719 – 720.

姆萨尔公约》保护的湿地，且距离另一处湿地也很近。因此，公路施工带来的沉积物将对以上环境敏感地带造成重大损害风险。因而，法院认定哥斯达黎加公路施工具有造成重大跨界损害的风险。[1]

在此基础上，法院进一步对由此产生的环境影响评估义务加以分析，即哥斯达黎加政府是否得以援引危急情势免除环境影响评估义务。首先，法院援引了其在乌拉圭纸浆厂案中的判决，即“国家应通过其国内立法确定环境影响评估的具体内容”。[2] 但该认定无涉国家是否应该进行环境影响评估这一问题，哥斯达黎加依据国际法仍然承担进行环境影响评估的义务。其次，法院指出在本案中，并不存在足以正当化的危急情势，哥斯达黎加政府并未证明该地区存在军事对抗的紧迫威胁。法院同时指出，哥斯达黎加免除环境影响评估程序的法令是在公路项目开始后发布的。基于这些原因，法院认定本案中不存在正当化不进行环境影响评估的危急情势，故哥斯达黎加不能免除相关环境影响评估义务。[3]

对于哥斯达黎加是否实际进行了相关环境影响评估，法院注意到，哥斯达黎加在 2012 ~ 2015 年进行了一系列环境影响研究，包括 2012 年《公路环境管理计划》、2013 年《环境诊断评估》以及 2015 年的后续研究。对此，法院再次援引了乌拉圭纸浆厂案中的判决，法院认为进行环境影响评估的义务是一项持续性的义务，对于项目造成影响的监测应贯穿始终，且环境影响评估应是一种事前的评估。[4] 而在本案中，哥斯达黎加所进行的相关研究明显是对已经建成的公路之事后分析评估，不符合其义务内容。因此，法院判

---

〔1〕 See Certain Activities Carried Out by Nicaragua in the Border Area (Costa Rica/Nicaragua) and Construction of a Road in Costa Ricaalong the San Juan River (Nicaragua/Costa Rica), Judgment, I. C. J. Reports 2015, p. 720 – 721.

〔2〕 Pulp Mills on the River Uruguay (Argentina/Uruguay), Judgment, I. C. J. Reports 2010, p. 83.

〔3〕 See Judgment of Costa Rica/Nicaragua, p. 721 – 722.

〔4〕 See Pulp Mills on the River Uruguay (Argentina/Uruguay), Judgment, I. C. J. Reports 2010, p. 83 – 84.

决哥斯达黎加并未遵守其依据一般国际法,应对公路项目进行环境影响评估的义务。[1]

(2)《生物多样性公约》第14条义务

尼加拉瓜政府诉求称,哥斯达黎加违反了《生物多样性公约》第14条中应进行环境影响评估的义务。哥斯达黎加政府则辩称,由于修建公路本身不会对生物多样性造成不利影响,所以这一条款并不适用。

对此,法院分析了该条文,考虑《生物多样性公约》第14条的表述,法院认为,该条文本身并未创设对于从事可能对生物多样性产生重大不利影响的活动,应进行环境影响评估的义务。因此,法院判决哥斯达黎加并未违反《生物多样性公约》。[2]

(3)通知与协商义务

尼加拉瓜指控哥斯达黎加没有就相关公路施工行为进行通知或协商,该义务源于习惯国际法、《1858年边界条约》,以及《拉姆萨尔公约》。而哥斯达黎加则反对称,修路行为并未达到"具有造成重大不利影响的风险"这一标准,且哥斯达黎加也曾邀请尼加拉瓜进行协商,但后者并未参加。法院对此进行了逐一分析。

对于习惯法部分,法院坚持了之前确立的规则,即在一般国际法下,国家只有在经过环境影响评估确定相关行为存在风险后,才有基于适当注意义务进行风险预防以及协商与通知的义务。然而,由于法院已经认定哥斯达黎加未能进行相关环境影响评估,故无须进一步审查其是否遵守其后的通知与协商义务。[3]

---

〔1〕 See Certain Activities Carried Out by Nicaragua in the Border Area (Costa Rica/Nicaragua) and Construction of a Road in Costa Ricaalong the San Juan River (Nicaragua/Costa Rica), Judgment, I. C. J. Reports 2015, p. 722 – 723.

〔2〕 Ibid., p. 723.

〔3〕 Ibid., p. 724.

关于《1858 年边界条约》中相关义务的部分，法院追溯了“2009 年哥斯达黎加/尼加拉瓜航行权及相关权利案”中的判决，该判决认为尼加拉瓜根据《1858 年边界条约》通知哥斯达黎加的义务，除其他因素外，是由于哥斯达黎加在尼加拉瓜领土一部分的河流上的航行权而产生的。[1] 本案中，没有义务就在哥斯达黎加领土上采取的措施通知尼加拉瓜。因此，法院认为，《1858 年边界条约》没有规定哥斯达黎加有义务通知尼加拉瓜修路的情况。[2]

对于《拉姆萨尔公约》中有关进行通知和协商的义务，法院认为，尼加拉瓜无法证明哥斯达黎加筑路施工会改变湿地的生态特征。此外，哥斯达黎加已于 2012 年就有关公路项目通知了《拉姆萨尔公约》秘书处。就条文而言，法院也不认为这些条文为哥斯达黎加创设了一项通知尼加拉瓜或与其协商的义务。综上，法院认定哥斯达黎加并未违反《拉姆萨尔公约》。[3]

综上，法院判决哥斯达黎加违反了应对公路施工进行环境影响评估的义务。另外，对于之后的公路施工，法院认为，哥斯达黎加仍负有进行环境影响评估的义务。法院认为，如果情况需要，哥斯达黎加应基于善意与尼加拉瓜协商，以采取防止重大跨境损害的适当措施，尽量降低风险。

2. 实体义务

尼加拉瓜主张，哥斯达黎加违反了一系列习惯国际法以及相关国际公约中的实体义务，包括但不限于不给尼加拉瓜造成重大环境损害。为此，双方都向法院提交了大量的证据以及材料。法院在审查这些材料的基础上，依据有关国际法规则进行了判决。

---

〔1〕 See Dispute regarding Navigational and Related Rights(Costa Rica/Nicaragua), Judgment, I. C. J. Reports 2009, p. 251 - 252.

〔2〕 See Certain Activities Carried Out by Nicaragua in the Border Area(Costa Rica/Nicaragua) and Construction of a Road in Costa Ricaalong the San Juan River(Nicaragua/Costa Rica), Judgment, I. C. J. Reports 2015, p. 724 - 725.

〔3〕 Ibid., p. 725.

(1)不对尼加拉瓜造成重大环境损害义务

尼加拉瓜指控称,哥斯达黎加未遵守基本工程施工准则,在施工中倾倒沉积物导致大量水土流失,且由于公路离圣胡安河很近,沉积物在河流中堆积,会造成一系列相关损害。首先,沉积物的积累会导致圣胡安河下游的河床抬高,从而影响航道的通航性;其次,倾倒的沉积物会对河流水质及生态系统造成不利影响;最后,倾倒沉积物行为会对当地旅游业以及生活在河岸附近的居民健康造成不利影响。对此,哥斯达黎加政府则反对称,尼加拉瓜未拿出任何证据证明公路带给尼加拉瓜的实际损害。哥斯达黎加政府认为,其所倾倒的沉积物仅占河流已经存在沉积物总量极小的部分,哥斯达黎加也为此采取了相应弥补措施。

为了解决这些争议焦点,法院分析了修建公路所导致的倾倒沉积物在圣胡安河已存沉积物中所占比例。法院认为,双方对于倾倒沉积物进入圣胡安河这一点并无争议,而聚焦沉积物所占比例这一问题上。双方专家对于这一问题的核心数据存在不同看法,法院认为,其无须评判及审查双方专家提供的科学与技术上的评估结果。在这一问题上,法院认为,即使依据尼加拉瓜提供的数据得出的计算结果,公路施工时所倾倒的沉积物占河流总沉积物的比例也不会不超过2%。在解决完沉积物的倾倒比例问题后,法院接着分析这些沉积物是否对尼加拉瓜造成重大损害。[1]

首先,河流中沉积物数量增加带来的损害。尼加拉瓜政府主张,哥斯达黎加在施工过程中倾倒的大量沉积物,污染了圣胡安河,对尼加拉瓜造成了损害。由于圣胡安河自身存在一个沉积物承载的上限,这些施工行为导致的额外堆积将带来很大伤害。尼加拉瓜援引国际法委员会《关于预防危险

---

〔1〕 See Certain Activities Carried Out by Nicaragua in the Border Area(Costa Rica/Nicaragua) and Construction of a Road in Costa Ricaalong the San Juan River(Nicaragua/Costa Rica),Judgment,I.C.J. Reports 2015,p. 728 –729.

活动造成跨界损害的条款草案》的评论内容，认为此类损害只需达到“引起怀疑”的程度。哥斯达黎加政府则反对称，尼加拉瓜并无证据证明目前圣胡安河已经达到沉积物的最大承载量，其认为由于地质构造的原因，圣胡安河自带大量沉积物，施工中倾倒的沉积物并不足以造成重大损害。

法院认为，尼加拉瓜主张的证明相关损害只需达到“引起怀疑”的这一标准是无依据的。在圣胡安河现存大量沉积物的基础上，尼加拉瓜并未证明本案中的倾倒行为突破了最大承载量。因此，法院并不采信尼加拉瓜的主张，即由于圣胡安河中的沉积物堆积而导致损害这一观点。在圣胡安河沉积物总承载量方面，法院注意到，目前无法准确评估圣胡安河的总承载量。依照哥斯达黎加专家的数据，这一承载量大约在每年1267.8万吨。而尼加拉瓜则没有拿出类似的统计数据。法院注意到，唯一可供参考的测量数据均来自尼加拉瓜国内研究院所出具的两份报告，而报告中的相关数据都不足以支持尼加拉瓜的主张。考虑到这些证据和材料，法院得出结论：修路过程中所倾倒的沉积物只占圣胡安河总承载量最多2%的比例，并不足以造成重大损害。在此基础上，法院判决哥斯达黎加在公路施工过程中倾倒的沉积物并未造成重大跨界损害。[1]

其次，关于尼加拉瓜的航行、疏浚项目以及河流形态的损害。法院进一步审查修路是否会对圣胡安河，尤其是下游部分的形态以及尼加拉瓜进行的开挖疏浚作业造成不利影响。法院认为，由于尼加拉瓜的主张大都建立在模型和预估上，并未提出任何直接证据证明公路开始施工后，圣胡安河下游的形态发生了变化或其可通航性受到了损害。法院指出，施工中产生并进入圣胡安河，在河床上积淀的沉积物数量仍有相当不确定性。在现有科

〔1〕 See Certain Activities Carried Out by Nicaragua in the Border Area (Costa Rica/Nicaragua) and Construction of a Road in Costa Ricaalong the San Juan River (Nicaragua/Costa Rica), Judgment, I. C. J. Reports 2015, p. 730 – 731.

学证据的基础上，圣胡安河下游河床上沉积物的长期堆积是由其本身的自然特征导致的，堆积的形成与沉积物数量也并非线性相关，施工中所倾倒沉积物只是导致这一过程的诸多因素之一。因此，法院并不采信尼加拉瓜为证明公路施工导致圣胡安河下游形态变化而提出的证据。

关于疏浚作业部分，法院认为，尼加拉瓜所援引的证据不足以证明这一不利影响的存在。基于前述判决，公路施工所带来的相应沉积物增加只占最多2%的比例。尼加拉瓜也无法证明由于施工新增的沉积物比来自其他地方的沉积物更容易附着在河床上，从而给已经开始的疏浚作业造成负担。因此，法院并不认同施工行为会显著提高河床或给尼加拉瓜疏浚作业带来负担。此外，法院审查并分析了尼加拉瓜政府提交的图像证据。根据图像材料(有图像的)，尼加拉瓜主张，在进行施工的圣胡安河河岸，出现了由于新增沉积物而形成的8个巨大的三角洲。法院注意到，最新的卫星图像显示，至少其中两个三角洲早在修路前已存在，故尼加拉瓜无法通过这些证据证明三角洲确为新增，更无法证明这些三角洲对河流形态或是尼加拉瓜的航行造成了改变或损害。[1]

最后，对水质和河流生态系统的损害问题。尼加拉瓜指控称，公路施工带来的沉积物集中，对河流鱼类造成了重大损害，沉积物本身也对河流水质产生了不利影响。在口头陈述中，尼加拉瓜政府将主张的对河流生态系统的实际损害变更为损害风险。为此，尼加拉瓜援引了哥斯达黎加提供的环境评估报告书，以及由热带科学研究中心出具的研究报告，均认定施工对汇入圣胡安河的支流中的水质以及大型无脊椎动物造成了伤害。哥斯达黎加则反对称，依据专家意见，河中的鱼类对于含有沉积物的水质有较高适应

---

〔1〕 See Certain Activities Carried Out by Nicaragua in the Border Area (Costa Rica/Nicaragua) and Construction of a Road in Costa Ricaalong the San Juan River (Nicaragua/Costa Rica), Judgment, I. C. J. Reports 2015, p. 732 – 734.

性,足以在此类环境中生存。

法院认为,尼加拉瓜并未援引或提交任何可以证明公路施工对河流鱼类造成实际损害的证据,也并未指明何种鱼类受到了损害。在法院看来,哥斯达黎加的环境评估报告书仅能证明,施工对于一些注入圣胡安河的小溪流的生态与水质产生了有限影响。因此,法院并不采纳这一影响可以被扩大到圣胡安河主干流域的观点,也无法将大型无脊椎动物的分布差异全部归因于修路。基于上述原因,法院认定哥斯达黎加未在公路施工中对河流水质以及生态系统造成损害。[1]

除上述损害外,尼加拉瓜还指控称,公路施工给河流沿岸社区居民健康状况造成了不利影响,且由于施工对当地景观的改变,也妨害了旅游业的发展。另外,尼加拉瓜政府还坚称,由于有毒物质的传播,公路施工在未来仍然有造成跨界损害的风险。对此,哥斯达黎加政府反对称,尼加拉瓜并未举出任何证明这些损害存在的证据,其主张也全无法律依据。法院认为,尼加拉瓜并未证实对于旅游业以及当地居民健康的损害。此外,其所主张的有毒物质传播以及进一步施工带来的风险也是完全基于假设的,无法得到支持。[2]

综上所述,法院认为,尼加拉瓜没有证明修建公路对其造成了重大的跨境损害,因而驳回尼加拉瓜关于哥斯达黎加违反其根据习惯国际法承担的义务的主张。

(2)违反条约义务

除前述外,尼加拉瓜还主张哥斯达黎加违反了有关条约中的实体义务,包括但不限于《生物多样性公约》《拉姆萨尔公约》《中美洲保护生物多样性

---

〔1〕 See Certain Activities Carried Out by Nicaragua in the Border Area(Costa Rica/Nicaragua) and Construction of a Road in Costa Ricaalong the San Juan River(Nicaragua/Costa Rica),Judgment,I. C. J. Reports 2015,p. 735 – 736.

〔2〕 Ibid. ,p. 736.

和优先野生动物保护区公约》等。哥斯达黎加则抗辩称,由于尼加拉瓜未能证明修建公路造成重大跨界损害,上述违反条约义务的主张不可能成立。

对于这一系列主张,法院注意到,尽管本案双方均是这些条约的缔约方,但是尼加拉瓜仅仅笼统地宣称,哥斯达黎加违反了其中的宗旨或条文,而未予以具体阐释。另外,在确认哥斯达黎加公路施工并未造成重大跨界损害的基础上,法院也不认为哥斯达黎加违反了上述条约义务。[1]

(3)尊重尼加拉瓜领土完整及主权义务

尼加拉瓜指控称,由于沉积物的倾倒而形成的三角洲构成对其领土的侵略,修路及有关行为对于其行使依据《1858 年边界条约》享有的在圣胡安河上的航行权造成了威胁。哥斯达黎加则反驳称,修路行为既不会破坏已经划定的两国边界,也不会妨碍尼加拉瓜的航行权。

法院注意到,哥斯达黎加未实际管辖尼加拉瓜领土,也未在其领土内进行任何活动。因此,法院认为,无论修路行为是否导致三角洲的形成,尼加拉瓜政府关于哥斯达黎加仅通过倾泻沉积物就足以侵犯其领土和主权的主张都是难以令人信服的。此外,在前述判决中,法院已经判定修路行为并未妨碍尼加拉瓜的航行权。因此,国际法院判决驳回尼加拉瓜这一诉求。[2]

3. 赔偿问题

关于赔偿问题,国际法院结合前述认定,进行了判决。首先,法院认为,判决宣告哥斯达黎加未能履行环境影响评估义务本身,足以满足尼加拉瓜有关诉求。哥斯达黎加这一违法行为并未在目前或未来对尼加拉瓜的权利造成影响,故无须赔偿。同样,对于请求判决“哥斯达黎加停止其正在影响尼加拉瓜权利的国际不法行为”这一诉请,法院认为,未进行环境影响评估

---

〔1〕 See Certain Activities Carried Out by Nicaragua in the Border Area (Costa Rica/Nicaragua) and Construction of a Road in Costa Ricaalong the San Juan River (Nicaragua/Costa Rica), Judgment, I. C. J. Reports 2015, p. 737.

〔2〕 Ibid., p. 738.

的行为，不会在目前或未来进一步损害尼加拉瓜权利。因此，法院驳回了这一无依据的诉求。其次，尼加拉瓜诉求判决哥斯达黎加“尽可能恢复（环境）至修路前的状态，并对该行为所造成的损害进行足以让其恢复的赔偿”。法院认为，虽然哥斯达黎加确实未进行环境影响评估，但是修路本身并未对尼加拉瓜造成重大损害，也未违反实体义务。因此，法院判决驳回尼加拉瓜这一赔偿请求。再次，法院也驳回了尼加拉瓜主张哥斯达黎加在进行环境影响评估之前，不得进行进一步修路行为的诉求。法院认为，鉴于已经查明修路行为本身不存在重大跨界损害风险，更不能假设哥斯达黎加会在未来的修路过程中违反国际法，因此法院不能判决阻止哥斯达黎加在该地区继续修路。最后，法院对本案的未来发展作了总结，期待哥斯达黎加基于适当注意之义务持续监测公路项目的影响，并重申双方应在圣胡安河地区进一步开展合作。[1]

四、法官单独意见

（一）小和田恒法官的单独意见

小和田恒法官对于争议领土的主权问题以及进行环境影响评估的义务给出了单独意见。

在领土主权方面，小和田恒法官认为法院并没有明确《1858 年边界条约》与克利夫兰仲裁等文件之间的逻辑关系。其认为，法院应先审查《1858 年边界条约》适用的前提，而克利夫兰仲裁和亚历山大仲裁都是在对该条约进行权威解释。在此基础上，小和田恒法官认为，法院应基于条约本身与权威解释，通过法律推理来确定争议领土归属。他指出，在 3 次亚历山大仲裁

---

〔1〕 See Certain Activities Carried Out by Nicaragua in the Border Area (Costa Rica/Nicaragua) and Construction of a Road in Costa Ricaalong the San Juan River (Nicaragua/Costa Rica), Judgment, I. C. J. Reports 2015, p. 739 – 740.

中，实则是在以相同的推理解释《1858 年边界条约》第 2 款。事实上，法院在本案中，仅是在不同的地理条件下，通过相同推理，适用之前仲裁解释的条文。因此，法院仅需从圣胡安河的自然终点开始划界，两国边界由此沿圣胡安河右岸延伸，从而划定领土归属。结合现在的地理状况，实际的边界线的两段应连接港口边缘处右侧岬角与圣胡安河，路线则是沿着港头潟湖的边缘直到如今的河流位置。小和田恒法官还发现，双方都通过一系列证据主张“有效控制”。尽管法院审查了有关证据，但这些都不足以对解决领土争议起到决定作用。小和田恒法官认为，由于核心问题是《1858 年边界条约》的解释，这些证据对核心争议的影响是微乎其微的。[1]

在确定领土归属基础上，小和田恒法官对于尼加拉瓜相关行为的法律后果，也有不同看法。在法院判决中，并未审查尼加拉瓜行为是否属于“入侵”，也未就侵害领土主权的行为判决赔偿。小和田恒法官认为，尼加拉瓜的行为已经构成国际不法行为，更是属于《联合国宪章》第 2 条第 4 款规定的“非法使用武力情形”。因此，尼加拉瓜有义务对哥斯达黎加进行赔偿并恢复原状。法院不应仅仅停留在宣告尼加拉瓜行为构成侵犯别国主权，还应对其非法使用武力和国际不法行为的性质加以宣告。[2]

在环境影响评估方面，小和田恒法官对于环境影响评估义务的内涵与法院判决有不同看法。法院判决将环境影响评估视为一项确定是否存在重大跨界损害风险的手段，结果显示存在相关风险，即有义务采取措施。由此可见，环境影响评估本身是一项有关国家进行风险行为之前应当遵循的规则。而在小和田恒法官看来，这一规则的逻辑应是：国家在整体上负有为预防损害的适当注意义务，而针对具体的风险行为应当采取何种措施，以及国

〔1〕 See Separate Opinion of Judge Owada, p. 2 – 3.

〔2〕 Ibid., p. 3 – 4.

家是否合理遵守了这一义务,则应由个案判断。[1]

(二)多诺霍法官的单独意见

多诺霍法官对适当注意(审慎)义务及其他相关义务阐述了不同观点。多诺霍法官认为,基于适当注意而预防重大跨界损害,是一项习惯国际法义务。而针对具体风险行为是否应采取通知、协商或环境影响评估的措施,则应依据义务内容具体判断。

多诺霍法官首先援引了国际法院在2010年"阿根廷/乌拉圭纸浆厂案"中的观点,即"法院认为,一国在其领土范围内基于审慎的预防原则,已经是一项习惯法规则……这一义务已经是有关环境领域国际法的一部分"。[2]由此,她认为,适当注意(审慎)义务是一项贯彻在风险行为实施各个阶段的义务,其中既包括计划阶段中缺乏相关程序导致的责任(如环境影响评估),也包括实施阶段的损害预防以及赔偿。在这一基础上,多诺霍法官认为,并无必要区分违反的是实体义务还是程序义务。而针对适当注意(审慎)义务中的具体规则,多诺霍法官主张法院不应创造具体规则内容,而应参考国家实践与法律确信加以确定。[3]

关于通知和协商义务方面,多诺霍法官认为,法院的判决有两处值得商榷:首先,有关该义务的适用情形,其认为,法院将这一义务的适用限定为,起源国应在通过环境影响评估确认存在风险后,才有义务通知受影响国家。然而,她主张通知的义务在不同阶段均可适用。例如,1991年《跨境环境影响评估公约》就要求起源国在进行环境影响评估之前就应通知有关国家,使其可以参与评估过程。其次,法院在判决中强调,适当注意是最根本的义务。多诺霍法官不认为法院判决本意是,只有在环境影响评估显示风险存

---

[1] See Separate Opinion of Judge Owada, p. 4 – 6.

[2] Pulp Mills on the River Uruguay (Argentina/Uruguay), Judgment, I. C. J. Reports 2010, p. 83.

[3] See Separate Opinion of Jude Donoghue, p. 124 – 125.

在时,国家才负有适当注意义务。[1]

(三)特林达德法官的单独意见

特林达德法官支持法院判决中的多数观点,但他仍然觉有必要就一些法院未深入的问题进行分析,以供未来案件参考。

特林达德法官主要关注的问题是临时措施的自治法律制度,他认为,本案是对这一制度进行阐释的适当时机。他认为,这一制度可确保法院能有效地管辖当前争议。临时措施起源于国内法规定,类似风险预防措施,它的主要目的并非直接维护各方权利,而是保障司法程序的进行。根据特林达德法官所总结的国际法案例,临时措施是旨在避免双方采取进一步扩大争议或可能影响将来判决执行的行为。根据这一理解,临时措施是保护权利原则与平等手段原则的结合。

一直以来,特林达德法官在其主审的案件中都坚持这一观点:临时措施是一项"带有预防性质的司法保障"。在参考近年来这一制度发展的基础上,特林达德法官认为,这一制度具有"自治属性",包括制度遵守及有关权利义务。他主张临时措施不仅极具重要性,而且有一套基于自治的运行模式,这一模式是带有司法保障属性的一种预防保护措施。就保护范围而言,特林达德法官主张作扩大理解,本案中预防措施不仅是保护"争议领土不受侵犯",还包括对于该地区的环境、人员以及不扩大争议范围。而国际法院在此前就曾指示过此种措施,在"柏威夏寺案"中,通过临时措施划定了非军事区以禁止双方靠近。[2] 特林达德法官极力支持类似决定,他认为,这表明了临时措施不仅应是对争议领土的保护,更是对周围居民以及环境的全面

[1] See Separate Opinion of Jude Donoghue, p. 126 – 128.

[2] See Request for Interpretation of the Judgment of 15 June 1962 in the Caseconcerning the Temple of Preah Vihear (Cambodia/Thailand) (Cambodia/Thailand), Provisional Measures, Order of 18 July 2011, I. C. J. Reports 2011, p. 537.

保护。这一扩张是基于人道主义原则,旨在实现人类之共同福祉。[1]

基于上述观点,特林达德法官进一步分析违反临时措施的法律后果。他意识到,国际法院在进入21世纪后,才开始判决当事国违反临时措施会导致法律后果,他认为,这一趋势说明临时措施制度在现行国际法中,还未得到充分发展。为此,他提及了国际法院在"种族灭绝案"中的做法。直到最终判决,法院才裁定塞尔维亚违反了1993年所指示的临时措施,进行了斯雷布雷尼察种族灭绝。[2] 他指出,由于临时措施制度是完全自治的,法院没有任何必要时隔14年才作出这一认定,从而放任屠杀悲剧发生。他认为,国际法院应在临时措施遭到违反后立即作出宣告,这一宣告仅有初步证据即可。另外,他也指出指示临时措施本身应由法院自主决定,而不限于各方的请求,所涵盖的范围也不限于实体判决。在此问题上,法院应完全独立于争议双方的请求,从保证各方遵守义务的角度,指示相关临时措施。特林达德法官认为,这一自主权是由于法院并非双方指派的仲裁机构,完全有权制定有必要的任何措施。[3]

除上述观点外,特林达德法官还认为,国际法院对于是否遵守临时措施的审查,以及相关赔偿也是这一制度的重要部分。通过监督各方是否遵守相关措施,法院不仅可以立即作出判断,也能随时根据发生的新情况指示新措施,充分体现这一制度的自治性。针对赔偿,特林达德法官坚持将违反义务和赔偿一体看待。不同于其他观点,他主张赔偿是违反义务的必然后果,二者密不可分。为此,他援引了广受承认的习惯国际法,提出"赔偿旨在停止所有违反国际法的行为"。他认为,这一范围当然应包括违反临时措施中

---

〔1〕 See Separate Opinion of Judge Trindade, p. 100 – 104.

〔2〕 See Application of the Convention on the Prevention and Punishmentof the Crime of Genocide (Bosnia and Herzegovina/Serbia and Montenegro) Judgment, I. C. J. Reports 2007, p. 43, 72.

〔3〕 See Separate Opinion of Judge Trindade, p. 105 – 111.

的义务。[1]

除临时措施外,特林达德法官也对预防原则和风险预防原则之间关系发表了观点。其认为,依据2010年"阿根廷/乌拉圭纸浆厂案",国家有预防重大跨界损害的义务,且应进行相关环境影响评估。在本案中,法院也认定,国家在经过环境影响评估,确认存在相关风险后,即有预防损害的义务。特林达德法官对比了这一义务背后的预防原则与新兴的风险预防原则。依据风险预防原则,在面对科学不确定性时,仍应采取相应预防性措施。在他看来,风险预防原则与预防原则的核心联系在于环境影响评估的结果。正如法院在判决中的说理,正是环境影响评估确定的风险(或无风险)消除了不确定性,使预防原则得以适用。[2]

(四)鲁滨孙法官的单独意见

鲁滨孙法官对国际法院未认定尼加拉瓜违反《联合国宪章》第2条第4款规定的"不得使用武力"发表了单独意见。其认为,出于维护世界和平与安全的目的,武力应当严格被禁止使用。除非毫无必要,否则法院应当就是否违反这一义务作出实际判决。这在本案中,也符合哥斯达黎加政府的诉求。

鲁滨孙法官指出,《联合国宪章》第2条第4款中不得使用或威胁使用武力的规则,是一项基本法律规则,在2005年刚果武装行动案中,更是被国际法院称为"联合国基石"。[3] 同时,这一规则的初衷是防止国家进行不法行为,因此法院应当就任何国家对于另一国家违反该义务的主张作出判决,这也是国际法院作为联合国司法机关的职责之一。为此,鲁滨孙法官援引了此前一些国际法院法官对于一些案件的单独意见,包括布鲁诺·西马

[1] See Separate Opinion of Judge Trindade, p. 112 – 114.

[2] Ibid., p. 114 – 115.

[3] See Armed Activities on the Territory of the Congo (Democratic Republic of the Congo/Uganda), Judgment, I. C. J. Reports 2005, p. 223.

(Bruno Simma)[1]和纳比勒·阿拉比(Nabil Elaraby)。[2] 在单独意见中,他们都明确表示不赞成法院回避依据基本原则或习惯法,认定相关行为是否构成使用武力或侵略。鲁滨孙法官指出,除非毫无价值或必要,法院不应回避认定相关国家是否违反了不得使用武力之义务。[3]

在本案中,法院认定尼加拉瓜的军事部署以及开挖隧道等行为,已经构成对哥斯达黎加领土主权的侵犯。但法院认为,宣告这些行为的违法本身足以弥补哥斯达黎加损失,无须对有关禁止使用武力义务的诉求进行审查。鲁滨孙法官指出,这一立场关键问题在于:法院是否可以在未认定是否存在使用武力或入侵行为的基础上,便决定有关赔偿?进一步地,如果有关国家违反了不得使用武力这一强行法义务,法院能否仅以宣告违法的形式给予受害国赔偿?法院在没有考量尼加拉瓜使用武力的证据的基础上,简单地将"侵犯领土主权完整"与"使用武力"等同,从而以"宣告违法"的形式给予赔偿,实属不妥。这一错误发生的内在原因是,使用武力的后果远比单单侵犯领土主权要恶劣得多。前者可能导致对国际和平和安全的威胁,或沦为大国满足自身利益的工具。在法律适用方面,鲁滨孙法官着眼这二者的区别:《联合国宪章》第 2 条第 4 款规定的是"以武力或者武力相威胁"侵犯任何国家领土完整的行为,与单纯侵犯领土主权不同。根据国际法院在 1949 年"科孚海峡案"中的观点,即使是非暴力武力使用,只要该武力超过一定标准,也不能例外,[4]即只要一国使用之武力具有一定的严重性,就已经违反"不得使用武力"义务。关于严重性标准,国际法院在尼加拉瓜军事与准军

---

〔1〕 See Oil Platforms(Islamic Republic of Iran/United States of America), I. C. J. Reports 2003, separate opinion of Judge Simma, p. 327 – 328.

〔2〕 See Armed Activities on the Territory of the Congo (Democratic Republic of the Congo/Uganda), I. C. J. Reports 2005, separate opinion of Judge Elaraby, p. 329 – 331.

〔3〕 See Separate Opinion of Judge Robinson, p. 152 – 155.

〔4〕 See Corfu Channel (United Kingdom/Albania), Merits, Judgment, I. C. J. Reports 1949, p. 35.

事行动案中将其界定为“介于边界事件与武装冲突之间”的武力行为。[1]这一标准说明，即使是并未达到最严重之“武装冲突”的武力行为，仍然可以被规制。鲁滨孙法官认为，有足够证据证明尼加拉瓜长期在哥斯达黎加领土上部署军事人员并驻扎，这属于第2条第4款中禁止使用武力行为。此外，尼加拉瓜的防空导弹也在该地区瞄准了哥斯达黎加的航空器，这更加印证了尼加拉瓜行为的严重性，足以得出其违反不得使用武力义务的结论。[2]

此外，使用武力的目的也是因素之一。鲁滨孙法官指出，《联合国宪章》第2条第4款中“侵害任何会员或国家之领土完整和政治独立”的表述，指明了违反该条款的国家在目的上均为寻求以武力形式改变其他国家有关领土完整和政治独立的结果。在本案中，尼加拉瓜的军事部队是在哥斯达黎加的反对下进入两国争议领土并常规驻扎，两国之间本来就存在敌对关系，因此尼加拉瓜显然是出于侵害领土完整进行军事行动的。[3]

综上，鲁滨孙法官不赞成国际法院的多数意见。同时，他也表示了对法院这种立场的担忧，即法院不愿意在实质上审查有关国家在争议领土上的行为是否违反不得使用武力的义务。鲁滨孙法官指出，他并非主张法院对当事国所有类似请求都予以审理，也并未过度强调认定此类行为的重要性，而是出于维护国际和平安全的目的，建议法院应对涉及《联合国宪章》第2条第4款的诉求予以实质审查。本案中，尼加拉瓜两次在没有同意的情况下，在他国领土上部署军事部队达1年之久，显著高于“边界事件”的程度，已经构成非法使用武力，且在法院下令撤出人员后，尼加拉瓜军事人员仍在争议领土上停留了9个月。鉴于尼加拉瓜的行为及影响，鲁滨孙法官主张尼

---

〔1〕 See Military and Paramilitary Activities in and against Nicaragua (Nicaragua/United States of America), Merits, Judgment, I. C. J. Reports 1986, p. 128.

〔2〕 See Separate Opinion of Judge Robinson, p. 156 – 161.

〔3〕 Ibid., p. 162 – 166.

加拉瓜应以道歉的形式补偿哥斯达黎加，而非仅被宣告违法。[1]

(五)班达里法官的单独意见

班达里法官大体赞同国际法院判决，但他仍希望通过单独意见进一步分析环境影响评估义务在国际公法中的一些问题，包括义务来源、适用情形以及具体内容要求等。

班达里法官意识到，国际环境法在1972年联合国人类环境会议后有了很大发展，这一系列制度包括风险预防原则、预防原则、可持续发展原则以及污染者付费原则等，也催生了“跨界损害”这一概念的产生。同时，伴随科技的发展，催生了环境影响评估制度。如同国际法院在乌拉圭河纸浆厂案中提到的一样，一般国际法中尚无具有约束力的规则，规制环境影响评估的具体内容。班达里法官认为，研究环境影响评估制度，应从其在现行国际环境法中的基本要求切入。[2]

班达里法官认为，环境影响评估制度应分为3个阶段，这在本案中同样有所体现。第一阶段是对跨界损害的可能性进行初步审查，如法院通过哥斯达黎加公路的规模和地理位置得出该项目存在重大跨界损害风险的结论。这一结果将引发第二阶段，即哥斯达黎加应对公路施工进行环境影响评估，依据其结果判断是否履行通知或协商义务。第三阶段则是在项目实施完毕后的措施，包括持续监督可能的环境影响。班达里法官指出，法院对于第二阶段中相关国家的具体义务内容分析并不充分。为弥补这一空白，他援引专门规制环境影响评估的《跨境环境影响评估公约》加以分析。尽管本案争议双方并未签署，班达里法官认为，该公约可以作为环境影响评估具体内容的模范标准。公约除以条款的形式规定了有关环境影响评估、通知以及协商等义务外，还以附录的形式，列举了部分应进行环境影响评估的风

---

[1] See Separate Opinion of Judge Robinson, p. 167 – 169.

[2] See Separate Opinion of Judge Bhandari, p. 130 – 138.

险行为,以及判断此类风险行为的标准。同时,该公约也为尚无国内立法的国家提供了环境影响评估内容的最低要求。班达里法官认为,作为一项普遍适用规则,上述规定的环境影响评估内容的最低标准应被纳入一个全面的国际公约中,以供各国参考。[1]

(六)杜加尔德专案法官的单独意见

杜加尔德专案法官对涉及领土主权以及环境影响评估义务的问题,发表了单独意见。

对于领土主权问题,他与国际法院多数意见一致,认为尼加拉瓜开挖隧道等行为侵犯了哥斯达黎加的领土。但除此以外,他认为,尼加拉瓜鼓励"瓜达巴兰科环境运动"组织的成员进入争议领土的行为,同样侵犯了领土主权。鉴于领土主权完整对于维护国际秩序有至关重要的作用,杜加尔德法官主张法院应更加强调尼加拉瓜这一侵入领土行为的严重性。[2]

在环境影响评估方面,杜加尔德法官认为,环境影响评估是一项为了防止重大跨界损害,但又独立于适当注意义务的义务。他指出,如果将环境影响评估视作适当注意义务的一部分,那么有关国家即可以在计划风险行为时,以尚无证据证明有可能发生损害为由,拒绝履行预防义务。而将环境影响评估视为一项独立的义务,则要求国家在实施或计划项目时就必须评估风险。从这一角度看,即使是在事后证明该项目不存在环境损害,事前这一标准相对较低的风险评估程序仍然是必要的,无论该评估是带有前瞻性还是事后追溯的性质。[3]

对于环境影响评估义务来源,杜加尔德法官有意区分"一般国际法"和"习惯国际法"义务的不同。在 2010 年"阿根廷/乌拉圭纸浆厂案"中,国际

---

〔1〕 See Separate Opinion of Judge Bhandari, p. 139 – 145.

〔2〕 See Separate Opinion of Judge Ad Hoc Dugard, p. 182.

〔3〕 Ibid., p. 183 – 185.

法院认为该义务来自“一般国际法”。[1] 由于《国际法院规约》第 38 条规定没有规定“一般国际法”这一法律渊源，因而会引起争议。杜加尔德法官认为，法院所使用“一般国际法”这一表述是对广受认可的国际公约和国际法院判决的概括，因而既包含了国际法原则，也反映了习惯国际法。而在本案中，他认为，环境影响评估义务正是源于一系列公约和判决所确立的习惯国际法。杜加尔德法官主张环境影响评估和认定相关风险行为是否实际造成了重大跨界损害，适用的应是不同的标准，前者评估风险的标准显然是低于证明实际损害的。即使没有损害发生，国家仍有可能为未进行风险评估而负责。[2]

在分析有关环境影响评估法律制度的基础上，杜加尔德法官对法院部分判决提出了质疑。法院认为“基于双方所提交的证据证言，法院发现尼加拉瓜 2006 年的疏浚项目并不足以对哥斯达黎加湿地造成重大跨界损害风险”。杜加尔德法官认为，这些证据和证人证言并不足以得出这一结论，原因在于尼加拉瓜提交的文件和报告根本未能评估疏浚项目对哥斯达黎加湿地的影响。根据《拉姆萨尔咨询代表第 72 号报告》的内容，疏通圣胡安河的行为已经对两国的湿地都造成了环境影响。[3] 杜加尔德法官指出，法院在事实认定上出现了重大偏差，在判决时既未考虑到尼加拉瓜出示的证据都是关于其自身领土的，也没有考虑哥斯达黎加受保护湿地也具有脆弱性。此外，法院还以 2015 年判决时不存在重大跨界损害风险来论证该项目是否在 2006 年计划时存在风险，显然适用了错误的标准。综上，杜加尔德法官主张尼加拉瓜的疏浚项目存在重大跨界风险，违反了有关进行环境影响评估的习惯国际法义务。[4]

---

〔1〕 See Pulp Mills on the River Uruguay (Argentina/Uruguay), Judgment, I. C. J. Reports 2010, p. 83.

〔2〕 See Separate Opinion of Judge Ad Hoc Dugard, p. 186 – 187.

〔3〕 See The Report of the Ramsar Advisory Mission No. 72 on the impact of the dredging program on Nicaragua's wetland, 18 April 2011.

〔4〕 See Separate Opinion of Judge Ad Hoc Dugard, p. 190 – 198.

此外，杜加尔德法官对法院有关《拉姆萨尔公约》部分的判决也存在不同看法。他主张，法院应当以哥斯达黎加未进行环境影响评估，且未与尼加拉瓜进行协商为由，判决其违反该公约第3条第1款以及第5条第1款之规定。虽然国际法院在判决中认定，违反协商义务必须要以证明存在重大跨界损害为前提。对此，杜加尔德法官指出，依据该条款表述，协商义务并不局限于重大跨界损害的情形，而是针对所有涉及两国共同保护湿地的行为。[1]

五、述评

本案是尼加拉瓜与哥斯达黎加在边界河流地区进行一些工程项目的施工而引发争议的案件。这些争议包括对边界地区领土与领土主权的侵犯、对国际法院临时措施与判决的违反，以及违反国际环境法中环境保护的义务。在判决中，国际法院重点审理了环境保护义务，这些义务包括环境影响评估、通知与协商等程序性义务，也包括不得造成重大跨境损害的实质性义务，虽然国际法院对于一些义务进行了重申，但这些义务的地位以及具体内涵需要进一步厘清。

（一）环境影响评估义务

随着国际环境法的发展以及科学技术的进步，作为预防跨境环境损害发生的环境影响评估得到了国际社会越来越多的认可，逐渐成为国际环境法中的一项重要法律义务。特别是在国际水法中，2010年“阿根廷/乌拉圭纸浆厂案”，国际法院在判决中认定，对于涉及跨界风险的项目进行环境影响评估乃是一项习惯国际法义务。在本案中，国际法院对这一规则的习惯国际法地位进行了重申，对双方诉求中有关环境影响评估的部分也分别进行了判决。然而，本案中有关这一义务的性质、具体内容，以及有关国家应

---

〔1〕 See Separate Opinion of Judge Ad Hoc Dugard, p. 202.

以何种方式履行这一义务等问题,仍值得进一步探讨。

1. 环境影响评估的性质

本案中,国际法院在判决中认定,环境影响评估是一项源于“一般国际法”的义务。而在2010年“阿根廷/乌拉圭纸浆厂案”中,国际法院认为基于适当注意(审慎)的预防原则源于习惯国际法,在判决中指出“环境影响评估的具体内容应参照履行适当注意义务来确定”。多诺霍法官在单独意见中指出,适当注意(审慎)是一项贯穿预防跨界风险始终的义务,环境影响评估这一规则本身即预防原则的一部分,也反映了一系列由国际法案例和国际公约确立的习惯国际法规则。因而,在本案中,国际法院所指环境影响评估源于“一般国际法”,实际上是指广受承认的国际法规则,包括习惯国际法和国际法原则。因此,环境影响评估是一项源于预防原则的习惯国际法义务,可见于《里约环境和发展宣言》《关于预防危险活动造成跨界损害的条款草案》等国际法文件中,也在国际法院的判决中有明确体现。

在性质上,环境影响评估是一项程序义务。在本案中,国际法院将争议焦点分为程序义务和实体义务分别进行审理与判决。在程序义务中,法院对环境影响评估义务进行审理,认为哥斯达黎加所进行的评估是事后评估,不符合环境影响评估义务的内容。而在有关具体预防跨界损害的实体义务审理中,法院认为,哥斯达黎加修建公路的行为没有造成重大的跨境损害。在“哥斯达黎加诉尼加拉瓜的某些活动案”中,法院也将环境影响评估作为一项程序义务进行审理,判决尼加拉瓜并未违反进行环境影响评估的义务,原因在于根据双方专家所认定的证据,疏浚行为本身并未造成重大环境影响。

从法院的判决中可以看出,环境影响评估是一项相对独立的程序义务。依据杜加尔德法官的观点,环境影响评估虽然属于适当注意义务的一部分,但其自身具有不可替代的独立价值,其目的在于确认项目所包含的环境风险是否存在。依据《跨界环境影响评估公约》第1条的规定，环境影响评估是指"评估计划项目可能带来环境影响的国内程序"。依据该规定，环境影响评估意在事前对环境风险进行评估，虽然这一程序将贯穿实施全程，但是应在实施前开始。因而，若将环境影响评估存在与否，与最终实际环境风险存在与否等同，将违背这一制度的内在逻辑，削弱其作用。

此外，在环境影响评估制度中，存在两种评估标准，即评估有关行为是否可能存在环境风险从而引发环境影响评估义务的标准，以及环境影响评估程序评估相关风险是否确实存在的标准，前一标准的要求低于后一标准。在2015年"尼加拉瓜/哥斯达黎加圣胡安河沿线修建公路案"中，法院首先从公路的长度、位置以及经过的区域等方面进行分析，综合考虑了倾泻沉积物可能对河流造成的影响，认定修路行为可能造成重大环境影响，因而哥斯达黎加违反了应进行环境影响评估的义务。但在其后有关实体义务的判决中，法院结合双方专家所提交的证据最终判决，公路项目不具有重大跨界环境损害风险。从中可以看出，国际法院在环境影响评估上，适用了不同标准进行推理，在行为实施前，仅需要初步证明该行为可能存在环境风险，国家便负有进行环境影响评估的义务。但是这一结论并不影响其后进行的环境影响评估或其他程序在事前、事中以及事后对该行为的风险进行评估。也就是说，即使事后查明不存在任何环境风险，国家仍然可能违反应进行环境影响评估这一项独立的程序义务，而如果查明行为在实施前就不存在环境风险，那么国家自始就不负有进行环境影响评估的义务。

2. 环境影响评估的具体内容以及履行

一国家在国际法义务下怎么做才能履行其进行环境影响评估的责任？在实践中，环境影响评估的实施效果并不理想，其原因之一可能是环境影响评估的义务范围难以精确界定。有学者甚至认为，这种缺乏准确性的原因是这种评估是一种政策工具。[1] 因而,本案另一值得探讨的问题在于,环境影响评估的具体内容要求以及国家应遵循何种标准加以实施。

在实践中,对于环境影响评估的“最低要求”往往是判断有关国家是否遵守这一习惯法义务的重要标准。在2010年“阿根廷/乌拉圭纸浆厂案”中,国际法院认为,“各国应依照其各自国内法,或在对于项目的授权过程中,确定环境影响评估的具体内容”[2]。同时,法院也认为,无论是《乌拉圭河规约》或是一般国际法,都尚无具有拘束力的规则,规定环境影响评估的具体内容或是“最低要求”。在本案中,法院重申了这一观点,并表示环境影响评估的具体内容应当依据个案的情况而定。

尽管国际法院并未对这一问题深入探讨,但有关环境影响评估的议题始终受到关注。例如,本案的班达里法官发表独立意见,其认为《跨界环境影响评估公约》是环境影响评估内容的实践典范。在之前的2010年“阿根廷/乌拉圭纸浆厂案”中,阿根廷也曾援引该公约,指责乌拉圭未能进行“完全的环境评估”。[3] 因而,《跨界环境影响评估公约》为各国,尤其是有关国内法尚不完善的国家提供了适用环境影响评估制度的基本要求。例如,公约附录一以列举的形式规定一些高风险的行为,对于这些行为,发源国必须进行环境影响评估并采取相应的预防措施;公约附录三规定了跨界风险的判断标准,包括规模、地点以及项目影响等方面,发源国应该参考这些因素确定跨境风险。在本案中,虽然国际法院没有直接采用这一公约,但在推理部分也采用类似标准,如公路的规模(长度达160千米)、位置(靠近圣胡安河以及受保护湿地)以及影响(倾泻沉积物入河)等因素。可见,《跨界环境

[1] See Neil Craik, *The International Law of Environmental Impact Assessment*, Cambridge University Press, 2008, p. 3 – 6.

[2] Pulp Mills on the River Uruguay (Argentina/Uruguay), Judgment, I. C. J. Reports 2010, p. 83 – 84.

[3] Ibid.

影响评估公约》起到了一定参考作用。公约附录二列举了环境影响评估至少要包含的内容，如对于项目本身及其可能替代方案的描述，以及其对环境的不利影响。在2010年"阿根廷/乌拉圭纸浆厂案"中，法院将"环境影响评估是否评估了可能的替代选址"，"是否考虑了建造纸浆厂对于河流和当地人口造成的影响"，作为审查乌拉圭是否履行了环境影响评估义务的标准，也体现了该公约的规定。[1] 国家履行环境影响评估的具体内容可以参考《跨界环境影响评估公约》的规定，但需要指出的是，也有学者对该公约提出了批评，因为它的义务来自发达国家的国内立法，这也是该公约批准国较少的原因。[2]

综上，国际法院支持环境影响评估是一项习惯国际法，并通过本案为这一制度的实践提供了参考方向。但法院在涉及该制度具体适用和内容方面，仍将自主权留给了当事国。由于环境风险本身的不确定性，无论是法院还是当事国在评估相关行为是否存在风险时，都有较大的自由裁量空间，因而环境影响评估义务的具体范围和内容的更多阐释需要后续实践的发展。

（二）预防原则与风险预防原则

本案争议焦点围绕是否造成重大跨境环境损害展开。如前所述，国际法院实际上将环境影响评估视为预防重大跨界损害中的一个评估程序，以便有关国家进行下一步的预防措施。然而环境损害的发生具有不确定性，经过环境影响评估确认存在风险，所采取的措施属于风险预防措施。因而，环境影响评估既是预防原则的一部分，也是风险预防原则的一部分，是沟通预防原则和风险预防原则的一个"桥梁"。

---

〔1〕 See Pulp Mills on the River Uruguay（Argentina/Uruguay），Judgment，I. C. J. Reports 2010，p. 85 – 86.

〔2〕 See John H. Knox, *Assessing the Candidates for a Global Treaty on Transboundary Environmental Impact Assessment*, NYU Envtl. L. J.，Vol. 12，p. 153（2003）.

1. 国际环境法中的预防原则与风险预防原则

预防原则(Prevention Principle)是现代国际环境法的一项重要支柱,[1]是国家必须在发生跨境环境损害之前采取所要求的预防行动。与国际环境法的其他原则不同,如可持续发展原则,侧重平衡工业发展和环境保护之间相互竞争关系的需要,预防原则要求侧重尽量减少环境损害。[2] 国际环境法通常认为,预防原则已经取得了习惯国际法地位。例如,在1972年《联合国人类环境会议宣言》、1982年《内罗毕宣言》以及1992年《里约环境和发展宣言》均有关于该原则的规定。在1997年"加布奇科沃—大毛罗什项目案"中,法院指出,在环境保护领域,由于对环境的损害往往是不可逆转的,以及这类损害的赔偿机制本身固有的局限性,因此需要保持警惕和预防。[3]

风险预防原则(Precautionary Principle)旨在为存在科学不确定性的国际环境法的发展和应用提供指导。[4] 在《里约环境和发展宣言》原则15中指出:"为了保护环境,各国应根据它们的能力广泛采取预防性措施。凡有可能造成严重的或不可挽回的损害的地方,不能把缺乏充分的科学肯定性作为推迟采取防止环境退化的费用低廉的措施的理由。"尽管风险预防原则是国际环境法中一个重要的法律原则,但关于这一原则在国际法中的地位还在不断演变中。虽然许多公约以不同的语言规定了这一原则,但国际社会对这一原则还存在一些混淆情况。在"2014年南极捕鲸案"中,尽管新西

---

[1] See Report of the International Law Commission, Draft Principles on the Prevention of Transboundary Harm from Hazardous Activitieswith Commentaries(2001), 56th Session, UN doc. A/56/10.

[2] See Philippe Sands, *Principles of International Environmental Law*, Cambridge University Press, 2nd ed., 2003, p. 281.

[3] See Gabčíkovo-Nagymaros Project (Hungary/Slovakia), Judgment, I. C. J. Reports 1997, p. 78.

[4] See Philippe Sands, *Principles of International Environmental Law*, Cambridge University Press, 2nd ed., 2003, p. 267.

兰政府督促法院审理风险预防原则，但法院在审理中并没有运用该原则。[1]

2. 预防原则与风险预防原则的关系

在一些国际环境法律文件中，只规定了预防原则，而随着风险预防原则的发展，一些文件也同时出现了这两个原则的规定，如《联合国气候变化框架公约》第3条同时提到了"Precautionary"和"Prevention"。学界对此有不同的意见，有的认为，预防原则与风险预防原则是不同的两个原则；有的则认为，预防原则本身包含损害预防和风险预防的含义，因而没有区分的必要。应当说明的是，预防原则和风险预防原则的最大区别在于风险的确定程度，不同原则所带来的是国家所采取相应措施的不同，因而需要将二者进行区分。

在本案中，杜加尔德法官在单独意见中认为，法院并未分清"预防跨界损害"和"不得造成跨界损害"两个规则的内在逻辑关系，这会导致一些国家以诉讼程序开始时并未证明损害发生为由，主张"项目计划阶段不存在适当注意义务"，从而不进行任何预防措施。[2] 在2011年国际海洋法法庭"国家在区域地区活动的责任和义务"案的咨询意见中，法庭认为，"风险预防措施是适当注意义务的一个内在部分"，进一步地，法院还指出适当注意义务要求国家"采取一切手段预防损害……这同样适用于有关行为的潜在不利影响之科学证据尚不充分，但存在足以引起注意的潜在风险之情形"，法庭明确表明"国家如若忽视了这些风险，也应为此负责"。[3] 因而，在预防风险的过程中，国家应始终遵循适当注意标准，但适当注意（审慎）的程度依照风险的确定程度有所区分。

[1] See Whaling in the Antarctic (Australia/Japan: New Zealand intervening), Judgment, I. C. J. Reports 2014, p. 226.

[2] See Separate Opinion of Judge Ad Hoc Dugard, p. 185.

[3] Responsibilities and Obligations of States with Respect to Activities in the Area, Advisory Opinion, 1 February 2011, ITLOS Reports 2011, p. 10.

从杜加尔德法官的观点以及国际海洋法法庭的咨询意见可以看出,随着国际环境法的进一步发展,无论是传统的预防原则,还是新兴的风险预防原则,其实都是适当注意义务的一部分。实际上,是否履行适当注意义务的标准是随着风险或损害本身的确定程度而变化的。在风险尚未由科学证据明确,但又足以引起有关方面注意的阶段,国家仍应采取一定的风险预防措施,并进行环境影响评估加以确定。一如前述,即使事后查明没有造成损害,环境影响评估的义务仍不能豁免;而相关风险或损害确定时,国家就应采取相应措施,预防或减轻该不利影响。虽然在本案中,国际法院并没有明确地将"预防原则""风险预防原则"之间的内在关系加以呈现,但相关的国际法律实践表明,二者是不同的法律原则,在不同原则的要求下国家履行环境影响评估、通知以及协商等义务的具体要求也有所不同。

(三)《拉姆萨尔公约》与湿地保护

湿地在保护生物多样性、改善水质以及调节径流等方面具有重要的作用,因而湿地生态系统的价值对跨境水资源的开发与保护来说具有重要意义。本案中,双方的某些活动案都与湿地保护有关。《拉姆萨尔公约》是关于这一争议的最重要多边公约,双方都认识到《拉姆萨尔公约》的重要性,并相互指责对方违反其条款,没有就潜在的环境影响相互通知和协商。然而在判决中,法院认为本案双方的行为没有对湿地造成重大跨境损害。在这方面,法院应更多地考虑《拉姆萨尔公约》与本案的关联性。

《拉姆萨尔公约》设立了一个国际重要湿地名录,并由该条约第 8 条设立的管理机构管理,以保护被列入名录中的湿地。例如,本案中的争议领土和圣胡安河下游附近的两个湿地均为名录中的"国际重要湿地",在生态学、植物学、湖沼学和水文学具有国际意义,其范围包括河口、潟湖和沼泽,是候鸟、蝾螈和水生生物的家园。本案争议焦点为该公约第 3 条有关缔约方对湿地的合理利用以及通知义务的规则。法院认为,《拉姆萨尔公约》规定的通知和协商义务只有在有证据证明存在重大跨境损害时才适用。杜加尔德法官对这一问题发表单独意见指出，该公约规定的义务并不局限于重大跨界损害的情形。该公约第3条第1款规定，缔约方应制定并实施其计划以促进已列入名录的湿地的养护并尽可能地促进其境内湿地的合理利用，虽然“合理利用”的范围只限于本国领土，但结合该款前半段规定“已列入名录的湿地”而言并非如此，制定和实施湿地保护计划一般适用于列入名录的所有湿地，因而具有域外效力。从公约的目的和宗旨来看，《拉姆萨尔公约》规定的湿地应是具有“某种形式的集体责任”，它们被指定为具有国际重要性的湿地，意味着它们是“整个国际社会共同关注的资源”。[1] 虽然对其他国家所划定湿地负责的性质和程度尚不确定，但至少应涉及避免对它们造成重大损害的义务。[2] 而该公约第5条的规定应与第3条第1款一起理解。本案中，根据该公约第3条第1款的规定，必须制定和实施规划，保护已列入名录的湿地。根据一般国际法，国家有义务进行环境影响评估。尼加拉瓜未能按照《拉姆萨尔公约》的要求进行充分的环境影响评估并就其疏浚方案与哥斯达黎加进行协商，违反了《拉姆萨尔公约》规定的义务，而哥斯达黎加同样也违反了该公约义务。

《拉姆萨尔公约》被认为是一项非常具有创新性的条约，它运用了国际法中有关环境和自然资源使用的一些重要新兴原则。虽然专注于保护栖息地以保护水禽和其他野生物种，但在某些方面，它甚至预期湿地保护的“生态系统方法”，为后续公约的制定提供了借鉴。如1992年欧洲经委会《跨界水道与国际湖泊保护与使用公约》、1997年《联合国国际水道非航行使用法公约》等国际水法的公约都规定水道国应单独地和在适当情况下共同地保

---

〔1〕 See M. Bowman, P. Davies & C. Redgwell, *Lyster's International Wildlife Law*, Cambridge University Press, 2nd ed., 2010, p. 420.

〔2〕 Ibid., p. 424.

护和保全国际水道的生态系统，都强调了生态系统的保护方法，考虑了整个生态系统的所有影响，并尊重整个生态系统的完整性。[1]《拉姆萨尔公约》的指南还提出了一系列与流域综合管理有关的问题（如沿海地区、环境影响评估、地下水、法律制度框架等）。然而，这些指南只是对缔约方的建议，还需要具体的立法来赋予它们真正的实际意义。

国家有义务防止对其他国家的环境造成重大损害的原则早已被接受为习惯国际法的一项原则。[2] 但对于科学不确定性的风险，是否有义务进行预防，国家实践尚不统一。《拉姆萨尔公约》提醒我们，水资源的保护需要注意“生态系统”的方法，不仅需要保护水资源，还需要保护湿地以及生物多样性等水资源生态环境。

六、附录

（一）案件名与正式引注格式

1. 中文案件全名：2015 年“尼加拉瓜/哥斯达黎加圣胡安河沿线修建公路案”

2. 英文案件全名：Certain Activities Carried Out by Nicaragua in the Border Area (Costa Rica/Nicaragua) and Construction of a Road in Costa Rica along the San Juan River (Nicaragua/Costa Rica)

3. 案件的正式引注格式：Certain Activities Carried Out by Nicaragua in the Border Area (Costa Rica/Nicaragua) and Construction of a Road in Costa Rica along the San Juan River (Nicaragua/Costa Rica), Judgment, I. C. J. Reports 2015, p. 665

---

[1] See Brunnée J. & Toope S. J., *Environmental Security and Freshwater Resources: A Case for* International *Ecosystem Law*, Yearbook of International Environmental Law, 5(1), p. 41 – 76(1994).

[2] See Patricia Birnie & Alan Boyle, *International Law and the Environment*, Oxford University Press, 2002, p. 109.

（二）与本案主题相关的重要引用案件

1. Pulp Mills on the River Uruguay(Argentina/Uruguay),Judgment,I. C. J. Reports 2010,p. 77.

2. Dispute regarding Navigational and Related Rights (Costa Rica/Nicaragua),Judgment,I. C. J. Reports 2009,p. 213.

3. GabCikovo-Nagymaros Project(Hungary/Slovakia),Judgment,I. C. J. Reports 1997,p. 78.

4. Lake Lanoux Arbitration(France/Spain),Award,16 November 1957,International Law Reports,Vol. 24,p. 119.

5. Legality of the Threat or Use of Nuclear Weapons,Advisory Opinion,I. C. J. Reports 1996(Ⅰ),p. 241 –242.

6. Request for Interpretation of the Judgment of 15 June 1962 in the Caseconcerning the Temple of Preah Vihear(Cambodia/Thailand)(Cambodia/Thailand),Provisional Measures,Order of 18 July 2011,I. C. J. Reports 2011,p. 537.

7. Application of the Convention on the Prevention and Punishmentof the Crime of Genocide (Bosnia and Herzegovina/Serbia and Montenegro) Judgment,I. C. J. Reports 2007,p. 43,72.

8. Armed Activities on the Territory of the Congo(Democratic Republic of the Congo/Uganda),Judgment,I. C. J. Reports 2005,p. 223.

9. Oil Platforms(Islamic Republic of Iran/United States of America),I. C. J. Reports 2003,separate opinion of Judge Simma,p. 327 –328.

10. Corfu Channel(United Kingdom/Albania),Merits,Judgment,I. C. J. Reports 1949,p. 35.

11. Military and Paramilitary Activities in and against Nicaragua(Nicaragua/

United States of America), Merits, Judgment, I. C. J. Reports 1986, p. 128.

12. Whaling in the Antarctic (Australia/Japan: New Zealand intervening), Judgment, I. C. J. Reports 2014, p. 226.

13. Responsibilities and Obligations of States with Respect to Activities in the Area, Advisory Opinion, 1 February 2011, ITLOS Reports 2011, p. 10.

(三)相关条约译名对照

原文	英文
Canas-Jerez Treaty	《卡尼亚斯—赫雷斯条约》
The Statute of the International Court of Justice	《国际法院规约》
The American Treaty on Pacific Settlement	《美洲和平解决争端条约》
Pacheco-Matus Convention	《帕查诺马塔公约》
Charter of the United Nations	《联合国宪章》
Geneva Convention Relative to the Protection of Civilian Persons in Time of War	《日内瓦第四公约》
The Ramsar Convention	《拉姆萨尔公约》
Statute of the River Uraguay	《乌拉圭河规约》
Convention on Biological Diversity	《生物多样性公约》
Convention on the Conservation of Biodiversity and Protection of Priority Wild Life Areasin Central America	《中美洲保护生物多样性和优先野生动物保护区公约》
Rio Declarationon Environment and Development	《里约环境和发展宣言》
Conventionon Environmental Impact Assessment in a Transboundary Context	《跨境环境影响评估公约》
Draft articles on Prevention of Transboundary Harm from Hazardous Activities	《关于预防危险活动造成跨界损害的条款草案》

续表

原文	英文
Convention on the Law of the Non-NavigationUses of International Watercourses	《联合国国际水道非航行使用法公约》
Stockholm Declaration on the Human Environment	《斯德哥尔摩人类环境宣言》
Central American Convention for the Protection of the Environment	《中美洲环境保护公约》
Tegucigalpa Protocol to the Charter of the Organization of Central American States	《特古西加尔巴议定书》
Regional Agreement on the Transboundary MovementofHazardousWastes	《有害废物跨境转移区域协定》
Agreement on Border Protected Areas	《边界保护区协定》

（四）与本案有关的重要参考文献

1. Philippe Sands, *Principles of International Environmental Law*, Cambridge University Press, 2nd ed., 2003, p. 281.

2. Patricia Birnie & Alan Boyle, *International Law and the Environment*, Oxford University Press, 2002, p. 109.

3. Neil Craik, *The International Law of Environmental Impact Assessment*, Cambridge University Press, 2008, p. 3 – 6.

4. M. Bowman, P. Davies & C. Redgwell, *Lyster's International Wildlife Law*, Cambridge University Press, 2nd ed., 2010, p. 420.

5. John H. Knox, *Assessing the Candidates for a Global Treaty on Transboundary Environmental Impact Assessment*, NYU Envtl. L. J., Vol. 12, p. 153(2003).

6. Finlayson C M et al., *The Ramsar Convention and Ecosystem-Based Approaches to the Wise Use and Sustainable Development of Wetlands*, Journal of International Wildlife Law & Policy, 14(3), p. 176 – 198(2011).

7. Brunnée J & Toope S J. , *Environmental Security and Freshwater Resources*:*A Case for International Ecosystem Law*, Yearbook of International Environmental Law,5(1),p.41 -76(1994).

8. Report of the International Law Commission, Draft Principles on the Prevention of Transboundary Harm from Hazardous Activities, with Commentaries(2001),56th Session,UN doc. A/56/10.

第三章　常设仲裁法院案例

第一节　2000 年“荷兰/法国莱茵河仲裁案”

1999 年 10 月 21 日：荷兰向法国发出外交照会要求将争端提交仲裁。

2000 年 2 月 1 日：荷兰—法国仲裁庭成立。

2000 年 6 月 21 日：仲裁庭通过临时议事规则。

2001 年 2 月 28 日：荷兰向仲裁庭提交诉状。

2001 年 9 月 21 日：法国向仲裁庭提交辩诉状。

2002 年 10 月 3 日：荷兰和法国在非公开听证会上进行口头答辩。

2002 年 10 月 23 日：荷兰向仲裁庭提交了听证会上提到的文件。

2002 年 12 月 4 日：仲裁庭发布命令要求法国对这些文件发表意见。

2003 年 1 月 17 日：法国对仲裁庭命令作出答复。

2003 年 1 月 27 日：仲裁庭进行书面审理。

2004 年 3 月 12 日：仲裁庭作出裁决。

一、基本案情

1976年12月3日，法国、德国、卢森堡、荷兰和瑞士5国在德国波恩签署了《莱茵河氯化物污染防治公约》(以下简称《1976年公约》)，目的在于开展合作以消除氯化物对莱茵河的影响。《1976年公约》于1985年7月5日生效。1991年9月25日，缔约方又签署了《1976年公约附加议定书》(以下简称《1991年议定书》)，目的是提供降低莱茵河氯化物浓度的解决方案，从而改善莱茵河水质，保障莱茵河和艾瑟尔湖饮用水供应安全，《1991年议定书》于1994年11月1日生效。

《1976年公约》规定，法国分两个阶段减少阿尔萨斯钾矿的氯化物排放量。第一阶段，每秒进入莱茵河的氯化物应减少20千克。第二阶段，除已经实现的20千克目标外，每秒还应再减少40千克的氯化物排放。《1991年议定书》对这些规定进行了修改，并规定了具体的措施：当德国和荷兰边界一段的莱茵河中的氯化物浓度超过200毫克/升时，法国就应该减少氯化物排放并将产生的氯化物暂时储存在其领土上；而荷兰也需要通过采取将先前排放到艾瑟尔湖的维灵厄梅尔圩地中的氯化物排放到瓦登海的措施，来限制艾瑟尔湖中的氯化物浓度。

同时，《1991年议定书》还基于污染者付费原则规定了这些措施的筹资分配方案：法国承担30%，德国承担30%，荷兰承担34%，瑞士承担6%。1991年至1998年，法国因采取措施而支出的最高限额为4亿法郎，其中包括投资成本(4000万法郎)以及用于储存和搬运储存的氯化物的运行成本。超过该限额，法国便可以解除其储存义务。《1991年议定书》规定，缔约方每年应按计划向法国拨款，法国应在最终账目审计时向缔约方返还剩余的款项。

然而，在最终审计时，法国实际储存的氯化物数量远低于缔约方缔结条约时所设定的上限值,因此法国需要返还剩余的款项。荷兰和法国的争议事由主要在于《1991 年议定书》附件三规定的计算方法。由于实际储存的数量较低,因此每吨的储存成本高于条约预期。荷兰认为,审计应该按照《1991 年议定书》规定的每吨的费用计算,而法国认为应该按照每吨的实际成本来计算。

根据《1976 年公约》第 13 条和《1991 年议定书》第 7 条的规定,缔约方之间关于《1976 年公约》的解释或执行的争端无法通过谈判解决的,除非争端的缔约方另有约定,应一方的请求,应将争端提交仲裁。由于荷兰和法国的上诉争议无法通过谈判解决,因此两国政府将争端提交仲裁解决。[1]

2000 年 2 月 1 日,常设仲裁法院成立荷兰—法国仲裁庭,仲裁庭由 3 人组成(荷兰和法国各指定一名,第三名由前两名仲裁员共同指定)。两国政府要求仲裁庭根据国际法来解释《1991 年议定书》的相关条款,案件的主要争议焦点在于 1969 年《条约法公约》第 31 条和第 32 条关于条约的解释问题。仲裁庭于 2004 年 3 月 12 日作出裁决。

二、双方主张

(一)荷兰

荷兰认为,仲裁庭必须根据 1969 年《条约法公约》第 31 条规定的条约解释方法进行审理。即仲裁庭必须根据条款在其上下文中的通常意义及《1991 年议定书》的目的和宗旨,善意地作出解释。荷兰指出,除非根据《条约法公约》第 31 条规定进行审理后,含义仍然不明确或含混不清,或导致明显荒谬或不合理的结果,否则不应根据《条约法公约》第 32 条进行审理。[2]

---

〔1〕 See The Rhine Chlorides Arbitration Concerning the Auditing of Accounts (The Netherlands/France), P. C. A. Award, 2004, p. 5, paras. 1 – 4.

〔2〕 Ibid., p. 12, para. 31.

首先,荷兰认为,《1991 年议定书》附件三第 4.2.1 条[1] 对回答仲裁庭提出的"实际支出的计算"、"国家长期贷款年利率 11/12 的计算"和"价格上涨率的计算"等问题至关重要。其次,荷兰认为,《条约法公约》第 31 条所指的"条约用语在其上下文的通常意义"意味着该条约中提到的"支出""利息""价格上涨率"的计算必须按第 4.2.1 条的规定进行。双方对于第 4.2.1 条中的支出包含 4000 万法郎的投资成本没有异议。最后,按照第 1.2.1 条的规定,运行成本应包含储存和搬运的费用。根据第 4.2.1 条和第 1.2.6 条[2]之间的关系,运行成本的计算是将实际储存的氯化物数量乘以 61.5 法郎/吨。荷兰认为,如果按照法国的解释,61.5 法郎/吨的数额拆解为固定成本和可变成本,必须先乘以 455 万吨的氯化物,再拆解为可变成本。

荷兰反对法国"第 4.2.1 条中使用的'dépensesengagées'一词和'dépenseseffectuées'一词具有不同含义"的观点。[3] 对于法语文本中,第 1.2.6条使用的"à cette fin"(为此目的)一词所引起的争议,荷兰政府认为,该词语并未出现在荷兰语或德语文本中。根据《条约法公约》第 33 条第 3 款"条约用语推定在各作准约文内意义相同"的规定,法国在解释该规定时试图调和这些文本,无异于使法国文本优先于其他两个文本。对于第 3.2.3 条中使用的"différence"(不同)一词和第 4.2.1 条中使用的"comparaison"(比较)一词,荷兰认为,第 3.2.3 条正确地使用了"différence"一词。第 3.2.3 条涉及结转问题,预示着实际发生的储存费用低于有关年份设定限额的情

[1] 第 4.2.1 条规定:"就法国的支出而言,款项不用全额付清,账目最迟应在 1998 年 12 月 31 日之前审计,将'根据上述第 1.2.3、1.2.4 和 1.2.6 条规定的条件计算的实际支出'与'第 2 条和第 3.2.3 条增加数额的支出限额'进行比较。如果法国的实际支出少于第 1.2 条中提到的费用,法国保证返还该费用加按国家长期贷款年利率 11/12 计算的费用。同时应考虑价格上涨率的计算。"

[2] 第 1.2.6 条规定:"一旦法国每年的支出达到第 2 条和第 3.2.3 条规定的支出限额,法国就应免除其储存义务。为此目的,法国的运行成本应按 61.5 法郎/吨计算(按照 1988 年按通货膨胀调整)。第一年投资成本应被算上(按照 1988 年通货膨胀调整后为 4000 万法郎)。"

[3] 《1991 年议定书》以法语、德语和荷兰语 3 种官方版本签订,在联合国条约汇编(UNTS)的英语翻译版本中使用"actual expenditure"一词。

况。第3.2.3条与第4.2.1条之间没有任何联系,后者认为账目应通过“比较”进行审计。事实上,就审计而言,必须要有一个比较,如果法国的支出低于规定的限额,就必须退还剩余的款项(the difference)。[1]

根据《条约法公约》第31条第1款的规定,条约必须“根据其目的和宗旨”进行解释,荷兰认为《1991年议定书》的目的和宗旨是改善莱茵河水质,促进饮用水的供应,其对《1991年议定书》有关条款的解释符合《1991年议定书》目的和宗旨的规定。此外,荷兰否认其地理状况与“污染者付费原则”和《1991年议定书》的目的和宗旨之间存在关系。[2]

根据《条约法公约》第31条第3款的规定,荷兰认为,在本案中一方面没有该款(a)项所指的“当事方之间的嗣后协定”,另一方面还需要考虑该款(b)项“嗣后在条约适用方面确定各当事国对条约解释之协定之任何实践”的规定。荷兰强调,法国政府提交的1992~1997年的年度报告中,运行成本是通过将储存的氯化物数量乘以61.5法郎/吨计算的。除1997年利率外,年度报告中采用的利率均是按国家长期贷款的年利率计算,并且还考虑了通货膨胀率。此外,荷兰不同意各缔约方之间有关《1991年议定书》最后审计问题的讨论可被描述为《条约法公约》第31条第3款(b)项的规定。[3]

根据《条约法公约》第31条的规定,荷兰认为,它对支出、利息和通货膨胀率的计算所做的解释都是基于善意的解释,并且从善意解释不可以推出《1976年公约》条款具有不同的含义。

荷兰接着分析了《1976年公约》和《1991年议定书》签订的相关准备文件,因为根据《条约法公约》第32条的规定,这些文件可以被用来确认适用《条约法公约》第31条所产生的含义。荷兰认为,DELchC2/90号文件在

---

〔1〕 See The Rhine Chlorides Arbitration Concerning the Auditing of Accounts (The Netherlands/France), P. C. A. Award, 2004, p. 12-14, paras. 33-35.

〔2〕 Ibid., p. 14, para. 36.

〔3〕 Ibid., p. 14-15, para. 38.

《1991 年议定书》缔结前的一年半签署，且并不完整，因而与本案没有关系。与本案有关的文件是在《1991 年议定书》谈判结束时起草的 PLEN30/91 号文件。从该文件看来，法国 1998 年对账目进行最终审计的计算是将氯化物的储存数量乘以 61.5 法郎/吨的，还考虑了往年的结转金额，并没有对固定成本和可变成本进行区分。对于 C8/90 文件，荷兰认为该文件不构成《1991 年议定书》准备工作的一部分。荷兰指出，C10/89、C11/89、C2/90、DELCH12/90、DELCH17/89 等文件始于谈判的早期阶段，是缔约方单方提交的文件，没有在全体会议上讨论过，因此其内容无法反映缔约方对第 4.2.1 条或《1991 年议定书》附件三其他条款的解释意图。而《1987 年研究报告》被缔约方认为是不可接受的，荷兰对其作为准备工作文件的价值表示怀疑。[1]

综上，荷兰认为，为了最后审计的目的，支出必须按照以下方法计算：运行成本，包括储存成本和搬运成本，必须将存储的 960,000 吨氯化物乘以 61.5 法郎/吨，为 5904 万法郎。因此，加上 4000 万法郎的固定投资成本，法国的支出为 9904 万法郎。根据《1991 年议定书》第 4 条规定的分摊公式，其中的 34%，即 3367 万法郎，由荷兰承担。由于法国已收到了荷兰总计 1.357 亿法郎的款项（相当于 4 亿法郎的 34%），因此法国必须向荷兰返还 1.0233 亿法郎。此外，法国还必须为每年结转的款项，及 1998 年 12 月 31 日后搬运储存预留的款项支付利息，利息为国家长期贷款年利率的 11/12。最后，还应考虑通货膨胀率的计算。[2]

（二）法国

虽然尚未加入《条约法公约》，但法国同意《条约法公约》第 31 条至第

〔1〕 See The Rhine Chlorides Arbitration Concerning the Auditing of Accounts (The Netherlands/France), P. C. A. Award, 2004, p. 15 – 16, para. 40.

〔2〕 Ibid., p. 16 – 17, paras. 41 – 42.

33 条规定的条约解释方法适用于法国,因为这些方法反映了习惯国际法规则。本案中,只有习惯国际法对当事国具有约束力,因此,对这些规则的解释不应严格限制在《条约法公约》的条款范围内。《条约法公约》第 31 条第 1 款"条约用语的通常意义"必须在更广泛的范围内理解,包括善意、条约文本整体、条约背景、目的和宗旨等。法国强调,善意原则是条约解释和适用的指导性原则,该原则要求对《1991 年议定书》及其附件进行合理的解释。根据《条约法公约》第 32 条的规定,法国认为,解释不能导致结果"仍属不明或难解",或导致结果"显属荒谬或不合理"。[1]

法国认为,《1991 年议定书》的目的和宗旨是促进莱茵河沿岸国家之间的团结,沿岸国家以不同的方式造成莱茵河的污染,因此每个国家对莱茵河的水质都负有同等责任。这种责任的承担方式是沿岸国都以本国名义采取行动,并集体为必要措施筹措资金。因此,如果对一个缔约方施加比条约规定的责任更大的责任,就会违背《1991 年议定书》的目的和宗旨。换言之,不能以一方的优惠待遇作为争端解决的基础。法国已经在技术和物质上作出了贡献,而《1991 年议定书》的规定没有给荷兰带来任何不合理的负担,且荷兰在签署《1991 年议定书》时就已经减损了污染者付费原则。[2]

法国认为,《1991 年议定书》及其附件中的财务条款都是需要解释的"相关条款",其中《1991 年议定书》第 4 条至关重要,它不仅规定了法国和荷兰的支出限额,还说明了这些支出如何分摊。《1991 年议定书》第 4 条的规定有两个方面的作用:一是确定 4 亿法郎的支出限额,在确定限额的条件时,每吨氯化物储存的费用为 61.5 法郎(包括搬运费用)。但是,根据附件三第 4.2.1 条的规定,这些款项"不是全额付清",应于 1998 年 12 月 31 日前

---

〔1〕 See The Rhine Chlorides Arbitration Concerning the Auditing of Accounts (The Netherlands/France), P. C. A. Award, 2004, p. 17, para. 43.

〔2〕 Ibid., p. 18, para. 44.

对账目进行审计。二是规定审计的条件,审计是涉及不同过程的不同概念。因此,不再基于61.5法郎/吨的数额计算,而是应建立在实际支出的基础上计算,没有实际支出的审计将毫无意义。

法国接着指出,仅根据《1991年议定书》附件三条款的通常含义,61.5法郎/吨不能作为最后计算使用的标准。因为61.5法郎/吨仅载于附件三第1条关于"支出限额"的规定。第1.2.6条中,特别是"à cette fin"(为此目的)一词的使用表明,所述数额具有一年到下一年的特定意义,其目的是确定是否达到了每年规定的支出限额,以及法国是否因此而免除了储存义务。根据《条约法公约》第33条第4款的规定,法文文本词语的使用对《1991年议定书》的限制并不违背其他文本。事实上,第1.2.6条的法语词汇与德国或荷兰文本并不矛盾,这两个文本也都对年度执行和最终调整进行区分。如果支持荷兰政府的解释,将这些词视为没有意义,则无法调和不同文本的含义,这与条约的正确解释相反。法国政府还指出,第4.2.1条与第3.2.3条使用不同词语,第3.2.3条提到储存费用(以61.5法郎/吨为基础)的目的是确保《1991年议定书》的临时执行,而第4.2.1条的词语指的是一种方法,其不能预先给出确切的数字,它还取决于对最终数额的审计。最后,法国政府认为,第4.2.1条的措辞证实这笔经费是指实际支出。"dépenseseffectuées"在第1.2.6条和第4.2.1条中的含义不同,因为它们在不同的上下文中使用。前者是指实际储存的数量,而不是实际成本,后者不仅指储存数量,还指实际成本。

法国认为,附件三是从两个不同的方面来规定财务条款,按一般意义来理解文本,会出现两个意思:第一,第1条、第2条、第3条中使用的词语与《1991年议定书》的年度运作有关,它是一次性付清的,是临时的。第二,第4.2.1条仅与最终审计相关,是基于实际数量和相应发生的实际成本来计算的。[1]

关于执行条约的嗣后实践的解释,法国认为:首先,一些缔约方暂停缴纳会费的行为没有引起法国方面的抗议,表明附件三的运作制度不能持续下去。其次,法国提交的临时报告的计算以 61.5 法郎/吨为基础,并不意味着法国政府同意荷兰的解释,也不意味着有任何禁止反言的问题。这些计算都是临时的,就最终审计而言无法约束法国,且这些文件属于技术性文件,在法律上对法国没有约束力。最后,不能从争端提交仲裁前双方采取的立场中得出结论。这些立场对当事方不具有法律约束力;相反,其表明各方对如何审计的问题一直存在分歧。[2]

法国认为,荷兰的解释混合了两个不同的过程,错误地吸收了不同形式用词的含义,忽视了嗣后实践的某些重要内容,无视将法国承担的数额限制在所采取措施费用 30% 的规定,导致了不合理的解释结果。荷兰提出的解释相当于给法国增加 75% 的费用负担,并使其独自承担莱茵河流量高于双方最初预测的后果。这将违背《1991 年议定书》的条款、目的和宗旨以及缔约方在适用《1991 年议定书》时的嗣后实践。法国解释说,61.5 法郎/吨的数额是假设储存了 455 万吨氯化物计算的,由于莱茵河的流量系数大于预期,预测储存量大大高于实际储存量,实际储存量的减少实际上增加了固定费用。

为了确认《条约法公约》第 31 条的适用产生的含义,法国提到准备工作的相关文件。法国认为 DELCH2/90 号文件从三个不同方面证实了其立场:区分固定限额和可变实际支出;区分《1991 年议定书》基于一次性付清的运作和基于实际支出的最终审计;使用预测的氯化物储存量来计算总价。为

[1] See The Rhine Chlorides Arbitration Concerning the Auditing of Accounts (The Netherlands/France), P. C. A. Award, 2004, p. 18 - 20, paras. 45 - 47.

[2] Ibid., p. 20, para. 48.

了支持将61.5法郎/吨拆分为固定成本和可变成本的观点,法国提交了C8/90－Fr号文件。该文件显示,根据法国的统计,储存区域是固定成本,储存成本则是可变成本。法国接着提交了C10/89、C11/89和《1987年研究报告》等文件,其认为从这3份文件可以得出结论:61.5法郎/吨数额的细分以及成本比例随莱茵河流量系数的变化而变化,是《1991年议定书》谈判的一个因素。[1]

综上所述,法国认为,计算方法应如下:为确定运行成本,对61.5法郎/吨进行分割,固定储存成本为12法郎/吨,可变储存成本为12法郎/吨,固定储存搬运成本为17.8法郎/吨,可变储存搬运成本为19.7法郎/吨。首先是一次付清的成本,是在假设储存455万吨氯化物的情况下得出的。固定储存成本为12法郎×455万吨＝5460万法郎,固定储存搬运成本为17.8法郎×455万吨＝8100万法郎。其次是根据《1991年议定书》实际储存的吨数得出的,即960,199吨。可变储存成本为12法郎×960,199吨＝ 1150万法郎,可变储存搬运成本为19.7法郎×960,199吨＝1890万法郎。运行成本总计为1.66亿法郎。在此金额上加上4000万法郎的固定投资成本,按1988年的汇率计算,法国的实际支出为2.06亿法郎。在实际支出额加上通货膨胀率后,为2.35亿法郎。根据约定,法国承担30%,荷兰承担34%,由于法国从荷兰收到了总额为1.357亿法郎的款项,因此法国向荷兰的还款义务为5579万法郎。最后,按照仲裁庭确定的利率将利息加到这笔款项中。[2]

---

〔1〕 See The Rhine Chlorides Arbitration Concerning the Auditing of Accounts(The Netherlands/France),P. C. A. Award,2004,p. 20－22,para. 50.

〔2〕 Ibid.,p. 22－23,paras. 51－52.

三、常设仲裁法院裁决

(一)条约解释的国际法实践

双方都要求仲裁庭根据《条约法公约》来解释《1991 年议定书》及其附件三的相关条款,尽管法国对这一观点有些许异议,但双方都认可《条约法公约》第 31 条和第 32 条关于条约的解释方法反映了习惯国际法规则。因此,仲裁庭认为没有必要进一步讨论《条约法公约》第 31 条和第 32 条规定的解释规则是否适用于本案的问题。[1]

仲裁庭回顾了《条约法公约》第 31 条和第 32 条,注意到国际法院和其他国际法庭曾多次声明,这些规定是习惯国际法的编纂。在"石油平台案"中国际法院的意见是:"根据 1969 年《条约法公约》第 31 条所述的习惯国际法,解释条约应根据其上下文所赋予的通常意义,并根据条约的目的和宗旨善意解释。根据第 32 条,可诉诸解释之补充资料,如准备工作和缔结条约的情况。"[2]在"1985 年海上划界案"(几内亚比绍/塞内加尔)中,仲裁庭认为这些条款是"国家间承认的国际习惯"。[3]

国际案例遵循了《条约法公约》第 31 条的一般解释规则。仲裁庭认为,第 31 条解释规则的组成要素应被视为一个整体,而不能被分割。在"领土争端案"中,法院指出,"解释首先必须以条约文本(text)为基础",这有别于"术语"(term)的概念,其范围更广。文本解释并不仅包括用语的通常意义,还包括善意解释、上下文解释以及目的和宗旨解释。有时用语的通常含义本身也包括条约的上下文、目的和宗旨。根据《条约法公约》第 31 条第 2 款

---

〔1〕 See The Rhine Chlorides Arbitration Concerning the Auditing of Accounts (The Netherlands/France), P. C. A. Award, 2004, p. 24 – 25, paras. 54 – 59.

〔2〕 Case Concerning Oil Platforms (Iran/U. S.), Judgment, I. C. J. Reports 1996, p. 812, para. 23.

〔3〕 See Case Concerning the Delimitation of the Maritime Boundary (Guinea-Bissau/Senegal), RGDIP, Vol. 89, p. 503, para. 41.

的规定,条约文本(包括序言和附件)本身就是提供解释之用的上下文的一部分。[1]

当事方的不同立场决定了对不同解释因素的重视程度。荷兰政府认为,解释的决定因素是用语的通常意义,而法国政府认为,这只是解释的出发点,此外,还必须考虑其他因素,如善意、条约的上下文、目的和宗旨。仲裁庭认为,第31条的规定表明这些因素是相互关联的,除了用语的通常意义外,其他因素不能被忽略。条约文本是解释的基础,但并不意味着应优先适用。当然,解释因素相对于其他因素的重要性会因情况而异。仲裁庭强调了善意解释的基础性作用,条约必须遵守这一基本原则是以善意为基础的,在解释条约时,仲裁庭有责任以条约文本为出发点。因此,仲裁庭将适用《条约法公约》第31条第1款的规定。但这不是唯一的解释方法。如根据第31条第4款的规定,"倘经确定当事国有此原意,条约用语应使其具有特殊意义"。[2]

仲裁庭认为,还必须解释《条约法公约》第31条和第32条的关系。荷兰政府认为,第32条是第31条解释的补充方法。法国政府认为,第32条的规定"不能与一般解释规则相分离"。仲裁庭认为,国际法院已承认第31条的习惯法性质,且第32条的适用范围并不限于第31条规定的,即结果有歧义、模糊、明显荒谬或不合理的情况。事实上,有时需要借助其规定以便确认因适用第31条而产生的意义。仲裁庭认为《条约法公约》的这一规定源于国际法长期且一致的实践,自《条约法公约》缔结以来,国际法院也曾多次确认,解释可以根据第32条的规定诉诸补充资料。[3]

法国同意《条约法公约》第31条和第32条反映了习惯国际法性质,对

---

〔1〕 See The Rhine Chlorides Arbitration Concerning the Auditing of Accounts (The Netherlands/France), P. C. A. Award, 2004, p. 26 – 27, paras. 62 – 63.

〔2〕 Ibid., p. 26 – 27, paras. 64 – 66.

〔3〕 Ibid., p. 26 – 31, paras. 68 – 76.

所有国家都具有约束力,但其强调,对法国适用的约束力与对《条约法公约》缔约方适用所具有的约束力不同。国际法院在1986年对尼加拉瓜进行军事和准军事活动案中明确表示,习惯规则和协定规则可以相互叠加适用,每一项规则都保留其"独立的适用性",而且"它们所依据的实质性规则"不必"内容相同"。[1]在本案中,双方之间的唯一法律依据是习惯国际法。然而,法国没有提交任何证据来支持其关于习惯规则可能不同于《条约法公约》第31条和第32条的观点。此外,仲裁庭认为,这些条款不像法国说的那样僵硬,而是留有足够的解释空间。仲裁庭由此得出结论,这些条款必须被视为对习惯国际法规则的反映,因此它们将被适用于本案。[2]

《条约法公约》第33条涉及以两种以上文字认证之条约的解释,《1991年议定书》属于这种情况。当事双方援引第33条进行辩论。对于第33条在习惯国际法中的地位,仲裁庭提到,国际法院已在"拉格朗案"中指出《条约法公约》第33条反映了习惯国际法。[3]

(二)判决理由

两国政府之间的分歧在于对账目进行最终审计时,法国返还给荷兰的款项的计算方法上(《1991年议定书》附件三第4.2.1条的规定)。因此,有必要研究《1991年议定书》第4条和附件三所建立的机制。这种机制是必要的,因为不可能提前对每年需储存的氯化物数量进行预测,运行成本将根据莱茵河流量系数而变化。

《1991年议定书》第4条规定,缔约方应承担在法国境内采取措施的费用,最多不超过4亿法郎,比例如下:德国30%;法国30%;荷兰34%;瑞

〔1〕 See Military and Paramilitary Activities in and against Nicaragua (Nicaragua/United States of America), Judgment, I. C. J. Reports 1986, p. 94, para. 175.

〔2〕 See The Rhine Chlorides Arbitration Concerning the Auditing of Accounts (The Netherlands/France), P. C. A. Award, 2004, p. 31 – 32, para. 77.

〔3〕 Ibid., p. 32, para. 78.

士6%。

《1991年议定书》附件三第2.1.1条规定了1991～1998年法国境内每年的支出。第1.2.2条规定了德国、瑞士和荷兰每年将向法国预付款项，以使法国能够支付氯化物的储存费用和搬运储存氯化物的费用。根据第2.1.3条的规定，每年的款项将按照《1991年议定书》第4条的公式分摊。根据该条，荷兰应支付1991～1998年法国境内每年支出的34%。

《1991年议定书》附件三第2条中列出的金额用于限制法国的储存义务，构成支出限制。根据《1991年议定书》的规定，每年年底，法国应提交一份报告，说明按照第1.2.6条规定的条件计算的储存数量和有关费用。如果以这种方式计算的实际储存费用低于最初为有关年度设定的限额（第2.1.1条），那么差额（加上按国家长期贷款年利率11/12计算的金额）应转入下一年，从而相应地提高下一年的支出限额。根据附件三第4.2.1条的规定，只有在《1991年议定书》规定的期间结束时，才对账目进行最后审计。[1]

在整个期间，法国实际储存的氯化物数量远远低于缔约方规定的限额。因此，到期时，法国不得不向其他国家返还已支付款项的余额。然而，对于如何计算应返还的款项，各方意见不一。荷兰政府认为，法国的"dépensesengagées"（支出），是指固定成本，再加上附件三规定的61.5法郎/吨乘以储存和搬运储存氯化物的吨数。法国政府认为，规定61.5法郎/吨的唯一目的是计算1991～1998年的支出限额，在最终审计时，将使用储存和搬运的实际成本。由于实际储存量很少，因此储存和搬运的实际成本远远高于61.5法郎/吨。

双方提出如下问题：根据国际法解释《1991年议定书》及附件三的有关规定，按照附件三第4.2.1条进行账目审计，双方之间应转移的费用是多少？

---

〔1〕 See The Rhine Chlorides Arbitration Concerning the Auditing of Accounts (The Netherlands/France), P. C. A. Award, 2004, p. 33－34, paras. 81－83.

上文回顾了关于条约解释的国际法实践,它将被用来解决两国之间的争端。《条约法公约》第31条的一般原则是"条约应善意解释",仲裁庭承认这一原则的基础作用,但认为没有理由怀疑荷兰或法国政府在解释《1991年议定书》及其附件时的善意。[1]

因此,仲裁庭将依据善意原则解释第4.2.1条的规定。在如何解释第1.2.6条中计算条件的"实际支出"时,双方发生分歧,这是本案争议的主要焦点。荷兰政府认为,第4.2.1条中所述用语的意思是明确的:"dépensesengagées"(支出)必须以61.5法郎/吨进行计算。法国对这一解释提出质疑,强调61.5法郎/吨只用于确定年度支出限额和结转额的计算,而不用于最终审计的计算。

仲裁庭认为,虽然法文版第1.2.6条使用了"acette fin"(为此目的)等词语,而德文和荷文版没有,但没有必要采用《条约法公约》第33条第4款规定的解释方法来决定应使用哪一种文本。实际上,出于审计的目的,第4.2.1条在引用第1.2.6条的计算方法时,除第1.2.6条规定的目的外,还规定了新的目的。

对于第4.2.1条规定,"款项不用全额付清"。法国政府认为,该短语表明《1991年议定书》设计了两种不同机制。仲裁庭认为,预付款是缔约方每年需要支付的最高限额,一旦支付了预付款,就可以免除所有的财政义务。根据《1991年议定书》预付款的规定,预付款必须等于或大于每一缔约方的全部义务,因而在付款之后不可能还有义务存在。事实上,"款项不用全额付清"的情况只能是法国,因为其必须在实际支出低于规定的支出限额的情况下返还所收款项的余额。因此,仲裁庭不支持法国政府对此短语的观点。

---

〔1〕 See The Rhine Chlorides Arbitration Concerning the Auditing of Accounts(The Netherlands/France),P. C. A. Award,2004,p. 34 – 35,paras. 84 – 86.

对于使用“comparaison”一词的意思，双方也有不同意见。法国政府认为该词与“difféence”一词使用的不同表明《1991 年议定书》设定了两种机制。仲裁庭指出，缔约方在一项条约使用两个不同的词语，但意思非常相近，意在区分不同的意思，需要进一步分析。“comparaison”一词有非常宽泛的含义，在本案中，仲裁庭认为，应将该词解释为存在数字上差异的含义，因为在审计账目时比较的两个要素实际上是可数字化的数额。

对于“dépensesengagées”（已发生支出）和“dépenseseffectuées”（实际支出）等用语，仲裁庭认为，“engagées”和“effectuées”的意思非常接近，是同义词，如果缔约方希望通过使用这些词汇表示不同的支出，应选择更明确的词语。而“engagées”“effectuées”等词在德文、法文和荷兰文文本中交替使用，缺乏一致性。在第 4.2.1 条中，“engagées”或“effectuées”的意思是已经发生的支出。从其他条文的效力看，如果第 4.2.1 条中的“dépenseseffectuées”，是指实际支出，将不利于区分两个词的意思。

《1991 年议定书》附件三第 1.2.6 条规定：“法国应在该年度的支出达到支出限额后免除其储存义务。”第 1.2.6 条规定，每年的“dépenseseffectuées”是将储存的吨数乘以 61.5 法郎/吨，再加上 4000 万法郎的固定投资费用。换言之，本规定中的“dépenseseffectuées”不是按实际数额计算的，而是按 61.5 法郎/吨计算。因此，议定书中使用“dépenseseffectuées”一词，是指支出应用 61.5 法郎/吨来计算。

法国认为，“dépenseseffectuées”在第 1.2.6 条和第 4.2.1 条中有不同意思，因为这两个条款的上下文不同，是基于不同的逻辑和计算方法的。然而，法国的观点是在计算结转的理由与审计的理由不同的基础上提出的。因此，对这两个词使用所产生的争论，仲裁庭不支持审计中使用实际支出，而不是61.5法郎/吨的主张。[1]

法国特别强调了《1991年议定书》第4条规定的分摊公式。仲裁庭认为,《1991年议定书》第4条没有规定审计是以61.5法郎/吨或是以实际支出来计算的问题。该条只规定了必须按照该条规定的比例分摊计算得出的费用。附件三规定了最后审计的计算以61.5法郎/吨为基础。即使《1991年议定书》第4条的规定优先于附件三,其结果也是一样的,因为根据第4条的规定又要回到附件三的方法来计算应付款项。仲裁庭补充认为,4000万法郎的固定投资成本是缔约方事先确定的数额,61.5法郎/吨也是如此。双方对投资成本的审计以4000万法郎为基础并无争议,没有理由根据不同的标准来审计运行成本。[2]

根据《条约法公约》第31条第2款第(b)项的规定,"一个以上当事国因缔结条约所订并经其他当事国接受为条约有关文书之任何文书"是解释条约上下文的一部分。仲裁庭经审理后,无法找到除《1991年议定书》及其附件三外,有助于条约解释的其他文书。虽然《代表团团长宣言》是《条约法公约》所指的与《1991年议定书》有关的文件,但仲裁庭认为,这两个文件非常相似,在解释《1991年议定书》方面,该文件的作用非常有限,无法为仲裁庭确定账目审计的计算方法提供任何帮助。[3]

关于《1991年议定书》目的和宗旨的解释,仲裁庭认为,缔约方意在建立一种团结一致的制度。在国际法实践中,当国际水道的接壤国决定建立一个使用共同水域的联合制度时,会承认一个"利益共同体",从而形成一个"法律共同体",在这些共同体中,边界国家之间的团结无疑是一个重要的因素。然而,目的和宗旨的解释对于审计中应使用何种计算标准的问题并不

---

〔1〕 See The Rhine Chlorides Arbitration Concerning the Auditing of Accounts (The Netherlands/France), P. C. A. Award, 2004, p. 35 – 38, paras. 87 – 92.

〔2〕 Ibid., p. 38 – 39, para. 94.

〔3〕 Ibid., p. 38 – 39, para. 95.

是决定性的。本案中,双方的解释都符合《1991年议定书》的目的和宗旨,都是以莱茵河沿岸国之间的团结为目的,并通过共同出资来确保措施的推进,一同对抗氯化物污染。本案的问题在于,这种共同出资的协定条件是什么?[1]

根据《条约法公约》第31条第3款第(b)项的规定,本案是否存在嗣后对条约解释有关的实践?荷兰政府认为,截至1996年年底的年度报告和临时资产负债表证明了其对《1991年议定书》的正确解释。法国政府反对这一观点。仲裁庭认为,法国编写的报告是根据《1991年议定书》第3.2.2条起草的,该条规定,法国每年必须提交"根据第1.2.6条规定的条件计算的储存数量和相关费用的报告"。必须指出的是,这些报告中没有提到最后审计的计算问题。至于临时资产负债表,是法国主动编制的,并未提交讨论或决定。虽然它确实提出了最后审计的问题,但不能被视为是各方在这方面的共同做法。因此,年度报告和临时资产负债表只是一种实践方面的证据,并就如何解释第3.2.2条达成意见,与最后的审计问题无关。仲裁庭还认为,作为《1991年议定书》缔约方的德国和瑞士在1995~1996年左右停止支付年度款项的事实,并不表明在法国和荷兰之间存在任何实践。[2]

根据《条约法公约》第31条第3款第(c)项"适用于当事国间关系之任何有关国际法规则"的规定,荷兰政府提到了污染者付费原则。仲裁庭注意到该原则在若干双边和多边国际文书中都有体现,在不同程度上发挥效力。在不否认其在条约法中的重要性的前提下,仲裁庭认为,该原则不是习惯国际法。污染者付费原则在《1976年公约》或《1991年议定书》中均无体现,且条约采用了与该原则所不同的解决方案。因此,该原则与第4.2.1条的解释

[1] See The Rhine Chlorides Arbitration Concerning the Auditing of Accounts(The Netherlands/France), P. C. A. Award, 2004, p. 38 – 39, para. 96.

[2] Ibid., p. 38 – 39, paras. 99 – 101.

无关。荷兰政府认为,其特殊的地理位置(位于莱茵河下游)决定了其在提起本诉讼程序方面,与德国、瑞士和法国处于不同的法律地位。仲裁庭认为,荷兰政府没有具体说明它所声称具有的这种特殊地理位置对法律有什么影响。在这方面,《1991 年议定书》并不赋予荷兰涉及最后审计的任何特殊法律地位。[1]

基于上诉理由,仲裁庭认为,最后审计的计算必须以 61.5 法郎/吨为基础。但是,仲裁庭认为,还必须根据《条约法公约》第 32 条的规定进行审理。在 2003 年 1 月 27 日开始的书面程序中,荷兰和法国政府都提交了一些被视为第 32 条所指的补充解释的文件。在听证期间,双方均提交了一些以前未提交的文件。听证会后,双方又提交了一些其他文件。这些文件按 C、DELch、PLEN 分类,[2]仲裁庭审理了这些文件。

仲裁庭对这些文件的审理结论,可以总结如下:(1)1987 年和 1988 年,对阿尔萨斯钾矿进行了研究,就储存成本而言,这些研究对本案的价值有限。(2)1989 年,阿尔萨斯钾矿根据荷兰与法国协定的替代计划编写了一份研究报告。报告提出氯化物的储存成本为 24 法郎/吨(包括部分固定成本和部分可变成本),至于搬运成本,参考先前研究,为 37.5 法郎/吨。总计是 61.5 法郎/吨。(3)1990 年,对莱茵河的流量系数进行了研究。由此得出的预测表明每吨氯化物的储存成本的变化有限。因此,有人建议在计算费用时应采用平均假设的方法,即假设 8.5 年内储存 510 万吨氯化物的成本。假设的成本仍为 61.5 法郎/吨。(4)这些建议反映在之后的各种文件中,但由于项目迟迟未能启动,最终决定,根据假设 7.5 年内储存 450 万吨氯化物来计算成本。61.5 法郎/吨的单位成

[1] See The Rhine Chlorides Arbitration Concerning the Auditing of Accounts (The Netherlands/France), P. C. A. Award, 2004, p. 38 – 39, paras. 102 – 104.

[2] “C”是氯化物工作组,“DELch”是代表团团长,“PLEN”是全体会议。

本没有变。[1]

仲裁庭认为,61.5 法郎/吨的数额在这种情况下确实如法国政府所认为的那样是根据固定和可变成本计算得出的。然而,仲裁庭没有办法确定固定成本和可变成本的比例各为多少。仲裁庭认为,自 1988 年以来,搬运氯化物的数量从 1630 万吨下降到 510 万吨,再下降到 450 万吨,而用于储存的搬运费用(37.5 法郎/吨)基本保持不变。1990 年采用的总数额(61.5 法郎/吨)在最后一次减少储存量后也保持不变。因此,缔约方采用了 61.5 法郎/吨的数额,因为它既包括固定成本,也包括可变成本。由于已对莱茵河的流量系数作出了预测,因此缔约方认为,在确定每吨的成本时,无须再考虑需要存储的数量可能发生变化的问题。仲裁庭认为,缔约方在整个谈判期间最关心的问题是确保不会因为莱茵河流量系数的降低而超出对储存量或支出的预测。他们没有预测到流量系数会增加,而由此产生的储存量却会减少,以至于使成本预测陷入混乱。[2]

基于以上理由,仲裁庭得出结论,根据所有准备工作文件得出的结论并不与根据《条约法公约》第 31 条得出的结论有所不同。

(三)应返还金额的计算

在进行以上分析后,仲裁庭将具体讨论法国应返还荷兰的数额的计算。虽然仲裁庭跟荷兰政府一样认为,审计必须以 61.5 法郎/吨为基础计算,但仲裁庭不完全采用荷兰政府建议的计算方法。仲裁庭认为,荷兰政府提出的方法没有考虑运行成本和投资成本是以 1988 年法郎的市值计算的,而付款则是以法郎的现值计算。此外,荷兰政府在如何计算利息的问题上也没有提供任何说明。

---

〔1〕 See Award, p. 57, para. 128.

〔2〕 See The Rhine Chlorides Arbitration Concerning the Auditing of Accounts (The Netherlands/France), P. C. A. Award, 2004, p. 57, para. 129.

仲裁庭认为,法国应返还荷兰的数额应分两个阶段计算:第一阶段计算款项余额,即荷兰向法国支付的款项的余额。第二阶段计算利息,区分截至1998年12月31日的利息和该日之后的利息。仲裁庭将逐年计算余额和利息。同时,以往各年的利息必须加在计算下一年利息的结转额中。最后,对于国家长期贷款的年利率,仲裁庭将逐年确定数额。[1] 根据计算,法国对荷兰的付款义务为128,855,162法郎,即19,643,843欧元(当时汇率:1欧元=6.55957法郎)。此时,法国有义务向荷兰支付118,855,162法郎,即18,119,353欧元。另外,法国应拨出1000万法郎,即1,524,490欧元,用来支付1998年后从储存中搬运的价格上涨费用。最后,当缔约方确定超额费用是多少时,法国必须从为此目的预留款项中扣除,并将余额返还荷兰,无须支付利息。[2]

基于上述理由,仲裁庭一致决定:

1. 根据《1991年议定书》附件三第4.2.1条的规定,为审计法国和荷兰之间的账目而必须转拨的资金数额为128,855,162法郎,即19,643,843欧元,但须从该金额中扣除1998年后从储存中搬运的价格上涨造成的超额费用;

2. 为了使其能够承担这些超额的费用,法国应保留1000万法郎(合1,524,490欧元)的储备金,该款项不计利息;

3. 法国有义务立即向荷兰返还118,855,162法郎,即18,119,353欧元;

4. 储存的搬运工作一旦完成,法国和荷兰应确定1998年以后因储存的搬运价格上涨而造成的超额费用;

5. 在扣除本裁定第4项提到的超额费用后,法国有义务向荷兰返还根据

---

〔1〕 See The Rhine Chlorides Arbitration Concerning the Auditing of Accounts (The Netherlands/France), P. C. A. Award, 2004, p. 59, para. 136.

〔2〕 Ibid., p. 65, para. 143.

本裁定第2项预留的剩余款项。[1]

四、仲裁员单独意见

纪尧姆法官认为,虽然仲裁庭正确地解释了《1991年议定书》及其附件三的相关条款,但根据《1991年议定书》进行计算所产生的结果是不合理的,因为计算得出的总额为9904万法郎(其中3367万法郎由荷兰承担)。然而,根据法国提供的材料,实际支出总额约为2.06亿法郎。法国提供的数字显然过高,因为其没有执行原先计划的所有工作。但事实是,即使在作出更正之后,实际支出总额仍为1.6亿法郎。如果荷兰仅支付3367万法郎,则荷兰承担的支出份额将不是《1991年议定书》规定的34%,而是21%,法国将承担的支出份额为57%,远远超出《1991年议定书》30%的规定。[2]

仲裁庭提到的条约解释的国际法实践表明,根据《条约法公约》第32条的规定,在本案的这种情况下,应审查文本按字面意思解释的结果是否会与准备工作所揭示的当事方的意愿冲突。仲裁庭审理了准备工作的文件后认为,正如法国所主张的,61.5法郎/吨的数额确实是根据固定和可变成本来计算的。但仲裁庭无法确定二者最后的份额。纪尧姆法官认为,就储存支出而言,没有任何理由质疑这些费用应按C8/90号文件所载的各按一半来分配。实际上,一方面,与先前文件中出现的计算方法相对应;另一方面,计算储存的搬运费用是比较困难的,且由于法国并未执行计划里的所有工作,这些数字可能会被改变。[3]

纪尧姆法官认为,真正的问题在于,根据准备工作的文件是否可以得出

---

[1] See The Rhine Chlorides Arbitration Concerning the Auditing of Accounts (The Netherlands/France), P. C. A. Award, 2004, p. 66.

[2] Ibid., p. 67 – 70.

[3] Ibid.

结论，认为《1991年议定书》的起草者无视储存数量，而选择61.5法郎/吨的数额。

仲裁庭认为，在缔约方就莱茵河流量系数所作出的预测框架内，确实是这样的。纪尧姆法官同意对这一观点的看法。实际上，缔约方预测氯化物的储存数量在310万吨至690万吨。但他们排除了极端情况，认为流量系数的变化可能导致储存量在410万吨至560万吨变化。因此，他们以510万吨的储存量为基础计算了单位成本。从准备工作文件中可以清楚地看出，这个数字是一次性总和，与储存的数量无关。实际上，当事双方，特别是法国，在谈判过程中最关心的是如何避免当莱茵河流量系数低于预测水平时而增加支出。《1991年议定书》附件三第1.2.1条和第1.2.6条的规定都体现了这种关心，它们规定了4亿法郎的支出限额，并确定每年的支出限额，在此之上法国将免除储存义务。谈判人员没有预料到需要存储的吨位会太低，以至于对其成本的计算提出质疑。[1]

纪尧姆法官认为，在这种情况下，各方的任何共同意图都不能被理解为违背《1991年议定书》文本本身的准备工作。本案的根本困难在于1989年对莱茵河流量系数的预测结果完全错误。问题的关键是，这是不是情况的根本性改变，从而允许仲裁庭援引"情势变更"条款。[2]

根据《条约法公约》第62条第1款的规定："条约缔结时存在之情况发生基本改变而非当事国所预料者，不得援引为终止或退出条约之理由，除非：(a)此等情况之存在构成当事国同意承受条约拘束之必要根据；(b)该项改变之影响将根本变动依条约尚待履行之义务之范围。"国际法院在"1973年关于渔业管辖权案"(德国/冰岛)的判决中确认这一规则具有习惯国际法

〔1〕 See The Rhine Chlorides Arbitration Concerning the Auditing of Accounts (The Netherlands/France), P. C. A. Award, 2004, p. 67 – 70.

〔2〕 Ibid.

性质,[1]伊朗—美国索赔法庭甚至认为这是一项一般法律原则。[2]

因此,纪尧姆法官认为,虽然法国不是《条约法公约》的缔约方,但本案的情况满足了第62条第1款规定的条件。纪尧姆法官认为,1991～1998年,莱茵河的流量系数与往年有根本不同,导致氯化物的储存数量是作为基础计算成本数量的1/5。如果法国知道情况会是这样的话,它肯定不会同意将成本定为61.5法郎/吨,这是法国同意的一个重要基础,对其他各方来说也是如此。本案事实所发生的变化将从根本上改变仍有待履行的义务的效果。因此,本案满足第62条第1款规定的条件,而第62条第2款中的例外也不适用。[3]

在国内法中,当基本情势变更理论被接受时,它既可以导致合同的终止,也可以导致裁决被修改。后一种解决办法有时在国际合同法中得到考虑,但从未得到采纳。[4]但它从未在国际公法中适用。在国家间关系中,"情势变更"条款意味着,如果情况发生根本性变化,当事方有义务进行谈判,如果谈判没有结果,则可以允许它们退出公约或暂停公约的执行(《条约法公约》第1条、第62条第3款)。[5]

纪尧姆法官认为,各方之间本应根据新的情况真诚地通过谈判解决,但仲裁庭采取了一种不合理的解决办法。人们只能期待这一方法将来被用来解决双方之间仍然悬而未决的问题,以及法国与德国或瑞士之间可能出现

[1] See Fisheries Jurisdiction(Federal Republic of Germany/Iceland), Judgment, I. C. J. Reports 1973, p. 63, para. 36.

[2] See Questech Inc. v. The Ministry of National Defence of the Islamic Republic ofIran, Case No. 59, 20 September 1985, Award No. 191 - 59 - 1, Iran-United States Claims Tribunal Reports, Vol. 9, p. 122.

[3] See The Rhine Chlorides Arbitration Concerning the Auditing of Accounts(The Netherlands/France), P. C. A. Award, 2004, p. 67 - 70.

[4] See the International Chamber of Commerce Arbitral Awards in Case No. 2508, Reports of Arbitral Awards of the International Chamber of Commerce, 1976, p. 939.

[5] See The Rhine Chlorides Arbitration Concerning the Auditing of Accounts(The Netherlands/France), P. C. A. Award, 2004, p. 67 - 70.

的新的问题。

五、述评

本案中,荷兰和法国以及其他缔约方通过缔结条约的方式共同开发和利用莱茵河,并约定以共同的措施来减少莱茵河氯化物的污染,然而这种共同措施因为莱茵河流量系数的变化而引发了关于条约执行的争议。两国政府将争议诉诸常设仲裁法院,要求仲裁庭解释该条约。常设仲裁法院仲裁庭根据条约的解释规则审理了此案。本案在国际河流的共同治理方面具有重要意义,同时常设仲裁法院的判决也对条约的解释和执行具有启发性。

(一)条约解释的一般规则

国际法关于条约的解释主要是《条约法公约》第 31 条、第 32 条和第 33 条的规定,这些规则在国际法院以及其他国际法庭的实践中已被认为具有习惯国际法的性质。例如,在"美伊索赔案"中,尽管伊朗和美国均未加入《条约法公约》,但索赔法庭自 1981 年开始工作以来,已系统地将第 31 条和第 32 条作为法律适用。事实上,在国际法的实践中,判例以及学说发展出许多条约解释的方法,《条约法公约》中条约的解释规则源于这些方法并对这些方法加以编纂。例如,仲裁庭在 1980 年关于德国外债案的裁决中指出:"根据判例法和学说中的意见,《条约法公约》反映了当时的情况,正如它反映了国际公法关于条约的现状一样,至少就条约解释而言,它只不过是编纂了现行的习惯法。"[1]《条约法公约》第 31 条规定了条约的一般解释规则,包括通常意义、上下文、善意、目的及宗旨等解释规则,第 32 条规定了条约解释的补充规则,包括筹备工作和缔结条约的情况,但《条约法公约》本身并未规定这些解释规则在解释过程中的优先顺序。本案中,当事国关于条约解

〔1〕 See *Young Loan Arbitration on German External Debts*, RGDIP, Vol. 84, 1980, p. 1184, para. 18.

释的争议焦点就在于《条约法公约》第 31 条和第 32 条所载明的解释规则的各个因素的相对重要性方面。

《条约法公约》第 31 条所列举的解释规则的适用是综合适用的过程，不应认为各个解释因素之间存在法律上的等级顺序，这些因素应被视为一个为确立缔约方共同意图的整体。正如国际法委员会在《条约法公约》的最终草案和评注中强调："第 31 条的标题使用的是单数形式（'rule'），因为该条的规定构成一个单一的、紧密结合的规则。"[1]善意解释是条约解释的基础，源于"条约必须遵守"原则，指导着整个国际法的解释和适用。上下文解释除序言及附件外，还包括其他有关的协定、嗣后实践、国际法规则等。条约的目的和宗旨体现在条约的序言及条约的其他实体规定中，但其一般不能用来改变条约明确的实体规定。因为条约的目的往往难以捉摸和衡量，只能用来寻求一般术语的通常意义或者检验解释得正确与否。条约的通常意义是指词语自然、通常的意思。一个词通常包含多种意思，其本身难以确定，因此通常意义一般应结合条约的上下文、目的及宗旨等因素加以理解。条约文本的通常意义是解释的基础，但不意味着条约解释是纯文本解释，优于其他解释方法，除条约术语的通常意义外，其他解释方法不能被抛弃。同样地，通常意义这一方法也不能被忽视。因此，条约术语的通常意义必须根据条约的上下文以及其目的和宗旨善意地确定。当然，一个解释因素相对于其他因素的重要性会因情况而异。正如仲裁庭在"拉努湖案"中所述，"国际法不批准任何绝对和严格的解释方法"[2]。

《条约法公约》第 32 条标题"解释之补充资料"本身就说明其在条约解释中的从属地位，但在解释条约时，是只有在根据第 31 条解释不合理的情况

---

〔1〕 *ILC Final Draft Articles and Commentary*, in Sir Arthur Watts ed., The International Law Commission 1949 – 1998 (Volume Ⅱ): The Treaties (R), Oxford University Press, 1999, p. 685 – 686.

〔2〕 Lake Lanoux Arbitration (France/Spain), United Nations Recueil des Sentences Arbitrales, Vol. Ⅻ, p. 281.

下，才可以诉诸第32条的解释手段，还是认为第32条不能与第31条“解释通则”相分离？对此，有必要进一步明晰二者之间的关系。《条约法公约》第32条的规定是源于长期存在且一贯的国际法实践，在国际法院的判例中，须采用第32条规定的手段来确认因适用第31条解释所产生的意义，而不只限于解释结果是不合理的情况。如国际法院对接纳成员的咨询意见：“如果相关术语在其上下文中的意思是自然且普遍的，那么解释就结束。如果自然和普遍意义上的术语含混不清或导致不合理的结果，则法院只能再借助其他解释方法来确定当事各方的真实意图。”[1]

(二)时间因素对条约解释的影响

仲裁庭根据《条约法公约》解释了《1991年议定书》及其附件三相关争议条款的含义。根据裁决，其正确地注意到了《1991年议定书》第4条仅是缔约方之间关于支出比例的分配，本案关于账目审计的计算方法应回到附件三。虽然仲裁庭根据附件三的规定计算出了最后的数额，但数额是不合理的，违背了条约对于筹资比例的约定。纪尧姆法官提出了关于“情势变更”的单独意见，且不说该原则是否适用于本案的情况，本案双方的诉讼请求在于根据条约的解释规则来解释相关条款，因此，仲裁庭应通过条约解释的途径来解决纠纷。在国际水法案例中，随着时间的推移，河流的流量、位置等因素受环境变化的影响较大，因此关于河流管理利用条约的解释，法庭应当考虑时间因素对于条约解释的影响。

条约是国家之间签订的契约，契约的不完全性包含着未来发生偶然事件的可能性。如果一项条约意在建立起一种长期、稳定的法律关系，那么不考虑这种关系的发展因素，将可能违背这项条约本身的目的和宗旨。对于长期、持续性的条约，在解释时考虑时间因素，按照其解释或适用时的含义

[1] Competence of the General Assembly for the Admission of a State to the United Nations, Advisory Opinion, I. C. J. Reports 1950, p. 8.

来解释,被称为条约的“演化解释”或“当代解释”。[1]《条约法公约》中条约的解释规则是对习惯法的编纂,在这些规则之外还存在其他的解释方法。事实上,国际法委员会在《条约法公约》草案中曾考虑过时间因素对条约解释的影响,但由于时际法过于复杂而放弃。然而,国际法委员会认为,虽然公约中没有规定时际因素,但在适当时仍应予以考虑,其认为时际因素天然被包含在第31条规定的解释规则中。[2]因此,在考虑条约术语具有时代性和发展性的前提下,《条约法公约》第31条为解释条约留下了足够灵活的空间。

国际法学者的意见和国际司法机构的实践也都认为“演化解释”是《条约法公约》第31条所固有的解释方法。伊恩·布朗利(Ian Brownlie)教授认为:“同时原则是1969年《条约法公约》第31条中第一原则的必然推论,该原则即‘条约应依其用语按其上下文并参照条约之目的及宗旨所具有的通常意义善意予以解释’。”[3]在“2005年莱茵铁路案”中,常设仲裁法院仲裁庭认为,“条约的演化解释受到法学家的普遍支持”,[4]特别是在涉及环境的领域,国际法院也多次在判例中支持对条约的“演化解释”。在1978年“爱琴海大陆架案”中,国际法院对“领土地位”一词作出明确的“演化解释”,其认为:“权利是一个通用术语,其意义应根据国际关系的发展而演变。”[5]在1997年“匈牙利/斯洛伐克项目案”中,国际法院认为:“应考虑现行的标准来评价环境风险,因为这些条款在某种程度上对缔约方施加一种

---

[1] See Malgosia Fitzmaurice, *Dynamic (Evolutive) Interpretation of Treaties (Part Ⅰ)*, in Johan G. Lammers ed., Hague Yearbook of International Law, Brill, 2008, p. 107.

[2] See Martin Dawidowicz, *The Effect of the Passage of Time on the Interpretation of Treaties: Some Reflections on Costa Rica v. Nicaragua*, Leiden Journal of International Law, Vol. 24, p. 206 (2011).

[3] See Ian Brownlie, *Principles of Public International Law (Seventh Edition)*, 7th edition, Oxford University Press, 2008, p. 633.

[4] Arbitration regarding the Iron Rhine Railway (Belgium/Netherlands), P. C. A. Award, 2005, p. 81.

[5] Aegean Sea Continental Shelf (Greece/Turkey), Judgment, I. C. J Reports 1978, p. 78.

持续的义务,以维持多瑙河的水质。"[1]

解释者在解释条约时的主要任务是探究缔约方的共同意图,国际司法机构应结合个案,从条约术语的本身去推定,或结合条约术语的上下文以及条约的目的和宗旨去推定当事国对术语"演化解释"的共同意图。例如,一项条约具有一段连续有效的期间,且当事国意识到条约术语可能随时间变化而改变,则可推定当事国具有这种共同意图。而在适用条约的"演化解释"时不应该离开条约解释的一般规则,即《条约法公约》所确立的规则。"演化解释"不是一个新的独立的解释方法,其暗含在《条约法公约》第31条第1款有关根据条约的目的与宗旨来解释条约的规定和第3款第3项关于"适用于当事国间关系之任何有关国际法规则"的规定中。[2]国际司法机构应基于解释的一般规则来确定术语的演化意义,不能偏离条约文本所具有的含义,也不能偏离当事国在嗣后实践中所表现出来的共同意图。

本案中,缔约方在莱茵河的治理问题上缔结的《1976年公约》及《1991年议定书》是一种持续性的条约,通过建立共同措施和资金运作机制,意在建立起长期有效的制度,形成一种团结一致的法律关系。缔约方已经意识到莱茵河流量变化较大的事实,在保护莱茵河免受氯化物污染的共同举措中约定了最高支出限额。虽然莱茵河的实际情况不是缔约方所预测的那样,但缔约方已经意识到变化的可能,仲裁庭在解释相关术语的时候就可以考虑术语含义可能存在的变化,从而避免出现不合理的解释结果。虽然条约的"演化解释"是一个发展中的概念,受法官的自由裁量权影响较大,具体

---

〔1〕 Gabcikovo-Nagymaros Project (Hungary/Slovakia), Judgment, I. C. J. Reports 1997, p. 18 - 20, para. 140.

〔2〕 See Julian Arato, *Subsequent Practice and Evolutive Interpretation: Techniques of Treaty Interpretation over Time and Their Di-verse Consequences*, The Law and Practice of International Courts and Tribunals, Vol. 9, p. 471 (2010).

方法及限制手段还有待国际法实践进一步发展。但在国际水法案件中，由于河流受时间影响的因素较大，在解释关于河流的条约时考虑到时间因素对条约解释的影响，将更有利于公正合理地解决案件。

（三）公平合理利用原则

《条约法公约》第31条第3款第（c）项规定，条约解释应与上下文一并考虑的有"适用于当事国间关系之任何有关国际法规则"。在"美伊石油平台案"中，国际法院认为："……（条约）不应完全脱离国际法规则而独立运行……与本案有关的相关国际法规则因此成为法院解释中不可分割的组成部分。"[1]从国际司法机构的实践来看，这里的"国际法规则"是《国际法院规约》第38条所指的其他条约、习惯国际法规则和一般法律原则。本案中，仲裁庭认为，荷兰提到的污染者付费原则在国际法实践中并不被认可为习惯国际法规则，因而不适用于本案。在国际水法案件中，缔约方往往通过签署条约的方式来建立一种团结一致的"利益共同体"制度，以共同管理与利用河流，本案的情况也是如此。因此，在解释《1991年议定书》及其附件三的争议条款时考虑"公平合理利用原则"这一国际水法的基本原则，更符合国际水法的整个规则体系。

公平合理利用原则是指沿岸国在其领土内享有开发国际河流的权利的同时，承担不损害其他沿岸国权利及保护国际河流水资源的义务。该原则包含两个方面：一是公平利用原则，即权利义务在各沿岸国之间的正确分配；二是合理利用原则，即对国际河流进行合乎规律的利用。公平原则和合理原则相辅相成，成为沿岸国在国际河流开发利用以及保护中必须共同遵守的原则。该原则不仅是国际水法的基本原则之一，也是一项习惯国际法

---

〔1〕 Case Concerning Oil Platforms（Iran/U. S），I. C. J. Reports 1996，p. 812.

规则。[1] 在《赫尔辛基规则》《关于水资源法的柏林规则》《联合国国际水道非航行使用法公约》等国际公约,以及《尼罗河国际框架协议》等国际条约中都是具有支配地位的法律原则。1997 年“匈牙利/斯洛伐克项目案”中,国际法院在判决中多次提到公平合理利用原则,其认为斯洛伐克单方面剥夺了匈牙利公平合理利用水资源的权利。[2]

作为国际水法的基本原则,关于公平合理利用原则的解释繁多,国际法尚未形成明确的内涵与外延,以及具体的判定方法。当前,生效的国际河流条约都以列举的方式列举公平合理利用原则判定的考量因素。例如,《赫尔辛基规则》第 4 条,列举了 11 项考虑因素,包括流域的地理状况、流域的水文状况、气候变化的影响、流域的水资源利用情况、流域国的社会经济需求和人口状况等因素。[3] 但其本身没有规定这些因素认定的优先次序以及如何确定各因素之间的比重关系。抽象和模糊的特性导致公平合理利用原则在适用时效力的衰减。

在本案中,荷兰位于莱茵河下游的特殊地理位置、莱茵河流量变化极易受天气状况影响、双方当事国的社会经济和人口状况等因素,都是考虑公平合理利用原则进行条约解释时需要衡量的因素。缔约方在开发、利用以及保护莱茵河的时候就考虑了公平合理利用原则(如在《1991 年议定书》第 4 条约定了支出的分配比例),仲裁庭在解释条约时就应该综合各种因素判断条约解释是否符合该原则的要求。根据仲裁庭的解释结果,法国将承担远远超出其本应承担的份额,这不符合该原则的要求。在国际河流管理与利用中,由于河水的流动性,任何沿岸国对国际河流造成的损害,都会对其他

---

〔1〕 See Joseph W. Dellapenna, *The Customary International Law of Transboundary Fresh Waters*, International Journal of Global Environmental Issues, Vol. 1, No. 3/4, p. 284 – 285 (2001).

〔2〕 See Gabcikovo-Nagymaros Project (Hungary/Slovakia), Judgment, I. C. J. Reports 1997, p. 18.

〔3〕 参见 1966 年《国际河流水利用的赫尔辛基规则》第 4 条。

国家造成损害。因而,公平合理利用原则是沿岸国在管理和利用国际河流中必须共同遵守的基本原则,也是国际司法机构在解释条约时需要考虑的相关国际水法规则。

六、附录

(一)案件名与正式引注格式

1. 中文案件全名:2000 年"荷兰/法国莱茵河仲裁案"

2. 英文案件全名:The Rhine Chlorides Arbitration Concerning the Auditing of Accounts(The Netherlands/France)

3. 案件的正式引注格式:The Rhine Chlorides Arbitration Concerning the Auditing of Accounts(The Netherlands/France),P. C. A. Award,2004,p. 5

(二)与本案主题相关的重要引用案件

1. Case Concerning Oil Platforms(Iran/U. S.),Judgment,I. C. J. Reports 1996,p. 812.

2. Military and Paramilitary Activities in and against Nicaragua(Nicaragua/United States of America),Judgment,I. C. J. Reports 1986,p. 94.

3. Fisheries Jurisdiction (Federal Republic of Germany/Iceland), Judgment,I. C. J. Reports 1973,p. 63.

4. Competence of the General Assembly for the Admission of a State to the United Nations,Advisory Opinion,I. C. J. Reports 1950,p. 8.

5. Aegean Sea Continental Shelf (Greece/Turkey), Judgment, I. C. J Reports 1978,p. 78.

6. Gabcikovo-Nagymaros Project(Hungary/Slovakia),Judgment,I. C. J. Reports 1997,p. 18 –20.

7. Case Concerning the Delimitation of the Maritime Boundary(Guinea-

Bissau/Senegal), RGDIP, Vol. 89, p. 503.

8. Young Loan Arbitration on German External Debts, RGDIP, Vol. 84, 1980, p. 1184.

9. Lake Lanoux Arbitration (France/Spain), United Nations Recueil des Sentences Arbitrales, Vol. Ⅻ, p. 281.

10. Arbitration regarding the Iron Rhine Railway (Belgium/Netherlands), P. C. A. Award, 2005, p. 81.

(三)案件中涉及的重要地名

原文	英文
Rhine	莱茵河
Ijsselmeer	艾瑟尔湖
Alsace Potassium Mines	阿尔萨斯钾矿
Wieringermeer Polder	维灵厄梅尔圩地
Waddenzee	瓦登海

(四)与本案有关的重要参考文献

1. ILC Final Draft Articles and Commentary, in Sir Arthur Watts ed., *The International Law Commission* 1949 – 1998 (*Volume* Ⅱ): *The Treaties* (*R*), Oxford University Press, 1999, p. 685 – 686.

2. Malgosia Fitzmaurice, *Dynamic* (*Evolutive*) *Interpretation of Treaties* (*Part* Ⅰ), in Johan G. Lammers ed., Hague Yearbook of International Law, Brill, 2008, p. 107.

3. Martin Dawidowicz, *The Effect of the Passage of Time on the Interpretation of Treaties: Some Reflections on Costa Rica v. Nicaragua*, Leiden Journal of International Law, Vol. 24, p. 206 (2011).

4. Ian Brownlie, *Principles of Public International Law*, Seventh Edition,

Oxford University Press,2008,p.633.

5. Julian Arato,*Subsequent Practice and Evolutive Interpretation:Techniques of Treaty Interpretation over Time and Their Di-verse Consequences*,The Law and Practice of International Courts and Tribunals,Vol.9,p.471(2010).

6. Joseph W. Dellapenna,*The Customary International Law of Transboundary Fresh Waters*,International Journal of Global Environmental Issues,Vol.1,No.3/4,p.284 -285(2001).

第二节　2013 年“巴基斯坦/印度基申甘加水坝仲裁案”

2010 年 5 月 17 日:巴基斯坦开始提请仲裁。
2011 年 1 月 14 日:巴基斯坦、印度和仲裁庭成员举行第一次照会。
2011 年 1 月 21 日:仲裁庭下达第一程序令。
2011 年 3 月 16 日:仲裁庭下达第二程序令。
2011 年 5 月 10 日:仲裁庭下达第三程序令。
2011 年 6 月 6 日:巴基斯坦提请国际仲裁院对印度下达临时措施。
2011 年 6 月 12 日:仲裁庭下达第四程序令。
2011 年 6 月 15 ~16 日:仲裁庭进行场地勘察。
2011 年 7 月 26 日:仲裁庭下达第五程序令。
2011 年 9 月 23 日:国际仲裁院对印度下达临时执行令。
2011 年 12 月 30 日:仲裁庭下达第六程序令。
2011 年 5 月至 2012 年 5 月:巴基斯坦和印度提交书面材料。
2012 年 1 月 16 日:国际仲裁院下达第七程序令。
2012 年 2 月 3 ~6 日:国际仲裁院展开对尼勒姆工程的调查。

2012 年 2 月 14 日:国际仲裁院下达第八程序令。

2012 年 5 月 7 日:双方对古雷斯水坝工程展开调查。

2012 年 6 月 4 日:国际仲裁院下达第九程序令。

2012 年 8 月 15 日:国际仲裁院下达第十程序令。

2012 年 8 月 20 ~ 31 日:国际仲裁院就案件举行听证会。

2012 年 10 月 5 日:国际仲裁庭下达第十一号执行令。

2012 年 10 月 14 日:国际仲裁院代表团对基申甘加项目进行调查。

2013 年 2 月 18 日:国际仲裁院下达部分裁决。

2013 年 5 月 20 日:印度提请仲裁院对条约附件 G 第 27 段作出解释与澄清。

2013 年 8 月 26 日:争端双方根据部分裁决向国际仲裁院提交相关材料。

2013 年 10 月 20 日:国际仲裁院就印度的提请作出条约解释决定。

2013 年 12 月 20 日:国际仲裁院作出判决。

一、基本案情

印度河流域主要由 6 条河流组成:印度河、杰赫勒姆河、奇纳布河(西部河流流域)、象泉河、比亚斯河和拉维河(东部河流流域)。[1]

1960 年 9 月 16 日,印度、巴基斯坦及世界银行签订了《印度河水条约》(以下简称《1960 年条约》)。《1960 年条约》规制了印度与巴基斯坦两国之间的水资源分配问题。西部河流流域划归巴基斯坦,而东部河流流域划归印度。其中第 8 条建立了印度河水流域委员会(以下简称流域委员会),以协助双方履行协定下的义务和建立争端解决机制。《1960 年条约》的内容很大程度上参考了世界银行于 1954 年提出的建议,即印巴双方分治西部流域

〔1〕 See Treaty, Arts. 1(5) - (6); India's Counter-Memorial, para. 2.2.

和东部流域。[1]

印度于2007年开始建造基申甘加水力发电项目(Kishangganga Hydroeletric Plant,以下简称基申甘加项目),该项目位于杰赫勒姆河的支流之上。该河流发源于印度控制的查谟和克什米尔地区,上游有一部分位于印度境内,最后汇入巴基斯坦控制的穆扎法拉巴德市的杰赫勒姆河。印度最初计划将此项目建造为蓄水工程,经巴基斯坦反对后,项目被重新设计为径流式水电站。此项目设有溢洪道,且溢洪道最低处低于死水位。基申甘加项目运作的前提是,要调取杰赫勒姆河中的水流至印度河水系统中的另一条地势较低的河流博纳尔·那赫拉支流中,被转移的水流会通过武勒尔湖再次汇入杰赫勒姆河中。与此同时,巴基斯坦于2008年提出要在下游建造尼勒姆—杰赫勒姆水力发电项目(Neelum-Jhelum Hydro-Electric Project,以下简称NJHEP项目)。

双方就基申甘加项目的运行,以及项目中所需运用的泄降排沙设计是否符合《1960年条约》产生了争议。为此,巴基斯坦于2010年5月17日向国际仲裁庭提请仲裁。

二、双方主张

(一)巴基斯坦

在第一项争议中,巴基斯坦主张印度的基申甘加项目不符合《1960年条约》项下对于双方用水权、水力发电项目建造及调水行为的相关规定。

第一,巴基斯坦主张,印度的基申甘加项目计划从基申甘加河调水至博纳尔·那赫拉支流,有损巴基斯坦在《1960年条约》项下享有的西部流域的用水权。

《1960年条约》第3条规定:"(1)巴基斯坦享有在西部流域不受限制地

---

[1] See 1954 Proposal,(Annex PK - 2),para. 24.

用水的权利。印度负有不阻碍西部流域自然流动的义务。(2)印度负有使西部流域自然流动的义务,且不得进行任何阻碍自然流动的活动,仅限[附件C的第五段中第(c)(ii)两项除外]在印度河、杰赫勒姆河和奇纳布河流域中展开下列活动:(a)居民生活用水;(b)非消耗性用途;(c)依据附件C规定的农业用途;(d)依据附件D规定的水力发电用途。"

《1960年条约》第3条应被视为规定双方义务与权利的原则性条款。印度应基于"不阻碍西部流域自然流动的义务",不得开展任何可能会影响河道自然属性和自然流向的农业或水力发电项目。[1] 然而,印度的调水行为一旦实施必然会影响下流河道的自然属性与流向,继而阻碍西部流域的自然流动,侵害巴基斯坦作为河道下流国家的利益。

为证明上述观点,巴基斯坦回溯了《1960年条约》签订的历史,并且援引世界银行1954年的提议书[2]和1957年的首脑协约中的内容。巴基斯坦称,《1960年条约》中的"不阻碍"原则吸收了提议书中"印巴双方分别控制印度河水系统"[3]的这一内容。此外,1957年的首脑协约亦约定由巴基斯坦单独利用西部流域。

第二,基申甘加项目的设计不符合规定,具体表现在三方面:首先,根据第3条第2款,基申甘加项目产生的电流适用范围超出了规定范围。电流应仅限于在杰赫勒姆河流域内使用。[4] 其次,基申甘加项目不符合附件D第三部分有关径流式水电站地理位置的规定[5]。最后,印度计划将水流转入博纳尔·那赫拉支流的做法也不符合条约规定。

第三,双方就"必要之情形"和"现有用途"的理解产生了极大的争议。

---

[1] See Pakistan's Memorial, paras. 1.7, 1.94.

[2] See Pakistan's Reply, para. 2.34; See also Pakistan's Memorial, paras. 1.37 – 1.54. 113 Pakistan's Memorial, para. 1.51, quoting Letter of the World Bank, 13 May 1957.

[3] Pakistan's Reply, paras. 2.36 – 2.38.

[4] See Pakistan's Memorial, para. 5.26.

[5] Ibid., para. 5.17.

根据《1960 年条约》附件 D 第三部分规定:“当工厂坐落于杰赫勒姆河支流之上,且该处存在巴基斯坦的农业和水力发电用地时,存业仅在必要之情形之下,方可实施调水行为,并且不应对巴基斯坦‘现有’(then existing)的农业和水力发电用途产生不利影响。”

巴基斯坦所主张“必要之情形”指代的是在紧急情况下非做不可的行为,并且援引国际法院对“尼加拉瓜诉美国案”[1]和“石油平台案”[2]的裁判以佐证其观点。并且,对于“必要之情形”的判断必须考虑国际环境法中已经形成的原则、规则或标准,以确保经济发展与环境保护相平衡。进而巴基斯坦援引 1997 年国际法院判决的“加布奇科沃—大毛罗什项目案”中所确立的原则,即一般国际法要求对可能导致跨境负面影响的工业活动,尤其是对共享资源的开发活动实施环境影响评估程序。[3] 印度并未就基申甘加项目对下流的影响展开环评。由此,巴基斯坦指出,要充分判断“必要之情形”的前提是,印度完成针对基申甘加工程的环评程序,或是和巴基斯坦协作展开针对基申甘加项目对下游影响的环评程序。

巴基斯坦“现有用途”不但包括在基申甘加项目运作时、存在的农业和水力发电项目,也包含 2008 年巴基斯坦告知印度即将展开的 NJHEP 项目。[4] 根据巴基斯坦的测算,基申甘加项目会致使 NJHEP 项目无法达到预期的产电量,每年损失近 15% 的发电量,约等于 1,413,000 美元。巴基斯坦未来的水力发电项目也可能因为基申甘加项目而蒙受损失。此外,河道两岸农作物的收成也会遭受重创,因为基申甘加项目将会导致巴基斯坦下游每年的干旱期延长至 6 个月。

---

〔1〕 See Case Concerning the Military and Paramilitary Activities in and Against Nicaragua (Nicaragua v. UnitedStates of America), Merits, Judgment, I. C. J. Reports 1986, p. 14, p. 141 – 142.

〔2〕 See Case Concerning Oil Platforms (Islamic Republic of Iran v. United States of America, 1992 – 2003), Reports of Judgements, Advisory Opinions and Orders, I. C. J. Reports 2003.

〔3〕 See Pakistan's Memorial, para. 5. 39. Hearing Tr., (Day 4), 23 August 2012, at 31:7 – 16.

〔4〕 See Pakistan's Memorial, para. 2. 13; Pakistan's Memorial, para. 2. 12.

在基申甘加项目所带来的影响测算方式上,巴基斯坦表示采用每日测量数据,此种折中方式相比印度采用的每月测量值更为准确可信。[1] 印度仅仅测算 NJHEP 项目在高峰值所产生的电流量是不客观的。[2]

第四,印度建造基申甘加项目破坏了环境,违反了《1960 年条约》第 9 条第 6 款。此款规定:“双方应尽最大努力以维护自然河道,应自条约生效起,避免任何会阻碍河道并给另一方带来不利影响的行为。”

首先,印度计划的调水行为本身就是一种对下流自然流域不言自明的伤害,并且会使河道加剧沉积和腐化,破坏当地的生物栖息地和生态系统循环。[3] 尤其是受影响的自然流域不利于当地的稻谷灌溉,给居民的饮食安全带来隐患。其次,印度尚没有完成环境影响评估程序,也可佐证印度未尽最大努力维护河道。

巴基斯坦援引国际法院判决 2010 年“阿根廷/乌拉圭纸浆厂案”时的裁判:“当一国计划的工业项目可能会对跨境区域或两国共享资源产生重大不利影响时,该国负有进行环境影响评价的一般的国际法义务。”尽管印度承诺在运行基申甘加项目时会采用最小速率,但数据显示最小速率的运营模式仍不利于周边的生态环境。[4]

在第二项争议中,首先,巴基斯坦指出,径流式水电站中的泄降排沙设计是否符合《1960 年条约》中的规定属于条约解释问题,因此不应交由中立的技术专家解决。其次,巴基斯坦表示,从未有过就第二项纠纷提交至中立的技术专家处寻求解决的意向,因此将争议直接提请仲裁庭的做法并不违反争端解决机制中的程序性义务。最后,印度出于控制沉积的目的采用泄降排沙设计,并有可能使径流式水电站的水位降至死水位以下的做法违反

---

〔1〕 See Pakistan's Reply, paras. 4. 16, 4. 25 – 4. 27.

〔2〕 Ibid., para. 4. 24.

〔3〕 See Pakistan's Memorial, para. 5. 46.

〔4〕 See Hearing Tr., (Day 10), 31 August 2012, at 34.

了《1960 年条约》附件 E 及附件 D 第 8 段第 D 项下的实质性义务。此种设计对大坝下方水流的流速和时间影响极大,影响自然河道的流动。然而,印度仍有意通过建造这样的排水口增大其排水流量并控制流速,进而更好地控制西部河流。此外,印度采用此设计目的在于帮助基申甘加项目运行,[1]而非日常维护河道,因此不符合附件 D 的规定。

(二)印度

就第一项争议而言,首先,印度不同意巴基斯坦所提出的《1960 年条约》的指导原则是"不干涉"原则。因为《1960 年条约》第 3 条第 2 款明确规定,印度可以在西部河流的特定范围内开展诸如水力发电用途的特定活动。依照《1960 年条约》的协商历史,1951 年 11 月 8 日世界银行发来的《促进两国水资源合作的提议书》中表明,双方应以协作为原则发展印度河盆地中的水资源,并且使其发挥经济最大效用。[2] 然而,巴基斯坦在协商阶段,一再提出要以"不干涉"原则为《1960 年条约》准则。但印度、世界银行都一再拒绝。

若追溯《1960 年条约》的协商记录可发现,印度就在双方照会中将发展水力发电项目,以及调水意向等事宜告知了巴基斯坦。并且,印度通过与巴基斯坦协商,纳入了允许发展水力发电用途的条款以确保调水行为的可行。[3]

其次,印度亦不认可巴基斯坦所称的"必要之情形"仅在紧急事件发生时才存在。印度认为判断"必要之情形"的依据在于调水行为是否满足水力发电项目运作的最佳条件(optimal for power generation)。[4]

为此,印度援引仲裁庭于 2011 年 9 月 23 日下达的临时执行令。在此执

---

〔1〕 See Hearing Tr. ,(Day 4),23 August 2012,at 176:9 - 11.

〔2〕 See India's Counter-Memorial,para. 2.47.

〔3〕 Ibid. ,para. 4.23.

〔4〕 Ibid. ,paras. 4.91 - 4.108,4.116.

行令中,仲裁庭将"必要之情形"定义为"出于具体目的而必须及重要的需求"。印度认为,调水的目的在于实现水力发电,而且基申甘加项目改建为径流式水电站后尤其需要建立在上下流有落差的地势上,以满足日常的水力发电运行。

此外,印度不同意判断"必要之情形"必须将国际环境法原则纳入其中,[1]而且表示自身已完成相应的环境影响评估程序,不必再次进行环境影响评估程序或与巴基斯坦合作展开环境影响评估程序。若假设印度确实负有此义务,也因为巴基斯坦拒绝提供相关数据而无法完成环评程序。[2]

最后,印度反对巴基斯坦将 NJHEP 项目或其他计划中的项目纳入"现有用途"的定义,并指出,仅有业已存在的历史性用途可被纳入"现有用途"的范畴,NJHEP 项目仅为巴基斯坦未实施的计划。

依据附件 D 的规定,印度应该在工程建设开工至少 6 个月将其工程设计的完整信息通报给巴基斯坦。因此,印度主张,决定并"冻结""现有用途"的时间节点是印度将基申甘加工程设计初步完成并且通报给巴基斯坦的时间,即 1994 年 6 月。据此,仅有巴基斯坦在 1994 年 6 月已经实际存在的农业和水力发电用途可被视为"现有用途"。

尽管印度在 2005 ~ 2006 年再次修改了基申甘加设计,但设计的修改日期并不能作为《1960 年条约》附件 D 中规定的信息通报时间节点。事实上,NJHEP 项目直到 2008 年,即在基申甘加项目初步设计完成的 14 年后才宣布准备建造,因此绝非巴基斯坦的现有用途。就现有的农业用途而言,巴基斯坦曾称在下游拥有 133, 300 公顷的灌溉农田,但并未透露农田所在的具体地点。

就巴基斯坦采用的数据计算方法而言,印度认为,此种方法在数据提供

---

〔1〕 See India's Counter-Memorial, para. 4. 116.

〔2〕 See India's Rejoinder, para. 2. 104.

上欠缺透明性,并且故意选取了夸大可能性损失的计算方法。[1] 根据印度的计算方法,基申甘加项目不但不会影响下流水源供给,并且会给巴基斯坦未来的水力发电工程带来更多的水流。[2]

印度认为,《1960 年条约》第 9 条第 6 款的设立目的在于维护"河道表面"。[3] 巴基斯坦所称河道的沉积腐化不包含在此维护义务中。基申甘加项目作为条约项下允许的项目也不应被视为是对西部流域正常流动的阻碍。对于印度来说,此条款的设立目的在于鼓励双方保护河流而非给双方施加强制义务,因为条款措辞为"will",而非"shall"。[4] 印度特别指出,国际环境法的原则不但不适用于该条约第 9 条第 6 款,也不应适用于巴基斯坦提出的其他诉请。因为《1960 年条约》全文并未涉及任何国际环境法内容,因此仲裁庭也不应对此问题作出裁定。

就第二项争议而言,印度提出巴基斯坦将第二项纠纷提交至仲裁庭的做法违反了条约项下的程序性义务,且仲裁庭对于第二项纠纷不具有管辖权。

《1960 年条约》第 9 条,对于解决双方之间根据条约解释与适用所引起的异见与纠纷作出了如下规定:

1. 双方之间产生的任何与条约的解释或适用有关的问题,或任何事实因素一旦建立会构成对条约违约的,应首先交至流域委员会审查,流域委员会应尽力依条约帮助双方协商并达成协议。

2. 若流域委员会未就上述第一段中的问题达成协议,则双方之间被视为产生了异见,应依据下列程序解决:

(1) 双方代表之间产生的任何异见,若属于条约项下附件 D 第一部分中的内容,应在一方代表的请求下根据条约项下附件 F 的第二部分的规定寻

[1] See India's Rejoinder, para. 3.45.

[2] See India's Counter-Memorial, paras. 5.31, 5.33.

[3] Ibid., paras. 4.155, 4.157.

[4] See India's Rejoinder, para. 2.168.

求中立的技术专家予以解决。

(2)若该异见并非来自条约项下第2(a)段或中立的技术专家认为根据条约项下附件D第7段应通知流域委员会,当流域委员会认为异见或异见中的部分属于双方之间的争议,那么此争议应依据第(3)段、第(4)段、第(5)段规定的内容解决。

据此,在流域委员会谨慎考量之下,双方之间产生的任何异见可根据附件D第二部分的条款由中立专家解决,或视为双方之间产生了争议,根据第(3)段、第(4)段、第(5)段规定解决,或以双方的流域委员会代表另行约定的方式解决。

继而,印度指出:第一,巴基斯坦未先寻求中立专家意见而直接提交仲裁庭的做法违反了程序性义务。第二,附件F将与径流式水电站设计相关的争议归为应寻求中立专家予以解决的技术问题。第三,巴基斯坦曾表达过将此问题提交给中立的技术专家解决的意愿。2009年3月11日,巴基斯坦致信印度表示针对流域委员会提出的基申甘加泄洪口位置的设计,欲预约中立专家解决。[1]

印度认为,将争议提请仲裁程序的前提是,先经由中立专家判断双方之间是否存在争议,并是否应交由仲裁庭管辖。[2] 而在此案中,并没有一方代表提出此问题并非专业技术问题,也没有采取实际举措将此问题交至任何中立的技术专家予以解决,因此将争议提请仲裁庭的前提条件不成立。

最后,印度否认泄降排沙设计属于《1960年条约》项下禁止使用的技术范畴。因为在《1960年条约》制定时期,泄降排沙还没有成为广为人知的控制沉积的技术,日后才成为一项尖端技术。[3] 因此,基于条约编纂者当时的

---

〔1〕 See India's Counter-Memorial, paras. 7. 3 – 7. 4, quoting Pakistani Commissioner's Letter to the Indian Commissioner, 11 March 2009 (Annex PK – 194).

〔2〕 See Hearing Tr., (Day 6), 27 August 2012, at 111:24 to 112:5.

〔3〕 See India's Rejoinder, para. 1. 85.

知识,不可能禁止双方使用这项技术。

三、常设仲裁法院裁决

(一)第一项争议

本案中,双方争议的关键性问题是印度的调水行为是否影响了巴基斯坦作为下游国的用水权益。为此,仲裁庭考察了《1960 年条约》的前言、第 3 条、第 4 条第 6 款和附件 D 中对双方规定的义务及印度的履行情况。

首先,需解决的是印度的调水行为是否符合规定问题。根据《1960 年条约》的前言,可以明确该条约的宗旨与目的,即印巴双方通过此协定建立起使双方能够完整且满意使用印度河水系统资源的联合机制。依据该条约第 3 条第 2 款的规定,印度建造基申甘加项目属于《1960 年条约》项下允许使用西部流域的例外情况。

依据双方在协商阶段往来的信函内容,仲裁庭否认了印度不能基于水力发电项目进行调水的说法。根据印度水利部于 1960 年 5 月 16 日所写的信函,印度早已就计划建造水力发电工程并且实施调水行为的想法告知巴基斯坦。当时正值双方协商晚期,印度确保了协定中为双方创设了未来调水的权利,不会对今后的水力发电工程造成阻碍。并且,仲裁庭指出,第 3 条第 2 款没有规定基申甘加项目所产生的电流只能在西部流域中使用。因此,印度可将该项目产生的电流运用到任何地区而不受地理限制。

其次,需判定印度是否违反了《1960 年条约》第 4 条第 6 款。该条规定:"双方应尽最大努力以维持自然河道,避免任何对一方造成重大影响的阻碍河道自然流动的行动。"

仲裁庭认为,此条款旨在给印度施加维护河道物理外表的义务,避免造成径流异常,如干旱或洪水的情况,而巴基斯坦所称的河道沉积不属于上述的义务范围。巴基斯坦也未就基申甘加项目造成河道沉积的观点提供实质性证据。

再次，仲裁庭还需判定基申甘加工程设计是否符合附件D中的规定。对此，仲裁庭提出下述3个问题：第一，基申甘加工程是否符合附件D中对径流式水电站的规定；第二，基申甘加工程是否位于附件D所规定的地理位置；第三，印度的调水行为是否满足《1960年条约》下设立的条件。

仲裁庭认为，基申甘加项目在重新设计为径流式水电站后仍满足《1960年条约》附件D中的规定，即"水力发电工厂，但其发电不依赖于活库容的水量储存"。

就地理位置而言，基申甘加项目拟从基申甘加河调水，位于杰赫勒姆河的支流上，符合《1960年条约》附件D项下的规定。仲裁庭认为巴基斯坦对"工厂"一词作了不必要的严格解释，巴基斯坦依据发电站距离基申甘加河23千米而判断"工厂"位置偏离支流是不准确的。基申甘加项目作为一个整体，包括发电站、大坝溢洪道、通风口和尾水渠等不同部分，因此不能仅依据发电站所在位置判定基申甘加工程的位置。

最后，此争议中最关键的问题在于，印度计划的调水行为是否会对下游的巴基斯坦产生不利影响。裁定此问题的前提是，仲裁庭须对协定下"必要之情形"与"现有用途"的规定作出合理解释。

为此，仲裁庭援用了《条约法公约》第31条反映的关于条约解释的习惯规则。"解释之通则：一、条约应依其用语按其上下文并参照条约之目的及宗旨所具有之通常意义，善意解释之。二、就解释条约而言，上下文除指连同弁言及附件在内之约文外……"[1]仲裁庭认为，在解释条款时应将附件D全部条款与条约的目的与意义一并纳入考虑，使解释最大化满足协定的目的与意义。

根据《1960年条约》协商记录，仲裁庭发现，"必要之情形"一词是由印

---

〔1〕 参见《条约法公约》第31条第1款至第2款。

度在协商晚期提议纳入的,目的在于满足未来水力发电用途。世界银行所撰写的《1960 年条约》提议书中规定:“当工厂位于杰赫勒姆河支流之上,且巴基斯坦在该处存在农业和水力发电用途时,工厂下游的水流不得被转移,若此种调水会对巴基斯坦现有的农业和水力发电用途产生不利影响。”在协定的最终版本中,此条被修改为“当工厂位于杰赫勒姆河支流之上,且巴基斯坦在该处存在农业和水力发电用途时,在必要之情形之下,工厂下方的水流可被转移,若此种调水不会对巴基斯坦现有的农业和水力发电用途产生不利影响。”依据措辞可判断,“必要之情形”的存在与否取决于基于水力发电用途是否一定要实施调水行为。就径流式水电站而言,水力发电必须在上下流有落差的情况下才能发生,因此仲裁庭裁定,印度是基于“必要之情形”而开展的调水行为。

然而,对于“必要之情形”的考虑不应仅限于基申甘加项目的经济效益。印度作为跨境活动的开发者应承担一定的国际责任,必须将“可持续发展”等国际环境法原则纳入考量范围。

随后,仲裁庭需对《1960 年条约》附件 D 第 15(iii)段中“巴基斯坦现有的农业或水力发电用途”的含义也作出解释,再加以判断基申甘加项目是否会对巴基斯坦现有的农业和水力发电用途产生不利影响。

巴基斯坦和印度针对“现有用途”一词采取了不同的解释方法。巴基斯坦选择以动态方式解释条款,而印度选择以关键时间点方法。所谓动态的解释方法:要判断调水行为是否会对现有的农业和水力用途产生不利影响不但要考虑印度将基申甘加项目告知巴基斯坦前,就业已存在杰赫勒姆河上的农业和水力发电用途,还要考虑到巴基斯坦已经告知印度的未来计划建造的水力发电项目,如 NJHEP 项目。然而,若适用此方法,印度在运行基申甘加项目时要考虑巴基斯坦的历史性用途、现有用途和未来用途等多重因素,将会导致水力发电的效率大大降低。因此,仲裁庭指出,动态解释法不符合条约的宗旨和目的。

关键时间点方法,即以双方何时形成了建造水力发电项目的强烈意愿(firm intention)为节点,以决定巴基斯坦在当时是否存在现有的农业和水力发电用途。印度认为,可依据《1960 年条约》附件 D 第 9 段的规定,即印度最少要在工程开始建造的前 6 个月向巴基斯坦提供工程详细的数据与信息的日期为关键节点。仲裁庭认为,仅依据一个具体的时间点进行判断是不足够的。决定何为双方的强烈意愿不但要关注是哪一方最先开始计划水利项目的建造,更要关注哪一方最先付诸实际行动。一方所付诸的实际行动可包括:展开投标、融资担保、政府批准和开始施工。通过比较上述因素,可判断基申甘加项目和 NJHEP 项目哪个更早成型。

据此,仲裁庭查看了双方提交的证据,包括双方就此问题的来往信函、委员会召开的相关会议记录与环境影响评估[1]等。仲裁庭认为,双方提出的 20 世纪 80 年代和 90 年代都不具备很大的参考价值。因为回溯当时,双方仅提出建造工程意愿,并未付诸实践。

相反,2000 年以后的时期被仲裁庭看作为关键时期,尤其是在 2004 ~ 2006 年。具体如下:

2000 年 4 月,巴基斯坦方面对基申甘加项目提出批评;

2000 年 7 月,印度国家水力发电公司就基申甘加项目发出招标公告,此时基申甘加项目被设定为储水项目;

2002 年 11 月,印度完成了基申甘加项目的环境影响评估程序;

2003 年 9 月,国家污染治理边界组召开听证会,听取公众对基申甘加项目的意见;

2004 年 4 月,印度的环境与林业部门就基申甘加项目的环境影响作出

[1] See Volumes 5 and 6 of Pakistan's Memorial and inVolumes 3A and 3B of India's Counter-Memorial.

声明;[1]

2004 年 11 月和 2005 年 2 月,巴基斯坦就基申甘加水坝项目向委员会表达了反对意见,印度向巴基斯坦提交了项目进程的相关信息,尤其是有关于班迪普拉地区的信息;[2]

2005 年 11 月,委员会参观了基申甘加项目;

2005 年 4 月和 5 月,印度就基申甘加项目的设计进行了修改,并将修改后的相关信息提交给了印度的经济事务内阁委员会和查谟和克什米尔当地政府;

2006 年 3 月,印度环境与林业部门就基申甘加修改设计为径流式水电站发表声明;[3]

2006 年 4 月和 6 月,印度就基申甘加水坝的修改设计通知提交至巴基斯坦并传达了基申甘加水坝将被设计为径流式水电站的意向;

2007 年,巴基斯坦的水力资源与发展局、巴基斯坦经济合作委员会和巴基斯坦内阁批准了 NJHEP 水坝计划。[4]

基于上述证据,仲裁庭裁定在基申甘加项目成型时,NJHEP 项目还无法被认定为“现有用途”。此外,仲裁庭指出,巴基斯坦位于基申甘加/尼勒姆河谷的农业主要依靠支流水源进行灌溉,而非该河的下游。因此,印度的调水行为并不会对巴基斯坦现有的农业和水力发电用途产生不利影响。

---

〔1〕 See Indian Ministry of Power's letter to the Government of Jammu & Kashmir, 5 May 2005, (Annex IN – 72).

〔2〕 See Record of the 92 nd Meeting of the Commission, Lahore, 27 – 29 November 2004, para. 70 (Annex PK – 28).

〔3〕 See Indian Ministry of Environment and Forests' letter to the National Hydroelectric Power Corporation (NHPC), 9 March 2006 (Annex IN – 104).

〔4〕 See Cabinet Approves 969MW Neelum-Jhelum hydropower project, Daily Times, 13 December 2007.

尽管仲裁庭裁定基申甘加项目不会对 NJHEP 项目产生不利影响,基申甘加项目的运行仍应适用最小环境流量以避免对巴基斯坦既有的农业和水力发电用途产生不利影响。同时,依据《1960 年条约》附件 G 第 29 段的规定,适用条约还应依据国际环境法中的原则、规则和标准,如"不造成重大损害原则"与"可持续发展"原则。

早在"特雷尔冶炼厂仲裁案"中,仲裁庭就确立了"不造成重大损害原则"在跨境项目中的重要性,指出:"任何国家都没有权利以这样一种方式使用或允许使用其领土,以致给另外一个国家的国家领土或财产或其人民造成烟雾损害,如果损害后果严重并且有明确和令人信服的证据予以证明。"[1]

1972 年《斯德哥尔摩宣言》第 21 条也纳入了"不造成重大损害原则","按照联合国宪章和国际法原则,各国有按自己的环境政策开发自己资源的主权;并且有责任保证在他们管辖或控制之内的活动,不致损害其他国家的或在国家管辖范围以外地区的环境"。

与此同时,"可持续发展原则"也应适用于大型跨境项目。特别是国际法院对于 1997 年"匈牙利/斯洛伐克项目案"的裁判,就"可持续发展原则"进行了阐释,即应"使得经济发展和环境保护相协调"。[2]

在 2010 年"阿根廷/乌拉圭纸浆厂案"中,国际法院不但再次确认了一国必须遵循"可持续发展原则"以承担国际责任,还确立一国在开展大型跨境项目时负有谨慎义务以及预警和预防义务。此种义务自工程开展至结束始终存在。[3] 因此,当一国开展的工业活动可能会产生跨境损害的影响,则其必须提前实施环境影响评估程序。国际法院还认为当事国对条约的适用

---

〔1〕 16 April 1938 and 11 March 1941, 13 R. I. A. A. 1905, at 1965. This Approach Was Reaffirmed in Subsequentdecisions Including the Legality of the Threat or Use of Nuclear Weapons, Advisory Opinion, I. C. J. Reports, 1996, p. 226, 242.

〔2〕 See Case concerning the Gabčíkovo-Nagymaros Project (Hungary/Slovakia), Judgment, I. C. J. Reports 1997, p. 78.

〔3〕 See Hearing Tr., (Day 9), 30 August 2012, at 111:14 to 113:4.

并非静止的，而是应与国际法同步发展的。[1]

因此，仲裁庭指出，尽管《1960 年条约》未纳入国际环境法，但这并不代表着印度可以在实施调水行为时将国际环境法原则抛之脑后。

譬如，在 2003 年“莱茵铁路公司案仲裁”中，常设仲裁院提出，当事方应参照国际法上新出现的原则、规则或标准处理跨境水关系。[2] 由此，依据国际环境法原则，印度在解释和适用《1960 年条约》时应基于目前有效的习惯国际环境法原则、规则或标准。印度负有完成基申甘加项目对下游造成的环境影响评估程序的义务。

仲裁庭注意到，印度水资源部门负责人曾表示对基申甘加项目适用最小环境流量以维持环境可持续性，但双方提供的数据还不足够用来判断最小具体流量值。因此，裁定双方仍需提供额外的数据并且于最终裁决中裁定此问题。

双方在日后提出了不同的评估最小流量的方法。仲裁庭认同，估测环境流量没有唯一“正确”的方法。对于任何给定的河流或项目，正确的方法将取决于河流的现有状态，河流预期变化的幅度，拟议项目的重要性以及其他因素如时间、资金和当地专家等。

正如仲裁庭在部分裁决中所裁定的那样，“各国在进行大型建筑活动时有预防或至少减轻对环境造成损害的责任”。最后，仲裁庭结合巴基斯坦对于自然流量的分析，平衡了诸多因素如水力发电、环境因素和下流水域用途，以及印度分析的适用于最严酷的冬季环境的因素等，裁定基申甘加工程下流的最小值定为 9 立方米每秒。

（二）第二项争议

第二个争议包括一项程序性义务和实体性义务争议。印度指出，巴基

---

〔1〕 See Pulp Mills on the River Uruguay (Argentina v. Uruguay), Judgment, I. C. J. Reports 2010, p. 14, p. 83.

〔2〕 See Case concerning the Iron Rhine Arbitration, Judgment, P. C. A. Award, 2005, p. 54.

斯坦将争议直接提请仲裁庭的行为,违反了《1960 年条约》的程序性义务。

首先,仲裁庭针对印度提出的管辖权异议作了分析。

仲裁庭认为《1960 年条约》第 9 条旨在为双方建立一个有效的争端解决机制框架。双方可通过流域委员会进行协商,或将争议提交至中立的技术专家或仲裁庭予以裁判。无论选择何种机制,双方均须秉持合作解决的精神。因此,仲裁庭需裁定是否有一方启动了寻求中立的技术专家解决的机制。根据该条约第 9 条第 2 款的规定,双方流域委员会代表负有两项职责:其一,他们可就争议性质发表意见;其二,任何一方代表可以启动寻求中立专家解决的程序。然而要触发中立专家解决争端机制,任一方代表需要采取确实的行动,而非仅是表达意图。

现实中,巴基斯坦或印度代表均没有在行为上寻求中立专家。根据第 100 次、第 101 次、第 103 次流域委员会会议记录,印度从未承认双方之间的问题构成了异见,也未曾表示应寻求中立专家解决,此争端解决程序不曾被启动过。

此外,在巴基斯坦已经寻求仲裁手段的情况下,印度仍然坚持要启动中立的技术专家解决程序,印度的做法不符合《1960 年条约》第 9 条中合作解决的精神,并且对双方寻求仲裁庭解决争议形成阻碍。

其次,仲裁庭对自身是否对此争议具有管辖权展开分析。[1] 依据附件 F,仲裁庭认为,《1960 年条约》并未强制规定技术性问题仅能提交至中立专家处予以解决。

附件 F 第一段规定如下:“流域委员会代表可以将下列问题提交至中立的技术专家寻求解决。”[2] 相反,附件 F 第 2 段对中立专家解决问题的能力作出限制,规定当一个问题既包含技术性问题同时又包含金钱赔偿时,不能

〔1〕 See India's Rejoinder, para. 4. 41.

〔2〕 Treaty, Annexure F, para. 1.

提交至中立专家处解决。[1] 此外,《1960 年条约》中也无任何条款禁止将技术性问题提交仲裁庭裁决,除非是双方另有约定。

最后,仲裁庭对自身是否具备解决技术性问题的能力作出说明。根据规定,仲裁庭的成员必须包含一名高端技术性专家,而且双方可以指定具有专业资质的人员担任仲裁员或仲裁庭长。[2] 仲裁庭认为,此争议不但包括技术性问题,还包括有关条约解释的法律问题,因此自身具有对此问题的管辖权。

仲裁庭转而解决此争议中的实体性争议,即《1960 年条约》中是否有任何条款禁止径流式水电站出于冲刷沉积的目的使水位降至死水位。因此,印度不可采用泄降排沙技术,因该技术会大大降低水位。

仲裁庭理解,沉积物是河道经过水流长期冲刷和腐蚀所形成的微粒。若河底和河岸堆积了过多的沉积物,那么下流河道被侵蚀和堆积的可能性也就越大。同样,水库的效用也会随着沉积物的堆积而逐步减弱。由此,减少沉积物进入水库是至关重要的。泄降排沙是在降低水库水位情况下进行泄流的一项技术。

仲裁庭首先注意到双方的争议点在于对附件 D 第 8 段的理解。此条款禁止水库的出水口低于死水位,除非基于控制沉积物或其他技术需求目的。[3]

仲裁庭认为,该条款意指水库出水口在特定目的下可以低于死水位但仍要受到一定限制。根据附件 F 第 18 段和第 19 段的规定,除非存在不可预见的紧急情况,死库容不得被耗尽。显然,避免沉积不属于不可预见的紧急情况。此外,根据印度提供的数据,基申甘加项目若采用泄降排沙设计将会使下流接收到的水流减少,进而违反条约。[4] 最后,仲裁庭指出泄降排沙作

〔1〕 See Paragraph 2 of Annexure F.

〔2〕 See Treaty, Annexure G, Paras. 4(a) and 6.

〔3〕 See Treaty, Annexure D, Para. 8(d).

〔4〕 See India's Counter-Memorial, p. 269 – 270.

为控制沉积的方法并不是唯一的。其援引专家莫里斯博士的意见,即安装水闸也可以避免沉积,并且不会导致水位降至死水位。[1] 因此,仲裁庭裁定印度实现基申甘加项目的水力发电不需要通过泄降排沙设计。

四、裁决结果

基于双方提交的证据与材料,仲裁庭一致决定:

在第一项争议中:(1)基申甘加项目的设计符合《1960 年条约》附件 D 第 15 段规定的径流式水电站标准。(2)据此,印度可以从杰赫勒姆河调水至博纳尔·那赫拉支流。(3)印度须以最小流速 9 立方米每秒运行基申甘加项目。

在第二项争议中:(1)仲裁庭对于 KHEP 项目能否适用泄降排沙设计具有管辖权。(2)依据《1960 年条约》规定,除非不可预见的紧急情况发生,西部流域处建造的径流式水电站不可降至死水位。(3)印度所称的冲刷河道沉积的事宜不属于上述不可预见的紧急情况,因此印度不得在基申甘加项目中采取泄降排沙设计。

五、述评

本案是近年来有关跨境水资源利用的仲裁案例。本案争议发生之时,国际水法正在逐步发展。而本案仲裁之时,国际水法已然形成了一定的法律框架。虽然 1997 年的《联合国国际水道非航行使用法公约》尚未生效,但伴随国际条约编纂和频繁的国际实践,国际水法已然得到了内涵上的丰富,形成了航行自由、公平合理利用、不造成重大损害原则等一系列法律原则。

---

[1] See Hearing Tr., (Day 3), 22 August 2012, at 105:22 to 107:6 (cross-examination of Dr Rangaraju).

(一)公平合理原则、不造成重大损害原则和可持续发展原则的统一

本案中,双方主要的争议点在于,印度建设与运行基申甘加项目是否会对位于下游的巴基斯坦造成重大损害,进而违反了水道国在开展跨境水资源项目时应负有的公平合理的义务。

早在1956年,由国际仲裁庭裁决的法国与西班牙"拉努湖仲裁案"中就涉及了跨境水资源利用的公平合理问题。[1] 西班牙政府诉称,法国政府的开发工程将改变西班牙本应从拉努湖接收到的水量。仲裁庭裁判指出,因法国后又向西班牙提供了针对调水水量的补偿方案,所以法国政府在拉努湖的开发工程并未侵害西班牙作为下游国的利益。遗憾的是,彼时国际水法尚处于起步阶段,因此西班牙未就法国开发的工程可能对其境内河流造成污染的问题提出诉请。

由此可见,在国际水法发展之初,上下游国家之间衡量公平合理利用的标准多着眼于水量,而忽视了水质和生态环境保护的问题。随着国际水法的发展,尤其是通过判例和公约编纂,公平合理原则才不断得到了深化,逐步将水量、生态系统保护以及可持续发展纳入考虑的因素。

1992年《国际河流水利用的赫尔辛基规则》第2条第2款(C)项规定,缔约方应确保水资源得以合理与公平地使用。[2] 该条款奠定了公平合理原则在国际水法的重要地位。在此基础之上,1997年的《联合国国际水道非航行使用法公约》将该原则的内涵拓展至实体和程序两个层面,并且融入了可持续发展的理念。其中第5条对何为公平合理原则进行了阐释:"水道国在各自领土内公平合理地利用国际水道。特别是,水道国在使用和开发国际水道时,应着眼于在与充分保护该水道相一致的前提下,使其实现最佳和可

---

〔1〕 See Lake Lanoux Arbitration(France v. Spain),24 ILR 101(1959).

〔2〕 See UNECE. Convention on the Protection and Use of Transboundary Watercourses and International Lakes,31 ILM 1312(1992),Art 2.

持续利用和最大效益，同时考虑到有关水道国的利益。水道国应公平合理地参与国际水道的使用、开发和保护……"[1]

2004 年，国际法协会通过了《关于水资源法的柏林规则》。该规则不同于《国际赫尔辛基规则》和 1997 年《联合国国际水道非航行使用法公约》的显著特点是，将公平合理原则与不造成重大损害原则同等对待。该规则第 12 条明确规定："各流域国应在本国领土内以公平合理的方式管理国际流域的水资源，并应适当考虑不对其他流域国造成重大损害的义务。"[2]

不造成重大损害作为隶属于公平合理原则的一项原则，其意义在于使水道国在项目开始伊始，就怀抱谨慎之心，防止其任何行为给他国带来重大损害。然而，该原则并非禁止水道国的行为对他国绝对不产生任何损害，而是当损害达到"重大"程度时，才要求国家采取措施以控制、减少或消除损害。[3] 而如何评判重大，则应具体问题具体分析。

由此，公平合理原则的内涵日趋丰富。此原则不仅要求一国在开发跨境水资源时不得对他国造成重大影响，还旨在平衡经济发展和环境保护，使跨境水资源利用实现可持续发展。

国际法院在 1997 年审理"加布奇科沃—大毛罗什项目案"时，也指出双方在发展跨境水资源时，应不断调整经济发展需要与生态保护需要之间的关系，适应新出现的国际环境法的原则和准则，诸如可持续发展原则。[4]

正是基于公平合理原则的考虑，仲裁庭没有在第一次裁决时裁定基申甘加项目应适用的水流量值，而是要求双方再次提交基申甘加项目可能会对巴基斯坦的农业用途、水力发电用途、下游生态系统造成的影响的数据，

---

〔1〕 United Nations Convention on the Law of the Non-Navigational Use of International Watercourses, Art. 5.

〔2〕 ILA. The Berlin Rules on Water Resources, Art 12.

〔3〕 参见孔令杰、田向荣：《国际涉水条法研究》，中国水利水电出版社 2011 年版，第 19 页。

〔4〕 See Case concerning the Gabčíkovo-Nagymaros Project (Hungary/Slovakia), Judgment, I. C. J. Reports 1997, p. 78.

最后得出基申甘加项目应适用9立方米每秒的最小流量值以确保双方在使用印度河水流域的利益。

本案中，仲裁庭先后考察了基申甘加项目是否符合《1960年条约》的规定，是否会对巴基斯坦造成重大损害，是否会对项目沿岸以及下游的生态环境造成破坏等因素，以此裁定印度建造与运行基申甘加项目是否符合《1960年条约》。仲裁庭在裁定此案时，涉及了公平合理原则、不造成重大损害原则与可持续发展原则的统一。

（二）"现有用途"在公平合理原则中的重要性

根据1997年《联合国国际水道非航行使用法公约》，与公平合理利用有关的因素如下：(1)自然特征因素，如地理、水文地理、水文、气候、生态和其他因素；(2)有关水道国的社会和经济需要；(3)每一水道国内依赖水道的人口；(4)一个水道国使用水道对其他水道国的影响；(5)对水道的现有使用和潜在使用；(6)水道水资源的养护、保护、开发和节约使用，以及为此而采取的措施的费用；(7)对某一特定计划中的或现有的使用是否另有其他价值相当的替代办法。[1] 在确定某种水道的使用是否符合公平合理原则时，应同时考虑上述一切因素，在整体基础上得出结论。

关于水资源使用的一条古老规则是：谁先使用了水资源，则谁拥有这部分水资源的使用权。在现行国际水法上，它被吸收改造为公平合理利用原则中的现有使用因素。[2] 因此，当事国往往乐意通过证明"现有用途"的存在，扩大自身在跨境水道上的利益范围。然而，如何区分一国的"现有用途"和未来的用途，并非易事。

本案中，巴基斯坦提出的一个争议点就与公平合理原则中的现有使用因素相关。巴基斯坦指出，印度的调水行为将会给巴基斯坦的农业和水力

〔1〕参见《联合国国际水道非航行使用法公约》第6条。
〔2〕参见张瑞金等：《跨界河流水量分配模式研究》，载《边界与海洋研究》2018年第6期。

发电项目造成不利影响，尤其是对于巴基斯坦尚未启动的 NJHEP 项目。双方就 NJHEP 计划是否属于“现有用途”展开了争论。

要解决本案的争议，仲裁庭须从两个问题入手：一是如何划分“现有用途”存在的时间点？二是计划中并未实施的 NJHEP 项目能否归为“现有用途”？

《1960 年条约》附件 D 第三部分规定：“当工厂位于杰赫勒姆河支流之上，且巴基斯坦在该处存在农业和水力发电用途时，在必要之情形之下，工厂下方的水流可被转移，若此种调水不会对巴基斯坦现有的农业和水力发电用途产生不利影响。”由此可发现，该条款主要通过“必要之情形”和“现有的农业和水力发电用途”对印度的调水行为施加限制。据此，判定“现有用途”存在时间必然应与调水行为发生联系。依据附件 D 中第 9 段的规定，印度须在建造水力发电站开始前的 6 个月，就水力发电工厂的设计细节告知巴基斯坦。因此，印度主张，确定“现有用途”的关键时间点应为 1994 年 6 月，即印度告知巴基斯坦有关基申甘加项目设计细节的时间点。只有在 1994 年 6 月前，巴基斯坦告知印度的计划中的项目才能被看作“现有用途”。然而，巴基斯坦指出，2006 年 7 月 19 日，印度提出基申甘加项目将被改建成径流式水电站，并提供了有关新设计的详细信息至巴基斯坦。因此，应以此日期为准。

为了规避关键日期如何裁定的难题，仲裁庭表示，要判断基申甘加项目和 NJHEP 项目哪个更早成型，不能仅依赖于哪一方更早流露出建造项目的意愿，而应寻找哪一方更早落实行动的关键时间段。因此，若巴基斯坦的 NJHEP 项目仅止步于计划，而从未展开投标、融资担保、政府批准和开始施工中的任一步骤，则难以证明巴基斯坦有落实该项目的决心。从而仲裁庭裁定，NJHEP 项目在行动落实上远远晚于基申甘加项目，不属于“现有用途”。

在国际水法案中，一国对于跨境水资源的利用可能引发新使用、现有使用和未来使用之间的冲突。[1] 然而,“现有用途”的界定并不存在统一的标准,需视具体条约与具体案例定夺。

譬如,在 2006 年国际法院判决的 2010 年“阿根廷/乌拉圭纸浆厂案”中,阿根廷诉称,乌拉圭若要践行公平合理原则,应充分考量阿根廷对乌拉圭河的现有用途诸如该地区的旅游开发。法院在考察了双方签订的《规约》的宗旨与目的以及《联合国国际水道非航行使用法公约》后,判定“现有用途”与其他因素相比,并不具有优越性地位。[2]

本案中,仲裁庭主要解决的是 NJHEP 项目属不属于巴基斯坦的“现有用途”的这一问题。仲裁庭采取的方法是将基申甘加项目和 NJHEP 项目的建设时间、融资招资、实施环评程序时间等推动项目成型的措施置于时间段内以比较,而非仅依靠关键时间点判断。

(三)流域委员会的功能与价值

现有实践表明,组织机构完善的流域委员会的构建,能有效帮助流域国解决在跨境水道协作和争议解决方面的诸多问题。

《1960 年条约》第 8 条创设了流域委员会,以协助印巴双方实现对于印度河水流域的分治与协作。两国的流域委员会代表承担信息交换和争端解决的双重功能。

依据《1960 年条约》,印度和巴基斯坦应分别任命一位流域委员会代表。此人应具备水文学和水资源利用领域的高级工程师资质,代表双方政府进行数据与信息交换、信息通知与答复,妥善解答双方政府所提出的有关印度河水流域发展所产生的任何问题。每年双方须举办一次照会。在一方代表的提议下,照会也可随时举行。每 5 年流域委员会须就流域以及流域处的工

---

〔1〕 参加孔令杰、田向荣:《国际涉水条法研究》,中国水利水电出版社 2011 年版,第 195 页。

〔2〕 See Pulp Mills on the River Uruguay (Argentina v. Uruguay), Judgment, I. C. J. Reports 2010, p. 14, 83.

程场地进行一次勘察。

依据《1960年条约》第9条的规定,流域委员会须审查任何有关条约解释或适用的问题或任何一旦成立可能会构成违约的行为,继而帮助双方就产生的问题达成协议。倘若双方无法达成协议,则视为异见的产生。若此种异见符合附件F的第一部分规定,则一方代表可寻求中立专家予以解决。

印度和巴基斯坦之间就跨境水资源利用而形成的争议源远流长。流域委员会在其中起到了信息交换和照会商讨的重要职责。然而,流域委员会并没有在实质上促成争议的解决,未有效促进印度河水流域的协作。

回溯双方争议过程可发现,流域委员会仅仅承担了信息流通的工作,并未善加利用《1960年条约》项下的争端解决机制,导致此争议自1988～2010年都未得到妥善解决。尽管巴基斯坦曾有寻求中立专家解决争议的意图,也未曾落实到行动。而印度为了保全基申甘加项目,一再否认双方之间存在争议的事实。

事实上,该流域委员会在组织构建和职能分配上本身存在短板。依据《1960年条约》第8条的规定,流域委员会组织机构羸弱,仅由两名成员构成。两国的代表的职能权利也相当有限,其承担的多是信息疏通的工作。

由此可见,一个组织构建完善、职能分配合理的流域委员会是流域国之间有效解决争议与开展水资源协作的必要前提。尽管国际水法并未对流域委员会的建立与具体组成作出强制规定,但流域国之间组建流域委员会的实践并不在少数。

以湄公河委员会为例。湄公河是东南亚最重要的跨国水系,发源于中国青海省,流经西藏自治区、云南省进入傣族地区后流出中国国界,经老挝、缅甸、泰国、柬埔寨和越南,最终流入南海。在1995年,由柬埔寨、老挝、越南和泰国协商正式成立了《湄公河游流域可持续发展合作协定》下的湄公河委员会。在组织构建上,湄公河委员会由理事会、联合委员会、秘书处、国家湄公河委员会和赞助者咨询团体组成。

湄公河理事会(以下简称理事会)是湄公河委员会最高权力机构,专司制定政策、解决争端的职权,负责监督湄公河委员会的所有活动。4 个沿岸国家各有一个代表由成员方国家的部长或内阁一级(至少不低于副部长级别)的官员担任。理事会主席由 4 个成员方按字母顺序,轮流出任,任期为 1 年。理事会大会每年召开一次,若成员方要求,还可召开特别会议,并可邀请观察国代表出席。理事会的决议必须由成员方一致通过,除有特别说明外,否则决议无效。

理事会主要制定政策和决议,为协调成员方之间的协作提供建议,为发展项目的财政和技术援助提供指导方针,还需解决理事会、联合委员会和任何成员方之间的矛盾和冲突。联合委员会,由成员方代表组成,专司执行理事会所制定的政策和决议,制订流域计划,开展环境评估,并需监督秘书处的活动。秘书处在联合委员会的监督下,向以上两大部门提供技术支持和行政服务。赞助者咨询团体则充当赞助国与湄公河委员会之间的沟通渠道,协调彼此之间的赞助行为。[1]

湄公河委员会以合理、公平、可持续使用湄公河河水系统为工作准则,将水资源开发利用类型分为干流开发和支流开发。一个国家境内的支流开发计划仅需通告其他成员方,但主流开发计划必须启动通知他国,并进行事先协商的程序。[2] 通过多方协作,湄公河委员会在农业灌溉、流域发展、洪湖水管理和水电发展等方面都制定了相应计划,实现了合理和公平利用水资源。

---

〔1〕 参见户英杰:《湄公河委员会的发展与作用研究》,云南大学 2015 年硕士学位论文,第 24 页。

〔2〕 同上书,第 29 页。

湄公河委员会合理的组织架构,因地制宜的发展方针与多方合作机制对于其他开展跨境水道合作的国家具有借鉴意义。

六、附录

(一)案件名与正式引注格式

1. 中文案件全名:2013 年“巴基斯坦/印度基申甘加水坝仲裁案”

2. 英文案件全名:The Indus Waters Kishenganga Arbitration(Pakistan v. India)

3. 案件的正式引注格式:Indus WatersKishenganga Arbitration(Pak. v. India),2013 I. C. G. J. 478(PCA,Dec. 20)

(二)与本案主题相关的重要引用案件

1. Gabcikovo-Nagymaros Project(Hungary/Slovakia), Judgment, I. C. J. Reports 1997, p. 7, 78.

2. Pulp Mills on the River Uruguay(Argentina v. Uruguay), Judgment, I. C. J. Reports 2001, p. 14, 83.

3. Iron Rhine Arbitration(Belgium/Netherlands) Judgment, P. C. A. Award 2005, p. 28.

4. Case Concerning the Military and Paramilitary Activities in and Against Nicaragua(Nicaragua v. UnitedStates of America), Merits, Judgment, I. C. J. Reports 1986, p. 14, 141 - 142.

5. Case Concerning Oil Platforms(Islamic Republic of Iran v. United States of America, 1992 - 2003), Reports of Judgements, Advisory Opinions and Orders, I. C. J. Reports 2003, p. 161, 183.

(三)案件中涉及的重要专有名词

原文	中文
Indus River	印度河
Jhelum River	杰赫勒姆河
Chenab River	奇纳布河
Glang-chengtsang-po	象泉河
Beas River	比亚斯河
Ravi River	拉维河
Bonar Nallah Tributary	博纳尔·那赫拉支流
Jammuand Kashmir	查谟和克什米尔地区
Muzaffarabad	穆扎法拉巴德市
Wular Lake	武勒尔湖
Kishangganga Hydroeletric Plant	基申甘加水力发电项目

(四)与本案有关的重要参考文献

1. 边永民:《跨界河流利用中的不造成重大损害原则的新发展——以印巴基申甘加水电工程案为例》,载《暨南学报(哲学社会科学版)》2014 年第 5 期。

2. 张瑞金等:《跨界河流水量分配模式研究》,载《边界与海洋研究》2018 年第 6 期。

3. Ahmad Azhar, *Indus Waters Treaty A Dispassionate Analysis*, Policy Perspectives, Vol. 8, 2011.

4. Nausheen Wasi, *Harnessing the Indus Waters: Perspectives from Pakistan*, Institute of Peace and Conflict Studies, 2009.

5. Moussa Jasmine, *Implication of the Indus Water Kishenganga Arbitration for the International Law of Watercourses and the Environment*, The International and Comparative Law Quarterly, Vol. 64, 2015.

6. Waqar-un-Nisa, *Pakistan-India Equation: Determinants, Dynamics and the Outlook*, Policy Perspectives, Vol. 14, 2017.

7. Manjunath, KS, *Indo-Pak Peace Process Chronology of Events* 2004 – 05, Institute of Peace and Conflict Studies, 2006.

8. Ramaswamy R. Iyer, *Indus Treaty: A Different View*, Economic and Political Weekly, Vol. 40, 2005.

第四章　其他仲裁机构案例

1957年“西班牙/法国拉努湖仲裁案”

1866年5月26日：两国签署《巴约纳条约》（以下简称《1866年条约》）及其附加协定（以下简称《1866年附加协定》）。

1920年1月15日：西班牙建议双方就拉努湖调水计划建立国际委员会。

1920年2月29日：法国在巴黎会见西班牙大使，并对西班牙的建议表示认同。

1949年2月3日：两国创建比利牛斯山国际委员会，并在马德里召开会议，两国重新开始就拉努湖开发方案展开谈判。

1949年8月29～30日：两国在西班牙城市赫罗纳召开拉努湖工程师委员会会议。

1955年11月3～14日：比利牛斯山国际委员会再次召开，并且根据法国提议组建了特别委员会。

1955年12月12～17日：特别委员会会议在马德里召开以审议法国提出的开发方案，西班牙政府对该方案表示反对。

1956 年 3 月 2 日:特别委员会会议再次在巴黎召开,商议未果。

1956 年 3 月 6 日:由于无法促成法西两国就拉努湖开发方案达成协议,特别委员会宣告其工作终止。

1956 年 4 月 3 日:法国重新启动开发拉努湖水工程。

1956 年 11 月 9 日:由于双方利益无法调和,两国达成协议将案件提交仲裁庭。

1957 年 11 月 6 日:仲裁庭就本案作出裁决。

一、基本案情

拉努湖位于法国境内的比利牛斯山南坡,湖水由流经法国领土的溪流补给。拉努湖的上游湖水完全处于法国领土之上,部分湖水经方蒂—维维河流入卡洛河。卡洛河在法国境内全长约 25 公里,在普奇塞达穿越法国与西班牙边境线,在西班牙境内全长约 6 公里,最后汇入塞格雷河,流入埃布罗河,注入地中海。流入西班牙领土之前,卡洛河水流入了普伊格赛达运河。[1] 为确定两国的边境线,法国和西班牙政府先后于 1856 年、1862 年和 1866 年在巴约纳签署了 3 项条约。其中,《1866 年条约》及《1866 年附加协定》划定了从安道尔河谷到地中海的边界。

1917 年,法国计划从拉努湖调水至阿里吉河,最终注入大西洋。西班牙就此表示,该项目将影响西班牙的利益,在未得到西班牙同意的情形下,法国不得执行这一计划。[2] 西班牙于 1920 年 1 月致函法国外交部,建议任命一个国际委员会,由委员会依据现有条约的规定审查改道计划,以维护两国

[1] See Lake Lanoux Arbitration(France v. Spain), Arbitral Tribunal, 12 R. I. A. A. 281; 24 I. L. R. 101, p. 1(1957).

[2] Ibid., p. 1(1957).

的共同利益。法国外交部于同年2月回复西班牙驻巴黎大使,声明法国完全同意西班牙方面的观点,同时表示,本国尚未完成拉努湖改道计划的研究工作,因此无法向西班牙方面提交明确的计划书。法国于1930年1月暗示,拉努湖水开发方案已被新计划所取代,由于新方案没有经过法国官方技术部门的充分审查,因此无法按要求向西班牙政府提供有关细节。法西两国的谈判随后因世界局势而中止,直到1949年重新启动。1949年2月,比利牛斯山国际委员会在马德里召开会议,重新开始谈判。该委员会是根据法国、西班牙两国政府1875年的换文程序成立的。此次会议上,法国代表团再次提出开发拉努湖水,并建议成立一个工程师委员会,研究工程技术问题并向两国政府提交报告。西班牙代表团接受了这一提议。[1]

西班牙于1954年4月的外交照会中提请法国注意,法国的工程计划将对西班牙造成严重损害,要求召开拉努湖工程师委员会会议。由于无法达成任何协议,工程师委员会决定成立一个特别委员会,负责起草一份有关开发拉努湖水的提案,并提交给两国政府。但法国方面明确表示,若特别委员会自1955年11月14日起3个月内仍未得出结论,则法国政府将在其权限范围内恢复行动自由。1956年3月,法国政府在照会中通知西班牙政府,其决心恢复行动自由。1956年4月,法国重新启动开发拉努湖水工程。1954年10月,法国宣布拉努湖水开发工程为公用事业。[2] 由于长期未能调和利益冲突,两国于1956年11月19日达成协议将案件提交仲裁庭。仲裁庭由贝特朗、波拉、伦纳、路脱和维舍5名仲裁员组成,由贝特朗担任主席。仲裁庭于1957年11月6日作出裁决。

---

〔1〕 See Lake Lanoux Arbitration(France v. Spain), Arbitral Tribunal, 12 R. I. A. A. 281; 24 I. L. R. 101, p. 4 – 6(1957).

〔2〕 Ibid., p. 6 – 9(1957).

二、双方主张

(一)西班牙

西班牙请求法庭宣布,法国方面实施拉努湖水利项目的行为违反了《1866 年条约》及《1866 年附加协定》的有关规定。[1]

1. 首次陈述

(1)法国的水利工程计划将影响拉努湖和卡洛河的水流走向。

(2)卡洛河水原本流经赛格尔河、埃布罗河和阿里热河,最终汇入地中海。法国水利计划使卡洛河改道,河水与卡隆河汇合后汇入大西洋。取水行为将改变卡洛河的水文物理特征,影响其走向。

(3)单方面改变卡洛河水的水文因素,将自然界江河流域的水转变为国家所有的资源,实际上创造了本不存在的物理优势。

(4)法国为其取水行为制定了水道修复计划,但该计划显然无法扭转卡洛河在物理结构上发生的深刻变化。

(5)法国提出的保障措施(如成立西班牙—法国委员会以监督水道修复计划的实施,提名一位享有领事地位的西班牙籍工程师检查项目运作情况,增加灌溉季节的供水量,建立拉努湖保护区等)本身不足以改善因法国单方面实施水利计划而被摧毁的社区体系。

(6)法国拉努湖开发计划的性质及其影响表明,水利工程在实施之前需要取得两国政府的同意,正如《1866 年条约》第 11 条、第 12 条、第 15 条和第 16 条所规定的。

(7)法国在未经两国政府事先商定的情况下执行水力发电计划导致其违反《1866 年条约》第 11 条、第 12 条、第 15 条和第 16 条,减损该条约及其

[1] See Lake Lanoux Arbitration(France v. Spain), Arbitral Tribunal, 12 R. I. A. A. 281; 24 I. L. R. 101, p. 1(1957).

附加协定所建立的“流域共同体制度”。[1]

2. 二次陈述

(1)《1866年条约》及《1866年附加协定》中的规则并非永久“冻结”。但是,这些规则是在双方友好、互信的精神下起草和制定的,从而形成了“流域共同体”制度,该项制度隐含在《1866年条约》之中,并构成《1866年附加协定》的基础。

(2)缔约方对其领土内的河流主权不是绝对的,而是可由双方订立协议作出调整。

(3)承认“现有合法利用”的优先规则以及夏季超额水量的分配规则就是对领土主权的明确限制,旨在共同、和平地享有流经两国领土的河流水资源。

(4)若公用事业工程影响河道及河流走向,则缔约方计划实施工程之前需与另一国达成协议。《1866年附加协定》第11条规定了通知主管当局的义务,第15条和第17条规定了法西两国之间的政府合作义务。对第11条和第15条、第17条进行适当解释,可以确认缔约方实施水利工程之前须达成协议的必要性。

(5)法国遵循的程序性规则并不足以维护西班牙方面的利益,也并没有履行《1866年条约》规定的义务。法国的做法等同接受了此种说法,即该条约只是规定了缔约方行使主权的方式,而没有适当限制主权。事实上,正如多次重申的那样,该条约所包含的限制性规则具有至关重要的意义。

(6)法国的拉努湖开发计划严重损害了西班牙国家利益,触及其农业生产中最敏感的问题,即灌溉用水短缺问题。无论如何,法国提供的保障方案令人不满,其由法国单方面起草,以法国自由处置拉努湖水为宗旨,仅符合

---

[1] See Lake Lanoux Arbitration(France v. Spain), Arbitral Tribunal, 12 R. I. A. A. 281; 24 I. L. R. 101, p. 10 – 11(1957).

法国单方面的利益。

(7)法国在陈述中提出一种观点:若以西班牙提出的开发计划取代法国计划,则法国的权益将受到损害,并且前者的经济价值远逊于后者。西班牙方面认为,这是一种无端的断言。这一论断没有考虑到,西班牙的开发计划是根据河流的自然特征而起草的,可以更妥善地利用灌溉用水,并确保两国平等受益,而不是像法国计划那样只偏袒其本国利益。

(8)法国计划对西班牙利益造成的损害将是严重性的、永久性的,且与《1866 年条约》及《1866 年附加协定》所建立的流域共同体制度相违背。反之,如果法国计划不予实施,法国的利益并不会受到严重损害,为了两国之间的睦邻关系,这是完全可以容忍的,符合《1866 年条约》及其附加协定的精神。[1]

(二)法国

法国请求法庭声明,在两国政府事先没有达成协议的情况下,法国开发拉努湖的行为并未违反《1866 年条约》及《1866 年附加协定》。[2]

1. 首次陈述

(1)《1866 年条约》及《1866 年附加协定》并没有以“冻结”水文自然条件为目标;就此而言,该条约仅限于制定规则,依据这些规则,一旦出现新的情况,就需相应地修改有关条件。

(2)法国和西班牙各自主权仅受两国之间现行法律文书所载内容的限制。

(3)两国承接公用事业工程的权利得到了条约的明确承认。

(4)一国开展此类工程的能力,不应由另一国事先同意,尤其不受《1866

[1] See Lake Lanoux Arbitration (France v. Spain), Arbitral Tribunal, 12 R. I. A. A. 281; 24 I. L. R. 101, p. 11 – 13 (1957).

[2] Ibid., p. 9 (1957).

年附加协定》第 11 条或第 16 条规定的限制。此前,西班牙就曾在未征求法国政府意见的情形下,批准了瓦尔达兰工程。

(5)法国遵守了程序性规则,旨在维护与该问题相关的所有权利和利益。

(6)法国的开发计划将完全保护西班牙方面的权利,不会以任何方式减损西班牙的利益。

(7)如果该项计划未能实施,甚至被经济价值低下的西班牙计划所取代,则法国的权益将受到严重损害。

(8)正如其构思、提出和保证的那样,即便没有得到西班牙方面的同意,法国的计划也完全符合两国之间现行条约有效执行的条件——法国并没有必须获得西班牙同意的义务。[1]

2. 二次陈述

(1)法国认为,有必要重申水利计划的具体实施范围:其仅涉及拉努湖水的分流,占卡洛河水的 1/4,至于另外 3/4 的水域则保持其自然状态不变。法国的计划只影响位于法国领土之上的卡洛河的一小部分,行至西班牙边境时,水量已完全恢复,西班牙领土之上卡洛河水的流向没有发生丝毫变化。

(2)法国的取水行为并非像西班牙所断言的那样影响卡洛河的河床条件,而仅仅关涉从拉努湖至卡洛河的水,并且只是在法国领土内对卡洛河进行了微小程度的物理构造。显然,《1866 年条约》及其附加协定没有禁止这样的改造。

(3)法国只会以一种"优势"的方式利用其领土内的水域,并向卡洛河补给等量的水。

---

〔1〕 See Lake Lanoux Arbitration(France v. Spain), Arbitral Tribunal, 12 R. I. A. A. 281; 24 I. L. R. 101, p. 11(1957).

(4)法国水电工程计划本就旨在全面而非局部恢复拉努湖水量,这是法国政府依据条约承担的无条件义务。在此种情形下,西班牙对法国的指控相当不合理,有损国际关系。

(5)由于法国方面完全恢复了调水水量,因此,水利工程的运行维护了《1866 年附加协定》中的流域共同体制度,不会对西班牙利益造成损害。

(6)法国坚持认为,实施水利工程不会影响《1866 年条约》及《1866 年附加协定》所建立的制度。其强调,《1866 年附加协定》并未规定取水行为必须事先征得另一国的同意。法国方面还指出,西班牙在争辩中仅提及《1866 年附加协定》,而不再提及《1866 年条约》本身。[1]

法国在二次陈述中特别强调:(1)西班牙在申诉状中排除考察《1866 年附加协定》第9 条,而该条款保留了缔约方各自授权实施公用事业工程的权利;(2)西班牙方面忽略了这样一个事实,即法国方案旨在完全恢复其抽取的水量,而非西班牙政府多次声称的部分恢复;(3)西班牙方面对于法国政府作出的完全恢复水量之正式承诺只字不提;(4)西班牙方面对于法国作出的保证条件分析不够充分;(5)西班牙方面没有充分说明法国的工程计划将影响卡洛河整个水域;(6)西班牙方面没有确切说明法国的工程计划将对西班牙利益造成何种损害。[2]

三、仲裁庭裁决

仲裁庭认为,本案争议可以归结为以下两个基本问题:第一,法国开发拉努湖水的行为是否侵犯了西班牙依据《1866 年条约》及其附加协定所声称的权利? 第二,如果对前述问题的回答是否定的,那么法国的开发行为是否违反《1866 年条约》及《1866 年附加协定》?[3]

---

〔1〕 See Lake Lanoux Arbitration(France v. Spain),Arbitral Tribunal,12 R. I. A. A. 281;24 I. L. R. 101,p. 14 – 15(1957).

〔2〕 Ibid. ,p. 15(1957).

〔3〕 Ibid. ,p. 17(1957).

(一)事先协议的必要性问题

水利工程是否会对睦邻关系或水资源利用造成风险仍旧是不确定的。但是,正如仲裁庭指出的,法国方面的水流恢复技术已尽可能令人满意。如果法国采取了风险预防措施,却仍旧发生了事故,不应认定其违反了《1866年附加协定》第9条的义务。依据《1866年附加协定》第12条的规定,下游国不得建造堤坝或建造任何可能损害上游河岸所有者的障碍物。实际上,西班牙的论点可以分为两个层面:首先,未经对方同意,禁止在两个流域之间进行补偿,即使取水量和补水量是相同的;其次,未经对方同意,禁止任何可能造成侵犯对方权利的行为。[1]

仲裁庭没有从自然地理角度考察流域之间的补偿问题,其指出司法层面认可的流域共同体需要符合人类现实。水在本质上是可替代物质,若能按照法国工程方案恢复原状,则不会改变水资源的社会生活价值。现代技术知识表明,用于生产电能的水不应回归到其自然状态。因此,仲裁庭认为,法国的拉努湖开发计划并不违反《1866年条约》及《1866年附加协定》。仲裁庭在该条约或习惯国际法中没有发现任何这样的规则:禁止一国为维护本国合法利益而采取行动,使本国处于违反国际承诺并严重伤害邻国的境地。[2]

关于法国开发拉努湖的行为是否需要经西班牙事先同意,则需要考察条约法及习惯国际法。比利牛斯山边界的独特之处使周边国家在解决边境问题时困难重重。但这并不意味着,要将比利牛斯山区现已消失的共同权利制度扩展到各个领域,从而形成普遍的共同体概念。即使确有一项规则禁止上游国以严重损害下游国利益的方式开发河流,该规则也不适用于本

〔1〕 See Lake Lanoux Arbitration(France v. Spain), Arbitral Tribunal, 12 R. I. A. A. 281; 24 I. L. R. 101, p. 18(1957).

〔2〕 Ibid., p. 18 – 19(1957).

案。仲裁庭审查本案认为，法国的拉努湖开发计划并不会影响其支流卡洛河的下游水域。事实上，国际社会目前已经认识到工业开发跨界河流将不可避免地产生利益冲突，需要通过相互让步来调和各方利益，而达成妥协的唯一途径就是达成协议。但是，习惯国际法和一般法律原则都没有形成如下规则，即水道国只能在事先达成协议的情形下才能开发跨界水资源。在这方面，可以考察1923年日内瓦多边公约的起草历史。有国家提出国际水道的开发利用须以事先协议为基础，但该建议遭到多数缔约方拒绝。公约在最终文本第1条明确规定，本公约绝不改变各国在其领土上开展一切水利工程的自由。[1]

既然不存在习惯国际法的规定，那么，在法西两国之间，开发国际水道资源需要达成事先协议的规则只能由条约产生。仲裁庭首先考察《1866年条约》及其附加协定，其次再考察《1949年法国和西班牙关于拉努湖的协定》(以下简称《1949年协定》)。

1.《1866年附加协定》

西班牙的基本观点是，依据流域共同体制度，法国执行水电开发计划必须与西班牙达成事先协议。《1866年附加协定》第11条明确规定了缔约方的通知义务，而该义务隐含地产生了达成事先协议的义务。仲裁庭认为，这一推理缺乏逻辑基础。如果法西在缔结《1866年附加协定》时认可事先协议的必要性，则不会在最终文本中只规定通知义务。然而，根据《1866年附加协定》第15条和第16条的规定，西班牙认为这两项条文规定了达成事先协议的义务。[2]

仲裁庭指出，即使将第15条和第16条结合起来，并赋予其最广泛的内

[1] See Lake Lanoux Arbitration (France v. Spain), Arbitral Tribunal, 12 R. I. A. A. 281; 24 I. L. R. 101, p. 21 - 23 (1957).

[2] Ibid., p. 24 - 26 (1957).

涵,也只能得出以下结论:法西两国地方当局应协商解决某些争端,如有困难,则由上级行政机关接管,提交两国政府。仲裁庭无法从中推断出达成事先协议的义务。若假设西班牙的观点是正确的,则必须承认,国家权力的行使将因需要达成事先协议而暂停。但实践中没有任何迹象述明这一义务。仲裁庭审查后认为,当水域问题涉及普遍利益时,双方确实存在协商义务,但并没有达成事先协定的义务。[1]

2.《1949 年协定》

1949 年 1 月比利牛斯山国际委员会会议期间,法国代表团提议缔结一项协议,在其框架下成立拉努湖工程师委员会,由该委员会研究拉努湖相关事项并向各国政府报告。西班牙代表团接受了此项提议。1950 年 3 月,西班牙政府在致法国政府的外交照会中表示,法国在拉努湖安装水位测量仪违反了《1949 年协定》。为回应西班牙驻巴黎大使馆的请求,法国政府于 1953 年 6 月的照会中宣布同意召开拉努湖工程师委员会会议,并表示:尽管《1866 年附加协定》第 11 条没有规定一方应在另一方的要求下暂停可能影响供水系统的工程,但外交部部长非常愿意向西班牙大使馆保证,法国并未计划对拉努湖采取任何开发行动。[2]

1955 ~ 1956 年,工程师委员会在法国和西班牙召开数次会议,但未达成任何结果。有一点是毋庸置疑的,即这项义务是有效存在的,但双方对于义务期限和范围意见不一。法国认为,由于西班牙方面没有批准或不批准项目的权利,因此法国没有义务暂停工程的实施。从这个角度来看,《1949 年协定》是谈判前的准备工作,本身没有任何意义。西班牙则认为,法国在未经其同意的情况下不得开展任何水利开发活动。[3]

---

〔1〕 See Lake Lanoux Arbitration(France v. Spain), Arbitral Tribunal, 12 R. I. A. A. 281; 24 I. L. R. 101, p. 26 – 28(1957).

〔2〕 Ibid., p. 28(1957).

〔3〕 Ibid., p. 29(1957).

因此,从某种程度上说,维持现状是一种临时措施,只有在工程师委员会发挥职能的条件下才能延续。然而,该委员会自1949年成立以来并未作出任何有意义的工作。比利牛斯山国际委员会于1955年11月召开会议,成立了新的谈判机构,这次没有签订类似于《1949年协定》的条约文本。因此,委员会作为谈判平台的价值已经消失,与其匹配的相关义务也随之消失。[1]

(二)跨界水资源开发的利益补偿问题

仲裁庭考察了《1866年附加协定》第11条的规定,即计划修建工程或者可能改变一条连续水道的航道或流量的国家需要承担双重义务:一是事先通知边境地区主管部门;二是建立赔偿机制,保障双方所有涉及的利益。关于第一项义务,毋庸置疑,法国在开发拉努湖方面遵守了事先通知的义务。关于第二项义务,根本问题是如何确定“双方可能涉及的所有利益”。[2]

首先,需要确定必须维护的“利益”涵盖范围。严格解释第11条可以得出这样的结论,即“利益”指的是与河岸权相对应的利益。但是,仲裁庭考虑多种因素,对该条款进行了宽松解释,将“利益”扩大解释到所有可能受到水利工程影响的利益,这符合当前国际水电开发实践的趋势。其次,需要确定维护利益的方法。仲裁庭认为,维护利益的方法不能局限于下游国对上游国提出的纯粹性的正式要求,如投诉、抗议、陈述等。根据国际法中的善意原则,上游国有义务考虑到水利工程所涉的各种利益,满足下游国的利益诉求,并表明其真诚关心调和自身利益与下游国利益。判断此项义务是否得到遵守是一个微妙的问题,仲裁庭将依据当事方的谈判磋商过程进行考察。[3]

上游国在程序性问题上享有主动权,没有义务在制订计划时与下游国合作。若下游国在协商过程中向上游国提交方案,则上游国需要对其进行

---

〔1〕 See Lake Lanoux Arbitration (France v. Spain), Arbitral Tribunal, 12 R. I. A. A. 281; 24 I. L. R. 101, p. 29 – 31 (1957).

〔2〕 Ibid., p. 31 (1957).

〔3〕 Ibid., p. 32 (1957).

审查,但有权优先采用本国方案,只要上游国以合理方式考虑到下游国的利益。本案中,法国考虑到西班牙方面的利益,将卡洛河的水量完全恢复原状,将河水引向阿里吉河。1917～1954 年,法国的立场逐渐发生了变化,从承诺补偿到部分恢复水量,再到完全恢复水量。1955 年,法国作出新的承诺,保证最少恢复 2000 万立方米的水量。1956 年召开第二届专家会议时,法国代表团向西班牙代表团提出两项新的建议:一是承诺不再遵循拉努湖的自然供水节奏,而是依据西班牙农业的需要恢复供水。二是在灌溉季节,拉努湖所有的水都将分流到卡洛河,而在冬季,法国将减少流量,以确保一年之中分流和恢复的水量相等;当然,异常干旱年份除外。西班牙代表团口头回复指出:"其不考虑法国代表团提出的新建议,无论法国政府做出何种灌溉水量或增加电力的保证,西班牙都不接受任何以偏离卡洛河自然航道为前提的解决方案。"法国政府依据《1866 年附加协定》第 11 条,本着善意原则和诚意精神,充分考虑了西班牙方面的利益。[1]

四、裁决结果

考虑本案的所有情形,仲裁庭认为,法国的拉努湖开发计划符合《1866 年附加协定》第 11 条的规定。在未经两国政府事先商定的情况下,法国实施拉努湖开发工程的行为没有违反《1866 年条约》及其附加协定。[2]

五、述评

1957 年"西班牙/法国拉努湖仲裁案"争议源于 19 世纪法国与西班牙的跨界水资源开发冲突,这一时期国际水法尚处于起步阶段,缺乏系统的条约

---

〔1〕 See Lake Lanoux Arbitration (France v. Spain), Arbitral Tribunal, 12 R. I. A. A. 281; 24 I. L. R. 101, p. 33 (1957).

〔2〕 Ibid., p. 34 – 35 (1957).

规制;历经两次世界大战以后,两国冲突进入国际仲裁视野,彼时的国际水法进入成文法阶段,国际联盟以及国际非政府组织开始起草国际淡水资源的开发利用、河流划界、环境保护等方面的法律制度。可以说,本案见证了国际水法从以习惯法为主到以条约法为主的过渡时期。本案裁决强调了领土主权原则的核心性质,但也明确提出,领土主权原则必须在国际法领域内运作,受限于国际水法的一般义务,这是本案对国际水法领域的重要贡献。仲裁庭在本案裁决中提出的诸多规则,如事先通知义务、国际合作义务经由国际法院"匈牙利/斯洛伐克项目案""阿根廷/乌拉圭纸浆厂案"等案例的援引以及国际社会的长期实践,逐渐形成习惯国际法规则。

(一)跨界水资源开发中的事先通知义务

沿岸国开发跨界水资源之前应向同一流域的其他国家履行通知义务,这项规则目前已经构成习惯国际法。在目前可查阅的条约文本资料中,这一规则最早可以追溯至本案中的《1866 年条约》。仲裁庭认为,《1866 年附加协定》第 11 条规定了沿岸国的通知义务,要求一国在实施规划项目之前向可能受到影响的另一国妥善通知。[1] 事实上,法国在开发拉努湖时确实遵循了保障双方利益的通知程序。此后的国际案例遵循了本案仲裁庭关于事先通知义务的表述。在 2010 年"阿根廷/乌拉圭纸浆厂案"中,国际法院遵循本案仲裁庭对于事先通知义务的表述,认为当乌拉圭河委员会能够对乌拉圭河开发项目作出初步评价时,开发国应尽快通过乌拉圭河委员会将计划措施告知另一方。[2]

同时,事先通知义务还经由国际案例的援引而逐渐呈现在国际条约和国际宣言文本之中。1972 年《斯德哥尔摩人类环境宣言》、1992 年《国际河

---

〔1〕 See Lake Lanoux Arbitration(France v. Spain),Arbitral Tribunal,12 R. I. A. A. 281;24 I. L. R. 101,p. 26(1957).

〔2〕 See Pulp Mills on The River Uruguay(Argentina v. Uruguay),Judgment,I. C. J. Reports,p. 56 (2001).

流水利用的赫尔辛基规则》以及 1997 年《联合国国际水道非航行使用法公约》都规定了与事先通知义务相关的程序性规则。国家实践中，一些双边或多边协议还会规定事先通知的具体时间点。[1] 事先通知能够避免沿岸国重新设计或建造水利设施的风险，而延迟通知不仅违反习惯国际法，且迫使被通知国处于面临既成事实的境地，致使各方合作空间受到严重限制。通知国将计划措施通知至利益相关国家，并不仅仅是告知其即将实施相关项目的事实，而应将项目的总体情况及其对环境可能造成的损害一并通知。换言之，通知须包含足够的信息，以便被通知国能够合理评估该项目的潜在影响。当然，通知的确切内容因计划措施的性质而有所区别，具体视相关国家缔结的条约内容而定。若流域国已就通知内容达成双边或多边协议，则应依据流域协议的规定履行通知义务。

需要注意的是，在任何情况下，通知义务都不同于达成事先协议的义务。本案中，西班牙政府多次声称。“除了事先通知义务以外，达成事先协议也已构成习惯国际法规则。”这一观点没有得到仲裁庭的认同。通知方可以在未经被通知方许可的前提下从事开发国际淡水资源的行为，同时维护后者在适当时获得赔偿的权利。这也是本案仲裁庭在裁决中明确提出的观点。[2] 为了从本质上理解事先协议的必要性，必须设想有关国家之间无法达成协议的情形。由于一方无条件地反对，另一方即失去单独行动的权利。这相当于承认“同意的权利”，它是一种“否决权”，由一方自行决定，使另一方无法行使领土管辖权。此外需要明确，尽管在计划措施的通知过程中由

---

〔1〕 例如，英国与比利时曾于 1934 年缔结一份关于边界水权的协议，协议中规定，当任何一方希望开发利用界河，须在项目启动的 6 个月之前通知对方。更常见的情形是，条约或协议中并不指明确切的时间节点，而是运用“及时”“迅速”“尽快”等相对模糊的，同时也更具灵活性的时间状语。See Christina Leb, *Cooperation in the Law of Transboundary Water Resources*, Cambridge University Press, 2013, p. 132.

〔2〕 See Lake Lanoux Arbitration (France v. Spain), Arbitral Tribunal, 12 R. I. A. A. 281; 24 I. L. R. 101, p. 27 (1957).

通知国承担主要的义务和责任，但被通知国并非仅接收相关工程或项目的环评结果而不承担任何义务。如果未作出答复的被通知国在项目实施后要求赔偿，该赔偿金额能够被通知期限结束后通知国所付出的成本所抵销。实际上，明确被通知国未作答复的法律责任能够促使被通知国参与跨界水资源开发的整个过程，从而更有效地评估计划措施可能造成的环境风险和损害，为项目实施中的复杂问题提供一个公平合理且符合风险预防原则的解决方式。

（二）国际水法语境下的实体性义务和程序性义务

国际水法语境中，国家义务存在“程序性义务”与“实体性义务”之分，但两者相互关联，共同促进跨界水资源的公平合理利用与生态保护。本案中，西班牙政府指责法国政府未能在绝对平等的基础上作出拉努湖开发计划，其指责是双重性质的，包括程序性和实体性两个层面。在程序性问题上，其称法国政府单方面推行计划，而没有寻求一个双方都可以接受的解决方案；在实体性问题上，其认为法国计划没有在两国利益之间保持公正的平衡。在西班牙政府看来，法国计划仅仅符合本国利益，尤其是与电力生产相关的利益，而没有充分考虑到西班牙在农业灌溉方面的利益。[1]

通过分析本案裁决以及相关的国际法律文件，可以提炼出国际水法中实体性义务和程序性义务的框架。实体性义务，主要是指发布风险预防禁令和适用最佳可行技术，前者要求政府在面临科学不确定性且有严重环境威胁的项目时，采取禁止、限制或警告措施；后者则旨在通过法定的科学技术标准为排污者设定一个可预测的行为边界。程序性义务主要包括同一流域内国家之间的事先通知义务、定期交换水文信息义务以及跨界环境影响评价义务，对于促进各国水资源合作、减少国家争端、预防潜在的环境污染

---

〔1〕 See Lake Lanoux Arbitration（France v. Spain），Arbitral Tribunal，12 R. I. A. A. 281；24 I. L. R. 101，p. 33（1957）.

风险具有重要意义。本案中,如果西班牙能够举证证明法国开发拉努湖的行为将给卡洛河造成严重损害,或证明回流水的化学成分、温度或其他特征将会损害西班牙的利益,则西班牙不会完全败诉。但遗憾的是,西班牙方面的证明材料丝毫没有提到这一点。

跨界水资源的自然特征在国际合作履行实体性和程序性义务时尤为重要,因为无论是国际河流、湖泊抑或是跨界地下水,均为一种“不可分”的生态系统。国家未履行程序性义务也就意味着违反了实体性义务,仅仅履行实体性义务不能认为可以免除其程序性义务项下的责任。从长远来看,国家履行实体性和程序性义务的目标不仅旨在实现跨界水资源的公平合理利用,而且包含对生态系统的保护与保全。通过国际合作使水资源达到最佳利用状态,并不是默许各国在最大程度上利用水资源,而是在满足沿岸国利益的同时减少环境损害,从而实现水资源的可持续利用。

(三)流域委员会在跨界水资源开发中的地位和作用

本案仲裁庭在裁决中多次提出国际合作和诚意协商原则,这一原则为“北海大陆架划界案”所援引。本案判决指出,沿海国有义务真诚地进行磋商和谈判,旨在通过达成协议解决利益冲突。国际合作原则在国际水法中的地位毋庸置疑,但是,其本身作为一项较为抽象的法律原则,须通过更具体的义务和实施机制予以操作和执行。

19 世纪以来,流域委员会在加强各国合作方面发挥了重要作用。世界上最早出现的国际流域组织是 1815 年维也纳会议设立的莱茵河航行中心委员会。流域委员会的制度框架为沿岸国合作提供区域性安排,是进行计划采取措施的通知、水文信息的交换、联合水质监测以及跨界环境影响评价的媒介。流域委员会还能够拓展各国合作的广度和深度,促进区域环境标准的通过、实施以及定期审查。在争端解决方面,流域委员会主导争端解决程序的优势在于,在大部分情形下均有熟悉本流域水文状况的技术专家参与争端解决，这正是国际法院或仲裁庭争端解决程序的弱势。曾有学者尖锐地指出，当争端呈现纯技术性的特征或者涉及大量科学证据时，技术专家参与争端解决的重要性实际上高于法律专家或政治家。[1]

本案中，建立在法西两国同意基础上的工程师委员会是进行跨界水资源开发合作的重要平台，是实现拉努湖公平合理利用与有效保护的理想模式。首先，流域委员会能为沿岸国推进风险预防合作提供常设性的对话机制。20 世纪初期，流域委员会职能主要限于协调航运和渔业活动，随着水资源利用程度的加深，委员会的职能逐渐扩展至评估流域水利工程、灌溉活动以及环境保护领域。20 世纪中叶以后，流域委员会越来越关注跨界水资源保护和可持续管理问题。风险预防原则在国际水法中确立以后，流域委员会即成为沿岸国共同采取风险预防措施的对话平台。本案中，法国雷内斯省州长根据政府指示于 1954 年通知西班牙热洛纳州总督，已经就方案进行了必要修改。法国外交部也于同年发布外交照会，声明法国在 1953 年照会中并未保证"工程师委员会做出决定前不会实施工程"。[2] 但是，作为对话平台的流域委员会可能仅作为传输信息和数据的中介，也可以基于国家的同意，储存、分析及评估整个流域的数据信息，从而形成更有效的水资源管理模式。应指出的是，当流域协定要求缔约方应向流域委员会履行义务时，该程序须得到严格执行。其次，流域委员会框架下的组织管理机制可以拓展沿岸国风险预防合作的维度。在合作地域方面，近年来流域委员会开始将合作伙伴延伸至流域协定的非缔约方。例如，湄公河委员会框架下的国际合作已不仅限于《湄公河游流域可持续发展合作协定》的成员方之间。为共同保护湄公河流域的生态环境，中国与缅甸作为湄公河的上游国与湄公

[1] See Christina Leb, *Cooperation in the Law of Transboundary Water Resources*, Cambridge University Press, 2013, p. 194.

[2] See Lake Lanoux Arbitration (France v. Spain), Arbitral Tribunal, 12 R. I. A. A. 281; 24 I. L. R. 101, p. 5 (1957).

河委员会建立了稳定的对话合作机制。在合作内容方面,流域委员会的职能也得到了进一步的拓展。例如,依据《莱茵河保护公约》建立的莱茵河国际委员会将工作职责延伸至饮用水管理、物种多样性、防洪减灾、污染治理甚至北海环境保护等多个领域。最后,流域委员会的组织管理机制是预防和解决流域水资源争端的重要媒介。流域委员会的争端解决职能有助于构建国际水法特有的司法机制。在实践中,部分流域委员会的争端解决职能由流域协定所赋予,另有部分流域委员会在具体争端发生时依委员会成员方的授权行使该项职能。[1]

建立流域委员会符合流域各国的共同利益,是水资源生态整体性的客观要求。但是,设立或加入流域委员会尚未成为沿岸国的一项习惯国际法义务。流域各国是否应共同设立一个流域委员会,某国是否应加入其他国家已设立的流域委员会,均有赖其缔结或加入的国际条约之规定。

(四)上游国与下游国之间的利益平衡

在开发跨界水资源的过程中,上游国与下游国的侧重点并不一致,存在结构性矛盾,前者更注重水能资源和航运资源的开发,而后者则着眼于农业灌溉、调水工程等。这种矛盾在本案集中表现为西班牙政府对法国政府水利项目的指责与批判。法国作为上游国,其两难困境体现在:一方面,与西班牙相比,开发拉努湖的水资源有着明显的区位优势。虽然"绝对主权论"已淡出国际水法领域,但本案中西班牙政府所声称的"共同体论"并未取代"有限主权论"而成为权威的国际水法理论。因此,在一定程度上开发拉努湖仍是法国的主权权利。另一方面,基于国际社会的"相互依存性"及国际水法中的"合作义务",法国还需综合、全面地考虑上游水资源开发的各种因素,在开发本国境内的拉努湖水资源时顾及西班牙的利益。那么,诸如法国

---

[1] See Laurence Boisson De Chazournes, *Fresh Water in International Law*, Oxford University Press, 2013, p. 181.

这样的上游国今后如何在开发跨界水资源的同时适当平衡本国与下游国的利益，避免陷入“上游国困境”？

在国际环境法领域，通过国际组织或国际条约建立环保基金是向发展中国家提供资金支持的主要方式。[1] 按照该思路，在国际水法领域，经济发展不均衡的流域设立合作基金可使欠发达国家获得必要的经济援助，最终有利于国际合作原则在整个流域的统一实施。当然，建立流域基金的目的并不只是给予欠发达国家资金和优惠待遇，而是促使其提升水资源利用率。此外，还可以设计灵活性的水资源分配条款，以适应季节性的或周期性的水流变化。早在1944年美国与墨西哥《关于利用科罗拉多河、提华纳河及格兰德河水域条约》中就有在干旱期调整水资源分配的条款。[2] 但是，此类早期流域协定有关水资源转移额度的灵活性程度不高，在新风险发生时有赖条约修改程序重新磋商。2002年《茵科玛蒂与马普托水道临时协定》的相关规定的灵活性程度更高。[3] 这些利益分配方式能够促使上游国向下游国提供必要的经济和技术援助，最终有利于在整个流域实现国际合作原则。

本案裁决依据源于一般国际法，即国际水道的沿海国有义务真诚地进行磋商和谈判，旨在通过达成协议解决利益冲突。诚意的协商和谈判不仅

---

〔1〕 1972年联大“第2997号决议”设立首个国际环保基金——联合国环境规划署基金，其资金来源均为自愿捐赠。1990年《拉姆萨国际湿地公约》全体缔约方会议设立“湿地保护基金”，由公约常设委员会负责管理基金，为发展中国家湿地保护及管理活动提供资金支持。1990年设立的“全球环境基金”是首个支持发展中国家进行国际河流污染治理的环境基金。在控制国际河流污染之外，该基金还鼓励发展中国家在应对全球变暖、生物多样性保护以及臭氧层保护方面发挥作用。See Duncan French, *Developing States and International Environmental Law: The Importance of Differentiated Responsibilities*, International and Comparative Law Quarterly, Vol. 35, p. 42 – 43(2000).

〔2〕 该条约第4.2条规定，在发生特大干旱时，或者墨西哥支流上的水利设施出现重大事故，墨西哥支流向美国提供35万英亩的径流量。

〔3〕 该协定第10条规定，缔约方同意在6个月到1年的时间内协调行动并采取措施预防干旱和洪水的影响，适时调整茵科玛蒂和马普托水道在洪水期与枯水期的水流机制，并在发生洪水危险时毫不迟延地通知其他缔约方。缔约方还应在枯水期以协调一致的方式管理储水基础设施。

是一种程序性规范,而且是预防地区冲突的必要手段。

六、附录

（一）案件名与正式引注格式

1. 中文案件名:1957 年“西班牙/法国拉努湖仲裁案”

2. 英文案件名:Lake Lanoux Arbitration(France v. Spain)

3. 案件的正式引注格式:Lake Lanoux Arbitration(France v. Spain), Arbitral Tribunal,12 R. I. A. A. 281;24 I. L. R. 101(1957)

（二）与本案主题相关的重要引用案件

1. Gabcikovo-Nagymaros Project(Hungary/Slovakia), Judgment, I. C. J. Reports 1997.

2. Pulp Mills on the River Uruguay(Argentina v. Uruguay), Judgment, I. C. J. Reports 2001.

（三）案件中涉及的重要河流、湖泊及地名

原文	中文
Lake Lanoux	拉努湖
River Carol	卡洛河
Stream Font-Vive	方蒂—维维河
River Segre	塞格雷河
River Ebro	埃布罗河
The Canalof Puigcerda	普伊格赛达运河
River Ariege	阿里吉河
Bayonne	巴约纳
Puigcerda	普奇塞达

（四）与本案有关的重要参考文献

1. Christina Leb, *Cooperation in the Law of Transboundary Water Resources*,

Cambridge University Press, London, 2013.

2. Florence Metz, *Comparing Policy Designs in Water Protection: Micropollutants Policies in the Rhine River Riparian States, From Network Structure to Policy Design in Water Protection*, Springer, 2017.

3. Jacques Ganoulis, *Risk Analysis of Water Pollution*, Second Edition, Wiley-VCH Publishers, 2009.

4. Owen Mcintyre, *Environmental Protection of International Watercourses under International Law*, Hampshire: Ashgate Publishing Limited, 2007.

5. Philippe Sands, *Principles of International Environmental Law*, Volume Ⅰ, Manchester University Press, 1995.

6. Stephen McCaffrey, *The Law of International Watercourses*, London: Oxford University Press, 2001.

7. Qi Gao, *A Procedural Framework for Transboundary Water Management in the Mekong River Basin*, Leiden: Brill Nijhoff Press, 2013.

8. Alistair Rieu-Clarke, Geoffrey Gooch, *Governing the Tributaries of the Mekong-The Contribution of International Law and Institutions to Enhancing Equitable Cooperation over the Season*, Global Business & Development Law Journal, Vol. 22, 2010.

9. Allison Cameron, Luo Wei, *An Environmental Impact Assessment for Hydropower Development in China*, Vermont Journal of Environmental Law, Vol. 14, 2012.

10. Emmanuel B. Kasimbazi, *Developing a Cooperative Framework Agreement for a Transboundary River: Lessons from a Comparative Analysis of the Mekong and Nile Rivers Basins*, US-China Law Review, Vol. 8, 2011.

11. Fleur Johns, *On Failing Forward: Neoliberal Legality in the Mekong*

River Basin, Cornell International Law Journal, Vol. 48, 2015.

12. Paul Sullivan, *Glaciers, Monsoons, Rivers, and Conflict: China and South Asia*, Georgetown Journal of International Affairs, Vol. 12, 2011.